JEAN-BAPTISTE VAUJOUR (DIR.)
ÉLISE RETAILLEAU
LUCAS GIGLI
ALEXANDRE DENIS
LUC-OLIVIER BRIAND

# ENTREPRISE : OBJECTIF ZÉRO CARBONE

## Les clés d'une décarbonation efficace et créatrice de valeur



DUNOD

Éditorial : Guillaume Clapeau et Margaux Lidon
Correctrice : Danielle Roque
Fabrication : Anne Pachiaudi
Couverture : Pierre-André Gualino
Mise en pages : Lumina Datamatics




11 rue Paul Bert, 92240 Malakoff
www.dunod.com
ISBN 978-2-10-085604-6

*Pour mes filles, pour leur avenir*
*J-B.V.*

*Pour la petite Marie-Ayline et son village, Zodji*
*A.D.*

*Pour des montagnes et une étoile*
*L.G.*

*Au Vougot*
*E.R.*

*Pour ma filleule, mes neveux et mes nièces*
*L-O.B.*

# Remerciements

Les auteurs remercient tout particulièrement Anaïs Gaston pour la rédaction du chapitre « Le coût de l'adaptation » (2.2.).

Les auteurs tiennent à remercier Mathilde Adjedj, Lou Adler, Emma Alapetite, François Amieux, Ray Asmar, Xavier Blot, Désiré Bourdic-Girard, Jean-Baptiste Charles, Michel Colombier, Emmanuel Deneuville, Dramane Djikine, Thimothée Duverger, Maxime Efoui-Hess, Émeline Fasolato, Reuben Fischer, Nicolas Gourdain, Loïc Guilbot, Julien Hamelin, Valentine Japiot, Jérémie Joubert, Florian Julien Saint Amand, Soufiane Lamalam, Océane Lannoy, Quentin Laurens, Éric Legale, Victor Martin, Rodolphe Meyer, Agathe Mouvielle, Kertin Mumme, Alexandre Pasquier-Desvignes, Ruben Persicot, Diane Petit de Bantel, Luc Petitpain, Bastien Sbraire, Paul Thomas, Jacques Treinier, Patrice Vuidel, Alessa Wochner et Lucia Xu.

Les propos tenus dans cet ouvrage n'engagent que les auteurs, toute erreur ou omission serait de leur seul fait. Leurs employeurs respectifs ne sauraient être tenus ou engagés.

Les auteurs tiennent à remercier leur famille et leurs proches pour leur patience, soutien et écoute durant l'écriture de cet ouvrage.

Finalement, un livre ne serait rien sans son éditeur et nous voulions remercier Guillaume Clapeau et Margaux Lidon pour leur confiance, leur patience (mise à rude épreuve) et leur énergie, ainsi que toute l'équipe de Dunod.

# Table des matières

**Remerciements** IV

**Introduction** 1

## Partie I — Économie du changement climatique 5

### Chapitre 1 Le défi environnemental et les limites planétaires 7

1. Les enjeux du changement climatique 7
   - 1.1 L'état actuel : des effets qui se font déjà ressentir 7
   - 1.2 Quelles conséquences futures ? 14
   - 1.3 La place et le rôle des entreprises 17
2. La notion de limites planétaires 18
   - 2.1 Les ressources non renouvelables 18
   - 2.2 Les neuf limites planétaires 22
   - 2.3 Réactions face à ces constats 31

### Chapitre 2 Les effets macro-économiques de la destruction des ressources 36

1. Une catastrophe économique annoncée 36
   - 1.1 Les conséquences du changement climatique 36
   - 1.2 Agir face à l'incertitude 42
2. Le coût de l'adaptation 46
   - 2.1 La production 47
   - 2.2 Les canaux redistributifs 52
   - 2.3 Recompositions sectorielles et commerce international 53
   - 2.4 Les facteurs de production 55
   - 2.5 La productivité globale des facteurs 58

**3.** Entre transition ordonnée et réalité internationale 61

3.1 Une valeur du carbone pour une transition ordonnée 61

3.2 Du chaos international vers un ordre multi-échelles ? 68

**Chapitre 3 L'entreprise, le marché et les enjeux environnementaux** 75

**1.** L'approche microéconomique 75

1.1 L'impératif de rentabilité 76

1.2 La possibilité du profit 78

1.3 La nécessité de s'adapter 79

**2.** L'entreprise, le marché, l'État 82

2.1 Les défaillances de marché et leurs conséquences 82

2.2 Marchés d'émissions et taxes carbone 87

**3.** Stratégies d'entreprise face aux défis environnementaux 92

3.1 Comprendre l'écosystème de l'entreprise pour décider 93

3.2 Caractériser les choix possibles 94

3.3 Définir une stratégie 98

**Partie II**

**L'entreprise dans son environnement** 103

**Chapitre 4 L'écosystème de l'entreprise** 105

**1.** Identifier et associer les parties prenantes 105

1.1 Le concept de responsabilité sociale de l'entreprise 106

1.2 La prise en compte effective des parties prenantes 109

**2.** Développer l'engagement pour créer de la valeur partagée 114

2.1 S'aligner autour d'objectifs communs 114

2.2 La notion de valeur partagée 119

2.3 Créer de la valeur partagée en pratique 123

3. Entreprises et dynamiques territoriales 129
3.1 Synergies entre entreprises 129
3.2 Synergies public/privé pour repenser le territoire 135
3.3 Synergies entre l'entreprise et son écosystème 143

Chapitre 5 Le cycle de vie des produits 147

1. Réduire l'empreinte carbone 147
1.1 L'empreinte carbone 147
1.2 Les « scopes » 150
1.3 Le bilan carbone 154

2. L'analyse du cycle de vie et ses conséquences industrielles 160
2.1 L'analyse du cycle de vie 160
2.2 L'éco-conception 167
2.3 Autres conséquences de l'ACV 172

3. Valoriser la fin de vie des produits 174
3.1 Faire revenir les produits 174
3.2 Les méthodes de valorisation 179
3.3 Des limites surmontables 185

Chapitre 6 La question de la rentabilité 188

1. Le point de vue de l'actionnaire 188
1.1 La rentabilité attendue et ses limites 189
1.2 L'arbitrage inter-temporel 194
1.3 L'activisme actionnarial 196

2. Le point de vue des créanciers 198
2.1 La rémunération des créanciers 198
2.2 Évaluer et innover : les enjeux pour le climat 200

3. La finance contre le changement climatique 206
3.1 L'indispensable émergence d'un langage commun 206
3.2 Vers une comptabilité extra-financière ? 211
3.3 Les outils de la finance 217

Partie III
Réinventer l'entreprise 221

Chapitre 7 La production 223

1. Produire de manière décarbonée 223
1.1 Mettre en place une stratégie de décarbonation 223
1.2 Les mesures à implémenter 226
1.3 Les enjeux spécifiques de l'industrie lourde 233
1.4 Les difficultés de mise en pratique 236
1.5 Le rôle des pouvoirs publics 237

2. Produire efficacement 240
2.1 La chasse au gaspillage 240
2.2 L'ESG dans la gestion de la *supply chain* 245
2.3 Exploration de modèles efficients et responsables 251

3. Des services pour allonger la durée de vie des produits 254
3.1 Allonger la durée de vie des produits 254
3.2 Développer l'économie de la fonctionnalité 259

Chapitre 8 Les chaînes logistiques 267

1. Produire au plus près 267
1.1 Les indispensables chaînes logistiques 267
1.2 Les facteurs d'allongement des chaînes logistiques 273
1.3 Les leviers d'action de l'entreprise 277

2. Acheter de manière responsable 281
2.1 L'importance stratégique des achats 281
2.2 L'ESG dans la gestion des achats 285
2.3 L'implémentation au sein de l'organisation 290

Chapitre 9 Les fonctions supports 293

1. Le marketing et la communication 293
1.1 Le *greenwashing* ou l'écoblanchiment 293
1.2 L'injonction à la responsabilité dans la communication 298
1.3 Les bonnes pratiques 302

**2.** Les ressources humaines à l'épreuve du changement climatique 305

2.1 Des conséquences négatives à mitiger 306

2.2 La gestion des RH, levier de la transition 309

**3.** La révolution verte du numérique 311

3.1 Les bénéfices écologiques permis par le numérique 311

3.2 L'empreinte écologique du numérique 316

3.3 Rendre le numérique durable 320

**Chapitre 10 Conduire la transition vers la neutralité carbone** 326

**1.** Mobiliser l'entreprise 326

1.1 La crise de l'engagement au travail 326

1.2 Créer l'engagement au sein de l'entreprise 329

**2.** Former les parties prenantes 335

2.1 La formation continue du personnel 335

2.2 Former l'écosystème 345

**3.** Accompagner les perdants 347

3.1 Qui sont les perdants ? 347

3.2 La place centrale du dialogue 350

3.3 Accompagner en pratique 356

**Conclusion** 364

**Index** 366

**Sur le même thème** 371

**Cet ouvrage s'appuie sur plus de 1 800 références que vous pouvez retrouver en flashant ce QR code :**

# Introduction

*« Nous sommes en route vers un désastre climatique »*
*António Guterres, Secrétaire général des Nations unies*
*4 avril 2022, cérémonie de publication du rapport du GIEC.*

Nous ne sommes plus dans une période où le changement climatique, l'effondrement de la biodiversité et l'épuisement des ressources naturelles feraient débat. Nous sommes, collectivement, au pied du mur. Face à ce constat d'échec, il est de notre devoir de trouver les solutions permettant de préserver les équilibres planétaires pour espérer offrir une vie digne aux générations futures.

Le problème environnemental est protéiforme et ne saurait être résumé à l'une de ses dimensions. Politique, il interroge nos modes de vie et nos modèles de développement. Économique, il remet en question nos modes de production et de consommation. Social, il interpelle sur les inégalités actuelles et futures. Éthique, il remet la question de la place de l'être humain dans la nature au cœur des débats et nous force à considérer nos responsabilités vis-à-vis du vivant.

Il est caractérisé par une incertitude radicale qui obscurcit nos horizons. Si la réalité de la catastrophe environnementale est désormais tangible dans nos quotidiens, l'état des connaissances scientifiques actuelles ne nous permet pas de nous construire une représentation fine de ce à quoi l'avenir ressemblera. Il nous faut pourtant décider et agir.

Cette action doit impérativement se faire au niveau des entreprises. En effet, l'essentiel des émissions de gaz à effet de serre à l'échelle mondiale relève de l'activité économique des entreprises, pour la production et consommation d'énergie dans l'industrie, les transports, l'agriculture… Pour tenir les objectifs de l'Accord de Paris de limiter la hausse des températures à +1,5 °C à la fin du siècle et les engagements corollaires de l'Union européenne de réduire nos émissions de 55 % d'ici 2030 et d'atteindre la neutralité carbone (ici comprise comme une situation où les émissions nettes de gaz à effet de serre sont nulles à l'échelle planétaire) à horizon 2050, il est donc nécessaire de réinventer l'intégralité du système productif.

Celui-ci est traversé par une série de paradoxes existentiels. Confronté à l'épuisement de ses ressources, il pousse à augmenter la consommation. Victime des effets du changement climatique et des destructions associées, il continue à valoriser les activités les plus polluantes.

L'objectif du présent ouvrage n'est pas de rentrer dans le débat politique et démocratique qui s'imposerait pour résoudre ces paradoxes. Il se focalise sur la nécessité d'une action résolue et immédiate de la part des entreprises. Nous souhaitons apporter des éléments concrets pour identifier des solutions qui contribuent à mettre notre économie sur un chemin plus soutenable. Cette soutenabilité s'entend sous les angles environnementaux, économiques et sociaux. Comme nous le démontrerons tout au long de l'ouvrage, ces trois dimensions sont en effet étroitement liées et ne peuvent progresser que de concert.

Face à l'ampleur des enjeux et à la complexité du problème, notre approche est résolument pragmatique. Après deux ans de travail, nous nous appuyons sur plus de 1 800 sources différentes et des dizaines d'entretiens avec des professionnels de tous horizons pour caractériser les problèmes auxquels les entreprises sont confrontées, les analyser à l'aune d'un cadre théorique robuste et examiner les meilleures pratiques existantes en termes de solutions. Nous identifions les grands axes de travail, les défis à relever et les domaines où concentrer les efforts. Si le changement climatique et ses conséquences dominent le propos, nous n'ignorons pas pour autant les autres formes de pollution et l'effondrement de la biodiversité.

*

Pour cela, l'ouvrage se divise en trois grandes parties. Dans un premier temps (I), nous examinons l'économie du changement climatique avec un premier développement (1.) consacré aux rappels sur la nature du défi environnemental et sur la notion de limites planétaires. Une vision claire de la complexité des perturbations du système environnemental est indispensable à la suite du propos. Partant de ces constats et des conclusions scientifiques, nous examinons ensuite (2.) leur traduction macro-économique, c'est-à-dire les conséquences pour l'environnement des affaires. Celles-ci s'articulent autour du diptyque risque climatique – risque de transition et nous nous efforçons de caractériser tant le premier que le second et d'examiner les grands enjeux de la gouvernance de la transition environnementale. Nous descendons ensuite l'analyse d'un niveau (3.) pour développer les conséquences micro-économiques sur les entreprises, les rôles respectifs des marchés et de l'État face à l'enjeu de la gestion d'un bien public global et, partant de ce qui a été développé précédemment, les stratégies potentielles des entreprises pour faire face au changement climatique et faire de la transition une opportunité.

*

Dans un second temps (II), nous examinons l'entreprise dans son environnement afin de rompre avec l'approche monolithique qui a longtemps prévalu et de concevoir l'activité dans un cadre écosystémique. Nous commençons donc par caractériser ce dernier (4.) autour des notions de parties prenantes et de valeur partagée pour ensuite développer le concept d'approche territoriale de l'entreprise. Dans un deuxième moment (5.), nous présentons l'approche en cycle de vie des produits, qui nous permet de détailler les notions d'empreinte carbone, d'économie circulaire, d'éco-conception et de fin de vie des produits. Nous consacrons ensuite (6.) tout un développement à la question de la rentabilité de l'entreprise, du point de vue de l'actionnaire et des créanciers et au rôle que la finance doit jouer pour rendre la transition possible.

*

Dans un dernier temps (III), nous nous appuyons sur les enseignements des deux parties précédentes pour rentrer dans le périmètre de l'entreprise même. Cette partie n'a pas vocation à être un mode d'emploi pour la réinvention de l'entreprise, chaque situation étant unique. Elle se focalise donc sur l'identification des problèmes et d'outils pour y répondre. Elle examine le processus de production (7.) dans ses dimensions de soutenabilité, d'efficacité et de qualité afin de contribuer à la réduction des émissions associées. Elle développe ensuite (8.) de nombreux éléments sur les chaînes logistiques qui sous-tendent les organisations industrielles mondialisées, examinant par exemple les arbitrages autour de la production locale, de la digitalisation du commerce et le rôle prépondérant des fonctions achats. Un examen du rôle, souvent critique, des différentes fonctions support de l'entreprise est ensuite fait (9.), à commencer par le marketing et la communication, les ressources humaines et le numérique. Finalement, nous terminons notre propos par des considérations, essentielles, sur la conduite du changement (10.). La mobilisation de l'entreprise, la formation du personnel et l'accompagnement des perdants sont en effet des dimensions indispensables au succès de la transition environnementale de l'entreprise.

# Partie I

# Économie du changement climatique

# Chapitre 1 Le défi environnemental et les limites planétaires

L'objet de ce chapitre est de présenter le contexte climatique et environnemental dans lequel s'inscrit toute activité économique et dont les entreprises ne peuvent plus faire abstraction. Ce contexte sera précisé en deux temps :

- Dans un premier temps, les fondements scientifiques du changement climatique ainsi que ses conséquences sur les sociétés humaines et les écosystèmes seront présentés, avec une attention particulière portée à la France et l'Europe.
- Dans un second temps, la notion de limites planétaires sera introduite. Il s'agira de couvrir les enjeux d'épuisement des ressources, ainsi que les interactions entre les activités humaines et les limites du système planétaire.

## 1 Les enjeux du changement climatique

### 1.1 L'état actuel : des effets qui se font déjà ressentir

#### Où en sommes-nous ?

*Les indicateurs clés*

Le dernier rapport du **GIEC** est sans appel : les activités humaines ont considérablement affecté l'écosystème terrestre, provoquant des changements sans précédent. Les émissions anthropiques de **gaz à effet de serre (GES)** depuis 1750 ont provoqué une augmentation de leur concentration dans l'atmosphère jusqu'à des niveaux jamais atteints depuis au moins deux millions d'années pour le dioxyde de carbone ($CO_2$) et depuis au moins huit cent mille ans pour le méthane ($CH_4$) et le protoxyde d'azote ($N_2O$). Cette première modification du système Terre en a entraîné d'autres. L'augmentation de la température au cours des cinquante dernières années a notamment été plus rapide qu'au cours de n'importe quelle autre période de cinquante ans depuis au moins deux mille ans. Au global, la température de la surface terrestre (moyenne de la température de l'air à la surface proche de la terre et de la banquise, et de l'eau à la surface des océans) en 2010-2019 est déjà supérieure de 1,07 °C à la température en 1850-1900.

**GIEC, Groupe d'experts intergouvernemental sur l'évolution du climat**

Créé en 1988 au sein des Nations unies et composé de 195 pays membres, le GIEC réunit des centaines de scientifiques du monde entier afin de réaliser régulièrement un bilan des connaissances sur les changements climatiques, leurs causes et conséquences. Il a aussi pour but de fournir des évaluations des stratégies d'adaptation et de mitigation de ces changements. Six rapports ont été rédigés, le dernier ayant été publié en 2021-2022. Chaque rapport est divisé en trois parties, chacune supervisée par un groupe de travail. La première traite des bases scientifiques physiques du changement climatique, la deuxième de ses conséquences sur les sociétés humaines et les écosystèmes, leurs vulnérabilités et les possibilités d'adaptation. La troisième partie expose les solutions afin de lutter contre le changement climatique.

## GES et changement climatique

### Définition de l'effet de serre

L'effet de serre est un des phénomènes naturels permettant de réguler la température sur Terre. Sans lui, la température atmosphérique moyenne serait de –18 °C. Lorsque la surface terrestre reçoit le rayonnement solaire, elle l'absorbe et s'échauffe avant de le reémettre sous forme de rayonnement infrarouge vers l'atmosphère. Si une partie s'échappe vers l'espace, une autre est captée dans l'atmosphère par les gaz à effet de serre. Celle-ci va alors se réchauffer et émettre à son tour ces rayonnements vers la surface, entraînant son réchauffement.

### Forçage radiatif et réchauffement climatique

L'augmentation des émissions de GES d'origine anthropique provoque une augmentation de l'effet de serre, et donc un forçage radiatif positif. Un forçage radiatif est une perturbation de l'équilibre énergétique terrestre. Il est positif lorsque le déséquilibre provoque une augmentation de l'énergie au sein du système terre-atmosphère. Cet excès de chaleur est absorbé par différents composants du système : la terre, l'atmosphère et les glaces (fonte des glaces continentales et de la banquise) représentent respectivement 5 %, 1 % et 3 % du réchauffement du système. L'océan en représente 91 %. Un des effets directs est la hausse de leur température, liée quasiment linéairement à l'augmentation des GES : chaque 1 000 $GtCO_2$ (gigatonne de $CO_2$) d'émissions cumulées provoquent une augmentation de la température globale de surface de 0,45 °C. Le réchauffement climatique n'est pas le seul effet direct de l'augmentation de l'effet de serre. Deux autres effets directs sont le réchauffement de l'océan et la fonte des glaces continentales. Ces derniers sont, eux, les principales causes de la montée des eaux : elle est due à 50 % au premier, à travers l'expansion thermique de l'eau, à 42 % au second.

### Origine des émissions

Les GES anthropiques proviennent de différentes sources. Le $CO_2$ est surtout émis lors de la combustion des énergies fossiles (charbon, pétrole, gaz). Le $CH_4$, lui, provient plutôt des activités agricoles (cultures, élevages) et de l'industrie fossile. Enfin, les émissions de $N_2O$ sont liées aux engrais azotés ou procédés chimiques.

En termes d'émissions par secteur, celui de l'énergie est le plus émetteur, 34 % du total des émissions nettes de GES lui étant attribué en 2019 à l'échelle mondiale. Il est suivi du secteur de l'industrie, avec 24 % des émissions, puis de l'agriculture, sylviculture et autres utilisations des sols (22 %), du transport (15 %) et enfin du bâtiment (6 %).

### Émissions cumulées

Les émissions cumulées représentent la quantité totale d'émissions sur une certaine période. En effet, les gaz à effet de serre ont une certaine durée de vie dans l'atmosphère, et réchauffent le climat tant qu'ils y sont présents. Le dioxyde de carbone ($CO_2$), représentant la majorité des émissions de GES depuis la période préindustrielle, a une durée de vie particulièrement longue : 15 % à 40 % du $CO_2$ émis restera dans l'atmosphère plus de mille ans. Ainsi, les émissions datant du début de l'ère préindustrielle font toujours effet aujourd'hui.

### Comparaison du pouvoir réchauffant des différents GES : $CO_2$ équivalent ($CO_2$-eq)

Tous les GES n'ont pas la même capacité de réchauffement de l'atmosphère. Pour les comparer, différentes métriques peuvent être utilisées. Le plus souvent le **pouvoir de réchauffement global (PRG)** des autres gaz est rapporté à celui du $CO_2$ (GES avec le plus petit pouvoir réchauffant mais ayant le plus contribué au réchauffement climatique de par les quantités émises). On parle alors d'émissions $CO_2$-eq, donnant la quantité de $CO_2$ à émettre pour un effet équivalent sur le réchauffement global. Cette quantité dépend notamment de l'horizon temporel considéré (tous les GES n'ont pas la même durée de vie). Généralement, le PRG est établi sur une durée de 100 ans et les valeurs associées sont régulièrement réévaluées par le GIEC.

**Tableau 1.1** – Tableau présentant le pouvoir réchauffant global des principaux GES à 100 ans

| GES | PRG à 100 ans |
|---|---|
| $CO_2$ | 1 |
| $CH_4$ | 16 - 41 |
| $N_2O$ | 143 - 403 |

### *Les objectifs internationaux*

Des négociations internationales ont lieu depuis 1992 pour lutter contre le changement climatique, mais sans réussir à instaurer d'importantes réductions des émissions. La CCNUCC (Convention-cadre des Nations unies sur les changements climatiques), signée en 1992, est le premier traité international sur le sujet. Depuis, les pays signataires se réunissent tous les ans lors de COP (Conférences des Parties). En 2015, lors de la COP21, 191 Parties (190 États et l'Union européenne) ont ratifié l'Accord de Paris et se sont engagées à lutter contre le changement climatique :

> « En contenant l'élévation de la température moyenne de la planète nettement en dessous de 2 °C par rapport aux niveaux préindustriels et en poursuivant l'action

menée pour limiter l'élévation de la température à 1,5 °C par rapport aux niveaux préindustriels. »

(Article 2.a.).

Pour atteindre les objectifs de limitation du réchauffement climatique, chaque Partie doit se fixer des objectifs nationaux de réduction des émissions (**NDCs, *Nationally Determined Contributions***), en fonction de ses capacités, qui doivent être revus à la hausse tous les cinq ans. Cependant, les NDCs tels qu'annoncés en amont de la COP26 en 2020 ne permettront pas d'atteindre l'objectif des 1,5 °C : les émissions associées à ces NDCs jusqu'en 2030 rendront déjà inévitable l'atteinte de ce seuil au cours du XXIe siècle. Il faudra alors compter sur une accélération importante des efforts après 2030 pour limiter le réchauffement à 2 °C. En outre, l'atteinte des NDCs n'est pas garantie. Fin 2020, les politiques de réduction des émissions adoptées par les Parties n'étaient pas à leur hauteur : en l'absence de mesures proactives, les émissions de GES associées devraient continuer à augmenter au-delà de 2025, menant à un réchauffement moyen de 3,2 °C d'ici 2100.

### *Quelle marge de manœuvre ?*

Alors que les NDCs et les politiques de réduction des émissions associées devront être revues à la hausse pour atteindre les objectifs de l'Accord de Paris, la fenêtre pour agir se resserre. En effet, ces objectifs sont liés à la notion de **budget carbone** : le budget carbone restant à partir de 2020 a été estimé à 500 $GtCO_2$ pour limiter le réchauffement à 1,5 °C avec une probabilité de 50 % et à 1 150 $GtCO_2$ pour le limiter à 2 °C avec une probabilité de 67 %. À titre de comparaison, les **émissions nettes** cumulées sur la période 2010-2019 ont représenté environ 410 $GtCO_2$. Or, plus les émissions tardent à être réduites, plus le budget carbone restant est consommé rapidement, réduisant la marge de manœuvre et donc la probabilité d'atteindre les objectifs climatiques. Par exemple, l'augmentation des émissions de GES depuis 2017 a, en moyenne, réduit la probabilité de limiter le réchauffement climatique. C'est ce que montrent les différentes **trajectoires** modélisées dans le dernier rapport du GIEC par comparaison à son rapport spécial sur les conséquences d'un réchauffement climatique publié en 2018. La limitation du réchauffement à 1,5 °C ou même 2 °C exige donc une « *action immédiate* ».

## Budget carbone et émissions nettes

### Budget carbone

Le budget carbone renvoie à deux notions distinctes :

- Le budget carbone total est défini comme étant la quantité maximum d'émissions de $CO_2$ anthropiques nettes cumulées depuis le début de l'ère préindustrielle permettant de rester en dessous d'un certain niveau de réchauffement climatique pour une certaine probabilité. Le budget carbone restant est lui exprimé non pas à partir de l'ère préindustrielle mais à partir d'une date récente définie.

– Le budget carbone global fait référence au cycle naturel du carbone entre les sources d'émissions de $CO_2$, les puits naturels les absorbant en partie (océans, sols), et le changement de concentration en $CO_2$ de l'atmosphère. Les émissions anthropiques de $CO_2$ perturbent ce budget en augmentant les sources de $CO_2$. Comprendre les réponses des puits à ces perturbations est nécessaire pour définir un budget carbone restant correspondant à une certaine température cible. En effet, toutes nos émissions ne vont pas directement dans l'atmosphère : 55 % sont actuellement absorbées par le sol et les océans. Cependant, il est possible que ces puits captent une proportion moindre des émissions si elles continuent à augmenter. La proportion exacte doit être définie pour obtenir la quantité de $CO_2$ dans l'atmosphère et donc l'augmentation de température liée. Il doit être souligné que l'absorption de carbone par les océans n'est pas sans conséquence, car cela entraîne leur acidification.

Émissions nettes

Les émissions de GES anthropiques nettes représentent les émissions effectivement absorbées par l'atmosphère, c'est-à-dire l'ensemble des émissions dues aux activités humaines diminuées des GES retirés de l'atmosphère car absorbés par des puits de carbone, naturels mais aussi éventuellement artificiels.

**Trajectoire (ou profil d'évolution)**

Une trajectoire représente l'évolution dans le temps de systèmes humains et/ou naturels et est basée sur un ensemble de scénarios, c'est-à-dire de descriptions plausibles du futur, selon un ensemble d'hypothèses. Un scénario n'est pas une prédiction ou une prévision, mais est utile pour représenter les effets de différentes actions.

## Des effets déjà présents

### *À l'échelle mondiale*

L'augmentation de la température de surface n'est qu'un des effets visibles et mesurables liés aux émissions anthropiques de GES. D'autres dérèglements, pour certains déjà irréversibles à notre échelle, ont été entraînés en cascade par l'influence humaine. En voici une liste non exhaustive :

- Le niveau moyen des mers a monté d'environ 20 cm au cours du siècle, un rythme d'augmentation jamais atteint depuis au moins 3 000 ans. Son élévation continuera pendant des siècles.
- Au-delà de sa surface, l'océan se réchauffe depuis les années 1970 à une vitesse sans précédent depuis onze mille ans. Cette augmentation de température est irréversible pour des siècles ou des millénaires.
- Le retrait des glaciers à l'échelle mondiale est sans équivalent depuis plus deux mille ans. Leur fonte continuera pour des décennies voire des siècles.

- La fréquence et l'intensité des événements climatiques extrêmes (pics de chaleur, de précipitations, inondations, sécheresses ou incendies) ont augmenté :
  - un épisode de forte chaleur décennal en 1850-1900 arrive en moyenne 2,8 fois plus souvent actuellement et est 1,2 °C plus chaud,
  - un épisode de précipitations importantes décennal en 1850-1900 arrive en moyenne 1,3 fois plus souvent, pour une intensité augmentée de 6,7 %.
- Le cycle de l'eau a été modifié, entraînant non seulement une augmentation des sécheresses ou précipitations mais un renforcement des contrastes entre saisons et régions sèches et humides.

Ces effets montrent l'ampleur du dérèglement provoqué par les activités humaines qui touche l'ensemble des « composants majeurs du système climatique ».

#### Des conséquences importantes mais inégales

Sur la quasi-totalité du globe, les écosystèmes sont touchés par des changements majeurs au sein même de leur structure, qu'ils soient terrestres, maritimes ou d'eau douce, tandis que les changements de biodiversité à travers les migrations d'espèces montrent que les zones climatiques se sont déplacées vers les pôles, suivant le réchauffement du climat.

Toutes les régions du monde ne font cependant pas face aux mêmes défis, du fait non seulement de leur situation géographique, mais aussi de « facteurs non climatiques » conditionnant la vulnérabilité des populations et écosystèmes. Leurs capacités à faire face aux conséquences du changement climatique sont influencées par des facteurs aussi divers que le développement socio-économique, l'utilisation des océans et des sols ou encore les schémas d'urbanisme. Par exemple, les villes sont particulièrement vulnérables aux fortes chaleurs, tandis que les problèmes de pollution de l'air y sont aggravés. Une grande part des millions de personnes exposées à une insécurité alimentaire et hydrique due à des événements climatiques extrêmes vit dans des régions où la vulnérabilité des populations est particulièrement élevée, telles que l'Afrique, l'Asie, l'Amérique centrale et du Sud, ou encore les petits États insulaires. De plus, lors de la dernière décennie, les inondations, sécheresses et tempêtes ont provoqué une mortalité quinze fois supérieure dans ces régions par rapport aux régions moins vulnérables.

Cette vulnérabilité est d'autant plus forte pour les populations marginalisées, pour les femmes, les personnes à faible revenu ou les populations autochtones. La vulnérabilité des écosystèmes est, elle, fortement liée aux répercussions des activités humaines – hors émissions de gaz à effet de serre –, telles que la pollution ou la surexploitation des ressources. Ainsi, les conséquences du changement climatique sont variables en fonction de la situation locale.

### *À l'échelle européenne et française*

#### En Europe

L'Europe n'est pas épargnée par le réchauffement climatique. Ainsi, malgré des fluctuations dues à la **variabilité naturelle**, l'Europe se réchauffe plus vite que la moyenne mondiale : depuis 1850-1900, la température de l'air y a augmenté de 2,2 °C contre 1,2 °C sur l'ensemble du globe. Si toute l'Europe est atteinte, les conséquences diffèrent en fonction des régions. Par exemple, la région boréale voit les précipitations et débits fluviaux augmenter, tandis que la région méditerranéenne s'assèche. En outre, la succession d'événements climatiques extrêmes de ces dernières années – gel, sécheresse, incendies, inondations – montre la diversité des situations auxquelles l'Europe va devoir s'adapter.

**Variabilité naturelle**

Ce terme désigne les fluctuations du climat non liées aux activités humaines. Cette variabilité peut être due à des éruptions volcaniques, des variations de l'activité solaire ou à la circulation océanique, par exemple lors d'épisodes El Niño (phénomène océanique du Pacifique d'un impact planétaire apparaissant tous les 2 à 7 ans et influençant les vents, la température de l'eau et les précipitations). La variabilité naturelle peut ainsi diminuer ou amplifier, sur le court terme, les changements de long terme provoqués par l'influence humaine.

### En France

Plus localement, la France est aussi affectée par le changement climatique, parfois différemment selon ses régions. D'abord, si l'ensemble du pays se réchauffe, en France métropolitaine l'augmentation de température est moins importante près de la côte, grâce à l'influence maritime. À l'échelle du pays, la multiplication des vagues de chaleur est, elle, sans appel : entre 2010 et 2022, il y a eu 22 épisodes de canicule, soit plus qu'entre 1947 et 2000. Ensuite, les régions montagneuses subissent le recul des glaciers, symbolisé par la régression du glacier d'Ossoue, le plus grand des Pyrénées, qui a reculé de 125 m entre 2001 et 2019. Parallèlement, dans le sud de la France, le danger météorologique moyen associé aux feux de forêt, mesuré par l'« Indice Forêt Météo » (IFM), a augmenté de 18 % entre 1961-1980 et 1989-2008. Enfin, la France est témoin des diverses perturbations de la biodiversité liées au dérèglement climatique : les quantités de pollen, notamment de bouleau, ont fortement augmenté depuis trente ans, les vendanges sont faites en moyenne quinze jours plus tôt qu'en 1980, le moustique tigre s'est installé dans 45 départements métropolitains, les oiseaux migrateurs transsahariens retournent en France en moyenne une semaine plus tôt, tandis que dans les Outre-mers le changement climatique et l'acidification des océans pèsent sur des récifs coralliens en recul et déjà menacés par des facteurs non climatiques tels que la pêche et la pollution. Globalement, c'est 62 % de la population française qui doit faire face de manière importante ou très importante à des risques climatiques.

## 1.2 Quelles conséquences futures ?

### Les risques au long terme

#### *Les risques évalués en fonction des différents scénarios*

Une chose est certaine : la plupart des dérèglements provoqués par le réchauffement climatique, et donc les conséquences associées, s'aggravent avec ce dernier. Ainsi, les 127 « risques clés » identifiés par le GIEC vont devenir jusqu'à plusieurs fois plus élevés qu'actuellement à moyen et long terme, le niveau de hausse dépendant fortement des mesures de mitigation et d'**adaptation** prises au court terme. Par exemple, en Europe, quatre risques clés ont été identifiés :

- risques sur la santé et les écosystèmes dus à la chaleur : le nombre de personnes exposées aux vagues de chaleur et le nombre de morts associé seront deux à trois fois supérieurs pour un réchauffement de 3 °C par rapport à 1,5 °C, touchant les limites des capacités d'adaptation des sociétés tandis que la chaleur entraînera un changement irréversible dans la composition des écosystèmes,
- risques sur les récoltes agricoles dus à la chaleur et aux sécheresses : l'Europe devra faire face à des pertes agricoles importantes. Si l'irrigation peut être une solution, plus le réchauffement augmentera plus elle sera limitée par le manque d'eau,
- risques de pénuries d'eau : particulièrement dans le sud de l'Europe où plus d'un tiers de la population risque de manquer d'eau pour un réchauffement de 2 °C, et ce risque doublera pour 3 °C,
- risques d'inondations et de montée des eaux : les dégâts provoqués par les inondations côtières seront au moins dix fois plus importants à la fin du siècle, tandis que le nombre de personnes touchées par les inondations liées aux précipitations et débordement de rivières risque de doubler, tout comme les coûts des dégâts.

Comme le montre le lien entre pénurie d'eau, irrigation et pertes agricoles, les **risques** liés au changement climatique interagissent, créant un risque global composé se répercutant en cascade sur différents secteurs et régions. Ces risques deviendront de plus en plus complexes et difficiles à gérer alors que le réchauffement augmente.

### Risque climatique et adaptation

#### Risques et vulnérabilités

Tel que défini par le GIEC, un risque désigne le potentiel de conséquences négatives, non seulement sur les sociétés humaines mais aussi sur les écosystèmes, dans toutes leurs dimensions. Un risque est le fruit des interactions entre la vulnérabilité de ces systèmes et un danger climatique. Un danger climatique qualifie la réalisation potentielle d'un événement – naturel ou provoqué par l'activité humaine – pouvant entraîner des dégâts sur les infrastructures, les bâtiments, sur la santé humaine ou encore les systèmes naturels.

### Adaptation et limites

L'adaptation caractérise le processus par lequel les sociétés humaines s'ajustent aux effets présents et anticipés du changement climatique, pour diminuer ses dégâts et profiter de ses éventuelles opportunités. Les écosystèmes sont aussi capables de s'adapter au changement climatique. Cependant, les capacités d'adaptation des systèmes humains et naturels sont limitées. Quand ces limites sont atteintes, des « risques intolérables » ne sont plus évitables (limites dures) ou les actions pour les éviter ne sont pas encore disponibles (limites souples). Certaines communautés humaines ont déjà atteint des limites souples (par exemple les populations côtières des petits États insulaires) alors que des écosystèmes touchent des limites dures, comme les récifs coralliens d'eau chaude. Ces limites concernent des capacités d'adaptation des sociétés et écosystèmes et doivent donc être distinguées des limites planétaires (*cf.* 1.2).

### *Des incertitudes qui demeurent*

Au-delà des incertitudes socio-économiques modélisées par différentes trajectoires d'émissions de GES, des incertitudes scientifiques persistent : si les risques globaux sont identifiés, la complexité des systèmes naturels rend la prédiction et l'évaluation de certaines évolutions et conséquences du changement climatique difficiles, augmentant les incertitudes quant aux risques futurs. D'abord, les indicateurs utilisés pour évaluer les quantités de GES émises sont eux-mêmes entachés d'incertitudes car ils simplifient la physique régissant le système climatique et ses réponses aux émissions. Par exemple, les incertitudes liées aux estimations des budgets carbone ne peuvent pas être évaluées précisément.

Ensuite, la prédiction précise des évolutions climatiques, comme les changements de précipitations à court terme, est compliquée par les incertitudes liées aux modèles climatiques. Enfin, la probabilité d'occurrence d'événements à fortes répercussions est elle aussi difficile à évaluer. C'est le cas des dépassements des **points de bascule** auxquels les incertitudes empêchent d'associer à leur occurrence des niveaux précis de réchauffement. Il est du moins certain que leur probabilité d'occurrence augmente avec l'augmentation de température. Ces incertitudes liées aux phénomènes physiques doivent être prises en compte pour répondre au mieux aux enjeux du changement climatique, et peuvent justifier en elles-mêmes une politique de réduction importante des émissions, pour limiter le risque de conséquences dramatiques.

### Points de bascule (*tipping points*)

Les points de bascule font référence à des seuils critiques au-delà desquels un système est modifié de manière irréversible et/ou abrupte. Le dépérissement des forêts amazonienne et boréale, la fonte accélérée de la calotte glaciaire en Antarctique ou encore des changements brusques de circulation des courants océaniques en sont des exemples.

## Le climat, la biodiversité et les sociétés humaines comme systèmes couplés

La prise en compte des interactions entre ces trois systèmes est tout aussi fondamentale pour comprendre les risques complexes liés au changement climatique. Les sociétés humaines sont à l'origine du changement climatique, qui provoque en retour des effets néfastes sur ces mêmes sociétés mais aussi sur les écosystèmes et leur biodiversité. Les écosystèmes sont aussi lourdement affectés de manière directe par les activités humaines. Leur dégradation a, en retour, des conséquences négatives sur les sociétés. En effet, les écosystèmes fournissent des services et moyens de subsistance aux populations, peuvent limiter leur vulnérabilité en assurant une protection contre certains effets du changement climatique et favorisent la lutte contre ce dernier en jouant le rôle de puits de carbone. Par exemple, des écosystèmes tels que les mangroves peuvent capter quatre fois plus de GES qu'une forêt tropicale par unité de surface. Les ondes de tempêtes et l'augmentation du niveau de la mer peuvent être contrées grâce aux marais côtiers et récifs coralliens, tandis que les marais réduisent l'ampleur des inondations.

Ainsi, protéger les écosystèmes et développer des mesures d'adaptation et de mitigation prenant en compte ces interactions est vital pour ne pas mettre en place des solutions non adaptées voire contre-productives.

## À l'échelle locale : risques clés et systèmes couplés

En France, différents types d'écosystèmes permettent d'illustrer les interactions à l'œuvre qui amplifient ou réduisent les risques liés au changement climatique tels qu'identifiés plus haut.

Un premier exemple est celui des Alpes, qui se réchauffent deux fois plus vite que le reste de la France. Dans ces régions surexposées, la sécheresse affectera de plus en plus les activités humaines ainsi que les écosystèmes, notamment les forêts. En parallèle, les épisodes de fortes précipitations augmenteront, engendrant inondations, et, particulièrement en montagne, des glissements de terrains et éboulements ; ces deux dernières conséquences étant d'autant plus favorisées par la fragilisation de la forêt et de ses fonctions de fixation des sols.

Un deuxième exemple est celui de la Méditerranée, particulièrement touchée par les incendies, avec de nombreuses conséquences sur les écosystèmes, mais aussi la santé humaine, les activités économiques et les constructions. Ces événements extrêmes vont se multiplier et s'intensifier sous l'effet direct du changement climatique (augmentation de l'Indice Forêt Météo) mais aussi à cause d'interactions climat-écosystèmes. En effet, les forêts méditerranéennes font face à un dépérissement des arbres de plus en plus important, montrant que des seuils critiques ont été dépassés dans certaines zones. Il est dû à l'intensification du stress estival subi par la végétation et aux sécheresses, mais aussi à l'arrivée de nouvelles espèces favorisées par le changement climatique telles que le gui ou la chenille processionnaire qui mettent en danger l'équilibre de l'écosystème. Or l'accumulation d'une biomasse morte, très combustible, augmente l'intensité potentielle des feux de forêt, et donc leurs répercussions sur les systèmes naturels et humains. Ces interactions doivent être considérées et demandent des actions adaptées.

## 1.3 La place et le rôle des entreprises

### S'adapter

#### *Des risques économiques importants*

Les entreprises peuvent être touchées de différentes manières par le réchauffement climatique, selon leur localisation et secteur d'activité, mais elles devront toutes faire face directement à des effets adverses. Leurs infrastructures mais aussi leurs chaînes d'approvisionnement et marchés peuvent être touchés par des événements climatiques extrêmes. Les entreprises dont l'activité principale a lieu en extérieur devront faire face à des pertes de productivité dues aux épisodes de forte chaleur. Par exemple, en France ce sont des secteurs entiers qui doivent être remis en question, tels que le tourisme de neige, compromis en dessous de 2 000 m d'altitude ou des activités agricoles clés comme la viticulture.

#### *Diminuer la vulnérabilité grâce à une démarche prospective*

Pour se protéger des risques, les entreprises peuvent diminuer leur vulnérabilité en prenant des mesures d'adaptation dans une démarche prospective. L'évaluation des risques futurs auxquels l'entreprise sera exposée ainsi que les effets des différentes options d'adaptation doit se fonder sur des connaissances scientifiques globales tenant compte des interactions climat-biodiversité-sociétés ainsi que des connaissances locales et autochtones, chaque territoire étant exposé à différents risques climatiques et caractérisé par différentes vulnérabilités. Grâce à ces connaissances, une stratégie d'adaptation peut être définie. Cependant, celle-ci doit aussi prendre en compte les limites de ces connaissances et les incertitudes profondes liées à certains aspects physiques du changement climatique – tel qu'évoqué plus haut.

Une incertitude supplémentaire à considérer est celle du contexte socio-économique, particulièrement difficile à anticiper mais pouvant aussi conditionner certaines vulnérabilités. Dans ce contexte, des solutions flexibles d'adaptation devront être privilégiées. Plusieurs sont possibles, en fonction de l'aversion au risque, mais aussi des capacités d'action. Par exemple, une entreprise peut préférer réduire le risque, même peu probable, au maximum, et une autre préférera accepter ce risque mais être capable de rebondir rapidement en cas de crise. La gestion de l'incertitude est primordiale dans la définition d'une stratégie d'entreprise (*cf.* 3.3).

### Réduire ses émissions

Si les mesures d'adaptation sont nécessaires pour réduire les risques, leur efficacité diminuera conjointement avec l'augmentation du réchauffement climatique et des limites seront atteintes. Face aux effets déjà présents et à venir, il demeure indispensable de réduire urgemment les émissions de GES. Il s'agit aussi d'un intérêt économique : le coût de mitigation des émissions pour limiter le réchauffement à 2 °C est inférieur aux bénéfices économiques que cela engendrerait. Il est donc indispensable de transformer les systèmes de production en profondeur afin de diminuer drastiquement les émissions et limiter l'ampleur du réchauffement. Le défi est d'autant plus important que le changement climatique n'est pas le seul facteur environnemental qui remet en question les modes de production. L'enjeu des limites planétaires ne doit pas être sous-estimé.

# 2 La notion de limites planétaires

## 2.1 Les ressources non renouvelables

L'être humain s'est développé en s'appuyant sur la consommation des ressources présentes sur Terre. Une ressource est une matière première épuisable. Toutes les ressources sont **renouvelables** mais à des échelles de temps plus ou moins longues. Ainsi les ressources se renouvelant plus lentement que la vitesse à laquelle elles sont extraites sont qualifiées de non renouvelables. Historiquement, la découverte et l'utilisation de nouvelles ressources se sont accompagnées d'un fort développement humain : passage de l'âge de bronze (de 2700 à 900 av. J.-C.) à l'âge de fer (de 1200 à 550 av. J.-C.), révolution industrielle avec le charbon (XVIIIe) et enfin l'ère du pétrole.

### La place centrale des énergies fossiles

Les énergies fossiles et plus particulièrement le pétrole sont encore aujourd'hui les ressources centrales de notre économie. Le pétrole représente près d'un tiers des **réserves énergétiques mondiales** (31 % en 2021) et les énergies fossiles cumulées (gaz, charbon, pétrole) représentaient 82 % de ces réserves. L'avantage des hydrocarbures réside dans leur **densité énergétique** importante, un litre de gazole pouvant déplacer un camion de 40 tonnes sur trois kilomètres pour un coût de quelques euros. Le pétrole est aussi utilisé en pétrochimie pour produire plastique, textile, engrais, bitume, etc. La découverte des énergies fossiles nous a permis de passer d'**énergies de flux** (moulin à vent, bois des forêts) à des **énergies de stock** représentant une réserve d'énergie monumentale. Ainsi, il existe une corrélation historique forte entre consommation d'hydrocarbures et développement économique.

La demande en pétrole ne cesse d'augmenter. En 2022, la demande a augmenté de 2,5 millions de barils par jour (mb/j) pour atteindre 99,6 mb/j. Cette forte demande couplée avec des actions d'organisations de pays producteurs comme l'OPEP (Arabie saoudite, Irak, Qatar…) ainsi que des tensions géopolitiques donnent un caractère volatile au prix du pétrole. Ces instabilités peuvent avoir de graves conséquences sur l'économie mondiale comme observée lors des chocs pétroliers de 1973 et 1979 ou depuis l'invasion russe en Ukraine en mars 2022.

### Les minerais

Notre économie repose aussi sur l'exploitation de minerais, c'est-à-dire des éléments extraits à partir de roche. Ce sont principalement des **métaux** (86 éléments sur les 110 du tableau périodique sont des métaux). Certains sont utilisés en grande quantité : aluminium, fer, cuivre… Leurs usages sont multiples, mais ils sont principalement utilisés pour leurs propriétés mécaniques sous forme d'alliage, pour leur conductivité électrique ou pour leurs propriétés optiques. Ces éléments sont abondants dans la croûte terrestre, l'aluminium et le fer étant respectivement les troisièmes et quatrièmes éléments les plus abondants sur Terre. D'autres métaux, moins connus, sont pour autant très présents dans nos industries. Le lithium présent dans les batteries, l'indium dans les écrans ou le néodyme dans les aimants permanents des moteurs électriques sont des exemples. Ce dernier élément fait partie d'une famille particulière, les **terres rares**.

**Les terres rares**

Le terme « terres rares » recouvre 17 métaux aux propriétés proches et souvent mélangés dans la nature. Leur exploitation nécessite donc de les séparer en suivant des procédés complexes. Ils sont présents dans de nombreux domaines, principalement dans l'industrie du verre, des aimants ou en tant que catalyseur. Leur présence dans certaines technologies d'énergie renouvelable (éoliennes offshore, certaines éoliennes terrestres et certains panneaux solaires) est parfois avancée comme une limite à la transition écologique. En réalité, ces éléments sont souvent substituables et leur utilisation en petite quantité ne menace pas les stocks actuels. En effet un seul site, celui de Bayan Obo en Chine suffit à fournir 60 % de la demande mondiale en terre rare. Un problème plus immédiat est le quasi-monopole de la Chine sur l'extraction et la séparation de ces métaux. Cela place les autres pays en situation de dépendance, source de tensions géopolitiques. Enfin, les pratiques chinoises sont très polluantes alors que la production de ces ressources pourrait se faire de manière plus durable.

Aujourd'hui, une soixantaine de métaux différents sont exploités et la demande ne fait que croître. Par exemple, en 2020, la demande en aluminium était de 86,5 millions de tonnes et elle risque d'atteindre 120 millions de tonnes en 2030. En dix ans, la consommation de nickel a, elle, presque doublé (1,45 million de tonnes en 2010 contre 2,85 millions en 2021).

### Schéma d'épuisement

Ces ressources n'étant pas renouvelables, la poursuite de leur exploitation conduira donc vers une forme d'épuisement. Une ressource finie ne peut être exploitée à l'infini et donc sa production passera par un maximum. Ce principe a d'abord été appliqué au pétrole sous la forme du **pic pétrolier** (*peak oil*). En pratique, l'exploitation commence par les filons les plus facilement accessibles et les plus rentables et les découvertes de nouvelles réserves se multiplient. Pour le pétrole, en 1960 pour chaque baril (159 litres) produit, six étaient découverts. Assez vite, certaines réserves font face à des pics de production locaux comme c'est le cas pour les réserves britanniques en mer du Nord. Au fur et à mesure de l'exploitation d'une ressource, le rendement est condamné à baisser. En effet, les réserves les plus rentables sont exploitées et épuisées en premier, obligeant les industriels à se rabattre sur des réserves moins rentables. Pour le pétrole, cette rentabilité est évaluée avec le **taux de retour énergétique**, c'est-à-dire le rapport entre le pétrole extrait et le pétrole nécessaire pour l'extraction. Ainsi, il y a peu de chances que l'être humain épuise totalement le pétrole présent sur Terre, mais la menace est d'arriver à court de réserves rentables.

### Ressources versus réserves de pétrole

Il est difficile d'évaluer la quantité de pétrole qui est encore exploitable. Pour mieux comprendre l'état du stock, il faut séparer les ressources représentant la quantité totale de pétrole présent sur Terre, des réserves, c'est-à-dire la partie exploitable des ressources. Définir l'exploitabilité s'accompagne d'incertitudes liées au prix du pétrole et au développement de nouvelles techniques d'extraction. Les réserves sont alors catégorisées selon le degré de certitude de leur disponibilité. Les réserves prouvées, **1P** ou **P90** ont une probabilité de 90 % d'être exploitables, les réserves probables **2P** ou **P50** ont 50 % de chance et les réserves possibles **3P** ou **P10** seulement 10 %. Enfin, les réserves peuvent être complétées par de nouvelles découvertes de sites, mais pour le pétrole, ces découvertes sont de plus en plus rares.

Les minerais suivent le même schéma d'épuisement. Au lieu du taux de retour énergétique, c'est la concentration en métaux des roches minées qui décroît jusqu'à ce que l'extraction ne soit plus rentable. Pour les terres rares, leur extraction n'est rentable que si plusieurs éléments sont valorisables et sont le sujet d'une demande proche.

À l'inverse du pétrole, une majorité des métaux ont aussi la possibilité de repousser leur pic de production grâce au recyclage. En pratique, recycler s'accompagne toujours de perte en masse et en qualité. Aussi, cela nécessite de séparer les métaux des produits finis, ce qui peut s'avérer difficile surtout dans les produits high tech (*cf.* 5.3).

## État actuel des ressources

### *Le pétrole*

Dans le cas du pétrole, en s'intéressant aux 16 pays exportant le plus vers l'Europe, tous présentent un déclin des découvertes. Pour 14 d'entre eux, le niveau de production est inférieur à un maximum observé dans le passé. Enfin, pour ces pays, le déclin est attendu pour 2030. L'UE se doit alors de baisser sa dépendance au pétrole, d'autant plus qu'elle est de moins en moins prioritaire pour avoir accès aux gisements étrangers face aux pays en développement comme la Chine et l'Inde.

À l'échelle mondiale, le rythme de production semble ralentir, mais la demande continue de croître, Helle Kristoffersen (directrice générale de la stratégie du pétrole français) parle d'un déficit de 10 millions de barils par jour à l'horizon 2025 soit un dixième de la production mondiale. Cela nous placerait dans une situation plus critique que lors des précédents chocs pétroliers.

Enfin d'un point de vue purement écologique, une telle croissance de la demande n'est pas soutenable. Pour rester sous la barre des deux degrés de réchauffement, il est estimé que deux tiers des réserves d'hydrocarbure exploitables devraient rester dans le sol.

### *Les minerais*

La situation des métaux diffère beaucoup d'un métal à l'autre, certains semblant avoir déjà atteint leur pic. Ainsi, la plupart des mines de cuivre ont atteint leur pic ou s'en rapprochent comme Escondida au Chili, la plus grande mine du monde, qui devrait voir sa production baisser de 5 % d'ici 2025 (S&P Global 2021). L'argent et le cobalt présentent aussi un niveau de criticité géologique élevé. Le cobalt est en plus symptomatique de l'autre facteur de mise en tension des ressources : l'inégale répartition des ressources. Les gisements de métaux sont concentrés dans certaines zones du monde, ce qui installe des tensions géopolitiques autour de l'accès à ces ressources. Le cobalt est ainsi majoritairement produit en République démocratique du Congo, un pays sujet à des instabilités politiques. Les pays se spécialisant dans l'extraction d'un minerai font aussi face à la **maladie hollandaise**. En effet, l'accroissement des recettes d'exportation du minerai provoque l'appréciation de la monnaie, les autres secteurs deviennent alors moins compétitifs et l'industrialisation du pays est ralentie.

De plus, pour se séparer du fossile et assurer la transition énergétique, d'importantes quantités de métaux seront nécessaires. Dans un scénario de « développement durable » il est estimé que d'ici 2040, la demande de cuivre augmentera de 40 %, celle de cobalt sera multipliée par 4,5, celle de néodyme par 3, et même multipliée par 25 pour le lithium. Pour l'instant trop peu de projets sont prévus pour subvenir à cette demande.

Ainsi, en 2020, la Commission européenne a déterminé une liste de 30 matières premières critiques, c'est-à-dire des ressources alliant importance économique et risque de pénurie d'approvisionnement. Sont présents dans cette liste des métaux comme le lithium, le cobalt, l'indium… Mais aussi d'autres ressources naturelles comme le caoutchouc ou le phosphore. Ce rapport souligne enfin que le premier problème de l'UE est sa dépendance à l'importation. Cette dépendance a trouvé une illustration criante avec la crise du gaz russe en 2022 et le plan d'urgence mis en place pour y répondre. L'Union devrait alors multiplier ses fournisseurs, lancer des projets sur son sol ou trouver des alternatives aux ressources critiques.

## 2.2 Les neuf limites planétaires

### Un système à l'équilibre

#### *L'équilibre du système Terre*

Pour comprendre les répercussions de l'activité humaine sur l'environnement, il faut d'abord avoir une bonne compréhension du **système Terre**. Depuis 1983 et l'Earth System Science Committee, la Terre est abordée comme un système complexe composé de parties interdépendantes et sa compréhension nécessite une approche pluridisciplinaire. Historiquement, ce système est défini comme un ensemble de quatre sphères s'échangeant des éléments (eau, minéraux, azote, carbone, etc.) : **l'atmosphère, l'hydrosphère, la géosphère et la biosphère**.

Depuis plus de dix mille ans, ce système est soumis à des perturbations extérieures stables (activité solaire et autres paramètres astronomiques, dits paramètres de Milankovitch). Ainsi, le système Terre a trouvé un équilibre dans cette période géologique interglaciaire nommée l'**Holocène**. Cet équilibre a permis l'essor de la biodiversité, mais aussi des sociétés humaines. Aujourd'hui l'activité solaire décroît, mais la température augmente à une vitesse qu'aucun paramètre extérieur naturel ne peut expliquer. Un nouveau paramètre doit être pris en compte pour expliquer ces tendances récentes : les activités humaines.

#### *L'Anthropocène*

Depuis le XIX$^{e}$ siècle et l'ère industrielle, l'impact de l'homme sur son environnement n'a cessé de croître. La quantité de $CO_2$ atmosphérique a explosé passant de 282 ppm en 1800 à 412 ppm en 2020, entraînant un réchauffement climatique bien plus rapide que les déglaciations les plus rapides de l'histoire géologique. La biodiversité connaît une chute équivalente aux précédentes extinctions de masse. La plupart des cycles géochimiques sont perturbés par les activités humaines, notamment agricoles. La multiplication de ces constats a amené certains scientifiques à théoriser l'entrée dans une nouvelle ère géologique, l'**Anthropocène**, l'être humain devenant une vraie force géologique. Ce passage à une nouvelle ère risque de s'accompagner d'une sortie de l'équilibre mettant ainsi en danger une grande partie des êtres vivants.

### Ce système repose sur des limites

#### *Le cadre conceptuel des limites planétaires*

L'équilibre du système Terre repose sur des interactions entre sous-systèmes permettant à l'ensemble de s'autoréguler. Ces interactions sont dites négatives, c'est-à-dire que si un paramètre s'écarte de sa valeur à l'équilibre, les rétroactions vont avoir tendance à le ramener à l'équilibre. Par exemple, dans une chaîne alimentaire, si le nombre de prédateurs augmente, alors la population de proies baisse et ainsi limite le nombre de prédateurs.

À l'inverse, il existe aussi des boucles de **rétroaction positives**, des cercles vicieux éloignant de l'équilibre. Par exemple, le réchauffement climatique entraîne la fonte du permafrost, libérant des gaz à effet de serre qui aggravent à leur tour le réchauffement climatique. Quand les rétroactions positives prennent le pas sur les rétroactions négatives, il y a un risque d'emballement et de sortie d'équilibre, correspondant à des **points de bascule** (*tipping points*). Sur la base de ces points de bascule trois scientifiques, Rockström, Steffen et Noone ont identifié neuf limites planétaires :

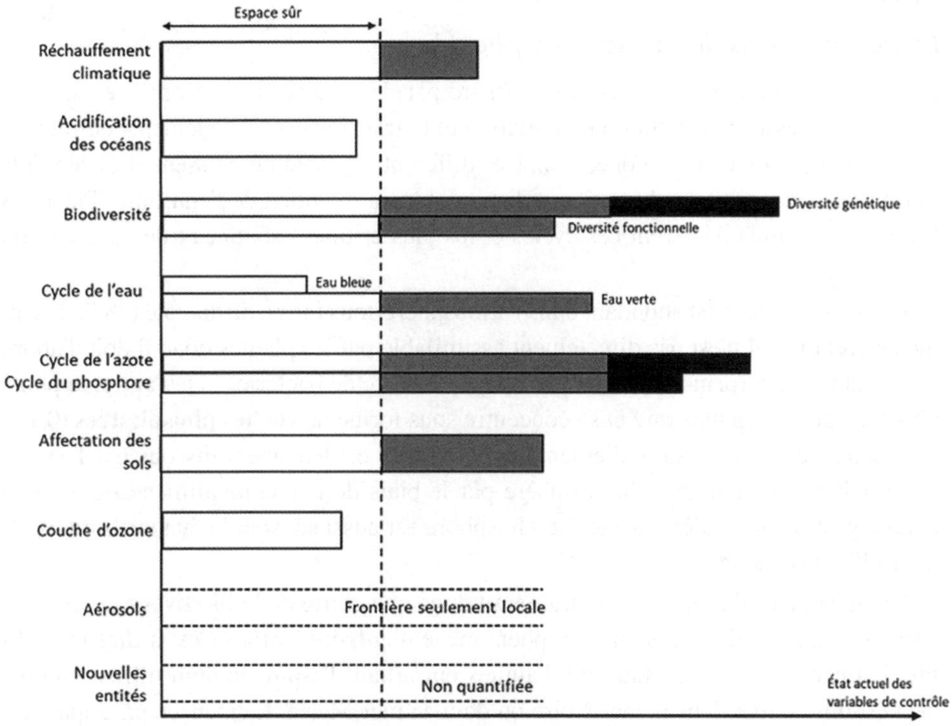


**Figure 1.1** – Les neuf limites planétaires

Données : Représentation des auteurs, Rockström, 2009 & Steffen, 2015.

Chacune de ces limites est accompagnée d'une **variable de contrôle** qui permet d'évaluer si nous sommes proches de la dépasser ou non. Cependant, définir ces limites, ainsi que choisir et mesurer ces variables de contrôle est difficile donc conduit nécessairement à des incertitudes. C'est pour cela que la notion de **frontière** est ajoutée. Elle peut être vue comme un objectif que la société se fixe au sein de l'intervalle d'incertitude de la limite. Soit il est choisi d'éviter tout risque alors la frontière est placée à la valeur basse de l'intervalle. Soit des risques sont acceptés et la frontière est placée à des valeurs plus hautes. Il a été choisi de suivre le principe de précaution et de placer les frontières au plus bas.

Par exemple, l'acidification des océans est un phénomène critique car elle réduit la teneur de l'eau en calcite et en aragonite. Or ces éléments sont indispensables pour de nombreuses formes de vie (coquillages, coraux, crustacés, etc.) sur lesquelles repose une grande partie de la chaîne alimentaire des espèces océaniques. Ainsi, pour mesurer l'ampleur de ce phénomène, la variable de contrôle choisie est le degré de saturation de l'eau de mer de surface en aragonite. La limite est évaluée entre 80 % et 70 % du degré moyen de saturation préindustriel. La frontière est donc placée à 80 % et en 2015 il a été évalué que le degré de saturation se limitait déjà à 84 %. Le système Terre n'a donc pas encore dépassé cette frontière, mais il s'en rapproche et le rythme de l'acidification tend à s'accélérer.

### *Le cas des cycles de l'azote et du phosphore*

L'équilibre du système Terre est aussi assuré par des cycles biogéochimiques, c'est-à-dire des processus permettant la circulation et la transformation d'éléments chimiques (azote, phosphore, eau, carbone, etc.). Les différents cycles interagissent et offrent à la biosphère sa capacité de régulation indispensable au maintien de l'équilibre. Plusieurs limites planétaires décrivent ces cycles et les plus critiques sont ceux de l'azote et du phosphore.

D'un côté, l'azote est abondant dans l'atmosphère sous forme de diazote (78 % de l'atmosphère) mais il n'est pas directement assimilable par les plantes donc il doit d'abord être rendu réactif (principalement par l'intermédiaire de bactéries). De l'autre, le phosphore est beaucoup plus rare et se concentre sous forme de **roches phosphatées** (0,1 % des roches terrestres). Naturellement, ce phosphore est lentement dissous par l'eau de pluie puis se propage dans la biosphère par le biais de la chaîne alimentaire et de la décomposition de matière morte. Le phosphore est aussi souvent le facteur limitant de la prolifération de la vie.

Un manque de ces éléments entraînerait donc une **chute de la biodiversité**, mais un surplus risquerait de déclencher un phénomène d'**eutrophisation** c'est-à-dire la prolifération excessive de végétaux ou d'algues entraînant l'asphyxie d'un milieu comme cela est observable dans la mer Noire ou dans la mer Morte. La menace principale est que ce phénomène se généralise et déclenche ce qui est appelé un **événement anoxique océanique** (EAO). Ainsi, la variable de contrôle retenue pour l'azote est la quantité d'azote rendu réactif par l'homme par an et au niveau planétaire. La limite est évaluée entre 62 et 82 TgN/an (1 TgN/an = 1 milliard de kilogrammes d'azote rendu actif par an) et en 2015 cette variable était évaluée à 150 TgN/an. Pour le phosphore, il est plutôt mesuré la quantité de phosphore déversée par l'être humain, la limite est, elle, estimée entre 11 et 100 TgP/an et en 2015, elle est évaluée à 22 TgP/an soit deux fois la frontière.

Nous sommes donc dans une situation critique concernant ces limites. L'inertie du système Terre ne nous permet cependant pas encore de nous rendre compte de l'ampleur des conséquences de ces dépassements.

### *Les autres limites*

Les neuf limites sont ainsi définies en suivant la méthodologie décrite précédemment. Quelques spécificités sont tout de même à noter.

Pour la biodiversité, deux limites sont définies. La première se concentre sur l'**érosion** de la biodiversité mesurée à travers le taux d'extinction. Mais les connaissances sur la tolérance du système Terre à une érosion élevée étant limitées, cette limite est difficile à placer. Une limite dite **fonctionnelle** est donc ajoutée, elle représente la diversité nécessaire au maintien des principaux services fournis à l'humanité par les milieux naturels. Elle est mesurée par l'**indice d'intégrité de la biodiversité** (BII pour *Biodiversity Integrity Index*).

Certaines limites sont aussi pertinentes à étudier à une échelle plus locale. Ainsi le cycle du phosphore, l'utilisation des sols, le cycle de l'eau et les aérosols ont des limites locales en plus. Pour les aérosols, il y a d'ailleurs trop de variations régionales pour réussir à définir une limite globale.

**Les aérosols**

Les aérosols sont les particules solides ou liquides en suspension dans l'air. Généralement de très petites tailles (inférieures à 5 μm) ils sont émis par les activités naturelles (volcanisme, incendie) ou par les activités anthropiques (industrie chimique, pétrolière, etc.). Ils peuvent avoir un pouvoir de réchauffement négatif en réfléchissant les rayons du soleil, mais ils modifient aussi la création des nuages et sont dangereux pour la santé des êtres vivants.

Enfin, l'introduction de nouvelles entités est une limite encore floue qui englobe tous les **risques** dus à l'ajout de substances créées par l'être humain dans le système Terre. Il est question ici de glyphosate, des microplastiques ou encore des OGM et bien d'autres (plus de 150 000 substances suivies par la directive européenne REACH). Mais il n'y a pas encore de limite définie même s'il est préconisé de rester vigilants : « La société a besoin d'apprendre à réduire ces risques inconnus et à gérer les substances chimiques dans un contexte d'incertitude. »

Ce cadre conceptuel présente les limites de manière distincte. Ces phénomènes étant en interaction, le dépassement d'une limite risque d'entraîner le dépassement d'une ou plusieurs autres limites ce qui pourrait mener à un emballement. (Se référer au tableau 1.2 pour plus de détails)

## Un système menacé par les activités humaines

Aujourd'hui, plusieurs frontières sont dépassées. Les principaux facteurs de dépassement sont liés aux activités humaines notamment l'utilisation d'hydrocarbures et l'agriculture.

### *L'impact de l'utilisation d'hydrocarbures*

L'extraction et la consommation d'hydrocarbures sont le premier facteur du dérèglement du **cycle du carbone**. En effet, les ressources fossiles constituent un stock géologique isolé du cycle du carbone naturel, car sans action humaine, ce stock reste sous terre et sa formation est très lente. Extraire et brûler ces ressources revient à ajouter de grandes quantités de carbone dans l'atmosphère, déréglant ainsi le cycle du carbone.

Ce dérèglement est le premier responsable du réchauffement climatique, mais aussi de l'**acidification des océans**. En effet, les océans captent le $CO_2$ (30 à 40 % du $CO_2$ anthropique), ce phénomène réduit donc fortement l'effet de serre. Mais la réaction de dissolution du gaz carbonique dans l'eau relâche des ions $H^+$ entraînant l'acidification des océans. Or, plus les océans s'acidifient, moins ils sont capables de réguler le $CO_2$ dans l'atmosphère. La combustion d'hydrocarbure relâche aussi de grandes quantités de carbone suie (particule de carbone en suspension), un puissant aérosol. Tous ces paramètres influencent les écosystèmes et menacent la biodiversité.

### *L'impact de l'agriculture*

L'agriculture et plus spécialement l'agriculture intensive est l'autre facteur nous éloignant le plus de l'équilibre.

Pour nourrir une population croissante risquant d'atteindre 10 Md à l'horizon 2050, il est nécessaire de mettre en culture des surfaces de plus en plus importantes et donc de recourir à la **déforestation**. Ainsi, les forêts ont reculé de presque 100 millions d'hectares en seulement vingt ans. Cela dégrade directement l'**état des sols**, en les appauvrissant fortement. La disparition du couvert forestier entraîne aussi une baisse de l'**albédo** (capacité de réflexion des rayons solaires par la surface terrestre) ainsi qu'une chute de la captation du $CO_2$ par photosynthèse, deux phénomènes aggravant le réchauffement climatique. La déforestation réduit aussi la fixation de l'eau par les sols et accroît l'érosion éolienne, ce qui relâche des aérosols. Enfin, lorsqu'un écosystème forestier riche est remplacé par de la monoculture, la biodiversité est mise en danger.

Pour augmenter les rendements, l'agriculture utilise toujours plus d'engrais. En 2018, 200 millions de tonnes d'engrais ont été utilisés, soit une augmentation de 25 % en dix ans. Ces engrais se composent notamment d'azote et de phosphore, leur épandage massif perturbe fortement les cycles associés. La lente dispersion naturelle est remplacée par une dispersion localisée et excessive. Excessive, car dépassant les taux naturels, mais aussi parce que l'utilisation d'engrais n'est pas optimisée, par exemple, seul un cinquième du phosphore miné se retrouve dans nos aliments. Le reste est soit emporté par les eaux de pluie soit accumulé dans le sol, polluant ainsi l'eau et menaçant certaines zones d'eutrophisation. La production d'engrais est également source d'émission de gaz à effet de serre aggravant le réchauffement climatique. La production de phosphore a aussi la particularité de reposer sur des roches phosphatées non renouvelables et donc risquant de s'épuiser. Comme les métaux, elles sont très concentrées dans certaines régions du monde comme au Maroc.

**Tableau 1.2** – Synthèse des neuf limites planétaires

| Limites planétaires | Importance | Variable de contrôle | Frontière | État actuel | Impact de l'homme | Liens avec les autres limites |
|---|---|---|---|---|---|---|
| **Réchauffement climatique** | Menace les écosystèmes reposant sur la stabilité climatique de l'Holocène (voir chapitre 1). | Concentration de $CO_2$ atmosphérique en partie par million (ppm). | > 350 ppm. | 2020 : 412,5 ppm. | – Utilisation d'hydrocarbure pour l'énergie, les transports, l'agriculture et l'industrie.<br>– Émission de gaz à effet de serre puissant comme le méthane par l'agriculture.<br>– Déforestation. | – Met en danger de nombreux écosystèmes en modifiant trop vite le climat.<br>– L'élévation du niveau des océans, provoqué par le réchauffement, entraîne une salinisation des nappes phréatiques. |
| **Acidification des océans** | – Formation de calcite et d'aragonite.<br>– La capture du carbone réduit avec l'acidification. | Taux de saturation de l'aragonite par rapport au taux préindustriel (%). | < 80 % . | 2015 : 84 %. | Émission de carbone par les activités humaines comme détaillé pour le réchauffement climatique. | – La baisse de carbonate met en danger les espèces reposant sur la calcification et donc la chaîne alimentaire en découlant.<br>– Diminue la photosynthèse et en ralentit la croissance ainsi que la reproduction de certaines espèces. |

| Limites planétaires | Importance | Variable de contrôle | Frontière | État actuel | Impact de l'homme | Liens avec les autres limites |
|---|---|---|---|---|---|---|
| **Biodiversité** | – Permet la résilience et l'adaptation du vivant.<br>– La disparition d'une espèce en menace d'autres par la chaîne alimentaire. | – Taux d'extinction par an et par million d'espèces | > 10 ext./ an/ Mesp. | 2015 : 100 à 1000 ext/an/Mesp. | – Dégradation des écosystèmes.<br>– Surexploitation de la faune et de la flore.<br>– Prolifération d'espèces invasives amenées par l'homme. | – La disparition d'écosystèmes riches perturbe les cycles du phosphore et de l'azote surtout s'ils sont remplacés par des terres agricoles.<br>– La disparition des récifs coraliens met en péril les terres proches du littoral. |
| | | Indice d'intégrité de la biodiversité (BII). | BII < 90 %. | 2015 : BII : 85 %. | | |
| **Cycle de l'eau** | – Premier constituant de la vie.<br>– Risque de pénurie locale. | Volume total d'eau prélevé ($km^2$). | > 4000 $km^3$ | 2015 : 3830 $km^3$ | – Capture et détournement des sources d'eaux souterraines et de surface.<br>– Dégradation du couvert végétal entraînant une réduction de la teneur en eau des sols et modifie l'évapotranspiration. | – L'assèchement de certaines régions est un des premiers facteurs d'érosion de la biodiversité.<br>– Une perturbation locale du cycle de l'eau peut impacter le climat au niveau global en favorisant de forts vents ou d'importantes précipitations. |

| Limites planétaires | Importance | Variable de contrôle | Frontière | État actuel | Impact de l'homme | Liens avec les autres limites |
|---|---|---|---|---|---|---|
| **Cycle de l'azote** | – Cycle biogéochimique d'éléments indispensables à la vie.<br>– Risque d'eutrophisation. | – Azote atmosphérique rendu actif (TgN/an). | > 62 TgN/an. | 2015 :150 TgN/an. | – Production d'azote pour engrais<br>– Fixation d'azote par culture humaine<br>– Combustion d'énergie fossile | – La production d'azote émet du protoxyde d'azote ($N_2O_2$), puissant gaz à effet de serre.<br>– Pollution de l'eau.<br>– L'eutrophisation entraîne une asphyxie des milieux et met en danger la biodiversité des milieux aquatiques.<br>– Risque d'un événement anoxique global. |
| **Cycle du phosphore** | | Phosphore épandu sur les sols (TgP/an). | > 11 TgP/an. | 2015 : 22 TgP/an. | – Exploitation minière des roches phosphatées pour engrais<br>– Surconsommation d'engrais | |
| **Affectation des sols** | Influe sur la disponibilité des ressources alimentaires Impact majeur des forêts sur le climat en captant du $CO_2$ et en modérant l'albédo. | Rapport entre la surface forestière actuelle et la surface forestière de l'Holocène (1700). | < 75 %. | 2015 : 62 %. | – Déforestation pour libérer des terres agricoles en particulier pour l'agriculture industrielle et intensive.<br>– L'urbanisation.<br>– L'exploitation minière. | – Le remplacement de forêt par des cultures entraîne une forte perturbation de cycle de l'eau en dégradant l'évapotranspiration et le captage d'eau.<br>– -La couverture végétale influence fortement les cycles biogéochimiques. |

| Limites planétaires | Importance | Variable de contrôle | Frontière | État actuel | Impact de l'homme | Liens avec les autres limites |
|---|---|---|---|---|---|---|
| **Couche d'ozone** | – Absorption des UV nocifs pour la vie en réduisant la photosynthèse.<br>– Risque de trou au pôle Nord. | Concentration d'ozone en Dobson<br>1 UD = 10 mètres d'épaisseur d'ozone. | < 275 UD. | ≈ 285 UD. | Émission de gaz CFC qui réagissent avec l'ozone. | Les UV non filtrés menacent la biodiversité.<br>L'érosion de la couche a tendance à refroidir le climat, mais les gaz contribuant à son érosion sont de puissants gaz à effet de serre. |
| **Aérosols** | – Particules solides en suspension.<br>– Les particules fines attaquent les voies respiratoires des êtres vivants. | La profondeur optique d'aérosols (AOD) = niveau d'absorption de la lumière. | Locale : AOD > 0,25. | 2009 : Asie ≈ 0,3<br>Europe ≈ 0,2. | – La combustion de biomasse et d'énergie fossile émet du carbone suie.<br>– La déforestation, le surpâturage et l'irrigation accroissent l'érosion éolienne. | Les aérosols réfléchissent ou absorbent les rayonnements solaires ce qui a un impact direct sur le climat.<br>Ils influent aussi le climat indirectement en intervenant dans la formation des nuages. |
| **Nouvelles entités** | – Toutes les substances créées par l'homme.<br>– Réservoir de menace potentielle. | Pas de limites mais il faut limiter le nombre de ces substances. | | 500 millions de tonnes par an réparties en plus de 150 000 substances. | – Production agricole (pesticide ou OGM).<br>– Production industrielle (chimie, pharmacie, plasturgie).<br>– Traitement de fin de vie des produits. | – Impact sanitaire donc sur la biodiversité (800 substances suspectées par l'OMS).<br>– Sûrement des effets encore inconnus. |

Sources : (Rockström, 2009), (Chin, 2014), (Steffen, 2015), ( Filonchyk, 2020) et (Lindsey, 2022).

En plus de ces deux processus, l'agriculture agit sur la perturbation locale du cycle de l'eau. Le cas de la mer d'Aral est à ce titre emblématique, celle-ci ayant totalement disparu à la suite du captage intensif de ses affluents pour alimenter notamment les cultures de coton. Enfin, les pesticides et OGM font partie des nouvelles entités à surveiller.

L'utilisation d'hydrocarbures et l'agriculture sont donc les principaux facteurs d'instabilité du système. Les autres facteurs sont plus spécifiques comme l'**émission de chlorofluorocarbone** (CFC), gaz utilisé dans les machines frigorifiques et ayant entraîné le trou dans la couche d'ozone.

## 2.3 Réactions face à ces constats

### Dépasser les limites par le progrès ou bien réduire notre impact

Historiquement, face au constat que notre monde est limité et ses ressources finies, deux idéologies s'opposent :

#### *Le malthusianisme*

Le **malthusianisme**, inspiré des travaux de Thomas Malthus (1766 – 1834) prône une diminution de notre influence sur le système Terre notamment par la **réduction des naissances**. Il avait constaté que la croissance de la population était bien plus rapide que la croissance des ressources disponibles. Ainsi, il craignait de graves famines, et une mise en tension des ressources naturelles. Pour éviter cela, il préconisait de réduire volontairement la population en limitant les naissances par exemple. Cette doctrine a inspiré les politiques de l'enfant unique appliquées en Chine de 1979 à 2015. Mais cette vision a été vivement critiquée et contredite par l'idée que ce ne sont pas les ressources qui sont limitées, mais notre capacité à les exploiter.

#### *L'argument du progrès*

Ainsi, le malthusianisme a progressivement perdu du terrain au profit du progrès. Cette position était notamment portée par Friedrich Engels : les progrès de la science « sont aussi infinis et, du moins, aussi rapides que ceux de la population ». Les progrès techniques de la Révolution industrielle ont aussi permis de répondre à l'explosion démographique concomitante. Par exemple à partir de 1960, l'agriculture s'est industrialisée et a considérablement amélioré ses rendements à l'aide d'engrais et de pesticides. La production agricole mondiale a ainsi été multipliée par plus de quatre entre 1960 et 2019 tandis que la surface agricole n'a que très peu augmenté. Les famines à grande échelle que craignaient Malthus ont donc été évitées. Le progrès a alors gagné les premiers débats, cependant l'apparition des préoccupations environnementales légitime le retour d'une forme renouvelée de malthusianisme.

#### *L'état du débat aujourd'hui*

D'abord avec le **rapport Meadows** du club de Rome en 1972 puis avec les travaux du GIEC et l'introduction des neuf limites planétaires, les enjeux environnementaux sont progressivement entrés dans le débat public. Conserver l'équilibre du système Terre s'ajoute donc au défi de disposer d'assez de ressources. L'**équation I = PAT** permet une première compréhension de l'impact des activités humaines.

## L'équation : Impact = PxAxT

Développée en 1970, cette équation quantifie l'impact environnemental des activités humaines. Cet impact serait le produit de trois facteurs :

- La **population (P)** : Une population en croissance est synonyme de besoin en terre et en ressources en croissance et donc d'un impact accru. En 2 019 la population mondiale était de 7,7 milliards et elle pourrait atteindre 9,7 milliards en 2050.
- **Le niveau de vie (A = Affluence)** : Ce facteur représente la consommation moyenne par personne. Il est souvent approximé par la mesure du PIB par habitant en considérant que la production augmente quand la consommation augmente. Ce dernier est passé de 2 600 USD en 1980 à 11 400 USD en 2019.
- **La technologie (T)** : Ce facteur représente l'intensité en ressource nécessaire pour soutenir la production des biens. Selon les cas il peut prendre la forme d'empreinte en carbone ou en eau d'un produit ou encore la quantité de métaux nécessaire.

Chacun de ces trois facteurs peut aussi devenir un levier pour réduire l'impact des êtres humains. Il est possible de **réduire la population**, comme le recommandait Malthus. Ce levier a été repris récemment par une étude de 2017 qui présente le fait d'avoir un enfant de moins comme l'action individuelle la plus efficace pour réduire notre empreinte carbone. Mais cet article a été vivement critiqué car il réduit les enfants à leur empreinte carbone sans espérer qu'ils puissent faire du bien à la société. Aussi les politiques comme celle de l'enfant unique prennent au moins une génération pour donner des résultats.

Le second levier joue sur les **technologies** utilisées et donc sur l'optimisation des procédés de fabrication et sur le progrès des technologies qui auraient un impact réduit. Historiquement, c'est ce levier qui a été utilisé pour mieux exploiter les ressources et il est encore au centre des débats pour les questions environnementales. Par exemple, beaucoup d'efforts ont été consacrés à augmenter le rendement des moteurs thermiques, dont l'efficacité a augmenté de 60 % en 30 ans pour le secteur du fret routier. Malgré ces progrès, les émissions du secteur n'ont cessé d'augmenter, c'est l'**effet rebond**, une limite importante des approches techno-solutionnistes.

### L'effet rebond

Au XIXe siècle, Jevons a observé un paradoxe, la machine à vapeur de James Watt, beaucoup plus efficace, devait réduire la consommation de charbon. En pratique, la consommation n'a cessé d'augmenter, car ces machines étaient plus accessibles et se sont donc répandues à plus grande échelle. C'est le paradoxe de Jevons ou l'effet rebond qui peut être défini comme « l'augmentation de consommation liée à la réduction des limites à l'utilisation d'une technologie, ces limites pouvant être monétaires, temporelles, sociales, physiques, liées à l'effort, au danger, à l'organisation... ». Ainsi, une diminution de la consommation de ressources ou d'énergie d'un produit va entraîner une augmentation de l'utilisation de ce produit et donc des ressources consommées.

Ainsi un dernier levier fait de plus en plus sa place dans les débats : la **sobriété**. Il joue donc sur le facteur du **niveau de vie** moyen, en réduisant ce que nous consommons. Cette sobriété peut se matérialiser par une diminution de la surface moyenne des habitations, réduction du nombre d'objets technologiques ou des vêtements possédés, moins chauffer. Le dernier rapport du GIEC inclut un scénario de réduction de la demande qui pourrait réduire les émissions de GES de 40 à 70 % d'ici 2050.

## Mesures prises par les institutions

Même s'il reste des débats sur l'approche à adopter pour vivre dans les limites planétaires, les institutions ont commencé à intégrer des mesures pour réduire notre influence sur l'équilibre du système Terre.

### *Le cas de l'ozone*

Entre 1960 et 1990, la quantité de gaz chlorés (CFC) dans l'atmosphère a été multipliée par cinq. Ces gaz ont eu un rôle destructeur sur la couche d'ozone, et même si les neuf limites planétaires n'étaient pas encore définies, la limite liée à l'ozone a été dépassée durant cette période. Heureusement, le lien entre émission de CFC et déperdition de la couche d'ozone a été identifié et la communauté internationale s'est rapidement mobilisée. D'abord avec la **convention de Vienne** qui s'est concrétisée par le **protocole de Montréal en 1995** limitant fortement l'utilisation des gaz nocifs pour l'ozone. Ce protocole fut un succès car aujourd'hui la production de CFC est quasiment nulle, en effet le remplacement des CFC par des HCFC puis des HFC a limité l'impact sur l'ozone, conduisant à son réépaississement progressif.

Même si cet exemple est encourageant, et montre que des actions à l'échelle mondiale sont possibles, il n'est pas toujours si évident de réagir au dépassement d'une limite. En effet, les gaz chlorés étaient utilisés par un nombre restreint d'acteurs et surtout, une alternative viable a vite été développée. De plus, l'alternative trouvée n'est pas si idéale, les HFC étant de puissants gaz à effet de serre. Pour la plupart des autres limites, réagir est bien plus délicat, par exemple, les hydrocarbures sont utilisés dans de nombreux domaines et ils ne sont pas toujours facilement remplaçables. Les actions nécessaires sont alors de plus grande ampleur et le consensus international est plus difficile à trouver.

### *Intégration dans les mesures*

Le formalisme des limites planétaires a tout de même joué son rôle d'aide à la décision. Il a notamment été repris par la Commission européenne à travers son programme d'action *« Bien vivre, dans les limites de notre planète »* dans lequel l'Union européenne se donne des objectifs face aux différentes limites, réchauffement climatique, état des sols, cycle de l'eau, biodiversité, nouvelles entités…

Pour atteindre ces objectifs, l'Europe parie sur l'**innovation** des entreprises et le passage vers des modes de production plus durables comme l'agriculture biologique (*cf.* 7.1). Elle souhaite aussi tendre vers une économie sûre et durable en incluant les enjeux écologiques au sein d'autres domaines comme l'énergie ou les transports. Même si l'Europe apparaît comme pionnière dans la prise en compte de ces enjeux, ses actions restent insuffisantes. En effet, dans son programme datant de 2014, des objectifs à l'horizon 2020 ont été formulés, mais peu d'entre eux ont réellement été atteints.

Plus récemment, les Nations unies ont aussi adopté les limites planétaires à l'occasion du GAR 2022 (*Global Assessment Report on Disaster Risk Reduction*). Ce rapport est historique, car pour la première fois et à la lumière de l'étude des limites planétaires, un **risque d'effondrement global** est reconnu. Le discours ne se veut pas catastrophiste, mais il cherche à comprendre les risques afin de pouvoir réagir et éviter les pires conséquences. La conclusion est alors sans appel, il y a beaucoup à faire et il faut agir maintenant. Ainsi, jusqu'à maintenant, les mesures prises par les institutions sont sous-dimensionnées face au risque réel d'effondrement.

## Critiques des limites planétaires

Malgré l'intégration progressive des limites planétaires dans le vocabulaire des institutions ainsi qu'un certain engouement scientifique représenté par les milliers de citations, ce formalisme reste critiquable.

Le cadre des neuf limites planétaires peut laisser paraître une fausse exhaustivité. En effet, les neuf phénomènes identifiés sont critiques, mais notre connaissance du système Terre est insuffisante pour s'assurer que tous les phénomènes majeurs soient pris en compte. Cette incertitude est d'ailleurs illustrée par la limite sur les nouvelles entités, qui englobe des risques et qui pourraient donc donner de nouvelles limites. Par exemple, les **polluants organiques persistants** (POP) présents majoritairement dans les pesticides, représentent une nouvelle limite possible. En effet, ils sont très peu biodégradables, s'accumulent dans les organismes vivants et se transmettent au sein de la chaîne alimentaire. Ainsi, ils seraient responsables de l'effondrement de la population d'oiseaux au Pays-Bas.

Le cadre défini pour les neuf limites déjà établies n'est d'ailleurs pas parfait. Il conserve un **problème d'échelle** pour certaines limites comme pour le cycle de l'eau ou l'état des terres. Aussi, certains choix font encore débat comme la variable de contrôle pour la biodiversité. Il est donc possible que certaines variables soient revues et complétées. Cela est arrivé en 2022 lorsqu'il a été proposé d'inclure l'**eau verte** (eau issue des précipitations et absorbée par les végétaux) dans la limite sur le cycle de l'eau douce. L'étude propose l'humidité des zones racinaires comme variable de contrôle et conclut que la frontière est déjà dépassée.

Enfin, les limites planétaires gardent une focale uniquement environnementale et manque de s'inclure dans les dimensions économiques et sociales. L'économiste Kate Raworth a comblé ce manque avec son livre ***Doughnut Economics***, dans lequel elle cherche à inclure l'économie et les besoins sociaux dans les limites planétaires. Pour cela elle utilise une représentation en forme de donut avec deux cercles. Le cercle intérieur représente les besoins essentiels de l'humanité, comme la nourriture, l'eau, le logement et la santé, tandis que le cercle extérieur représente les limites planétaires.

L'objectif est alors de parvenir à un équilibre entre ces deux cercles, en assurant que tous les êtres humains ont accès aux besoins de base tout en respectant les limites planétaires. Elle suggère alors de repenser la façon dont nous mesurons la richesse et le succès économique, en prenant en compte d'autres indicateurs tels que le bien-être, la durabilité et l'égalité.

# Chapitre 2 Les effets macro-économiques de la destruction des ressources

À la suite de ce constat climatique et environnemental, les conséquences macro-économiques de cette situation et de la destruction de ressources associée seront détaillées en trois temps :

- D'abord, les coûts économiques des catastrophes naturelles passées seront rappelés, et les différentes prévisions des coûts liés aux conséquences du changement climatique et de l'effondrement de la biodiversité seront explorées. Les notions de risques climatiques et de risque de transition seront définies.
- Ensuite, le coût macro-économique des mesures de lutte contre le changement climatique sera détaillé. Le système économique devra évoluer en profondeur, et les coûts de ce changement doivent être anticipés afin de les minimiser.
- Enfin, les modalités de définition d'un coût du carbone seront explorées, alors qu'il apparaît qu'une taxation universelle serait la solution idéale afin de garantir une transition ordonnée au moindre coût. Cet idéal économique sera mis au regard de la réalité de la gouvernance internationale du changement climatique.

## 1 Une catastrophe économique annoncée

### 1.1 Les conséquences du changement climatique

Le changement climatique a deux types de répercussions concrètes sur l'économie mondiale. D'une part, les évolutions climatiques de fond modifient les écosystèmes de manière incrémentale et « silencieuse » : ce sont les **symptômes chroniques**. Les variations de température affectent les rendements agricoles, décalent les saisons, rendent progressivement certains milieux inhospitaliers ou remettent en cause les conditions technico-économiques qui prévalaient jusqu'alors. Illustration dramatique de ce phénomène à bas bruit, en mai 2020, en Sibérie, un réservoir de stockage d'hydrocarbures a déversé près de 20 000 tonnes de produits toxiques dans la rivière Ambarnaya du fait de la fonte du permafrost sur lequel il était construit, déclenchant une catastrophe environnementale. Les hypothèses techniques faites lors de sa construction reposaient sur le maintien d'un régime climatique identique au passé. La progression des déserts, la fonte des permafrosts, le recul des glaciers, la montée du niveau des eaux et leurs effets en cascade rentrent dans cette catégorie d'effets. Si des événements ponctuels contribuent à les révéler, la plupart de ces changements restent néanmoins diffus et particulièrement complexes à apprécier quantitativement. Le Bureau international du travail estimait ainsi en 2019 de manière prudente que la hausse des températures allait réduire le nombre d'heures de travail disponibles de 2,2 % à l'échelle mondiale à l'horizon 2030, pour un coût de 2 400 Mds $.

D'autre part, les catastrophes climatiques, du fait de leur caractère immédiat et dramatique, mettent certains effets concrets du changement climatique sur le devant de la scène. Ce sont les **symptômes extrêmes, ou aigus**. Les dix principaux événements climatiques en termes de dégâts matériels ont causé plus de 170 Mds $ de dégâts, dont 65 Mds $ dus au cyclone Ida aux États-Unis et 43 Mds $ aux inondations en Europe. Pour la France, la vague de froid d'avril 2021 qui a endommagé les récoltes et vendanges a causé 5,6 Mds d'euros de dégâts.

Le risque climatique ne saurait cependant se résumer aux dégâts matériels. Au-delà des destructions, la question est celle des **pertes indirectes** occasionnées par les évolutions du climat et par les événements catastrophiques. Les pertes de vies humaines, les effets sur la santé, y compris mentale, les opportunités de formation ou d'emploi rendues impossibles, les terres devenues impropres à la culture ou à l'habitation, les migrations de population représentent autant d'enjeux économiques majeurs, en particulier pour les pays en développement.

En effet, une des spécificités des conséquences du changement climatique est l'inégale répartition de leurs conséquences à travers le globe. Le GIEC pointe ainsi le décalage en termes de vulnérabilité entre les pays développés, responsables de l'essentiel des émissions historiques, et les pays en développement, en particulier les plus pauvres, les plus exposés aux conséquences.

**La vulnérabilité au changement climatique**

La **vulnérabilité** aux conséquences du changement climatique est une fonction à la fois de l'exposition aux risques climatiques chroniques et extrêmes et de la capacité de la société à s'y adapter. Il s'agit donc d'un indicateur composite entre climat et économie.

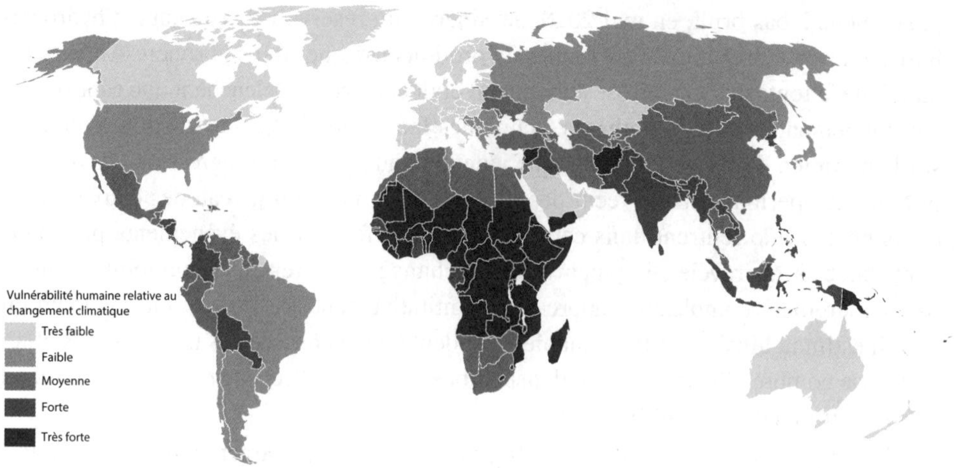


**Figure 2.1** – Vulnérabilité humaine face au changement climatique

Source : GIEC, 6th Assessment Report, IInd Working Group, Technical Summary, 2022, représentation auteur.

## Ordres de grandeur

Le changement climatique représente déjà un coût considérable pour l'économie mondiale. Pour l'année 2022, les dégâts économiques liés aux événements climatiques sont estimés à 313 Mds $, dont seulement 132 Mds $ étaient assurés, ce qui en fait la cinquième année la plus onéreuse jamais enregistrée. Ces dégâts sont la résultante de 421 événements climatiques notables, dont 39 ont fait plus d'un milliard de dollars de dégâts. Les épisodes caniculaires de l'été 2022 en Europe ont fait plus de 19 200 victimes, l'ouragan Ian a fait à lui seul 95 Mds $ de dégâts et le Pakistan a connu les pires inondations de son histoire.

L'amélioration des capacités de prédiction, de la planification des services d'urgence, de la connaissance des risques et des pratiques de construction permet d'améliorer la résilience des sociétés et de réduire l'impact humain et économique des catastrophes. Ainsi, le nombre de décès liés à des événements climatiques (31 300 en 2022) connaît-il une décroissance tendancielle, alors même que la population augmente.

Néanmoins ces capacités sont inégalement réparties. Les pays moins développés cumulent en effet une exposition plus forte que les autres aux risques climatiques, avec la proximité des *hot spots* climatiques, et un manque de moyens pour se préparer, ce qui induit une fragilité accrue.

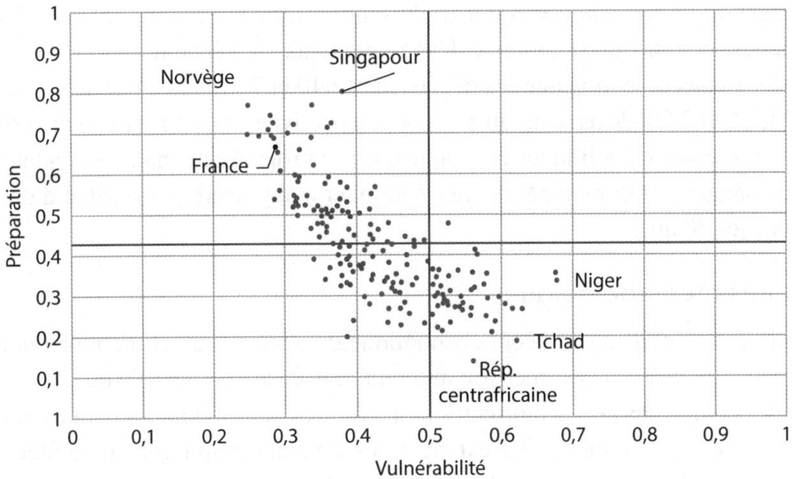


**Figure 2.2** – Fragilité de différents pays face au changement climatique

Source : ND-GAIN (2019), représentation de l'auteur.

En France, on constate une augmentation tendancielle de la sinistralité liée aux aléas naturels, la moyenne des indemnités versées par les assureurs passant de 2,0 Mds € par an entre 1990 et 2009 (hors tempêtes de 1999), à 2,8 Mds € entre 2010 et 2019 et même 3,8 Mds € entre 2016 et 2019.

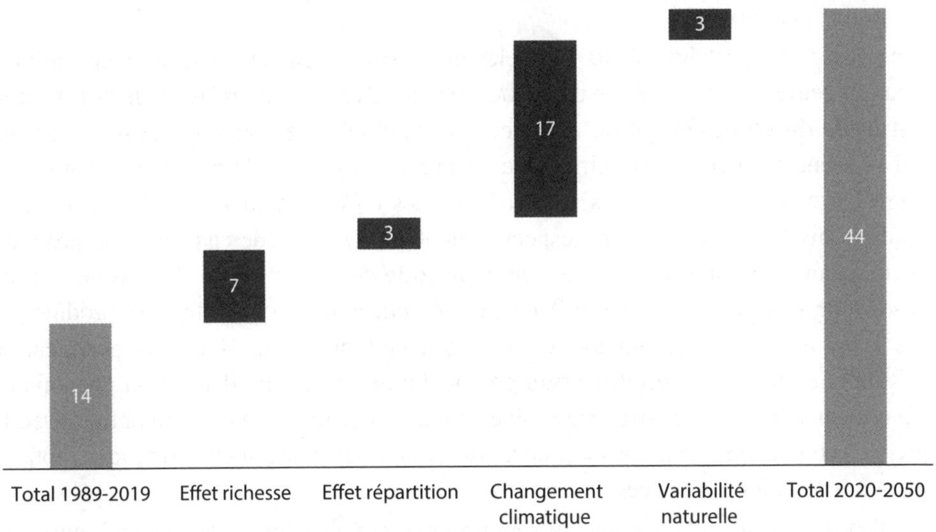


**Figure 2.3** – Évolution projetée du risque sécheresse en France 2020-2050 (Mds €)

Source : France Assureurs, *Impact du changement climatique à horizon 2050*, représentation de l'auteur.

Pour l'avenir, les estimations des pertes et dégâts liés au changement climatique varient fortement et font l'objet de nombreuses recherches approfondies. En particulier, l'intégration des modèles climatiques et économiques à travers des **fonctions de**

**dommages** (*damage functions*) qui traduisent en termes économiques les évolutions climatiques, connaît de nombreux développements. À l'échelle mondiale, certaines estimations placent le montant des dégâts entre 640 et 700 Mds $ par an en 2030 entre 1 580 Mds $ et 2 780 Mds $ par an en 2050, respectivement dans un scénario sous 2 °C et dans un scénario à politiques constantes. En se projetant de manière tendancielle, le coût du changement climatique devrait continuer à augmenter au rythme d'un doublement tous les 30 ans.

## Difficultés méthodologiques

Les exercices de chiffrage du coût économique du changement climatique ont une tendance structurelle à sous-estimer son montant réel. Cela est en partie dû à la difficulté à prendre en compte les pertes indirectes mais d'autres biais méthodologiques importants concourent à ce phénomène. Par exemple, les données empiriques remontées par les assureurs se limitent souvent aux dégâts assurés. Cela a deux conséquences principales : les dégâts non assurés ne sont pas mesurés mais estimés sur des bases statistiques ; les zones et activités particulièrement mal assurées ne rentrent pas dans le périmètre du calcul, notamment dans les pays en développement. Certaines zones souffrent ainsi d'un manque important de données, tant sur l'occurrence des phénomènes météorologiques eux-mêmes que sur leur coût.

Il est par ailleurs complexe de distinguer les différents effets à l'œuvre dans la construction et le suivi temporel d'une évaluation socio-économique des dégâts environnementaux.

Il y a d'une part les dégâts qui relèvent intrinsèquement du facteur climatique. Ceux-ci peuvent être divisés en deux sous-catégories : ceux qui relèvent de la **volatilité naturelle du climat** et qui ont une occurrence établie de manière statistique ; ceux qui relèvent du changement climatique proprement dit. Pour la première catégorie, il s'agit par exemple des grandes crues décennales ou centennales, dont il est établi de manière historique qu'elles ont respectivement 10 % et 1 % de chance de se produire chaque année. Ainsi, une tempête dont la **période de retour** est de 500 ans ne signifie pas qu'elle se produira tous les 500 ans mais qu'elle a une probabilité de se produire de 0,2 % par an. Pour le **changement climatique** en tant que tel, il est plus pertinent de raisonner en termes de **modification des périodes de retour**. Il s'agit du phénomène d'augmentation de la récurrence des événements majeurs. Cela est à combiner avec la prise en compte des évolutions « silencieuses » liées au changement climatique, notamment à travers les fréquences d'occurrence.

D'autre part, il y a les dégâts qui sont imputables à l'évolution de l'activité humaine. Toutes choses égales par ailleurs, la croissance de la population et de l'économie signifie qu'un événement climatique identique se produisant à deux périodes différentes engendrera plus de dégâts économiques lors de l'occurrence la plus tardive. Il s'agit de l'**effet richesse**. Cet effet est complété par un **effet répartition**, les populations et activités ne restant pas géographiquement stables dans le temps. Elles peuvent ainsi se déplacer vers des zones plus ou moins vulnérables aux aléas climatiques.

Les chiffrages reposent en outre sur des hypothèses de croissance de l'activité économique à moyen-long terme (2050) dont la fiabilité décroît fortement au fur et à mesure qu'elles s'éloignent du présent et qui, par nature, ne prennent pas en compte les aléas ne correspondant pas à la trajectoire historique. Par exemple, des événements à l'importance macro-économique structurelle tels que la crise du COVID ou la guerre en Ukraine ne faisaient partie d'aucune trajectoire de croissance. Dans un contexte où le GIEC alerte sur la démultiplication du risque épidémique, sur la pression géopolitique liée aux migrations climatiques, et d'une manière générale sur la forte hausse des risques naturels, les projections de croissance, pourtant structurelles pour l'estimation du coût économique global, sont sujettes à caution. Il en va de même pour les hypothèses d'inflation et de taux d'intérêt utilisées dans ces calculs. Seul le recul historique permettra de dire si les années 2020 marquent un tournant vers une ère de la « grande volatilité », mais en l'état la plupart des projections économiques doivent être sujettes à la plus grande prudence, tant l'incertitude à venir est grande.

**Calculer la valeur d'un dégât environnemental futur**

Le calcul de la valeur d'un dégât environnemental est le résultat de la rencontre entre une richesse et la probabilité d'occurrence d'une catastrophe affectant cette richesse. Il convient alors d'estimer la perte de valeur potentielle en cas de matérialisation de l'aléa et de multiplier ce nombre par la probabilité d'occurrence pour obtenir la valeur du risque.

$$Valeur = P_{occurence} * Pertes$$

Cette approche suppose néanmoins d'être en mesure d'estimer les pertes potentielles futures, ce qui peut être fait en utilisant diverses approches (valeur de marché, coût des réparations, valeur d'usage…) mais reste sujet à caution. Plus structurellement, elle repose sur le postulat qu'il est possible d'attribuer une probabilité déterminée aux aléas futurs.

Dans le cadre du changement climatique, cette hypothèse est fortement discutable, étant donné que les événements climatiques passés ne sont pas représentatifs du futur et que la présence de points de bascule peut entraîner des changements de régime climatique radicaux. Par ailleurs, cette approche de valorisation des risques permet certes de faciliter la prise de décision pour des investissements individuels mais elle perd de sa pertinence face à un risque non nul de destructions environnementales majeures à l'échelle d'un pays ou d'un continent où le montant des pertes tend vers l'infini.

## Les assureurs en première ligne

Le **secteur de l'assurance** est le mieux placé pour constater dès aujourd'hui les conséquences du changement climatique puisqu'une partie des dégâts sont couverts par des polices d'assurance et font donc l'objet de demandes d'indemnisation.

Pour les assureurs, le changement climatique peut avoir un impact significatif sur leur rentabilité et même sur leur solvabilité, soit du fait d'un événement catastrophique majeur, soit du fait de l'accumulation de préjudices mineurs non anticipés. Afin de se protéger contre ces risques, ils peuvent se couvrir en ayant recours à des réassureurs (des sociétés dont le métier est d'assurer les assureurs contre les pertes trop importantes), en diversifiant et limitant leurs expositions géographiques et par types de risques et en ayant recours à des produits financiers (*cf.* 6.3).

Le secteur constate cependant une hausse tendancielle des préjudices économiques depuis plusieurs années, tant au niveau mondial qu'en France. Cela interroge sur la disponibilité pour les entreprises des assurances comme outil de protection contre les conséquences économiques du changement climatique. En effet, afin de se protéger les assureurs auront tendance à écarter les activités les plus à risques, soit en augmentant les tarifs, soit en augmentant les franchises, soit en refusant certains clients. Ces mécanismes entraînent néanmoins un risque de **sélection adverse** où seuls les acteurs encourant les plus grands risques seront prêts à payer des assurances.

Les risques liés au changement climatique sont donc clairement identifiés comme une menace structurelle pour l'activité et de nombreux assureurs et réassureurs (de même que leurs instances représentatives) investissent activement dans la pédagogie et incitent fortement les décideurs et les entreprises à investir dans les mesures de mitigation. Par exemple, Axa, un des premiers assureurs mondiaux, a lancé la « *Axa Climate School* » qui propose des formations à destination notamment du monde de l'entreprise.

A contrario, ces défis représentent également une opportunité d'innovation avec le développement de nouveaux produits, comme les **assurances paramétriques**. Ces polices sont construites sur la base d'un indicateur externe de référence comme un indice de température ou de précipitations qui vient caractériser le risque. Une valeur de référence (ou une gradation) est ensuite définie comme seuil de déclenchement de l'indemnisation : pour un agriculteur, cela peut être un certain nombre de jours sans pluie, pour une centrale photovoltaïque un manque d'ensoleillement, etc. L'indemnisation se fait ensuite sur la base d'une somme contractuellement prédéfinie, inférieure ou égale au préjudice réel. Les assurances paramétriques ont la vertu de la simplicité : il n'est pas nécessaire de faire constater les dégâts par des experts, les recours sont limités et la fraude quasi impossible. En effet, l'indemnisation se fait sur la base du franchissement d'un seuil d'une variable qui est établie de manière indépendante. Les frais liés à la gestion de ces contrats sont donc réduits et cela permet de les déployer dans des zones où des assurances traditionnelles ne seraient pas disponibles.

## 1.2 Agir face à l'incertitude

### Caractériser l'incertitude

A contrario du risque qui est quantifiable et peut mener à des analyses coûts bénéfices chiffrées, l'incertitude ne saurait se réduire à une expression numérique, il s'agit de la fameuse **distinction entre risque et incertitude** posée par Franck Knight en 1921. Bien qu'elle permette de penser la situation, cette typologie n'est pas opérante dans les faits car, en dehors d'expériences contrôlées, l'incertitude reste irréductible.

Le changement climatique n'est pas un processus linéaire. La présence de **points de bascule**[1], d'**effets en cascade**[2], d'**effets d'accumulation** et de **boucles de rétroaction** crée un processus complexe et multiparamétrique dont il est fondamentalement impossible de modéliser intégralement la complexité. Plus spécifiquement, les données d'entrée sont incertaines avec des trous importants dans les mesures, tant historiques que géographiques, ce qui contraint à recourir à des estimations. Le fonctionnement lui-même du système climat-environnement-économie-société est en l'état de la science impossible à décrire par un ensemble de règles fini. En particulier, les fonctions de réponses socio-économiques au changement climatique dépendent fortement de choix politiques. Il en résulte une impossibilité structurelle à fournir des visions du futur probabilisées tant **l'incertitude est radicale** (niveau 4b).

| | Déterminisme complet | Niveau 1 | Niveau 2 | Niveau 3 | Niveau 4 (incertitude profonde) | | Ignorance totale |
|---|---|---|---|---|---|---|---|
| | | | | | Niveau 4a | Niveau 4b | |
| Contexte | | Futur clair | Futurs alternatifs (avec probabilités) | Quelques futurs plausibles | Nombreux futurs plausibles | Futur inconnu | |
| Modélisation du système | | Modèle systémique unique (déterministe) | Modèle systémique unique (stochastique) | Quelques modèles systémiques alternatifs | Nombreux modèles systémiques alternatifs | Modèle systémique inconnu : connaissance de son ignorance | |
| Résultats du système | | Une estimation unique pour chaque résultat | Un intervalle de confiance pour chaque résultat | Un nombre limité de résultats | De nombreux résultats | Résultats inconnus : connaissance de son ignorance | |
| Pondérations | | Un ensemble unique de pondérations | Plusieurs ensembles de pondérations avec des probabilités attachées | Une série limitée de pondérations | Une large série de pondérations | Pondérations inconnues : connaissance de son ignorance | |

**Figure 2.4** – Les différents niveaux d'incertitude

Source : Marchau *et al.*, *Decision Making under deep uncertainty, From Theory to Practice*, DMDU, Springer, 2019, 418 pages, traduction de l'auteur.

La nature même de l'incertitude n'est pas constante dans le temps. Il est possible d'en identifier **trois sources principales** : l'incertitude liée à l'évolution spontanée du système climatique, hors de toute action humaine ; l'incertitude liée à l'état des connaissances scientifiques qui limite notre capacité à mesurer, analyser et comprendre le fonctionnement du système ; l'incertitude liée à l'évolution politico-économique des sociétés humaines confrontées aux conséquences du changement climatique. Cette dernière variable est à terme la plus importante et dépend des choix faits individuellement et collectivement par les différents pays dans leurs stratégies de long terme de

1. *Tipping points* – destruction de la forêt amazonienne, fonte de la calotte glaciaire, modifications des courants thermiques planétaires, etc.

2. La perte d'un élément d'un écosystème par exemple peut entraîner son effondrement total.

décarbonation[1] et de leur capacité à les mettre en œuvre de manière cohérente et continue dans le temps.

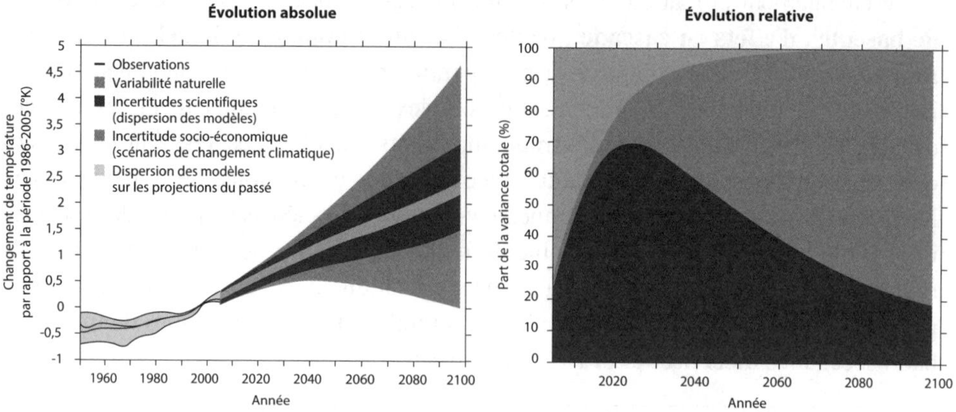


**Figure 2.5** – Importance relative de chaque source d'incertitude dans les projections de changement de la température au cours du XXIe siècle

Source : Dépoues, V. *et al.*, Pour une autre approche du risque climatique en finance : Tenir pleinement compte des incertitudes, I4CE, 2019, 20 pages, d'après Hawkins, Ed *et al.*, The Potential to Narrow Uncertainty in Regional Climate Predictions, 2009.


## Incertitude et prise de décision

La question pour les entreprises est alors de savoir comment prendre des décisions, et en particulier des décisions d'investissement de long terme, dans un environnement marqué par une **incertitude radicale** quant aux conséquences économiques du changement climatique. Les **modèles déterministes de prise de décision** ne permettent pas une prise de décision éclairée dans un tel contexte.

### Modèles déterministes et modèles stochastiques

Un modèle est dit **déterministe** lorsque ses résultats sont le produit d'un nombre limité de paramètres auxquels des règles prédéterminées sont appliquées. Typiquement, **un business plan est un modèle déterministe** : il prend certains éléments en données d'entrées (croissance, inflation, ventes par exemple), y applique un certain nombre de règles (la comptabilité, les hypothèses structurelles liées au projet) et produit un nombre fini de résultats potentiels, déterminés par la variation des données d'entrée. Ces modèles ont pour vertu principale d'être simples à expliquer et à mettre en œuvre mais la qualité de leurs prédictions repose sur celle des données d'entrée et, de manière plus grave, ils ne couvrent pas l'intégralité des futurs possibles.

1. Ces stratégies sont adoptées par les pays dans le cadre de l'Accord de Paris et mises en ligne sur le site de la Convention des Nations unies sur le changement climatique.

Un modèle est dit **stochastique** lorsqu'il utilise des éléments aléatoires pour déterminer les différents scénarios. Au lieu d'assigner des probabilités sur une base déterministe, des générateurs de nombres aléatoires sont utilisés pour établir un cône des futurs possibles. La réitération des calculs permet d'aboutir à un ensemble de résultats dont les plus extrêmes bornent l'univers des possibles. Il est ensuite possible d'étudier la distribution de ces résultats pour en déduire des probabilités. Cette approche nécessite cependant une certaine sophistication mathématique et requiert souvent une puissance de calcul importante afin de multiplier les itérations des calculs.

La capacité de décision dépend de la faculté à se représenter l'avenir et les débouchés possibles. Pour construire cette représentation, il est possible d'utiliser des données passées pour essayer d'isoler des récurrences, des schémas et en inférer des règles constantes dans le temps. Néanmoins, cette approche repose sur l'hypothèse que les propriétés ainsi identifiées restent constantes dans le temps, ce qui, en face des risques environnementaux liés à l'activité humaine, n'est pas crédible à moyen-long terme.

Les acteurs de l'économie sont donc confrontés à une incertitude irréductible contre laquelle les outils standards de l'analyse économique ont une efficacité limitée. En termes statistiques, la distribution des probabilités d'événements climatiques extrêmes est inconnue : il existe du fait du changement climatique un risque de queue de distribution[1] significatif. Cela mène à la formulation d'un « **théorème funeste** »[2]. Puisque l'économie est confrontée à un risque de perte potentielle illimité et inconnu, la préférence pour les mesures de précaution devrait elle aussi être illimitée. S'il est possible de faire des prédictions pour des événements restant proches des distributions historiques, la probabilité réelle mais non quantifiable que le système climatique terrestre connaisse des dérèglements structurels et génère des catastrophes d'une ampleur jamais observée oriente les conclusions des analyses de risques en faveur d'un principe de précaution radical.

Le système économique est ainsi confronté à la présence de « **cygnes verts** »[3], ainsi nommés par analogie avec les « cygnes noirs » théorisés par Nassim Nicholas Taleb.

### Cygnes noirs

Un **cygne noir** est le nom donné à un événement qui a une probabilité d'occurrence en dehors de toute attente réaliste, dont les conséquences sont extrêmes et qui peut être expliqué seulement ex post. Le concept a été popularisé dans le sillage de la crise financière de 2008 durant laquelle la contagion de l'effondrement d'un segment du marché immobilier américain s'est propagée à l'ensemble du système financier mondial.

1. « *Fat-tail risk* », dans une distribution normale, les événements extrêmes ont une probabilité d'occurrence très faible, *i.e.* la queue de la distribution à droite et à gauche de la bosse centrale sont quasiment plates ; le risque de queue de distribution est le risque que des événements extrêmes aient une probabilité d'occurence plus forte que prévu.

2. « *Dismal Theorem* ».

3. « *Green Swans* ».

Le terme de cygne noir vient du fait que les explorateurs européens ne connaissaient que des cygnes blancs du fait de leur expérience historique liée à leur milieu d'origine et qu'ils ne pouvaient donc concevoir l'existence de cygnes d'une autre couleur. Or, à leur arrivée en Australie, ils ont découvert l'existence de ces cygnes dont l'existence, quoiqu'extrêmement improbable dans leur référentiel mental, était bien réelle.

À la différence de ces derniers, les cygnes verts, liés au changement climatique, ne sont pas incertains quant à la nature de leur objet : les rapports du GIEC sont formels sur la matérialisation des conséquences du changement climatique, l'incertitude réside dans les formes qu'elle prendra. Elle représente d'ailleurs la forme la plus extrême de **risque systémique** pour l'économie mondiale, *i.e.* un risque qui affecte l'intégralité des acteurs de manière transverse, sans qu'ils aient de liens ou responsabilité dans son occurrence. Finalement, dernière différence, les cygnes verts sont d'une complexité supérieure aux cygnes noirs traditionnels.

Cette réflexion ouvre une question beaucoup plus vaste qui est celle de la valeur que la société dans son ensemble doit accorder à ce risque catastrophique dans ses arbitrages intertemporels. Certains outils de la finance (*cf.* 6.1) apportent des éléments de réponse mais la question reste encore largement ouverte.

## 2 Le coût de l'adaptation

Atteindre la neutralité carbone implique une réduction volontaire des émissions de gaz à effet de serre. Il existe pour cela de multiples leviers, qui visent à transformer l'économie en un sens plus respectueux de l'environnement. Le présent chapitre présente le contexte économique dans lequel les entreprises seront amenées à évoluer dans le cadre de la mise en place de politiques climatiques volontaristes.

L'objectif de neutralité carbone à l'horizon 2050 sur lequel les Parties se sont engagées dans le cadre de l'Accord de Paris a raccourci l'horizon des politiques climatiques, 2050 étant désormais suffisamment proche pour pouvoir être inclus dans les modélisations macroéconomiques. Les objectifs climatiques de 2030 et 2050 ont accéléré la recherche économique en lien avec le changement climatique. Le CEPII (Centre d'études prospectives et d'informations internationales) souligne ainsi qu'il est indispensable de mesurer les effets de la transition écologique sur les agrégats macroéconomiques afin d'assurer le succès des politiques climatiques. Pour rappel, les agrégats macroéconomiques représentent les grandes structures de l'économie d'un pays, telles que synthétisées dans les différentes formules de calcul du **produit intérieur brut (PIB)**.

### Les différentes méthodes de calcul du PIB

Le PIB est défini comme :

$$PIB = C + I + G + X - M$$

Avec : « C » la consommation, « I » l'investissement, « G » les dépenses publiques, « X » les exportations et « M » les importations, le solde des deux formant la balance commerciale.

L'équilibre emplois ressources est un équilibre au sens comptable, c'est-à-dire que son égalité est toujours vérifiée.

On peut également mesurer la production comme étant fonction des **facteurs de production**. À ce titre, on retient généralement une fonction de production de type Cobb-Douglas définie comme :

$$Y = A * K^{\alpha} + L^{\beta}$$

Avec :

« Y » la quantité produite, « A » le progrès technique, « K » le capital, « L » le travail et « $\alpha$ » et « $\beta$ » des coefficients représentant la répartition des revenus entre le travail et le capital, compris entre 0 et 1.

La mise en place de politiques pour réduire volontairement la production dans les industries intensives en carbone, par exemple en fermant les centrales électriques à charbon, impactera en premier lieu le niveau global de la production.

## 2.1 La production

### Les effets de l'action ou de l'inaction climatiques sur la production

Les mesures visant à réduire les émissions de carbone se traduisent directement (**taxe**, **marchés de droits à polluer**, *cf.* 3.2), ou indirectement (interdictions, normes), par une hausse des coûts de production des entreprises. Quel que soit le mode de tarification du carbone, la décarbonation implique de faire peser un coût sur une ressource qui était jusqu'à présent gratuite. De fait, décarboner résulte en un **choc d'offre négatif**. Un choc d'offre négatif est un déplacement de la courbe d'offre vers la gauche qui résulte en une diminution de la quantité et une augmentation du niveau des prix. La plupart des évaluations quantitatives de la transition climatique évaluent uniquement son impact sur l'investissement, et traduisent donc la transition climatique en un choc positif de demande. Or la transition climatique est une combinaison de chocs d'offre (la plupart négatifs) et de chocs de demande (la plupart positifs).

Le FMI s'est par exemple penché sur l'hypothèse de l'introduction d'une taxe carbone sur dix secteurs dans quatorze pays pour étudier les conséquences de cette taxe carbone sur le PIB dans le temps. À court terme, le PIB diminue légèrement en comparaison avec le scénario de base sous l'effet d'une hausse des coûts de production liée à la taxe carbone. Le FMI estime la perte de PIB global comprise entre 1 % et 6 % d'ici 2050 en comparaison avec le scénario de base de politiques inchangées. Ce sont des pertes peu importantes dans le contexte d'une croissance mondiale cumulative de 120 % du PIB mondial dans les 30 prochaines années.

Si l'on exclut les co-bénéfices de l'action climatique, l'effet sur le PIB par rapport au scénario de base est neutre à moyen terme. Les **co-bénéfices** désignent la réduction des risques de mortalité et l'amélioration de la santé des individus du fait d'une diminution du niveau de pollution de l'air (réduction de l'utilisation du charbon et du gaz naturel, ou encore des voitures thermiques). Si l'on inclut les co-bénéfices et les dégâts évités de l'inaction climatique, l'effet sur le PIB est positif dès l'horizon 2030. En 2070, le PIB est estimé à +4 % par rapport au scénario de base. En 2100, ce sont surtout les dégâts évités de l'inaction climatique qui établissent une augmentation du PIB de +11 % par rapport au scénario de base. Cependant, le FMI souligne que les dégâts évités sont probablement sous-estimés, et que les gains nets de la transition climatique à long terme seraient donc bien plus importants.

## Les défis de la production décarbonée

Les ambitions climatiques en matière de production reposent sur la notion d'un **découplage** de la croissance et des émissions de gaz à effet de serre, là où les deux sont historiquement allées de pair. Un **découplage relatif** correspond à une augmentation des émissions de gaz à effet de serre moins rapide que la croissance économique. Plus ambitieux, mais nécessaire pour atteindre les objectifs de l'Accord de Paris, le **découplage absolu** signifie quant à lui que la croissance économique réussira à se maintenir alors même que les émissions de gaz à effet de serre seront réduites.

L'**élasticité** désigne le taux de complémentarité entre la consommation d'énergie et la croissance économique, elle décrit la réponse de l'une à une variation de l'autre. Les émissions de gaz à effet de serre sont en effet pour une part importante le fait du secteur de l'énergie. Helmut Haberl, professeur à l'Institute of Social Ecology (SEC) spécialisé dans la recherche sur le changement climatique, co-écrit un article universitaire sur la notion de découplage entre le PIB, l'emploi des ressources et les émissions de gaz à effet de serre. Selon Haberl *et al.*, une élasticité négative, synonyme de découplage absolu, est actuellement observée dans les pays à hauts revenus, mais elle est rare dans les pays à bas revenus. Une élasticité strictement comprise entre 0 et 1 est synonyme de découplage relatif. Les auteurs soulignent que jusqu'à présent, les politiques climatiques permettent principalement un découplage relatif des émissions de gaz à effet de serre et de la croissance du PIB, quand bien même les objectifs climatiques nécessitent un découplage absolu à l'échelle de la planète.

## Les politiques climatiques et la production

On distingue deux types de politiques climatiques : les politiques de **tarification carbone** et les politiques de **subventions** aux industries respectueuses de l'environnement. Les politiques de tarification carbone visent à attribuer un prix aux émissions de $CO_2$

afin d'internaliser une externalité négative qui, par définition, n'est pas incluse dans un système de prix (*cf.* 2.3, 3.2). Les politiques de subventions aux industries vertueuses cherchent quant à elles à inciter les industries à utiliser des modes de production respectueux de l'environnement à travers des solutions facilitant leur financement.

Le principe de ces politiques climatiques est d'attribuer un prix aux émissions carbone qui auparavant n'en avaient pas. D'abord, la tarification carbone augmente le coût marginal de l'énergie fossile. L'attribution d'un prix carbone constitue un **choc d'offre négatif** puisqu'il augmente le coût de la ressource, toutes choses étant égales par ailleurs. Une soudaine tarification du carbone constituerait un choc d'offre similaire au choc d'offre des années 1970 face à une remontée du prix du pétrole antérieurement sous-évalué. Ensuite, il convient alors de distinguer deux effets de prix : le prix relatif entre énergies polluantes et énergies propres, et le prix global de l'énergie dans l'économie.

Concernant le **prix relatif** entre les énergies polluantes et les énergies propres, les politiques de subvention aux énergies vertes ainsi que celles de tarification du carbone augmentent toutes deux le prix relatif des énergies fossiles, et induisent donc une réallocation des ressources des secteurs polluants vers les secteurs propres.

Quant au **prix général de l'énergie**, les deux politiques ont des effets opposés. Dans le cas de la tarification carbone, le prix général de l'énergie augmente, ce qui peut conduire à une amélioration de l'efficacité énergétique. Celle-ci est ici rendue possible par une réduction volontaire de la consommation d'énergie polluante, du fait de l'augmentation de son coût. Dans le cas de subventions aux énergies vertes, les subventions diminuent le prix de l'offre d'énergie verte. Les subventions aux énergies vertes peuvent alors conduire à une augmentation de la demande en énergies vertes qui devient prépondérante dans la demande d'énergie totale, et diminue le prix général de l'énergie.

### Le multiplicateur keynésien

Le multiplicateur keynésien est un indicateur de distribution des revenus développé par l'économiste John Maynard Keynes dans la *Théorie générale de l'emploi, de l'intérêt et de la monnaie*. Le multiplicateur keynésien mesure « le nombre d'unités de revenu distribué aux ménages pour chaque unité monétaire injectée dans la circulation ». Le multiplicateur keynésien, noté « k », est inversement proportionnel à l'épargne des ménages.

Le multiplicateur keynésien est égal à :

$$k = 1/s$$

Où « *s* » désigne la proportion du revenu des ménages épargné. L'équation peut aussi s'écrire :

$$k = 1/(1-c)$$

Où « *c* » désigne la proportion marginale à consommer des ménages.

C'est cette proportion marginale à consommer qui constitue le revenu d'autres ménages, créant ainsi un effet domino de distribution des revenus en plusieurs étapes. L'effet redistributif de la consommation des ménages prend fin lorsque la consommation du dernier ménage est égale à 0. Ainsi, le multiplicateur keynésien mesure la variation finale du revenu national provoquée par l'injection d'un revenu initial dans l'économie.

Le multiplicateur keynésien repose sur l'hypothèse d'une économie fermée (en autarcie) ; en économie ouverte (en libre échange), l'augmentation des importations provoquée par la hausse de la demande globale diminue l'augmentation du revenu national.

Néanmoins, une diminution du prix de l'énergie par l'amélioration de l'efficacité énergétique peut amener un « **effet rebond** » (*cf.* 1.2). Cambridge Econometrics estime l'effet rebond des politiques d'amélioration de l'efficacité énergétique à 11 %, soit une augmentation légère de la demande finale en énergie. Cambridge Econometrics juge cet effet rebond suffisamment faible pour que les politiques d'amélioration de l'efficacité énergétique ne soient pas contreproductives.

### *Output gap* et *greenflation*

L'*output gap* est une notion attribuée à l'économiste Arthur Okun. L'*output gap*, ou écart de production, mesure la différence entre la croissance potentielle et la croissance effective d'une économie. La croissance potentielle est la croissance obtenue si l'économie emploie l'ensemble de ses facteurs de production. La croissance effective est la croissance réalisée, observée *ex post*. Plus l'*output gap* est grand, plus une économie se situe loin de son potentiel productif.

Les effets de la transition climatique sur la croissance effective et la croissance potentielle sont ambivalents. D'une part, la transition climatique constitue un choc d'offre négatif à court terme. La transition climatique diminue la croissance potentielle car elle se caractérise par une dévalorisation de capital matériel (logements), immatériel (brevets) et humain. D'autre part, le surplus d'investissement des politiques climatiques augmente la demande globale mais l'offre étant diminuée, la transition crée de l'inflation (« *greenflation* » ). La réorientation de l'investissement actuel vers l'investissement vert conduit à une perte de productivité globale des facteurs à court terme. Cependant, la perte de productivité des facteurs n'est que temporaire et liée à la réorientation de l'investissement vers l'investissement vert. À la suite de cette perte succède une phase d'augmentation de la productivité par des effets d'apprentissage. C'est donc dans un second temps que l'investissement vert augmente la productivité des facteurs, et donc la croissance potentielle.

## Les modèles économiques

Les modèles de croissance verte reposent sur l'idée de rendre les processus de croissance efficaces en termes de consommation de ressources. En la matière, plusieurs conceptions s'opposent, entre les tenants de la soutenabilité faible et de la soutenabilité forte d'une part, et les partisans de la décroissance d'autre part.

La **soutenabilité faible** argue d'un compromis entre la croissance et l'environnement, que des politiques appropriées facilitent. C'est une position classique en économie du climat qui affirme qu'une politique optimale soutient une croissance de la consommation et du PIB légèrement plus faibles à horizon de 50 ans, pour fournir une croissance potentielle plus élevée à terme. Il convient donc de sacrifier la croissance de court terme au profit d'une préservation des ressources naturelles. L'hypothèse de **soutenabilité forte** soutient au contraire que le taux de croissance économique et la préservation des ressources naturelles sont complémentaires plutôt que substituables. Dans ce cas, il n'existe pas d'arbitrage entre un taux de croissance économique élevé et la préservation des ressources naturelles ; les deux peuvent être obtenus simultanément. Les politiques climatiques peuvent augmenter le taux de croissance même à court terme.

À l'autre extrémité du spectre, la **décroissance** est, dans son acception la plus ancienne, l'idée selon laquelle une croissance infinie sur une planète aux ressources finies est impossible. La décroissance est un concept politique, économique et social ; la définition donnée ci-dessus n'est que la conception « environnementaliste » de la décroissance. Selon les tenants de la décroissance, il faudrait diminuer volontairement les niveaux de croissance économique actuels pour préserver l'environnement. La décroissance remet en cause l'existence même des indicateurs macroéconomiques tels que le PIB ou la consommation pour mesurer le bien-être global, ceux-là n'offrant qu'une mesure quantitative et non qualitative de la production de richesses. Les décroissants plaident en faveur de l'émancipation du capitalisme et du consumérisme, dépassant par cela la vision réductionniste traditionnellement attribuée à la décroissance. Enfin, la décroissance met en avant l'idée d'un cheminement vers une société idéalisée dans son acception utopique. Les décroissants souhaitent une société centrée autour du bien-être général de tous. Ainsi, la décroissance s'entend à la fois dans son acception réductionniste, émancipatrice et utopique.

## Modélisation des conséquences de l'action ou l'inaction climatique

Les effets du changement climatique et des politiques environnementales et d'adaptation de l'appareil productif sont modélisés dans des ***Integrated Assessment Models*** (IAMs). Ces modèles visent à comparer un scénario de base qui représente l'état de l'économie en l'absence d'action climatique, avec différents scénarios selon les politiques climatiques retenues. Ils présentent une **analyse coûts bénéfices** (*cf.* 2.3) de l'action climatique et de l'absence d'action selon des degrés de complexité différents. Les IAMs permettent une comparaison des conséquences macroéconomiques de l'action climatique selon des horizons de temps différents, mais ils permettent également des comparaisons entre pays selon les paramètres incorporés dans les modèles. Cependant, ces modèles sont fortement influencés par les paramètres intrants, qui peuvent être accusés d'arbitraire. De plus, les IAMs sont inadaptés aux problèmes d'**incertitude radicale** (*cf.* 2.1), aux risques extrêmes, au changement technologique rapide et au caractère endogène de la croissance qui caractérisent l'économie actuelle.

Notre compréhension de l'impact de la transition sur le PIB dépend donc fortement des hypothèses sous-jacentes de la modélisation macroéconomique, mais les différents modèles se rejoignent dans l'idée que le temps et la vitesse influencent grandement les coûts associés à la transition. Du fait du caractère inflationniste à court terme de la transition climatique, plus cette transition a lieu tôt et de façon ordonnée, moindres seront ses coûts. L'inflation serait le résultat de la combinaison d'une diminution du PIB et d'une augmentation de la demande due aux investissements verts. Un retard d'une décennie pourrait augmenter le coût actuel net de la transition de 40 %.

## 2.2 Les canaux redistributifs

### La consommation des ménages

Chaque jour 90 % de la population mondiale respire un air pollué, ce qui a conduit à 5,4 millions de morts prématurées dans le monde en 2020. Ce tableau dramatique illustre l'arbitrage entre consommation actuelle et bien-être de long terme. La transition écologique a des effets positifs de long terme sur le bien-être des consommateurs, mais négatifs à court terme sur la consommation.

Nous avons vu qu'à court terme, l'introduction d'une tarification carbone se traduit par un choc de demande négatif. Ainsi, si l'on suppose que l'augmentation de l'investissement dans le capital vert laisse inchangé le niveau de croissance potentiel, chaque décennie 1 % du PIB sera soustrait à la consommation pour transformer la production non durable en production durable d'ici 2030. Le verdissement du capital se traduit donc par une diminution de la consommation des ménages. Cette vue pessimiste illustre le compromis entre le bien-être d'aujourd'hui, mesuré par la consommation des ménages, et le bien-être de demain. Néanmoins, cette projection fait fi de l'impact positif de l'investissement vert sur la productivité et *in fine* sur la croissance. Si l'amélioration de l'efficacité énergétique l'emporte sur la tarification carbone et diminue le prix global de l'énergie, l'augmentation du revenu disponible des ménages pourrait se traduire par une augmentation de la consommation des loisirs des ménages. Dans ce cas, l'effet net sur l'utilité et le bien-être des ménages dépendrait du degré de substituabilité des **biens durables** (*cf.* 7.3) aux loisirs.

La **sobriété** dans la consommation est l'un des axes majeurs de la transition climatique. La sobriété ne signifie pas nécessairement la décroissance, mais plutôt un changement dans les modes de consommation. Le canal de la sobriété joue à la fois sur l'offre et la demande. Côté offre, on peut envisager une sobriété « dimensionnelle », c'est-à-dire une modification des dimensions physiques des biens durables tels qu'ils sont aujourd'hui produits. Côté demande, la sobriété « coopérative » consiste à modifier les modes de consommation afin de promouvoir une mutualisation des équipements, comme dans le cadre du covoiturage. La sobriété relève alors d'une modification des comportements individuels et des normes sociales.

### Le marché du travail

Le marché du travail est le second canal redistributif par lequel transitent les effets des politiques environnementales. L'emploi global est corrélé aux évolutions du PIB. Selon le rapport des perspectives économiques mondiales sur le changement climatique du FMI, les multiplicateurs d'emploi keynésiens (cf. encart « Le multiplicateur keynésien ») sont plus élevés dans les secteurs verts. Cela signifie que l'investissement dans les secteurs verts augmente plus que proportionnellement la création d'emplois dans les secteurs verts du fait de l'intensité du secteur des énergies renouvelables en facteur travail. La transition se traduit par une réallocation de l'emploi entre secteurs à haute intensité carbone et secteurs à intensité carbone faible de l'ordre de 2 % de la population active mondiale. Chaque investissement d'un million de dollars dans l'industrie des énergies fossiles (pétrole, gaz et charbon) génère en moyenne 2,65 emplois à plein temps, quand ce même million investi génère respectivement dans l'industrie des énergies renouvelables (éolien, solaire, bioénergie, énergie hydraulique et géothermie) et de l'efficacité énergétique (bâtiment, transport ferroviaire, transport de marchandises) 7,49 et 7,72 emplois à plein temps.

Les effets de la transition sur l'emploi ont par ailleurs une dimension géographique forte du fait de l'importance de certaines industries extractives et/ou intensives en carbone dans des bassins d'emploi spécialisés. Il convient alors de mener des politiques d'investissement dans les régions particulièrement affectées par les destructions nettes d'emploi (*cf.* 10.3).

## 2.3 Recompositions sectorielles et commerce international

Les recompositions sectorielles nationales (vers les secteurs des énergies renouvelables et de l'efficacité énergétique) modifient les **équilibres commerciaux internationaux**. L'AIE (Agence internationale de l'énergie) estime que l'augmentation des capacités en énergie à l'horizon 2022-2050 proviendra majoritairement des énergies renouvelables, et particulièrement de l'énergie éolienne et solaire. En Chine, la part de l'énergie solaire dans l'augmentation totale d'énergie à l'horizon 2022-2050 s'élève à plus de 50 % selon ces mêmes projections. La Chine se place en tête des pays producteurs d'énergie renouvelable, suivie de l'Amérique centrale et l'Amérique du Sud et de l'Union européenne. Ces pays qui se positionnent en leaders dans les énergies bas carbone accroissent considérablement leur potentiel à l'exportation. En 2021, les exportations de panneaux photovoltaïques comptent pour 7 % de l'excédent commercial de la Chine. La Chine investit également en Malaisie et au Vietnam, faisant de ces pays des exportateurs significatifs de panneaux photovoltaïques. Depuis 2017, les investissements chinois contribuent à hauteur de 10 % de l'excédent commercial de la Malaisie et 5 % de l'excédent commercial du Vietnam. Ainsi, le marché des panneaux photovoltaïques autrefois dominé par l'Europe, les États-Unis et le Japon, est désormais largement dominé par la Chine.

Un risque est que ces équilibres commerciaux soient mis à mal par les politiques de régulation des émissions carbone qui peuvent conduire à une **fuite des facteurs de**

**production** (capital et travail), dites **fuites de carbone** (*cf.* 2.3). Dans un cadre non coopératif à l'échelle internationale, le risque associé à la mise en place de politiques climatiques est donc que la balance commerciale d'un pays se dégrade car, d'un côté, elles augmentent le coût de production sur le territoire et rendent comparativement plus compétitive la production des pays qui ne mettent pas en place de telles politiques, et que, de l'autre, les moyens de production du pays se délocalisent, toutes choses étant égales par ailleurs (*cf.* 2.3).

Le degré de fuite des facteurs de production dépend du niveau de compétitivité internationale d'un pays, qui dépend en retour de facteurs tels que le coût du transport, les barrières à l'échange ou le niveau de différenciation horizontale ou verticale des produits. Le facteur clé des recompositions internationales et de l'intensité des fuites de carbone est le degré de substituabilité entre les biens. Les théories du commerce international qui supposent des biens parfaitement substituables, tels que le **modèle Heckscher-Ohlin-Samuelson**, affichent des taux de fuite des travailleurs dans les secteurs intensifs en charbon plus élevés que les modèles à substituabilité des biens imparfaite.

## Théorie du commerce international

Le **modèle Heckscher-Ohlin-Samuelson** (HOS) explique les spécialisations économiques des pays par les différences de dotations en facteurs de production des pays. Chaque pays se spécialise et exporte les biens dont la production est intensive en facteur relativement moins cher (ou plus abondant) sur son territoire. Pour le théorème HOS, ce sont les différences de dotations initiales en facteurs qui expliquent les spécialisations productives.

Cette spécialisation est partielle, c'est-à-dire qu'un pays ne se spécialise pas dans un seul bien mais dans plusieurs. La spécialisation dans une production intensive en facteur travail conduit à une augmentation du coût du travail, et inversement lorsqu'il s'agit d'une spécialisation dans une production intensive en facteur capital. Dans ce cas, la spécialisation crée des perdants au sein d'un pays. Si un pays se spécialise dans une production intensive en capital, alors le coût du capital augmente, et donc sa rémunération. Ce sont alors les détenteurs de capital qui sont avantagés au détriment des travailleurs.

Cependant, des études empiriques mettent en défaut le théorème HOS. Le paradoxe de Leontief illustre les résultats d'une étude empirique menée par Wassily Leontief sur le contenu en facteurs de production des exportations et importations américaines. Les États-Unis étant caractérisés par une abondance du facteur de production capital, selon le théorème HOS ils devraient exporter des biens relativement plus intensifs en capital. Or, W. Leontief observe que les exportations américaines sont relativement plus intensives en facteur travail. Ce paradoxe invalide donc a priori le théorème HOS. Néanmoins, une explication soutenue par la théorie du capital humain de Howard Becker est que les résultats de l'étude menée par W. Leontief s'expliquent par la contenance en capital humain des biens exportés. En effet, si l'on entend une conception plus large du capital dans laquelle est inclus le capital humain, alors la théorie HOS n'est plus invalidée par le paradoxe de Leontief.

Si les fuites de carbone sont le type de fuite le plus connu, il existe deux autres types de « fuites » dans un scénario où seuls les pays développés mettraient en place des politiques climatiques. Le premier type de fuite, lié au canal « énergie », est dû à la baisse de la demande en énergies fossiles des pays ayant mis en place une tarification carbone, qui entraîne une diminution du prix global de l'énergie fossile. La baisse du prix de l'énergie fossile augmente alors la consommation des énergies fossiles des autres pays. On observe alors une fuite du facteur travail et du facteur capital dans les pays faiblement régulés. Dans ce cas, comme dans le cas des fuites de carbone classiques, une baisse des émissions de $CO_2$ dans les pays développés serait compensée partiellement par une hausse des émissions des autres pays.

Ces deux effets peuvent être compensés par le deuxième type de fuites, lié à la diffusion des innovations. Lorsqu'une tarification carbone plus exigeante est instaurée dans un pays, les entreprises sont encouragées à investir davantage dans la R&D d'innovations bas carbone (**hypothèse de Porter**). Ces innovations peuvent ensuite se diffuser aux pays avec une régulation plus faible (assurant un avantage compétitif aux pays précurseurs), et donc diminuer les émissions à l'échelle mondiale.

### L'hypothèse de Porter

L'hypothèse de Porter stipule que la régulation environnementale peut avoir un effet positif sur la compétitivité et l'innovation en encourageant une « *green race* » entre pays. La version faible de cette hypothèse est que les pays reçoivent un gain de productivité dans les secteurs concernés par la transition liée aux innovations vertes tandis que sa version forte élargit ces gains à l'ensemble des secteurs de l'économie.

## 2.4 Les facteurs de production

Comme toute modification de l'état du marché, les politiques climatiques sur le court terme et le moyen terme altèrent la profitabilité et la productivité d'une entreprise en augmentant le coût des facteurs de production.

### Le travail

À court terme, il y a des créations et des destructions d'emplois dans les industries directement impactées par la transition climatique. Les destructions concernent les industries intensives en carbone qui voient leur activité ralentir, comme la filière des moteurs à combustion interne. Les créations concernent les secteurs producteurs d'énergie propre, comme l'éolien ou le solaire. L'intensité des pertes/créations dépend du niveau de travail requis dans ces secteurs. Le secteur des énergies renouvelables est ainsi en passe de devenir un employeur majeur au sein de l'UE. En 2021, l'UE comptait 1,24 million d'emplois dans les énergies renouvelables. Selon l'IRENA, d'ici 2030 le nombre d'emplois dans les énergies renouvelables dans le monde atteindra 139 millions, soit une augmentation de plus de 100 millions d'emplois par rapport à 2021.

Le secteur des énergies renouvelables est en effet plus **intensif en facteur travail** que le secteur traditionnel, à la fois en termes de manufacture mais aussi en termes opérationnels. Les industries extractives d'énergie fossile sont à l'inverse caractérisées par une mécanisation croissante, et donc par une diminution structurelle de leurs emplois. Un passage aux énergies propres crée de l'emploi net.

Le Network for Greening the Financial System avance la création de 202 millions d'emplois directs et indirects d'ici 2050 par rapport à la base de 2020. La perte d'emplois s'élève à 114 millions d'ici 2050, et se concentre dans les secteurs de l'agriculture, la construction automobile, les énergies fossiles et l'investissement en capital dans ces secteurs. Les emplois directs désignent les emplois liés à la production et la maintenance, tandis que les emplois indirects désignent les emplois de la chaîne de valeur. La perte d'emplois est attribuée à la transition vers une économie neutre en carbone, mais aussi à des facteurs autres comme les gains de productivité. Dans l'agriculture par exemple, les pertes d'emplois sont estimées à 184 millions d'ici 2050. La problématique concernant l'emploi n'est donc pas tant les créations et les destructions d'emplois que les inégalités et effets redistributifs générés par la transition écologique (*cf.* 10.3).

À moyen terme, les politiques climatiques se propagent à l'ensemble de l'économie par le biais des changements comportementaux et des ajustements des chaînes de valeur. Le secteur des énergies renouvelables se substitue progressivement au secteur des énergies fossiles. À titre d'exemple, des standards plus stricts dans la construction d'immeubles vont conduire à des rénovations d'anciens bâtiments désormais obsolètes, et créer des emplois dans le secteur de la construction.

À long terme, les politiques de transition climatique libèrent des vagues d'innovation et les firmes se repositionnent selon leurs avantages compétitifs respectifs. Des emplois sont créés dans la recherche et le développement en énergies bas carbone, qui génèrent des investissements et emplois futurs. La phase d'adoption nécessite une seconde vague d'innovations pour adapter les innovations aux procédés industriels. Ce processus d'ajustement de long terme aboutit à une augmentation de la demande de travail qualifié.

Ainsi, les effets de la transition écologique sur l'emploi sont une diminution à court terme du volume d'emploi global, puis une augmentation de ce volume à moyen et long terme due à l'intensité en travail du secteur des énergies renouvelables et à la succession de vagues d'innovation. Le capital, second facteur de production d'une fonction de type Cobb-Douglas, connaît des évolutions similaires.

### Le capital

Aujourd'hui, 65 % des dépenses annuelles en capital sont dirigées vers des actifs intensifs en émissions carbone. Le capital est défini dans cette partie comme capital physique (considéré comme fixe à court terme et variable à long terme). Le **risque de transition** est qu'une substitution trop rapide du capital vert au capital brun se traduise par une destruction nette de capital.

### Les actifs échoués (*stranded assets*)

Les ***stranded assets***, « actifs échoués » ou « irrécupérables », désignent en finance des investissements ou actifs qui deviennent obsolètes avant leur amortissement complet, du fait des modifications externes du marché. L'anticipation de la transition climatique est cruciale pour éviter une adaptation trop brutale qui se traduirait par un montant très élevé d'actifs irrécupérables.

Les *stranded assets* représentent un risque significatif pour l'ensemble de l'économie. D'une part, une dévaluation importante des *stranded assets* due à une régulation environnementale restrictive constitue des pertes économiques élevées pour les entreprises. Une analyse de McKinsey suggère que 2 100 milliards de dollars d'actifs dans le secteur de l'électricité pourraient devenir irrécupérables d'ici 2050. Or ces actifs sont inscrits pour l'heure au bilan des entreprises, qui pourraient voir leur valorisation (*enterprise value*) diminuer fortement en cas de retrait de ces actifs de leur bilan.

D'autre part, les *stranded assets* représentent un **risque de déstabilisation** de l'économie dans son entièreté. Les pertes liées aux *stranded assets* peuvent se propager à l'économie par deux biais. Le premier biais est le **canal de l'emprunt**. Une entreprise qui fait face à une soudaine dévaluation de ses actifs risque de faire défaut à ses créanciers et se trouver soit en difficulté de paiement, soit en position de liquidation. Dans le premier cas, l'entreprise voit son coût du crédit augmenter du fait de son profil risqué et de la dégradation de sa note de crédit par les agences de notation. Dans le second cas, ce sont les créanciers de l'entreprise qui risquent de faire défaut à leur tour si la liquidation de l'entreprise ne suffit pas à rembourser ses dettes. Le second canal de transmission est celui des **marchés financiers**. La dévaluation brutale des *stranded assets* cause non seulement une perte de capital nette pour les investisseurs, mais, dans certains pays, ces derniers sont en droit de demander réparation de leur préjudice d'après le **traité sur la Charte de l'énergie (TCE)**. En cela, la perte économique causée par la régulation environnementale ne se limite pas à la dévaluation des *stranded assets* mais a aussi des conséquences sur les budgets étatiques devant indemniser les investisseurs lésés du fait du changement des politiques publiques.

### Le traité sur la Charte de l'énergie (TCE)

Le traité sur la Charte de l'énergie est un accord d'investissement multilatéral en vigueur depuis avril 1998. La Charte internationale de l'énergie est une déclaration d'intention qui expose les principes d'une coopération énergétique internationale. En 2018, 54 pays et organisations régionales d'intégration économique ont signé ou adhéré au traité sur la Charte de l'énergie.

Cependant le traité sur la Charte de l'énergie fait l'objet de critiques qui soulignent une modernisation insuffisante. En 2022 l'Espagne annonce sa volonté de se retirer du traité, suivie de la France et de l'Allemagne. Le retrait français sera effectif le 8 décembre 2023. Les raisons évoquées par le Haut Conseil pour le climat font état d'une incompatibilité entre les mesures nécessaires dans le cadre de la transition énergétique et les mécanismes de protection des investisseurs présents dans le traité, le rendant contraire aux Accords de Paris. En février 2023, la Commission européenne aurait estimé qu'une sortie collective du traité sur la Charte de l'énergie est « inévitable ».

Le secteur des énergies fossiles est particulièrement touché par cette dévaluation d'actifs. Quantifier le risque de dépréciation des *stranded assets* dépend non seulement de l'intensité des émissions carbone, mais aussi des capacités d'adaptation des firmes et de la volonté politique de mettre en œuvre des mesures climatiques fortes impactant de manière durable leur activité.

Ainsi, le capital suit une trajectoire similaire à l'emploi, où l'on substitue progressivement du capital vert au capital brun. De même que pour l'emploi, une transition trop brutale est coûteuse. Sur le court terme, la transition renchérit le coût global du capital du fait de son obsolescence accélérée. À long terme, le capital vert ayant gagné en productivité, il paraît plus attractif et la prime de risque diminue ; il devient alors moins coûteux.

## 2.5 La productivité globale des facteurs

La **productivité globale des facteurs** (PGF) mesure la part de la croissance qui n'est pas expliquée par l'augmentation en volume du facteur travail et du facteur capital. La PGF mesure la capacité d'une économie à combiner efficacement travail et capital. La transition écologique amène différents types d'enchaînements avec la substitution de capital des énergies fossiles, les réallocations sectorielles et les réallocations de l'innovation. La transition vers une économie décarbonée entraînera donc une évolution de cette PGF pour les pays, suivant leur capacité à combiner travail et capital dans un nouveau contexte économique, notamment à travers leur gestion de l'innovation et de l'investissement.

### L'innovation

L'innovation est au cœur de la transition écologique, car, quel que soit le sentier de développement choisi collectivement, la reconfiguration de l'appareil productif vers un mode de production soutenable requiert de réinventer la plupart des modes de production. Les courbes d'abattement (*cf.* 2.3) reposent d'ailleurs en grande partie sur la capacité de nos sociétés à faire émerger des technologies de rupture dans de nombreux secteurs d'activité critiques : production d'acier, ciment, transports longue distance…

Dans le secteur de l'énergie, selon Haščič et Migotto, les innovations en matière d'énergies propres occupent désormais une place prépondérante dans le nombre total des innovations. Ivan Haščič est un économiste sénior à l'OCDE, et Mauro Migotto est un membre de l'équipe Environmental Performance Reviews (EPR) au secrétariat de l'OCDE, en charge du support statistique. Les auteurs utilisent le nombre de brevets comme indicateur de l'innovation. Toutes les technologies qui affichent les plus forts taux de croissance sont les technologies liées à la transition climatique[1]. Les auteurs montrent que les pays qui présentent le plus de brevets, toutes technologies confondues, ne sont pas nécessairement les pays aussi prolifiques dans l'innovation dans les technologies liées à la transition climatique. Les États-Unis sont les premiers contributeurs des inventions mondiales dans les technologies liées à la transition climatique entre 2009 et 2011 à hauteur de 21,1 %. Pourtant, ils ne participent qu'à 16,5 % des inventions les plus importantes (*high-value inventions*), contre 24,8 % pour le Japon et 17,9 % pour l'Allemagne.

Les ***early adopters*** de technologies vertes pourraient voir leur potentiel de croissance accélérer. Aux États-Unis, les industries chimiques leaders en technologies vertes ont vu leurs multiples de valorisation (*enterprise multiples*) augmenter de 2 à 5 fois tandis que les retardataires voyaient les leurs inchangés. Pour rappel, un *enterprise multiple* est un ratio utilisé en finance pour mesurer la valeur d'une entreprise. L'*enterprise multiple* mesure le rapport entre sa valeur d'affaire et son bénéfice avant intérêts, impôts, dépréciation et amortissement (BAIIA - EBITDA).

Les externalités d'une technologie sont appelées **effets de bord**, ou ***spillovers***. Une externalité est la conséquence imprévue de l'action d'un agent économique sur l'action d'un autre agent économique, qui peut être positive ou négative. On observe des *spillovers* dans le cadre des technologies vertes lorsqu'une firme exploite la connaissance développée par une autre firme, sans avancer les coûts de recherche nécessaires au développement de cette connaissance. Il apparaît alors une situation sous-optimale d'investissement, caractérisée par un phénomène de passager clandestin.

Cependant, l'existence de *spillovers* désincite les firmes à investir en R&D. Quand bien même il existe un système de **propriété intellectuelle** qui rémunère l'innovation, un innovateur est incapable d'en capturer tous les bénéfices, ce qui conduit à un niveau sous-optimal d'innovation verte. Les *spillovers* sont particulièrement importants pour l'innovation verte. Même si d'une part ils facilitent la propagation des technologies vertes à l'ensemble des entreprises, d'autre part, l'innovation verte est perçue comme plus risquée par les investisseurs car ses bénéfices fuitent.

L'innovation en technologies vertes est en outre ralentie par la « **dépendance au sentier** »[2] en R&D. La dépendance au sentier signifie que les décisions de R&D historiques influencent la recherche actuelle. Il existe de nombreuses dépendances au sentier dans l'innovation, qui sont renforcées par des effets d'augmentation des rendements d'échelle. En effet, de nombreux scientifiques préfèrent effectuer leurs recherches dans des domaines déjà balisés par la recherche d'autres scientifiques, bénéficiant ainsi de *spillovers*. On observe donc une dépendance initiale au niveau de la recherche scientifique, mais aussi au niveau de la propagation de l'innovation dans l'économie. En effet, les structures de déploiement de l'innovation sont adaptées aux innovations passées.

1. Énergie éolienne, véhicules électriques et véhicules hybrides, énergie solaire.
2. *Path dependency*.

Enfin, la dépendance au sentier est renforcée par les effets de réseau et de coûts de transfert élevés. Les **effets de réseau** signifient que l'utilité de l'usage d'une technologie augmente avec le nombre de personnes utilisant cette même technologie. Dans ce cas, la dépendance au sentier est renforcée car elle incite les firmes bénéficiant d'effets de réseau à poursuivre le développement de la technologie déjà avancée. Une intervention extérieure est donc nécessaire pour sortir du sentier de dépendance, autrement l'innovation se complaît dans son chemin historique. Ainsi, le déplacement de la R&D vers les technologies vertes augmente nécessairement le coût de la R&D à court terme.

L'État peut amener l'économie vers un ensemble d'équilibres verts en faisant emprunter à la recherche un sentier de dépendance vers l'innovation verte. Une fois que la technologie verte a gagné suffisamment d'avantages productifs, elle crée son propre sentier de dépendance. Pour ce faire, il convient d'attribuer un prix carbone, d'investir dans des structures d'accueil de la technologie verte et dans une régulation effective. La dépendance au sentier met aussi en évidence le coût de retard d'un changement technologique car plus la transition est retardée, plus la dépendance au sentier se renforce et rend plus coûteuse, et donc désincitative, une sortie retardée.

L'investissement en R&D dans les technologies vertes peut se faire aux dépens d'autres secteurs plus productifs et où il est plus rentable d'investir. Il s'agit de savoir si les investissements dans les technologies vertes sont complémentaires ou substituables à d'autres options d'investissements. Dans le cas d'investissement complémentaire, tout investissement dans les technologies vertes améliore la productivité globale. Au contraire, dans le cas d'investissements substituables, si les investissements verts se font aux dépens d'investissements plus productifs il y a alors une perte de productivité globale pour l'économie.

## L'investissement

Une fois présentes, les innovations doivent encore être déployées à l'échelle planétaire afin de permettre le passage à la neutralité carbone d'ici 2050. Un renouvellement complet de l'appareil productif est nécessaire. La transition écologique implique des investissements importants dans un premier temps, dont le coût serait atténué ensuite par une économie sur les coûts d'exploitation des technologies vertes. Ainsi en France, l'effort d'investissement dans la transition climatique est estimé à 2,5 points de PIB d'investissements supplémentaires nécessaires en 2030 pour atteindre la neutralité carbone en 2050. Cela passe par le biais d'une importante vague d'investissement privé : l'investissement global passerait de 2,5 % du PIB mondial entre 2016 et 2020 à 4,5 % en 2030 pour redescendre à 2,5 % en 2050, en omettant l'agriculture et les services. L'investissement dans les actifs verts est le corollaire des politiques climatiques et contribue, comme nous l'avons vu, à en atténuer le coût à court terme. À moyen terme, on observe une augmentation de la productivité dans les secteurs verts qui conduit à plus d'investissement privé dans ces secteurs, dû à une meilleure rémunération des capitaux verts.

L'investissement privé est également stimulé par l'investissement public. Utilisé intelligemment, l'argent public permet de financer des projets précurseurs, de tester de nouvelles technologies et ensuite d'en accélérer la maturation économique. La chute drastique des coûts des technologies solaires, éoliennes et des batteries a été permise par les subventions publiques et le financement de la recherche. Les prises de participation publiques directes se multiplient aujourd'hui afin d'assurer une souveraineté technologique et le développement de filières économiques autonomes, par exemple dans le secteur des batteries. Le risque est alors que la transition soit trop soudaine et que l'investissement dans les énergies fossiles par exemple se réduise trop rapidement, auquel cas il ne serait pas compensé immédiatement par les investissements en énergies vertes. On observerait alors une diminution de l'investissement privé global et des perturbations dans l'offre énergétique par une compensation insuffisante de l'offre énergétique verte.

Les acteurs privés n'investissent pas dans la transition écologique en raison d'investissements de départ en infrastructures trop importants. C'est donc à l'État qu'il revient d'investir dans les infrastructures de départ de la transition écologique. À long terme, l'investissement public n'évince pas nécessairement l'investissement privé, et peut même se révéler complémentaire de ce dernier. Ainsi, si le capital public et le capital privé sont complémentaires, l'investissement public peut accroître la productivité du capital privé en augmentant le stock de capital public.

Enfin, il est question de la **crédibilité des ambitions climatiques**. Un manque de crédibilité des politiques climatiques entraîne une diminution des investissements verts et des investissements bruns par les entreprises et ralentit la transition, augmentant ainsi le coût de cette dernière. Les politiques de transition climatique doivent donc être à la fois suffisamment graduelles pour minimiser le coût de la transition et suffisamment contraignantes pour être crédibles aux yeux des agents privés. En octobre 2022, seuls 39 % des Français estimaient que la France atteindrait son objectif de réduction des émissions pour 2030. Une majorité des Français estime donc que les ambitions climatiques de la France ne sont pas crédibles. Selon le FMI, le risque d'une crédibilité insuffisante des politiques climatiques serait un doublement des coûts de la transition pour un même niveau de réduction des émissions carbone.

# 3 Entre transition ordonnée et réalité internationale

## 3.1 Une valeur du carbone pour une transition ordonnée

### Le prix du carbone, information pour coordonner les actions

#### *Le prix, vecteur d'une information parfois partielle*

Dans une économie où les marchés sont compétitifs et performants, le prix est vecteur d'information. Il est fixé au point d'équilibre entre la demande pour un produit et l'offre. Le prix informe donc non seulement sur la désirabilité du produit (la quantité que les acteurs veulent consommer pour un prix donné selon leurs préférences), mais aussi sur sa rareté (la quantité que les producteurs proposent selon, notamment, le **coût d'opportunité** de production).

Selon l'économie du bien-être, ce mécanisme permet de coordonner les acteurs économiques (poursuivant tous leurs propres intérêts) pour atteindre un **équilibre Pareto-optimal**. Cet équilibre est atteint lorsque les ressources sont allouées à ceux qui leur attachent le plus de valeur et qu'il n'existe pas d'autre répartition des ressources permettant d'améliorer la situation de qui que ce soit.

Cependant, ce théorème ne prend pas en compte le fait que des informations puissent être manquantes. Notamment, le coût d'opportunité n'inclut pas toujours les dégradations environnementales liées à la production des biens. On parle alors d'**externalités négatives** (*cf.* 3.2). Le changement climatique en est un exemple : ceux qui émettent des GES n'ont pas à payer le coût que ces émissions engendrent. Pour que le prix des biens intègre réellement leur coût d'opportunité, et que l'information véhiculée soit complète, il doit intégrer le coût social des dégradations environnementales associées.

**Coût d'opportunité**

Les ressources nécessaires à la production d'un produit ou service, qu'elles soient des ressources de travail, de capital ou encore des ressources naturelles, ne peuvent être utilisées pour produire autre chose. Produire un bien implique de renoncer à utiliser les ressources pour autre chose, et c'est ce à quoi correspond le coût d'opportunité. Dans un marché compétitif, le prix de vente de ces ressources reflète ce coût.

### *Le prix, moyen de lutte contre le changement climatique*

La **tarification du carbone** est la solution formulée par la théorie économique pour internaliser le coût social de l'utilisation des énergies fossiles, et donc pour que les dégradations environnementales provoquées par l'émission de GES lors de la production de biens soient incluses dans leur prix. Idéalement, la tarification du carbone devrait reposer sur le principe d'une **taxe pigouvienne**, et être instaurée grâce à une taxe carbone ou un **marché de droits** (*cf.* 3.2). Elle alignerait les intérêts individuels sur les intérêts collectifs en permettant aux individus d'intégrer dans leurs décisions le **coût social** induit par les produits ou services qu'ils consomment ou produisent. De plus, elle permettrait d'indiquer la désirabilité sociale de tel ou tel effort de décarbonation pour une transition au moindre au coût. En effet, fixer une valeur au carbone permettrait de rationaliser la décision d'utilisation d'une technologie de décarbonation en fonction de son coût : si elle reste plus coûteuse qu'une technologie carbonée, elle n'est pas désirable socialement. Ainsi, la tarification carbone permettrait de corriger une **défaillance de marché** (*cf.* 3.2) en indiquant la bonne information pour une meilleure allocation des ressources.

## Définir le coût social du carbone

### *Un coût social sujet à des incertitudes et hypothèses*

Si donner un prix au carbone est une des solutions prioritaires pour lutter contre le changement climatique, l'estimation de ce prix est particulièrement complexe. Le **coût social** du carbone, nécessaire pour mettre en place une tarification carbone de type pigouvienne, est en effet soumis à des incertitudes profondes, tant scientifiques que socio-économiques. Par exemple, les coûts provoqués par les émissions de GES dépendent des capacités d'adaptation et de résilience des sociétés, difficilement estimables, ainsi que du dépassement ou non de points de bascule que les modèles physiques actuels ne peuvent prévoir que de manière incertaine (*cf.* 1.1).

De plus, le coût social du carbone d'aujourd'hui dépend d'hypothèses sur les émissions futures. Ce coût doit permettre de définir une trajectoire socialement optimale de réduction des émissions, prenant en compte notamment la persistance des GES dans l'atmosphère. Or, les dégâts causés par les émissions de GES dépendent de la concentration de ces gaz dans l'atmosphère : plus elle est élevée, plus les dégâts causés par une tonne d'émission supplémentaire sont importants. Ainsi, s'il est estimé que la concentration des émissions dans le futur sera élevée, les dégâts provoqués par les émissions d'aujourd'hui seront plus importants et le coût social du carbone plus élevé. Ces incertitudes et hypothèses peuvent faire varier le coût social du carbone, mais il dépend aussi grandement de choix éthiques.

**Coût social**

Le coût social du carbone est défini par une approche « coûts-bénéfices » (**ACB**). Il correspond au prix pour lequel le **coût marginal d'abattement** (le coût induit par la réduction des émissions de GES d'une tonne additionnelle) et le coût marginal des dommages (le coût des dommages causés, aujourd'hui et au long terme, par une tonne additionnelle émise) sont égalisés. Cela permet d'éviter que des efforts démesurés soient entrepris pour un bénéfice social faible ou, au contraire, que d'autres ne soient pas réalisés, alors qu'ils apporteraient un bénéfice social important. (Figure 2.6.a)

### *Le coût social du carbone face aux enjeux de justice sociale*

Le changement climatique touche les générations d'aujourd'hui et de demain, et toutes les populations à travers le globe. Le coût social du carbone doit donc prendre en compte les dommages subis par tous. Des questions de justice sociale se posent alors. D'abord, le bien-être des personnes (les biens et services consommés, monétaires et non monétaires tels que l'éducation et l'environnement) doit être pris en compte. Non seulement la valorisation des biens et services non monétaires est sujette à débat, mais la question du poids à accorder à une perte de niveau de vie des populations les plus pauvres face à celles favorisées se pose, d'autant plus dans un contexte d'injustice où les populations les plus pauvres, celles qui émettent le moins, sont aussi les plus vulnérables face au changement climatique. Ensuite, si nous sommes déjà touchés par les effets du changement climatique, ce sont les générations futures qui les subiront le plus. Inversement, ce sont elles qui bénéficieront le plus des investissements supportés aujourd'hui pour diminuer les émissions. La prise en compte de ces générations via le **taux d'actualisation** est centrale pour déterminer le coût social du carbone.

## Le taux d'actualisation

### Définition

Le taux d'actualisation est utilisé pour évaluer des investissements. Il permet de comparer des coûts et des bénéfices de temporalité différente en rapportant leur valeur à une valeur actuelle équivalente. Les bénéfices futurs sont alors actualisés, en considérant que la valeur de bénéfices vécus dans le futur est plus faible que celle des bénéfices vécus actuellement. Par exemple, un taux d'actualisation de 3 % implique que la valeur présente des bénéfices futurs est leur valeur future réduite de 3 % par an pour chaque année entre le moment présent et le moment de réalisation des bénéfices.

### Préférence pour le présent

Le taux d'actualisation est justifié par une préférence des individus pour le présent, s'expliquant par différentes raisons. Il existe une « préférence pure pour le présent » justifiée par le fait que les individus peuvent être impatients, ou alors considérer que s'ils ne consomment pas maintenant ils ne pourront pas le faire dans le futur. Par exemple, le risque de mort justifie un certain pourcentage d'actualisation. De plus, les individus peuvent espérer être plus riches dans le futur, et une hausse de consommation future leur serait alors moins profitable.

### Formule de Ramsey

La formulation mathématique du taux d'actualisation est donnée par la formule :

$$r = \rho + \eta g$$

« $r$ » représente le taux d'actualisation. « $\rho$ » représente le taux de préférence pure pour le présent : plus il est faible plus le poids accordé aux générations futures est important. « $\eta$ » représente la variation de valeur accordée à une unité de consommation en fonction d'une variation du revenu, et dépend de l'aversion aux inégalités entre générations. Enfin, « $g$ » représente le taux de croissance de la consommation future.

### *Le taux d'actualisation : un paramètre déterminant mais controversé*

La définition du **taux d'actualisation** est particulièrement controversée. Pour Nicholas Stern[1], il doit être proche de zéro afin que les générations futures soient traitées de la même façon que les générations actuelles. Selon lui, une différence de traitement basée

1. Économiste britannique, notamment connu pour avoir rédigé le rapport Stern (2007) sur les effets du changement climatique pour le gouvernement britannique.

sur le fait que les générations futures sont plus distantes dans le temps ne peut être justifiée éthiquement. Les raisons traditionnelles expliquant la préférence pure pour le présent ne peuvent s'appliquer au réchauffement climatique. Le taux d'actualisation devrait uniquement tenir compte d'une probabilité d'une extinction de l'humanité et la possibilité d'un enrichissement (ou d'un appauvrissement) des générations futures. Il peut être opposé à cet argument qu'un taux proche de zéro avantage grandement des populations futures qui seront (dans un monde en croissance) plus riches. Ainsi, investir aujourd'hui augmenterait les inégalités intergénérationnelles et ne serait éthiquement pas souhaitable.

Cependant, face aux incertitudes du changement climatique, rien ne garantit la croissance économique. William Nordhaus[1], lui, plaide pour un taux d'actualisation fixé non pas par des considérations éthiques mais économiques : il doit être cohérent avec les taux d'intérêt réels (le retour sur investissement corrigé par l'inflation) observés sur le marché actuel, c'est-à-dire un taux bien supérieur à zéro. La détermination du niveau exact du coût social du carbone est donc non seulement entourée de profondes incertitudes mais aussi fortement dépendante de jugements de valeur. Face à ces limites, des tarifications carbone articulées autour d'autres méthodes ont été proposées.

### Des alternatives au coût social du carbone

#### *La logique assurantielle*

Selon la logique assurantielle, telle que développée par Martin Weitzman[2], la concentration de GES dans l'atmosphère doit être limitée avant tout afin de garantir que des événements catastrophiques ne se réalisent pas. Face aux incertitudes liées au changement climatique, la probabilité, même faible, d'occurrence de catastrophes générant des dégâts massifs ne peut être exclue. Cette probabilité n'est pas considérée par les ACBs, entraînant une possible sous-estimation des coûts sociaux réels engendrés par les émissions de GES et un coût social du carbone erroné. En effet, la prise en compte de la probabilité d'occurrence d'événements catastrophiques pourrait pourtant s'avérer bien plus déterminante que le choix, par exemple, du taux d'actualisation. Martin Weitzman reconnaît cependant que l'évaluation du coût social du carbone est rendue encore plus difficile par la prise en compte de ces événements que nous ne pouvons, pour l'instant, pas modéliser. L'approche assurantielle peut se justifier aussi par les effets indirects du changement climatique, tels que l'augmentation des conflits ou des inégalités dues à des capacités d'adaptation variables, qui pourraient se révéler bien plus importants qu'estimés pour l'instant. Face à ces incertitudes, une autre méthode est nécessaire afin de déterminer une valeur du carbone utilisable en pratique.

1. Économiste américain, Prix Nobel d'économie en 2018 pour l'intégration du changement climatique dans les modèles économiques.
2. Économiste américain, professeur à Harvard et spécialisé en économie du changement climatique et des catastrophes.

### *La valeur tutélaire*

Définir la valeur tutélaire du carbone grâce à une **analyse « coûts-efficacité »** est une méthode complémentaire qui ne nécessite pas d'évaluer le coût des dommages provoqués par les émissions, limitant donc les indéterminations associées. Cette analyse « coûts-efficacité » consiste à calculer le prix du carbone permettant de suivre une trajectoire de réduction des émissions optimale – à moindre coût pour la société – afin de respecter un certain objectif de concentration de GES dans l'atmosphère (figure 2.6.b).

Cet objectif doit être fixé selon un standard minimum d'acceptabilité sociale. Dans le cadre du changement climatique, il a été défini à 2 °C par l'Accord de Paris (*cf.* 1.1). Cet objectif de température définit intrinsèquement un **budget carbone** (*cf.* 1.1) qui va être consommé progressivement jusqu'à atteinte de la **neutralité carbone**. Pour évaluer la valeur tutélaire du carbone, les coûts marginaux d'abattement doivent être déterminés. Ils dépendent par exemple d'hypothèses prises sur l'évolution des technologies de décarbonation et de l'intensité de la coopération internationale. En outre, la répartition des efforts dans le temps, se traduisant par une évolution du coût du carbone, doit être définie. Si les émissions carbone étaient considérées uniquement comme une ressource épuisable, leur gestion serait définie par la **règle d'Hotelling**.

**Règle d'Hotelling**

La règle d'Hotelling stipule que pour optimiser la gestion d'une ressource non renouvelable, la ressource doit être vendue de telle manière que la rente (prix de vente moins coût de production, d'extraction par exemple) s'accroisse d'un pourcentage égal à celui des taux d'intérêt. Du fait d'une rareté croissante, les prix d'une ressource épuisable augmentent au cours du temps. À chaque instant, les détenteurs d'une telle ressource doivent choisir entre la vendre et placer les revenus – qui fructifieront au cours du temps avec les taux d'intérêt – ou la conserver. La règle d'Hotelling garantit l'équivalence entre la vente de la ressource aujourd'hui ou plus tard ou, dans le cas des émissions carbone, l'abattement d'une tonne de GES aujourd'hui ou plus tard. La condition d'équilibre est alors donnée par :

$$p_n = p_1(1+r)^n$$

Avec « $n$ » le nombre d'années, « $p_n$ », le prix de la ressource à l'année $n$, « $p_1$ », son prix aujourd'hui et « $r$ » le taux d'intérêt.

Cependant, d'autres facteurs interviennent, notamment les préférences des acteurs telles que le niveau d'aversion au risque ou l'optimisme. La prudence exige des efforts initiaux importants, et donc un rythme d'augmentation du coût du carbone inférieur aux taux d'intérêt. Conserver « une épargne de précaution » peut être souhaitable du fait des incertitudes entourant le changement climatique. Cette approche est aussi justifiée par les effets de dynamique de l'innovation : le déploiement précoce de nouvelles technologies permettrait de réduire les coûts futurs d'abattement. Au contraire, les capacités d'adaptation immédiates relativement limitées des acteurs économiques plaident pour des efforts plus progressifs et une hausse de la valeur tutélaire du carbone supérieure aux taux d'intérêt.

Ainsi, si la méthode « coûts-efficacité » diminue les incertitudes par rapport aux ACBs, elle n'est pas une solution « clé en main ». Les estimations raisonnables de la valeur tutélaire du carbone ou même de son coût social sont tout de même indispensables car elles donnent une base d'action pour mettre en place un prix du carbone, information clé permettant de réduire efficacement les émissions en coordonnant les acteurs économiques.

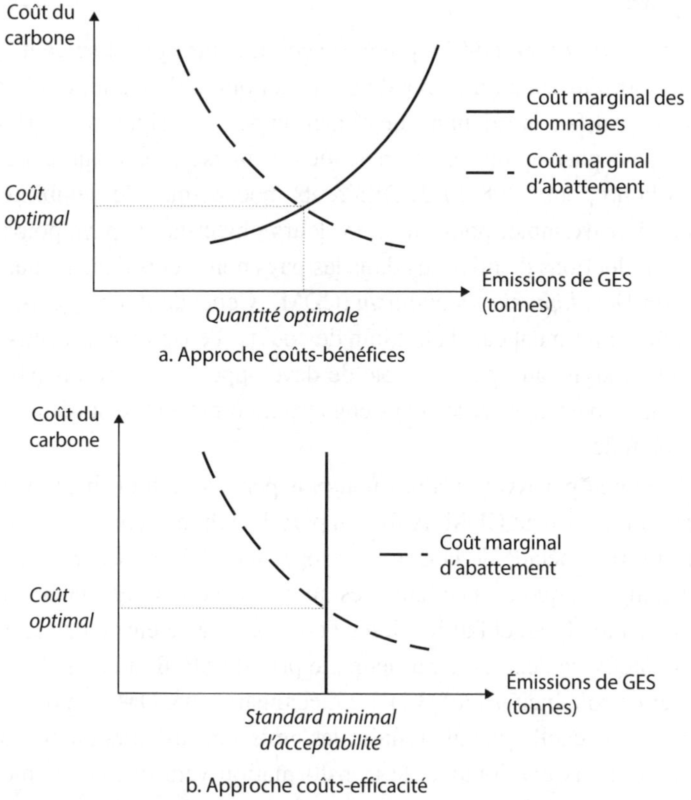


**Figure 2.6** – Définition du prix du carbone selon les méthodes utilisées

Source : Auteurs, d'après « La valeur de l'action pour le climat », France Stratégie, 2019.

La notion de coût du carbone est étroitement liée à la question de la gouvernance internationale du changement climatique. En effet, la lutte contre le changement climatique nécessite une coopération internationale car ses causes, tout comme ses conséquences, sont globales. Pour cela, la mise en place d'un prix unique du carbone à l'échelle mondiale est la solution la plus efficiente économiquement. Cependant, un prix du carbone mondial n'a pas été mis en place malgré un engagement international relativement ancien, que l'on peut faire remonter à la signature en 1992 de la **convention-cadre des**

**Nations unies sur les changements climatiques** (**CCNUCC**) qui marque la prise de conscience mondiale des enjeux du changement climatique (*cf.* 1.1). Les initiatives de régions telles que l'Europe, qui a mis en place un **système d'échange de quotas d'émission** (**SEQE**) à partir de l'approche « coûts-efficacité » dès 2005, font face à des enjeux de compétition internationale (*cf.* 3.2).

## 3.2 Du chaos international vers un ordre multi-échelles ?

### Les difficultés d'une coopération internationale

#### *L'âge de Kyoto*

Avec le protocole de Kyoto (1997), premier accord contraignant suivant la CCNUCC, un mécanisme similaire à un **marché de droits** à polluer donnant un prix au carbone a été créé. Des objectifs contraignants de réduction des émissions au court terme ont été fixés pour les pays participant à ce marché (de « l'annexe I »), fixant un certain volume de quotas carbone pour 2008-2012. Différents mécanismes de flexibilité ont de plus été introduits. Par exemple, pour atteindre leurs objectifs les pays pouvaient acheter des crédits de réductions d'émissions dans les pays non inclus dans le marché de droits grâce au *Clean Development Mechanism* (CDM). Cependant, cet accord n'a pas été le succès attendu, notamment car il était loin de couvrir l'ensemble des émissions : aucun objectif n'a été assigné aux pays en voie de développement, certains pays développés n'ont pas souhaité participer et les pays engagés ne représentaient qu'une minorité des émissions mondiales.

Le marché conçu par Kyoto n'a pas non plus permis de fournir un prix du carbone suffisant, notamment dû au CDM. Ainsi, en parallèle du marché de droits du protocole de Kyoto, l'Europe a décidé de lancer son propre marché : le SEQE, le plus important système d'échange de quotas à ce jour. Les quotas de ce marché ont été alignés sur les objectifs définis par Kyoto et l'utilisation de crédits CDM a été autorisée. Or, comme il était moins coûteux de décarboner ailleurs, le prix du SEQE a atteint des niveaux trop bas pour jouer un rôle incitatif (*cf.* 3.2). Le mécanisme du CDM a en outre été remis en question, car si à l'échelle globale réduire les émissions ailleurs ou en Europe n'a pas de conséquence, dans une logique de transformation vers une économie décarbonée investir ailleurs ne permet pas de s'engager dans la transformation européenne, et n'est pas la solution.

Finalement, lors de la COP 2009 de Copenhague, aucun accord contraignant n'a été trouvé pour remplacer celui de Kyoto expirant en 2012. Les divisions créées à Kyoto entre pays développés et en voie de développement pour des enjeux d'**éthique** n'étaient plus adaptées, alors que dès 2006 la Chine était devenue le premier émetteur mondial. L'intégration de nouveaux pays soumis à des quotas d'émissions a posé problème. *A fortiori*, la question du partage du fardeau entre les pays et la répartition des quotas n'a pu être résolue.

### *Le changement climatique et la théorie des jeux*

Les difficultés de la coopération internationale s'expliquent en partie par des problématiques de **théorie des jeux** et de souveraineté nationale. Aucune autorité ne peut imposer des règles aux États souverains. Tout accord international doit donc être volontaire et auto-applicable. En outre, le climat étant un **bien public global** (*cf.* 3.2), tout accord international doit faire face à la problématique du « **passager clandestin** ».

Cette situation est similaire à celle du **dilemme du prisonnier** (*cf.* 3.1) : l'équilibre optimum est celui où tous les pays participent. Cependant, chaque pays a alors un intérêt à dévier de l'accord et de cette situation de coopération pour devenir un « passager clandestin ». Les pays ont individuellement intérêt à ne pas coopérer, et donc à sous-investir pour lutter contre le changement climatique, aboutissant à une **tragédie des communs** (*cf.* 3.2).

En réalité, bien que la problématique du passager clandestin soit toujours présente, le dilemme du prisonnier n'est pas forcément la meilleure méthode pour modéliser des négociations autour du changement climatique. Elles s'apparentent plus à un jeu coopératif, possédant de nombreuses situations d'équilibre. Par exemple, une faible variation des préférences d'un pays peut influer l'équilibre vers plus ou moins d'abattement. Les négociations pour atteindre un équilibre optimal doivent considérer ces préférences, notamment liées aux problématiques d'équité.

### *Le changement climatique et l'enjeu d'équité*

Tout accord international sur le changement climatique se doit de respecter la notion de « responsabilités communes mais différentiées » telle qu'introduite dans le préambule de la CCNUCC. Plusieurs aspects éthiques sont reflétés ici.

D'abord, les pays développés ont une responsabilité historique et se doivent de supporter des efforts plus importants en vertu du **principe « pollueur-payeur »**. Les pays développés sont en effet responsables de 57 % des émissions cumulées depuis 1850. *A contrario*, les pays les moins développés n'en représentent que 0,4 %. Ensuite, les émissions par habitant dans les pays développés sont plus de deux fois plus élevées que celles dans les pays en développement. Or, ceux-ci demandent à pouvoir, eux aussi, croître économiquement, réduire le niveau de pauvreté de leur population et intrinsèquement augmenter leur niveau d'émissions par habitant. Enfin, les pays en développement sont aussi les plus vulnérables face au changement climatique (*cf.* 1.1) tandis que les pays développés ont plus de moyens pour investir et s'y adapter. Ainsi, il apparaît nécessaire que les pays développés apportent un soutien financier et technologique aux pays en développement afin que ces derniers aient un intérêt supplémentaire à s'engager et prendre leur part d'efforts.

Cependant, comme cela a été introduit plus haut, l'échec du renouvellement du protocole de Kyoto montre que la réponse éthique initialement apportée n'était plus adaptée aux évolutions de l'économie mondiale. La Chine avec d'autres pays considérés en développement comme l'Inde représentaient la majorité des émissions futures lors des négociations, et les exempter d'obligations de réduction n'aurait pas permis d'enrayer le changement climatique. En outre, la réalité économique des pays qualifiés

« en développement » est tellement diverse qu'opposer les deux mondes pour définir un partage du fardeau paraît vain.

Face au double défi de passager clandestin et d'équité, la COP15 de Copenhague a permis de poser les principes fondateurs d'une approche nouvelle (**CDNs** (*cf.* 1.1), fonds de solidarité). Ils ont permis d'aboutir à un accord international et universel définissant des objectifs clairs de limitation de l'élévation des températures et de réduction des émissions, avec atteinte de la neutralité carbone entre 2050 et 2100 : l'Accord de Paris.

## L'émergence de nouveaux modes de gouvernance ?

### *L'approche polycentrique*

Face aux difficultés rencontrées pour trouver un accord définissant la répartition des efforts de réduction des émissions à l'échelle mondiale, une approche multi-échelles, s'inscrivant dans une **logique polycentrique** a été préférée lors de la COP21 pour parvenir à l'Accord de Paris. Un **objectif global de neutralité carbone** dans la seconde moitié du siècle a été accepté par tous les pays. Dans ce cadre, chaque pays doit définir lui-même ses objectifs pour atteindre l'objectif global. Cette approche a permis d'intégrer tous les pays de manière universelle, de dépasser les divisions de Kyoto et de garantir la légitimité de l'accord. Cependant, alors qu'un système international de sanction ne peut être mis en place, l'Accord de Paris doit assurer une certaine crédibilité pour être efficace. Cette crédibilité repose sur plusieurs aspects :

- D'abord, alors que l'insuffisance actuelle des engagements nationaux est reconnue, des mécanismes existent pour assurer une augmentation progressive des ambitions. Des CDNs doivent être soumises tous les cinq ans en progression par rapport aux CDNs précédentes. Des stratégies à long terme de développement à faibles émissions de GES doivent être soumises par les Parties et peuvent permettre d'inscrire les CDNs dans une trajectoire globale vers la neutralité carbone. Tous les cinq ans à partir de 2023, un « Bilan mondial » sera réalisé afin d'évaluer les progrès collectifs entrepris vers les objectifs de Paris et renforcer les futures CDNs. Ce Bilan devrait permettre de rassurer les Parties sur la faisabilité de la transition et de créer une dynamique d'apprentissage collectif grâce au partage des meilleures pratiques.
- Ensuite, la crédibilité de l'Accord de Paris repose sur la solidarité et la confiance, notamment entre pays développés et en développement. Ces aspects sont au cœur des enjeux de la création d'un fonds pour les pertes et dommages lors de la COP27 et de la définition future de ses modalités. La question de financements pour les pays en voie de développement est d'autant plus critique que l'Accord de Paris a modifié la compréhension des notions d'équité et de justice : il s'agit d'assurer la possibilité pour tous de participer au développement d'une nouvelle économie décarbonée. La confiance est aussi catalysée par la mise en place par l'Accord de Paris d'un système de contrôle fondé sur la transparence, limitant aussi le risque de passage clandestin.
- Enfin, l'Accord de Paris a recours à un principe d'incitation, grâce à la pression des pairs et de la société civile. Ils auront par exemple accès aux résultats atteints par

chaque Partie, vérifiés par des experts indépendants. La société civile peut aussi avoir recours à des procédures judiciaires, telles que « L'Affaire du siècle » en France. Ainsi, en 2019, des associations françaises de défense de l'environnement ont assigné l'État français en justice pour inaction climatique. En 2021, le tribunal de Paris a reconnu l'État coupable de manquements, jugeant que ses engagements en termes de réduction des émissions de GES « engagent sa responsabilité ». De plus, la tenue des COP chaque année, mettant en avant les actions des États, est une occasion de renforcement de la pression médiatique et politique.

L'émergence d'une multitude d'acteurs (autorités locales, secteur privé ou société civile) qui jouent non seulement un rôle de pression sur les États mais qui participent aussi désormais directement aux négociations des COP est un autre aspect de la gouvernance polycentrique de l'Accord de Paris. En parallèle, de nombreux réseaux transnationaux se sont développés, tels que le C40 (*Cities Climate Leadership Group*), un réseau de maires engagés dans la lutte contre le changement climatique. L'engagement de ces acteurs est facilité par le changement de paradigme apporté par l'Accord de Paris : les objectifs de réduction ne sont plus définis au court terme mais au long terme vers la neutralité carbone. Cet objectif permet à chacun de se positionner pour y arriver, à son échelle.

Cette approche n'est pas sans critiques. Une dispersion trop importante des actions d'acteurs non étatiques peut être contreproductive. Par exemple, de nombreux réseaux créés ne peuvent être considérés comme des institutions performantes, notamment par manque de moyens. Une gouvernance efficace doit donc reposer sur une synergie entre les actions des États-nations et celles des autres acteurs, notamment du secteur privé (*cf.* 7.1). Les gouvernements ont par exemple un rôle à jouer pour favoriser les échanges et permettre aux acteurs d'une même filière initialement en compétition de coopérer afin de faciliter leur adaptation au changement climatique et leur transition vers des méthodes moins carbonées.

**Polycentrisme**

La logique polycentrique telle que définie par Elinor Ostrom[1] repose sur le fait que, face à l'urgence du changement climatique et à la complexité des enjeux, nous ne pouvons pas attendre qu'une solution globale soit trouvée. Au contraire, plusieurs échelles et une multitude d'acteurs doivent être mobilisés. Pour Ostrom, le postulat de la théorie classique de l'action collective – selon lequel une autorité extérieure est indispensable lors d'un problème de bien commun pour imposer un changement de comportement – n'est pas forcément justifié (*cf.* 3.2). En outre, dans le cadre du changement climatique, les acteurs peuvent être encouragés à réduire leurs émissions pour leur propre intérêt du fait de nombreux co-bénéfices (externalités positives). À l'échelle individuelle, covoiturer permet d'économiser de l'argent. À l'échelle métropolitaine, réduire les niveaux de pollution améliore la santé des habitants.

1. Économiste et politologue américaine, Prix Nobel d'économie en 2009 pour ses recherches sur la gouvernance économique, notamment sur la notion de « bien commun ».

### *Le concept de « club climatique »*

Si l'Accord de Paris a permis la création d'une nouvelle dynamique, ses objectifs climatiques sont encore loin d'être atteints et la mise en place d'un prix du carbone au niveau mondial, qui pourrait pourtant permettre une réelle transformation de l'économie vers la neutralité carbone, n'est pas à l'ordre du jour. En outre, l'introduction d'un prix du carbone à l'échelle régionale doit notamment faire face au problème des **fuites de carbone**. Pour éviter ce risque, William Nordhaus propose idéalement la mise en place d'un « club climatique ». Les pays volontaires se réuniraient en un club à l'intérieur duquel serait mis en place un prix du carbone, tandis que les pays non-participants seraient sanctionnés par un tarif douanier uniforme sur leurs exportations vers les pays participants. Ce mécanisme permettrait de créer une situation où les pays auraient intérêt à rejoindre le club. Paradoxalement, si tous les pays y participaient, le club ne serait pas stable. En effet, le prix du carbone devrait être fixé par une analyse « coûts-bénéfices », or plus le nombre de pays augmenterait, plus les bénéfices associés à une réduction des émissions augmenteraient aussi. Une réduction plus importante et un coût du carbone plus élevé seraient justifiés, jusqu'à ce que la non-coopération soit moins coûteuse malgré les sanctions. La situation d'équilibre consisterait donc en un monde séparé entre les participants et non-participants.

**Fuites de carbone**

Ce phénomène se produit dans un contexte de concurrence internationale lorsqu'un pays – ou groupe de pays – met en place des politiques exigeantes de réduction des émissions et que celles-ci, si elles sont réduites localement, ne le sont pas globalement. Autrement dit, les émissions ont fuité et été transférées ailleurs. Ce transfert est provoqué soit par la délocalisation d'entreprises vers des territoires plus attractifs, soit par l'augmentation de l'importation de biens plus carbonés et plus compétitifs produits par des entreprises étrangères non soumises à la réglementation.

Cette solution serait cependant une solution sous-optimale par rapport à une situation de libre-échange. En effet, le commerce est créateur de richesses pour la plupart des pays et, selon l'hypothèse de Porter (*cf.* 2.2), une réglementation environnementale suffirait à encourager l'innovation, permettant aux entreprises d'être plus compétitives. Ainsi, le libre-échange pourrait accélérer la transition dans un contexte de concurrence mondiale féroce pour gagner la « course verte ». Au contraire, un tarif douanier trop important pourrait être considéré comme du protectionnisme et risquerait de ralentir la transition mondiale, renforçant les confrontations. Un équilibre doit être trouvé, et c'est tout l'enjeu du **mécanisme européen d'ajustement carbone aux frontières** de l'UE (**MACF**).

### *Exemple d'application : le mécanisme européen d'ajustement carbone du point de vue des relations internationales*

L'Accord de Paris a donné une nouvelle signification au prix du carbone, qui devient un outil pour transformer l'économie vers la neutralité carbone. L'Europe a ainsi adopté des politiques climatiques plus ambitieuses telles que définies par le « Green Deal » (2020) qui entraîneront une hausse du prix du carbone du SEQE (*cf 3.2*), la suppression progressive des permis gratuits ainsi que la mise en place d'un mécanisme d'ajustement carbone aux frontières (MACF) pour lutter contre les fuites de carbone. Le MACF a été proposé en 2021 par la Commission européenne et doit dorénavant être adopté définitivement par le Conseil et le Parlement européen suite à l'accord trouvé en 2022. Ce mécanisme peut être considéré comme une application pratique de l'idéal « club climatique » de William Nordhaus.

Sa mise en place pratique doit faire face à deux écueils : être compatible avec les règles de l'OMC et respecter le principe d'équité tel que défini par la CCNUCC.

D'abord, pour respecter les règles de l'OMC, le MACF ne pourra pas consister en un tarif douanier, tel qu'avancé par Nordhaus, mais devra être lié au prix du carbone du SEQE. Les enjeux principaux pour définir le MACF en lien avec le SEQE sont : l'accès à l'information en cas de MACF basé sur les émissions directes de production ; la protection des producteurs européens à l'export, alors qu'ils seront en compétition avec des acteurs internationaux en dehors du SEQE ; la définition de références si le MACF est basé sur des valeurs standardisées alors que l'intensité carbone d'une production dépend de l'efficacité de chaque usine.

Ensuite, l'annonce de la création du MACF, perçu comme unilatéral et injuste, a engendré de nombreuses oppositions de la part des autres pays, et ce d'autant plus qu'il a été annoncé qu'à terme il sera étendu à tous les produits, et non uniquement les plus carbonés. Il est accusé par exemple de transférer la charge de décarbonation aux pays en développement à travers des coûts d'exportation plus élevés. La mise en place du MACF devra d'ailleurs prendre en compte la vulnérabilité commerciale de certains pays les moins développés qui risquent d'avoir des difficultés à s'adapter, à cause d'une spécialisation plus grande et de moins bonnes capacités administratives.

Pour assurer la confiance de ses partenaires commerciaux, la rhétorique européenne autour du MACF devra veiller à intégrer les efforts des autres pays. Notamment, si le MACF est présenté comme une forme de « protectionnisme vert » des industries européennes face à des concurrents soumis à des politiques climatiques moins ambitieuses, les pays tiers pourraient y opposer leur propre volonté de réduire leurs émissions. L'UE a donc déjà annoncé que si un producteur non européen peut prouver qu'un prix du carbone a déjà été payé dans le pays d'origine, alors ce prix sera déduit de la taxe à la frontière. En conclusion, si le MACF peut être un outil efficace pour accélérer la transition européenne mais aussi mondiale, en servant d'exemple de bonne pratique et d'incitation économique, son application doit faire face à de nombreux écueils.

### *Information scientifique : la clé pour agir*

Toutes ces dynamiques de lutte contre le changement climatique ont une seule et même fondation : l'information scientifique. Des données climatiques doivent être collectées et analysées afin d'informer les acteurs des conséquences du changement climatique et leur permettre de prendre les meilleures décisions. Un réseau d'organisations dédiées à la recherche scientifique sur le changement climatique dont le **GIEC**, chargé entre autres de synthétiser cette connaissance (*cf.* 1.1), s'est développé depuis plusieurs décennies. Pour que ces données climatiques soient d'une réelle valeur, elles doivent être communiquées aux décideurs politiques ainsi qu'aux acteurs non étatiques, entreprises ou membres de la société civile. Cette connaissance est critique pour définir les coûts du changement climatique et permettre aux décideurs de déterminer l'ampleur des politiques de réduction des émissions. En outre, elle est indispensable pour que l'ensemble des acteurs non étatiques s'engagent eux aussi dans la lutte contre le changement climatique au sein d'une gouvernance polycentrique, de telles connaissances pouvant modifier les préférences individuelles et sociétales.

Cependant, la communication de ces informations afin qu'elles soient comprises hors de la sphère scientifique fait face à plusieurs défis. Elle doit être suffisamment riche pour rendre compte d'un phénomène complexe tout en étant résumée à quelques points fondamentaux pour être facilement utilisable. Cette communication doit refléter des incertitudes scientifiques, nombreuses en ce qui concerne le changement climatique, et expliquer la manière dont elles doivent être interprétées. En outre, elle doit faire face à une politisation du débat entre climatosceptiques et défenseurs du climat, comme lors de la dernière élection américaine, et à la propagation des fake news, amplifiée par l'effet « bulle de filtre » par lequel les algorithmes des moteurs de recherche et réseaux sociaux ciblent le contenu présenté à l'internaute selon ce qu'il recherche. Ainsi, les enjeux de communication et de vulgarisation autour du changement climatique ne doivent pas être sous-estimés.

# Chapitre 3 L'entreprise, le marché et les enjeux environnementaux

Après une analyse macroéconomique, il s'agit ici de recentrer le propos sur les contraintes que les enjeux environnementaux et les différentes politiques publiques font peser sur les stratégies d'entreprise.

- D'abord, les contraintes internes (coûts) et externes (concurrence) à même de restreindre les actions des entreprises seront présentées, notamment grâce à l'apport théorique de la microéconomie.
- Ensuite, les enjeux liés à la protection des biens communs seront introduits, ainsi que les différents mécanismes de prix auxquels les institutions publiques peuvent avoir recours afin de lutter contre cette défaillance de marché.
- Enfin, dans un contexte incertain en termes de coûts liés aux risques physiques et de transition, les outils de prise de décision des entreprises seront détaillés et l'importance à accorder à l'innovation et la réinvention des modèles d'affaires de l'entreprise explorée.

## 1 L'approche microéconomique

La création et la gestion d'une entreprise se font dans un but commercial avec pour objectif de dégager une rentabilité suffisante pour rémunérer les différents facteurs de production mobilisés, capital et travail. Dans la pyramide de Carroll (*cf.* 4.1), la composante économique de la **responsabilité sociétale des entreprises** (RSE) est ainsi définie selon cinq critères : la maximisation du profit par action, l'engagement à la rentabilité, le maintien d'une position concurrentielle forte, l'efficacité opérationnelle et le maintien de la rentabilité à travers le temps. Seul le respect sur le long terme de ces obligations économiques permet d'envisager de consacrer du temps et des ressources à la transformation environnementale. Cette dernière ne peut avoir lieu sans être conçue comme une partie intégrante du modèle d'affaires de l'entreprise, faute de quoi la tension entre la charge qu'elle représente et la pression concurrentielle aura raison des meilleures intentions environnementales.

## 1.1 L'impératif de rentabilité

### La notion de profit

Toute entreprise doit dégager suffisamment d'argent pour payer ses salariés, rembourser ses créanciers et verser à ses actionnaires une rémunération proportionnée aux risques qu'ils prennent en apportant leurs capitaux (dans cet ordre). Pour ce faire, il lui est donc indispensable de dégager une certaine rentabilité – définie par les attentes des actionnaires en la matière (*cf.* 6.1). Il est nécessaire de noter que la notion de profit, d'un point de vue théorique, ne peut se comprendre qu'en lien avec celle de **concurrence parfaite**.

**La notion de profit en microéconomie**

Dans une logique de concurrence parfaite (dont les principales hypothèses sont qu'aucune entreprise ou consommateur ne possède de pouvoir de marché, que les biens et services sont parfaitement substituables, que les concurrents peuvent entrer librement sur le marché et que l'information circule librement), le profit est défini comme la différence entre le chiffre d'affaires généré par les ventes et l'intégralité des coûts nécessaires à cette vente, y compris la rémunération normale des actionnaires. Il s'agit donc d'un excédent de rémunération induit par un prix de vente trop élevé. La pression concurrentielle devrait donc faire converger ce profit vers zéro à long terme.

La principale conclusion de la théorie de la concurrence parfaite est qu'il existe un équilibre offre/demande **Pareto-optimal** (*i.e.* toute déviation dans un sens ou un autre du couple prix-quantité pour améliorer la situation d'un acteur ne pourrait se faire qu'au détriment d'une autre partie). Sur un marché fortement concurrentiel, une entreprise peut être rentable, c'est-à-dire couvrir ses coûts, mais ne pourra pas dégager de profit (« sur-rémunération ») sur le long terme car des concurrents viendraient alors proposer des biens substituables à moindre coût. Le prix d'équilibre de long terme du marché est donc déterminé par la combinaison technologique et organisationnelle la moins onéreuse.

Dans un article de 1970 qui a fait date, l'économiste et Prix Nobel Milton Friedman défendait l'idée selon laquelle la responsabilité sociétale des entreprises est un coût qui doit être payé par l'entreprise (*cf.* 4.1). Il peut s'analyser comme une forme de taxation qui doit être payée soit par les clients, sous forme de prix plus élevés, soit par les salariés, sous forme de salaires réduits, soit par les actionnaires, sous la forme d'un dividende et d'une rentabilité réduits. Il en déduisait que la seule responsabilité de l'entreprise était de maximiser son profit. En effet, si l'on regarde (figure 3.1) l'équilibre de marché qui résulte de la tarification des biens et services à leur coût moyen minimal de production, celle-ci implique à long terme que toute entreprise dont la structure de coût est supérieure à celle de l'entreprise la plus efficace sera sortie du marché car incapable de vendre à un prix concurrentiel.

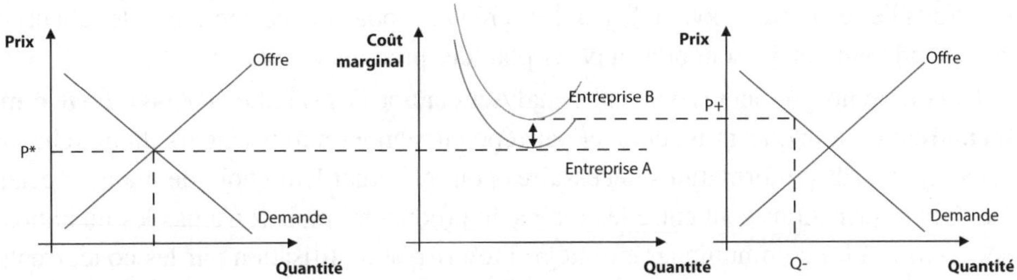


**Figure 3.1** – Effet d'une hausse du coût de production sur l'équilibre de marché

Source : Auteurs.

Cet argument a longtemps été utilisé pour repousser les mesures liées à l'environnement, en particulier les mesures de prévention du changement climatique.

## Différenciation et information

Il résulte de cette application des principes de base de la microéconomie que, sur un marché où le degré de concurrence est élevé, le seul moyen de mettre en place une stratégie environnementale est de répondre à une demande spécifique du consommateur. Parce qu'il choisira prioritairement des biens et services « verts », le consommateur accepte la **différenciation** des produits. Celle-ci réduit leur substituabilité et donc la pression concurrentielle s'exerçant sur l'entreprise. Ceci repose néanmoins sur l'hypothèse que la principale variable de choix du consommateur ne soit pas le prix, ce qui est loin d'être toujours le cas dans les biens de consommation courante. L'exemple de Danone, dont la stratégie de développement durable a été remise en question par des actionnaires activistes en 2021 montre la limite potentielle de ce pari.

Pour réussir, la différenciation environnementale doit se concevoir au sein d'une stratégie plus générale, prenant en compte le positionnement du produit et l'état de la concurrence (*cf.* 3.3). Cela interroge sur la définition même de ce qu'est un produit « vert » par rapport à un produit normal et sur la manière dont les différents degrés de conformité environnementale peuvent se comparer entre eux, tant du point de vue du producteur que de celui du consommateur.

Se pose ensuite la question de sa performance économique, qui doit être comparée à la gamme de produits existants mais également – et la réponse pourrait être différente – à celle de la concurrence. Savoir si les entreprises réussissent effectivement à capturer une prime de rémunération à travers une stratégie de différenciation verte reste encore sujet à polémique et la littérature n'est pas unanime à ce sujet. En effet, une des principales difficultés tient à la définition même de ce à quoi correspond un produit vert, au-delà de l'affichage marketing à destination du client (*cf.* 9.1) à la faible comparabilité des initiatives individuelles entre elles (efforts sur le processus interne de production, sur les approvisionnements, sur la logistique…). Au-delà de cet aspect méthodologique, les pratiques ne sont pas toujours à la hauteur du message envoyé au consommateur et le ***greenwashing*** dessert les efforts des entreprises jouant le jeu, car il réduit le potentiel de confiance des clients et donc le premium qu'ils sont prêts à payer pour des produits « verts » (*cf.* 9.1).

Ces différents problèmes peuvent s'analyser comme des situations d'**asymétrie d'information** où les consommateurs, et par répercussion les autres acteurs du marché, ne disposent pas des informations nécessaires pour effectuer leur choix de manière éclairée. Ces informations sont entre les mains du producteur mais il n'a pas les incitations nécessaires à les communiquer en intégralité : risque d'utilisation par les concurrents, meilleure comparabilité pour les consommateurs et, dans les cas extrêmes, exposition des pratiques de *greenwashing*. De nombreux mécanismes privés de réduction de l'asymétrie existent : publication transparente des informations, labellisation des produits, certification par des tiers indépendants, adhésion à des standards définis par l'industrie ou à des normes professionnelles, participation à des instances paritaires, etc. Il s'agit là de mécanismes de **coordination collective** pour gérer une limite liée à la nature même du marché.

Néanmoins, ces mesures sont des mesures du côté de l'offre et elles sont limitées tant par la pression concurrentielle que par la législation sur les ententes. Elles reposent toutes fondamentalement sur une « éducation » du consommateur qui peut prendre un certain temps. En l'absence d'évolution des pratiques d'achat d'une masse critique de consommateurs, la stratégie de différenciation atteindra ses limites. L'**intervention publique** devient alors nécessaire pour réguler le marché et contraindre tous les acteurs à ajuster leurs pratiques, préservant ainsi une concurrence équitable. Les normes environnementales imposées aux producteurs sont un exemple d'une telle intervention.

La situation est donc caractérisée par un paradoxe. Dans une économie de marché concurrentielle, *in fine*, seule l'intervention publique est à même d'orienter le marché dans une direction compatible avec la préservation de l'environnement si l'équilibre de marché ne s'y oriente pas spontanément. Il y a en effet une contradiction entre les préférences individuelles et collectives des acteurs. Du point de vue de l'entreprise, il est rationnel de poursuivre la voie qui maximise la rentabilité, en répondant aux attentes des consommateurs. En effet, son action a une influence marginale sur le changement climatique et elle a intérêt à faire porter le poids de la transition sur ses concurrents. Il s'agit d'une situation classique de **dilemme du prisonnier** où les acteurs ont collectivement intérêt à coopérer (ici pour prévenir le changement climatique) mais où leurs incitations individuelles les poussent à laisser les autres agir en premier, réduisant donc à néant l'incitation globale à agir.

## 1.2 La possibilité du profit

L'irruption du changement climatique introduit de nombreuses contraintes vis-à-vis de l'analyse économique traditionnelle, remettant en cause certaines hypothèses quant à la réalité de la **concurrence parfaite** (déjà fortement critiquée par ailleurs). Par exemple, l'information sur les conséquences du changement est très parcellaire et marquée par une forte incertitude (*cf.* 2.1), ce qui conduit à une allocation sous-optimale des investissements. De même, les **risques physiques** (catastrophiques et chroniques) et les **risques de transition** (régulation, marché, réputation) mènent à des situations de pénurie, et donc de demande non satisfaite et de prix plus élevés que ceux qui prévaudraient en temps normal.

Le changement climatique est donc synonyme de la présence de **rentes**. Une rente est une situation dans laquelle une entreprise est en mesure de réaliser des profits excédentaires sans être remise en cause par la concurrence. Dans ce cas précis, plusieurs types de rentes peuvent être identifiés. Les **rentes de situation** se créent lorsque des entreprises se retrouvent de facto en situation de quasi-monopole du fait par exemple de difficultés d'approvisionnement (l'exemple de l'eau potable ou de la nourriture après une inondation en est une illustration) et disposent alors d'un pouvoir de tarification significatif. Les **rentes liées à l'innovation** apparaissent quand une entreprise apporte une nouvelle technologie répondant à un besoin établi et dispose d'une protection de sa propriété intellectuelle (brevets, secret industriel) ; dans le cadre de la transition environnementale, ces rentes présentent une incitation importante à l'innovation et un avantage concurrentiel significatif (*first mover advantage*).

**Les incitations à l'innovation**

Des ruptures technologiques importantes sont nécessaires pour permettre d'atteindre les objectifs de neutralité carbone à l'horizon 2050 et la perspective d'une rente liée à un brevet est une incitation puissante à investir dans ces domaines pour les entreprises. Cependant, cette rente est également un frein à la diffusion des technologies concernées à l'échelle mondiale alors même que leur adoption universelle est une des clés de la transition. La réorientation des incitations en matière de R&D est donc au cœur de la réflexion économique actuelle.

Le message central de cette analyse est que la transition écologique n'est pas seulement une source de coûts mais peut être une opportunité de profits importants pour l'entreprise ; la réduire à sa dimension de « conformité réglementaire » ou de « gestion des risques » expose à long terme à un risque de marginalisation économique face à des concurrents ayant su capturer les opportunités de rentes.

## 1.3 La nécessité de s'adapter

Il n'en demeure pas moins que l'entreprise reste dans une situation complexe où il lui est demandé de contribuer à la production d'un **bien commun**, la réduction du risque climatique (*cf.* 3.2), pour lequel elle ne reçoit d'autre rémunération que l'évitement de coûts futurs indéterminés. Ceci n'est cependant qu'une facette de la problématique microéconomique et s'y limiter serait contre-productif. Les principaux effets du changement climatique sont certes encore devant nous, à un horizon temporel incertain, mais ses conséquences se font d'ores et déjà sentir et vont aller grandissantes (*cf.* 1.1).

Pour de nombreuses entreprises, cela signifie déjà une nécessité de mettre en place des mesures d'**adaptation** qui leur permettent tant de pérenniser leur activité en la faisant évoluer que d'assurer sa **résilience** face aux éventuelles difficultés. Dans un contexte d'incertitude radicale, l'investissement dans la flexibilité et l'adaptabilité des organisations est une réponse économiquement justifiée. Cela se traduit notamment par l'accumulation d'une trésorerie plus importante pour faire face à brève échéance à des dépenses imprévues, par le maintien de stocks élevés pour faire face à des perturbations des chaînes logistiques, par une gestion dynamique de l'équilibre actif-passif de l'entreprise (***Asset-Liability Management***, ALM) et par un investissement important dans la disponibilité et la préparation des salariés.

### La gestion actif-passif (ALM) dans un contexte de changement climatique

Le bilan de l'entreprise comprend des actifs qui produisent une certaine rentabilité (actifs de long terme liés à la production, actifs de moyen terme comme les stocks ou les créances clients et actifs liquides comme la trésorerie). Ces actifs produisent différents flux de revenus qui contribuent au résultat de l'entreprise. En face, pour financer ces actifs, l'entreprise a levé des fonds auprès des actionnaires à qui elle doit fournir une certaine rentabilité sous la forme d'une hausse du prix de l'action et/ou de dividendes et auprès de créanciers (banques, prêteurs obligataires) à qui elle doit payer des intérêts et rembourser du principal. La gestion actif-passif consiste à faire coïncider les flux générés par l'actif avec les obligations résultant du passif.

Plus la taille de l'entreprise est importante, plus cet appariement devient complexe car de nombreux décalages apparaissent : décalage de maturité entre entrées et sorties, décalage de devise (euro – dollar par exemple), décalage de taux (fixe/variable), décalage de rentabilité (la rentabilité moyenne pondérée des actifs doit en permanence être supérieure ou égale au **coût moyen pondéré du capital** (CMPC)), etc.

La gestion ALM est un exercice prévisionnel complexe reposant sur la modélisation des rentabilités futures et sur la planification fine du calendrier des décaissements. L'incertitude liée au changement climatique introduit énormément de risques dans cet exercice et réduit donc l'appétence pour les projets les plus risqués. Ces risques sont particulièrement tangibles pour les banques, les assureurs et les fonds d'investissement qui gèrent des décalages temporels importants entre leurs actifs et leurs passifs.

D'un point de vue organisationnel, l'entreprise peut focaliser ses efforts sur la gouvernance des risques avec la mise en place d'un comité dédié et l'inclusion d'objectifs environnementaux dans la rémunération de ses dirigeants (***Management package***) afin d'aligner leurs intérêts de court terme avec la performance environnementale de long terme de l'entreprise et ainsi de compléter l'objectif de maximisation des profits. La mise en place d'une organisation capable de répondre aux situations de crise et aux urgences est également importante, notamment lorsque l'entreprise a des opérations dans les zones les plus exposées aux catastrophes climatiques.

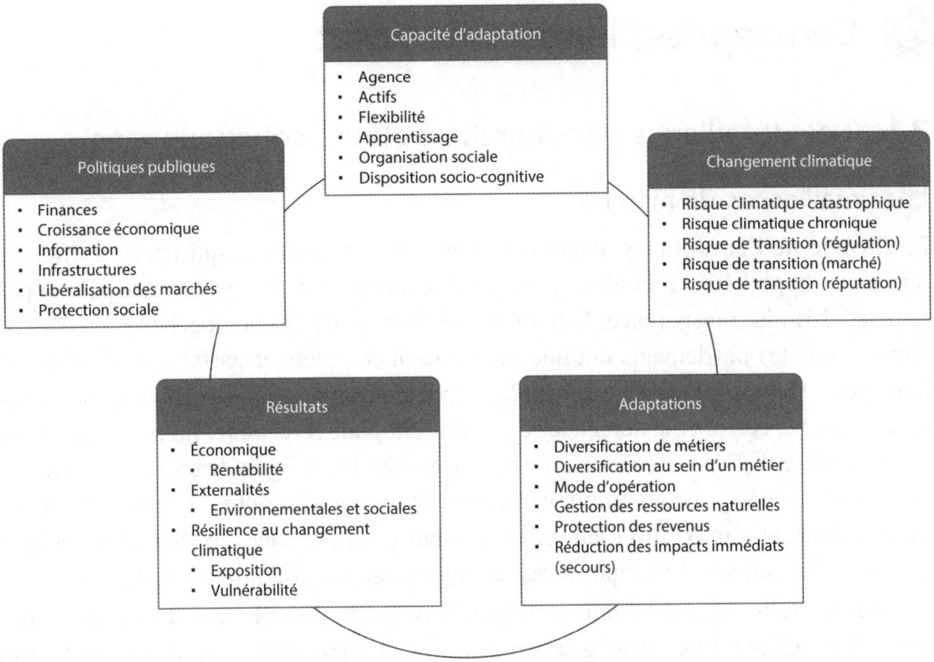


**Figure 3.2** – Cadre conceptuel d'adaptation microéconomique au changement climatique

Source : adaptation et traduction auteurs, d'après Bartelet *et al.* (2022).

Construire cette résilience organisationnelle représente néanmoins un coût significatif pour l'entreprise et interpelle à deux niveaux. D'une part, elle introduit un biais concurrentiel significatif en la défaveur des entreprises qui investissent dans cette préparation, du moins jusqu'à la matérialisation éventuelle du risque. Ici à nouveau, une intervention publique pourrait être nécessaire pour forcer les entreprises à investir dans l'adaptation, tout en préservant une concurrence équitable. D'autre part, elles représentent une mobilisation importante, voire un gâchis, de ressources alors même que l'approche qui chercherait à prévenir les changements climatiques viserait *a contrario* à réduire ces consommations de ressources. Et ce d'autant plus, que, tant que le risque ne s'est pas matérialisé, les ressources sont consommées parfois en pure perte, notamment pour les stocks tampons de produits à durée de vie limitée.

Cet **arbitrage entre prévention et adaptation** au changement climatique est une des composantes-clés du raisonnement microéconomique. En effet, dans un contexte de ressources contraintes et de temps réduit, il est impossible d'aborder de front l'intégralité des sujets environnementaux. Un travail approfondi d'analyse stratégique (*cf.* 3.3) est donc indispensable pour établir les priorités tant en termes de gestion des risques que d'opportunités à saisir.

# 2 L'entreprise, le marché, l'État

## 2.1 Les défaillances de marché et leurs conséquences

### Les défaillances de marché

La **théorie de l'équilibre général** est un modèle économique qui décrit un marché « parfait » hypothétique réunissant les quatre conditions de la concurrence pure et parfaite (*cf.* 3.1) : la transparence, la libre entrée, l'atomicité et l'homogénéité. En d'autres termes, tous les participants ont une information complète et parfaite, il n'y a pas de barrières à l'entrée, et les acheteurs et les vendeurs sont nombreux et homogènes. Dans un tel marché, l'offre et la demande se rencontrent pour déterminer un prix d'équilibre, qui maximise l'efficacité économique en permettant la plus grande quantité de biens et services échangés possible. Enfin, les acteurs économiques sont rationnels, c'est-à-dire qu'ils cherchent à maximiser leur utilité ou leur profit, et sont capables d'ajuster leurs décisions en temps réel en réponse aux changements des conditions du marché.

Dans les faits, le marché admet différents types de **défaillances**. Les agents interagissent et adoptent des stratégies, les entreprises cherchent à gagner en pouvoir de négociation, leur objectif final étant de dépasser la concurrence, et ces comportements peuvent aboutir à la constitution de monopoles, d'oligopoles et des situations d'**asymétrie d'information**. Il faut ajouter à ces premières défaillances celles liées aux **externalités** et dans une certaine mesure aux **biens publics**, qui sont des biens non exclusifs (il n'est pas possible de sélectionner les individus y ayant accès) et non rivaux (leur utilisation par une personne n'empêche pas les autres de les utiliser également), tels que les parcs publics ou les services de sécurité nationale : en effet ceux-ci ne peuvent pas être fournis par le marché seul car il est difficile de les faire payer par les utilisateurs.

Dans le cadre de ce chapitre, nous nous concentrerons sur un type particulier de défaillance : les **externalités négatives** qui ont des répercussions sur le climat, et notamment les émissions de GES. Les externalités sont les effets des actions de production ou de consommation qui ne sont pas directement pris en compte par le marché. Elles peuvent accroître ou réduire la satisfaction ou le profit des agents sans contrepartie marchande, et engendrer des **coûts sociaux**. Ces coûts correspondent à des effets négatifs ou positifs indirects, non intentionnels et non pris en compte par le marché, provoqués par une activité économique ou un produit sur la société ou l'environnement.

Plus spécifiquement, le **coût social d'une unité de carbone** est défini comme la somme pondérée des dommages actuels et futurs engendrés par son émission. Cependant, baisser les émissions a aussi un coût économique, lié au changement de la combinaison productive, ici passer des énergies fossiles aux énergies renouvelables, par exemple. Ce coût économique peut être agrégé dans une fonction de **coût marginal** de baisse des émissions. L'**analyse coûts bénéfices** permet de comparer coût social d'émission et coût économique de réduction de ces émissions. Selon la théorie économique, il faut donc dépolluer tant que le coût marginal de la dépollution reste inférieur au coût social de la pollution (*cf.* 2.3).

### La tragédie des communs

Le problème des externalités négatives est particulièrement prégnant lorsqu'elles affectent des **biens communs**. Ces « biens communs » relèvent d'un concept utilisé en économie pour décrire les ressources naturelles (les poissons, l'eau, le bois...) ou immatérielles non exclusives mais rivales, car elles peuvent être dégradées par leur consommation. Elles peuvent aussi être désignées par le terme **bien public impur**, par contraste avec les biens publics purs, qui eux sont non rivaux.

**Tableau 3.1** – Typologie des biens

| Typologie des biens | Exclusion | Non-exclusion |
|---|---|---|
| Rivalité | Biens marchands<br>Ex. : appareil photo, sac à dos... | Biens communs (ou biens publics « impurs »)<br>Ex. : poissons, fôrets, eau... |
| Non-rivalité | Biens de club<br>Ex. : abonnement Netflix... | Biens publics « purs »<br>Ex. : phare, air... |

Sources : Auteurs

Les utilisateurs de biens communs peuvent donc être incités à agir de manière égoïste et à prendre plus que leur part équitable des ressources, ce qui finit par mener à une surconsommation et une surexploitation des biens communs. Par exemple, si un pâturage est considéré comme un bien commun, chaque agriculteur peut être incité à y faire paître plus de bétail que nécessaire, car les avantages sont exclusifs pour eux mais les coûts sont partagés par tous les utilisateurs. Si tous les agriculteurs agissent de cette façon, le pâturage peut finir par être complètement épuisé, ce qui nuit à tous les utilisateurs. G. Hardin[1] (1968) décrit cette situation comme la **« tragédie des biens communs »**. Il propose trois solutions différentes pour éviter cette tragédie : une baisse de la démographie (difficilement envisageable à moyen terme), la privatisation (solution par le marché) ou la nationalisation (solution par l'État).

Le changement climatique est donc un **bien public global**, au même titre que le maintien de la paix, d'après l'expression de W. Nordhaus[2] (1999). Il s'agit en effet d'un système complexe dont les effets indivisiblement répartis à l'échelle de la planète échappent au contrôle des individus et même des gouvernements. Tous les pays profitent des réductions d'émissions entreprises par certains. À l'inverse, le coût de réduction des émissions est supporté uniquement par ce pays. L'intérêt national est donc de ne pas participer à la lutte contre le réchauffement climatique et de bénéficier des efforts des autres. Conformément à la théorie microéconomique et la théorie des jeux, les agents

1. Professor of Human Ecology, University of California.
2. Yale University, Department of Economics.

adoptent bien des comportements de **passager clandestin**, comme vis-à-vis des biens communs, et l'activité de chacun a des répercussions sur la qualité du climat. Ceci entraîne des difficultés de régulation car le niveau pertinent n'est pas l'État, mais la communauté internationale, sauf qu'il n'existe pas d'entité supranationale dotée d'un pouvoir légal suffisant.

## L'intervention du régulateur

Les défaillances de marché relèvent en effet d'un problème d'**économie publique**, une branche de l'économie qui s'intéresse aux interventions des pouvoirs publics dans le champ de l'économie. Dans ce cadre, les pouvoirs publics sont définis comme les administrations publiques, les autorités de régulation, les banques centrales, etc. Les différents types d'interventions envisageables pour internaliser le coût social des externalités négatives sont généralement l'édition de normes, la création d'un marché des droits ou d'une taxe. Nous nous pencherons plus particulièrement dans ce chapitre sur ces deux derniers mécanismes, qui sont des mécanismes de prix.

### *Marché de quotas*

Le premier type d'intervention du régulateur pour internaliser le coût social des externalités consiste à créer un **marché de quotas ou de droits**. Cette réponse est inspirée du courant néo-institutionnaliste et de la **théorie des droits de propriété**. Selon cette théorie les droits de propriété permettent d'aligner l'intérêt particulier et l'intérêt général, sur l'exemple des *enclosures* anglaises au XIX^e^ siècle : l'attribution de droits de propriété sur des terres agricoles qui étaient exploitées de façon communale aurait ainsi donné une incitation à la bonne exploitation. La valorisation des terres aurait entraîné un surplus et l'accumulation de ressources nécessaires au décollage industriel.

Cependant, comment attribuer des droits de propriété à l'ensemble des biens communs (ressources halieutiques, eau, couche d'ozone...) ? Face à cette difficulté, P. Dasgupta[1] et G. Heal[2] ont élaboré à la fin des années 1970 un modèle économique simple de la pollution présentant le commerce des permis d'émissions de pollution comme une solution permettant d'attribuer des droits de propriété sur la pollution et donc de la réglementer. Par exemple, de tels marchés existent pour le soufre ($SO_2$) depuis les années 1990 pour les centrales thermiques aux États-Unis. Ce marché avait été instauré à la suite du *Clean Air Act* pour lutter contre les pluies acides.

### *Taxation*

Une deuxième réponse consiste en une taxe qui repose sur le **principe du « pollueur-payeur »**. On qualifie généralement ces taxes de **taxes pigouviennes** : dès les années 1920, l'économiste britannique Arthur Cecil Pigou montre que les instruments fiscaux permettent d'agir sur les prix et donc de modifier les incitations qui entourent les choix des entreprises et de consommation des ménages. Elle consiste à imposer à l'entreprise

1. Frank Ramsey Professor Emeritus of Economics, University of Cambridge.
2. Professor of Social Enterprise, Columbia Business School.

polluante une taxe par unité de rejet : l'entreprise arbitre ensuite entre dépolluer ou payer la taxe. En théorie, l'entreprise a intérêt à dépolluer elle-même tant que le coût marginal de dépollution est inférieur à la taxe. Ainsi, l'externalité négative est internalisée ce qui accroît le coût de production de l'entreprise et déplace la courbe d'offre dans le sens d'une diminution, ce qui entraîne une augmentation du prix et une diminution de la demande.

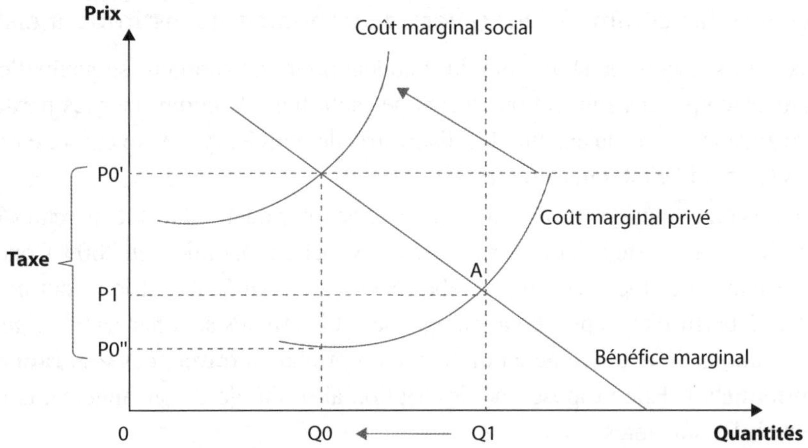


**Figure 3.3** – Les effets de la taxe pigouvienne

En principe, le but d'une taxe carbone n'est pas de procurer une ressource fiscale, mais de modifier les comportements : c'est un outil incitatif censé refléter la rareté d'une ressource (plus son prix est élevé plus la société a intérêt à ce que la ressource soit peu utilisée et donc rare) et elle ne devrait rien rapporter à l'État. Son montant devrait être fixé normalement sur la base du coût social et sa mise en œuvre doit être progressive, ne serait-ce que pour permettre aux agents d'adapter leurs fonctions de production (*cf.* 2.2). Il est à noter que l'efficacité d'une taxe est d'autant plus grande que l'**élasticité-prix** de la demande du bien taxé est forte : si le prix des produits taxés augmente, cela entraîne une forte diminution de la demande. Pour être acceptable, l'écotaxe doit enfin couvrir l'ensemble des acteurs concernés.

Ce mécanisme admet néanmoins des limites : il faut tout d'abord savoir quelle est le montant de la taxe et donc le coût de dépollution ainsi que le coût social provoqué par la pollution. Une solution peut donc être de définir le niveau de la taxe en fonction d'un objectif de réduction des émissions fixé arbitrairement sans chercher à définir le coût social (*cf.* 5.3). Un autre problème concerne ensuite la redistribution de la taxe. D'abord, celle-ci dégrade la compétitivité des entreprises avec l'augmentation du prix. Ensuite, elle est **régressive**, c'est-à-dire que les ménages les moins aisés doivent consacrer une part plus importante de leur revenu au paiement d'une telle taxe que les ménages les plus aisés. Pour qu'une taxe régressive devienne plus juste et soit acceptable socialement, il faut y adjoindre des mécanismes pour contrer ces effets redistributifs nocifs et accompagner les perdants (*cf.* 10.3). Cependant, cette redistribution ne peut être réalisée en considérant uniquement les écarts de revenus, car pour un même revenu, les ménages dépendent plus ou moins d'énergie carbonée en fonction de leur lieu de vie. Par exemple, une taxe carbone pèsera plus sur les habitants ruraux qui dépendent de leur voiture. Si l'État parvient à compenser totalement la taxe tout en gardant les effets incitatifs de celle-ci, la combinaison est politiquement gagnante.

## La gestion des communs au travers d'arrangements institutionnels

Des économistes comme D. Acemoglu[1] plaident pour une approche séquentielle : dans un premier temps, des subventions fortes permettraient de compenser les perdants de tels mécanismes, pour qu'ensuite des dispositifs de marché type taxe carbone prennent le relais (d'abord l'État, puis le marché).

Une troisième solution consisterait enfin à aller « par-delà l'État et le marché » d'après la thèse de l'économiste Elinor Ostrom, « Prix Nobel d'économie » en 2009. Concernant la gouvernance des biens communs, elle récuse le « tout État » et le « tout marché » et montre à partir d'exemples concrets que des collectivités sont parvenues à gérer des biens communs de manière économiquement optimale à travers des « **arrangements institutionnels** ». Elle propose une description abstraite de ces arrangements à partir des sept règles suivantes :

- Définition claire des droits d'usage.
- Proportionnalité entre obligation de gestion et les gains.
- Règles précises sur quand et comment utiliser la ressource.
- Implication des utilisateurs dans l'élaboration et la supervision des règles.
- Régime gradué de sanctions.
- Système efficace et peu coûteux de résolution des conflits.
- Reconnaissance par des autorités extérieures.

Un exemple d'application de ces arrangements est celui du tribunal des eaux à Valence. Il s'agit d'une instance qui arbitre des conflits pour la répartition en eau des agriculteurs dans la région depuis plus de 1 000 ans. Un autre est celui des pécheurs d'Alanya, un littoral turc, dans les années 1970. Après une période de tâtonnement, ces pêcheurs ont mis en œuvre un arrangement institutionnel qui leur permet de gérer une ressource commune : leur littoral de pêche.

Les limites de ces modèles portent généralement sur la taille et les spécificités culturelles et sociales des groupes considérés, qui sont relativement restreints : ne sont-ils valables qu'à une échelle réduite ou limitée ? Ces groupes doivent en effet partager l'idée d'un préjudice commun et donc que seule une réponse commune peut résoudre ce préjudice. Ils doivent être affectés de la même manière par le changement de règle et

1. Professor of Economics, Massachusetts Institute of Technology (MIT).

ces nouveaux arrangements institutionnels. Il y a enfin une nécessité de confiance (pas d'opportunisme) et donc d'une limitation de l'asymétrie d'information (due au sentiment de réciprocité fort entre les individus). Selon E. Ostrom, les agents sont capables de sortir de ces dilemmes et donc de gérer les biens communs à grande échelle.

## 2.2 Marchés d'émissions et taxes carbone

Le climat est donc un bien public qu'il s'agit de protéger à l'échelle mondiale, et des pays ou des régions comme l'Europe ont implémenté à cet effet les différents types de solutions évoquées plus haut, avec des résultats inégaux qu'il s'agit d'évaluer.

### Les marchés de quotas d'émissions dans le monde

Après les premières expériences de marchés de quotas environnementaux sur le soufre aux États-Unis dans les années 1990, ces modèles ont par la suite été appliqués aux émissions de GES dans le cadre du protocole de Kyoto, puis à différents niveaux régionaux et multinationaux.

Le marché du carbone a pour but de limiter les émissions de GES via des quotas d'émissions, qui peuvent être échangés, un quota représentant le droit d'émettre une tonne de $CO_2$. Chaque participant soumis au marché, doit, à la fin d'une année, restituer autant de quotas que de $CO_2$ émis dans l'atmosphère. L'une des composantes clés du fonctionnement du marché du carbone est l'allocation de ces **quotas**. Un plafond d'émissions de GES est fixé (autrement dit un nombre fini de quotas est créé) à destination des industries participant à ce marché, et à un niveau plus bas que leur niveau d'émission réel. Les entreprises achètent des quotas à l'organisme qui régule le marché en fonction de leur besoin, et si elle réduit ses émissions, elle peut revendre ses droits à émettre non utilisés. Dans le cas contraire, elle doit en acheter, selon le **principe du pollueur-payeur**. Pour plus de flexibilité, les quotas peuvent aussi être empruntés ou épargnés.

Fin 2022, l'International Carbon Action Partnership (ICAP), qui réunit des pays et des régions dotés de systèmes obligatoires de plafonnement et d'échange de droits d'émission, dénombrait 28 marchés du carbone mis en place à travers le monde, et 20 autres en développement, notamment en Amérique latine et en Asie Pacifique. Les émissions mondiales couvertes par un marché carbone en 2022 représentaient ainsi 17 % des émissions totales. De fait, la couverture des émissions par un prix du carbone a triplé entre 2005 et 2015, et a ensuite augmenté fortement avec la mise en place en juillet 2021 d'un marché carbone national en Chine, même si celui-ci ne couvre actuellement que le secteur de l'électricité. Malgré ces efforts, le prix des crédits carbone reste faible, avec un prix moyen de moins de 10 $/t$CO_2$ en 2022 pour la majorité des marchés. L'élargissement de la tarification carbone est aujourd'hui souhaité par de nombreux acteurs : en témoigne la mise en place d'initiatives telle que la *Carbon Pricing Leadership Coalition* qui a pour objectif d'augmenter la couverture des émissions mondiales à 50 % en 2030. Cependant, couverture ne rime pas systématiquement avec efficacité, dans la mesure où le prix du carbone institué peut être trop faible par rapport à celui nécessaire pour atteindre les objectifs de neutralité carbone.

L'intention de la *Carbon Pricing Leadership Coalition* est de favoriser les coopérations pour arriver à un **marché international du carbone**, promu par la COP21 (dans son article 6), en passant d'abord par des mécanismes de liens entre les différents systèmes nationaux. La législation relative au système d'échange de quotas d'émisssion de l'UE (SEQE) prévoit par exemple la possibilité de relier celui-ci à d'autres systèmes d'échange de quotas d'émission compatibles dans le monde, au niveau national ou régional, sous certaines conditions. Cependant ces mécanismes entraînent une très forte complexité du fait de la nature des relations internationales et de leurs implications en termes de prix unique du carbone (*cf.* 2.3).

Enfin, chaque marché carbone est doté de caractéristiques propres tant en termes d'industries couvertes qu'en termes d'objectifs de réduction. Aujourd'hui, les principaux marchés de quotas de carbone dans le monde sont les suivants :

1. Marché européen du carbone (SEQE, EU ETS) : le plus grand marché de quotas de carbone au monde, couvrant les émissions de plus de 11 000 installations dans l'Union européenne et dans certains autres pays européens (voir ci-dessous).
2. Californie : créé en 2012, ce marché couvre les émissions de GES des industries les plus polluantes de l'État de Californie, ainsi que les fournisseurs d'électricité.
3. Corée du Sud : créé en 2015, ce marché couvre les émissions de plus de 500 entreprises dans les secteurs de l'énergie, de la sidérurgie et du ciment.
4. Nouvelle-Zélande : établi en 2008, ce marché couvre les émissions de GES de toutes les industries en Nouvelle-Zélande.
5. Tokyo : établi en 2010, ce marché couvre les émissions de GES de toutes les industries de la ville de Tokyo.
6. Australie : établi en 2012, ce marché couvre les émissions de GES des industries les plus polluantes d'Australie, ainsi que les fournisseurs d'électricité.

## L'exemple européen : Le Système d'échange de quotas d'émission (SEQE) ou *Emissions Trading System* (ETS)

### *Présentation*

Le 1er janvier 2005, à la suite des engagements qui ont été pris dans le cadre du protocole de Kyoto, l'UE a créé le plus grand marché du carbone au monde. Depuis 2005, ce marché concerne plus de 11 000 installations industrielles européennes qui totalisent à elles seules près de 45 % des émissions européennes de GES, ce qui représentait, en 2016, 1 750 millions de tonnes de $CO_2$-eq. On retrouve les secteurs les plus polluants en lien avec la production d'électricité, la sidérurgie, les raffineries de pétrole ou les cimentiers mais aussi la chimie ou le chauffage urbain et, depuis 2012, l'aviation avec les compagnies aériennes pour les vols commerciaux intra-européens.

Le nombre de quotas disponibles sur l'ensemble du marché est déterminé en fonction des objectifs environnementaux de l'UE pour les secteurs couverts, soit –21 % en 2020 et –43 % en 2023 par rapport aux émissions de 2005. Dans les limites de ce nombre fixe de quotas, certaines installations peuvent bénéficier de quotas gratuits afin de ne pas fragiliser leur compétitivité et éviter les **fuites de carbone** (*cf.* 5.3). Cette allocation est notamment établie selon des références d'émissions pour chaque secteur, et repose sur la quantité de GES émise par les acteurs les plus verts de ce secteur. Lorsque ces crédits ne sont pas distribués gratuitement, les entreprises doivent les acheter à des enchères organisées par les autorités publiques et sur un marché secondaire où les acteurs peuvent échanger leurs quotas.

Afin de garantir le bon fonctionnement du SEQE, trois principes doivent être respectés :

- Les émissions doivent être reportées dans un registre européen.
- Les institutions européennes doivent être en capacité de vérifier les informations fournies par les entreprises.
- Des mécanismes de sanctions doivent être prévus et applicables.

### *Difficultés historiques et réformes*

Le marché du carbone européen a souffert dès sa création d'une série de défauts avec un système qui n'est pas parvenu à fixer un prix suffisamment élevé pour inciter les entreprises à réduire leurs émissions. En effet, en 2005, les plafonds ont été définis nationalement et non à l'échelle européenne et les différents dirigeants ont préféré définir un plafond d'émissions assez élevé par crainte qu'un plafond trop contraignant défavorise les industries. En conséquence, les émissions étaient en pratique inférieures au nombre de quotas, ce qui a fait chuter les prix proches de 0 en 2007. Il a alors été plus avantageux pour les entreprises d'acheter des quotas supplémentaires, plutôt que de réduire leurs émissions. En 2008, le plafond d'émissions a été revu à la baisse mais la crise de 2008 a entraîné une diminution de l'activité des entreprises et donc mécaniquement des émissions et de la demande de quotas. Les prix du SEQE ont donc une nouvelle fois chuté, passant de 30 €/tonne en début 2008 à 15 €/tonne en 2010.

Face à un surplus de quotas toujours important, les autorités publiques ont diminué le volume de quotas initialement prévus en 2014, 2015 et 2016 afin d'augmenter les prix des quotas. En 2015, la création d'une **réserve de stabilisation** (*Market Stability Reserve* - MSR), un mécanisme de long terme pour aider à stabiliser le marché des quotas d'émission de l'UE, a été actée. Cette réserve a été ensuite lancée en 2019. Elle agit comme un mécanisme automatique de régulation de l'offre de quotas sur le marché. Elle intervient en retirant les quotas excédentaires du marché lorsque l'offre est supérieure à la demande, et en libérant des quotas supplémentaires sur le marché lorsque la demande est supérieure à l'offre. L'objectif de la MSR est de maintenir des prix stables et prévisibles sur le marché des quotas d'émission de l'UE, et d'améliorer la résilience du système aux chocs majeurs en ajustant l'offre de quotas afin de fournir une incitation économique aux entreprises pour réduire leurs émissions de GES et limiter l'incertitude.

Outre des prix trop bas, une autre difficulté du SEQE est que jusqu'en 2012, la plupart des quotas étaient distribués gratuitement. Cependant, la distribution d'allocations gratuites ne fournit pas assez d'incitation à décarboner pour les entreprises qui en bénéficient. À partir de 2013 la part de quotas mis aux enchères a augmenté, ce qui a de plus permis de générer des revenus pour les États. En 2027, 100 % des quotas devraient être vendus aux enchères. Cette évolution ne s'applique cependant pas aux secteurs les plus exposés aux fuites de carbone (comme les producteurs d'acier ou de ciment). Pour les préserver et éviter ces fuites, l'UE a décidé de maintenir la distribution de certains quotas gratuits.

#### *Défis actuels*

Pour l'UE, faire en sorte que le SEQE soit suffisamment incitatif pour que les entreprises réduisent leurs émissions est un enjeu crucial car ce système constitue une pierre angulaire de la politique énergie-climat européenne, et ce d'autant plus avec les nouveaux engagements européens du Green New Deal (*cf.* 2.3).

Grâce aux différentes réformes du système, on observe depuis 2018 une augmentation du prix du carbone quasi constante de 7 euros la tonne à plus de 28 euros en mai 2020. Mais ce n'est qu'à partir de mi-2020 que le prix a commencé à augmenter plus fortement, jusqu'à atteindre plus de 90 euros la tonne début 2022, un prix compatible avec l'ambition européenne d'une transition vers une société sobre en carbone. De plus, le 22 juin 2022, le Parlement européen a adopté une position commune sur le projet de directive de la Commission européenne comprenant l'élargissement du marché carbone et la suppression progressive des quotas gratuits encore distribués aux secteurs industriels les plus à risques afin d'inciter davantage ces secteurs à décarboner leur production.

### Le mécanisme d'ajustement carbone aux frontières (MACF) ou le Carbon Border Adjustment Mechanism (CBAM)

Le SEQE a permis de lutter efficacement contre le risque de **fuite de carbone** grâce aux allocations de quotas gratuits. Cependant, alors que l'UE souhaite supprimer ces allocations, il était nécessaire de mettre en place une autre solution. Le **mécanisme d'ajustement carbone aux frontières (MACF)** est donc une autre mesure climatique encouragée par l'Union européenne pour compenser ce point, tout en garantissant la compatibilité avec les règles de l'OMC du point de vue des relations internationales (*cf.* 2.3). La Commission européenne a donc proposé en 2021 de mettre en place un MACF, qui commencera par une phase de transition à partir de 2023 avant d'être pleinement opérationnel à partir de 2026.

Le MACF est une mesure qui s'applique dans un premier temps aux importations de certains produits, particulièrement dans les secteurs présentant un risque élevé de fuite de carbone (fer, acier, ciment, engrais, aluminium et production d'électricité) et à terme à tous les produits. Il vise à garantir que les produits importés respectent les mêmes normes environnementales que celles imposées aux entreprises européennes, et paient un prix du carbone similaire.

Le MACF reflétera le SEQE en ce sens que le système repose sur l'achat de certificats par les importateurs. Le prix des certificats sera calculé en fonction du prix moyen hebdomadaire des quotas du SEQE de l'UE vendus aux enchères, exprimé en EUR / tonne de $CO_2$ émise. Les importateurs de l'UE devront acheter des certificats carbone correspondant au prix du carbone qui aurait été payé si les marchandises avaient été produites conformément aux règles de l'UE en matière de tarification du carbone. À l'inverse, dès lors qu'un producteur hors UE peut démontrer qu'il a déjà payé un prix pour le carbone émis par sa production des marchandises dans son pays, le prix correspondant peut être entièrement déduit pour l'importation en UE. Ce mécanisme est d'autant plus nécessaire qu'environ un tiers de l'empreinte carbone de l'UE est dû à ses importations.

En d'autres termes, le MACF vise à éviter que les entreprises étrangères produisant avec des normes environnementales moins strictes en termes d'émissions de GES aient un avantage compétitif sur les entreprises européennes. Même si ce terme est sujet à beaucoup de cautions du point de vue des relations internationales (*cf.* 2.3), il s'agit donc d'une forme de « **protectionnisme vert** ». Ce type de protectionnisme peut avoir des effets négatifs sur les échanges commerciaux, mais les politiques commerciales peuvent également avoir des effets négatifs sur l'environnement. Les politiques environnementales et commerciales doivent donc être élaborées conjointement pour éviter les effets négatifs sur l'environnement et le commerce international. Dans une logique « éducatrice » pour le tissu économique national, ce protectionnisme vise à faire émerger des **champions industriels** dans le cadre d'une politique industrielle verte, qui favoriserait les industries vertes et les technologies propres tout en réduisant les émissions de GES. D. Rodrik[1] soutient que cette politique industrielle verte est nécessaire pour que les pays en développement puissent atteindre leurs objectifs environnementaux sans sacrifier leur développement économique.

## La taxe carbone ou écotaxe

La taxe carbone est utilisée comme instrument de tarification pour inciter les entreprises et les consommateurs à réduire leurs émissions de GES en les rendant plus coûteuses. Cet outil est souvent mis en place au niveau national et s'applique aux émissions produites sur le territoire national.

Selon un rapport de l'institut de recherche indépendant I4CE de 2021, 47 pays (dont la France) et provinces – Québec, Ontario, Alberta, Californie… – représentant plus de 60 % du PIB mondial, ont mis en place une taxe carbone ou un système d'échange de quotas d'émissions. Ces instruments de tarification du carbone ont généré 29,5 milliards de dollars de revenus en 2021. Les recettes générées pour les gouvernements peuvent notamment être utilisées pour financer des programmes de lutte contre le changement climatique et la transition vers des économies plus durables. Cependant, selon le décompte de l'I4CE, seuls 46 % des revenus sont affectés à des projets « bas carbone »,

1. Turkish economist and Ford Foundation Professor of International Political Economy, John F. Kennedy School of Government, Harvard University.

alors que 44 % sont reversés au budget général des États, ce qui montre un problème de cohérence.

La Suède est le premier pays à avoir mis en place une taxe carbone en 1991 à raison de 27 € la tonne de $CO_2$ émise. Depuis, la taxe a augmenté régulièrement et couvre maintenant une large gamme de secteurs, notamment les transports, l'agriculture et l'industrie. L'Australie a quant à elle instauré une taxe carbone en 2012, qui s'appliquait aux émissions de $CO_2$ des plus grandes entreprises polluantes du pays. Cependant, la taxe a été abolie en 2014, car très critiquée par le secteur minier, moteur économique du pays. Enfin, la France a instauré une taxe carbone en 2014 qui a été appliquée sur les carburants fossiles tels que l'essence, le gazole et le fioul. La taxe a cependant été annulée en 2019 en raison des violentes manifestations des « **gilets jaunes** », ce qui montre la difficulté d'assurer l'acceptation sociale de telles taxes et l'importance de l'accompagner de mécanismes redistributifs.

## 3 Stratégies d'entreprise face aux défis environnementaux

Dans l'urgence climatique, le risque pour les entreprises est de se retrouver à subir l'évolution de leur environnement, les mettant dans une position réactive permanente. *A contrario*, les entreprises ayant anticipé et planifié les changements à venir seront à même à la fois de réduire leur exposition aux risques liés au changement climatique et de tirer profit des opportunités de la transition écologique.

Ce positionnement ne se décrète cependant pas mais résulte d'une analyse stratégique fine des contraintes de l'entreprise et des possibles s'offrant à elle, tant en interne que du fait de ses parties prenantes externes. Même si nous en constatons les effets dès aujourd'hui, le changement climatique et ses conséquences sont des défis s'étalant sur le temps long. La **tragédie des horizons** que Mark Carney, alors Gouverneur de la Banque d'Angleterre, décrivait en 2015 est le quotidien des équipes chargées de définir la trajectoire de long terme des entreprises.

Là où les incitations économiques, tant du côté du marché et des consommateurs, que de celui des actionnaires suivent des cycles qui se mesurent au mieux en années, et qui vont structurellement en se raccourcissant, le temps de la transformation écologique des entreprises est, lui, beaucoup plus long.

Cela tient à plusieurs facteurs. Les entreprises ne sont pas des monades évoluant seules mais des organisations complexes ancrées dans un écosystème qui conditionne leur capacité à agir. Elles sont confrontées à un éventail de choix qu'il est complexe de délimiter et de caractériser. Finalement, elles doivent définir une orientation stratégique à travers un processus de positionnement complexe.

## 3.1 Comprendre l'écosystème de l'entreprise pour décider

Une entreprise fournit des biens et des services à des clients sur un marché qui, en règle générale, présente un degré de concurrence non nul. L'analyse économique de ce marché (*cf.* 3.1.) permet d'établir la marge de manœuvre dont l'entreprise dispose pour proposer des ajustements à son offre. Un degré de concurrence élevé se traduit par une pression sur les prix qui vont converger vers le coût marginal de production et, en théorie, réduire la possibilité de profit pour l'entreprise au fur et à mesure que la concurrence augmente. Dans une telle situation, toute politique environnementale qui se traduirait par une hausse des prix pour le consommateur ou d'une réduction de la profitabilité pour les actionnaires serait vouée à l'échec. Le seul moyen de dépasser cette situation est alors de proposer une offre différenciante au consommateur, qui accepterait une tarification différente du fait de la moindre substituabilité avec les produits concurrents.

Cette première caractérisation de la situation économique est le fondement de l'analyse stratégique de sa position. Elle repose néanmoins sur une vision « en silo » de l'entreprise, opérant seule sur un marché, en fonction de ses contraintes internes (actionnaires, salariés) et commerciales (clients, concurrents). La réalité est plus complexe, et toute entreprise n'est qu'un maillon d'une **chaîne de valeur** complexe présentant des degrés d'intégration plus ou moins élevés.

### L'entreprise dans sa chaîne de valeur

Le concept de chaîne de valeur a été initialement introduit en 1985 par Michael Porter (*cf.* 8.1). La chaîne de valeur d'une entreprise décrit l'intégralité des opérations nécessaires à la production d'un bien ou d'un service en amont et de celles concernant la vie utile de ce bien ou service en aval. Ces différentes opérations peuvent être réalisées en interne (on parlera d'intégration verticale le long de la chaîne) ou par d'autres entreprises. À titre d'exemple, les grandes entreprises du secteur du pétrole et du gaz présentent souvent un degré d'intégration élevé, maîtrisant presque toutes les étapes allant de l'exploration-production à la commercialisation de détail des produits raffinés comme l'essence.

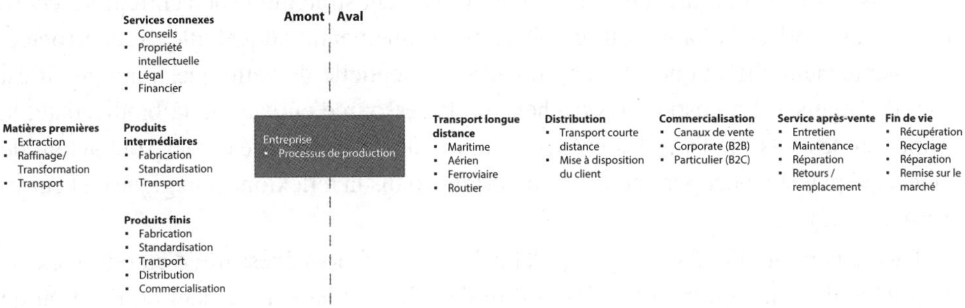


Source : Représentation auteur.

L'approche en termes de chaîne de valeur illustre la difficulté du déploiement d'une stratégie environnementale. Tout ce qui dépasse le strict périmètre de responsabilité juridique de l'entreprise devra faire l'objet de négociations avec d'autres acteurs, souvent des fournisseurs. Adopter une démarche de neutralité carbone n'a ainsi de sens que si l'intégralité de l'amont de la chaîne de valeur est mobilisée pour fournir des intrants eux-mêmes neutres en carbone ou *a minima* à teneur fortement réduite en carbone (*cf.* 4.1).

Pourtant, la chaîne de valeur n'est pas à elle-même purement représentative de la situation de l'entreprise car elle ne permet pas une approche holistique de son environnement. La matrice des **5 forces de Porter** fournit un aperçu déjà plus complet.

**L'analyse stratégique de l'entreprise – Les 5 forces de Porter**

Michael Porter a présenté une matrice permettant de caractériser et analyser les différents facteurs menant à la formulation d'une stratégie d'entreprise. L'analyse porte non seulement sur la situation d'un secteur d'activité (1) mais également sur les forces externes : (2) la menace des nouveaux entrants, la capacité de négociation des (3) fournisseurs et des (4) clients et la menace présentée par l'arrivée de nouveaux produits et services (5).

Source : d'après Porter, Michael, *How competitive forces shape strategy*, 1979.

Pour complète qu'elle soit, cette approche reste focalisée sur les liens économiques directs entre l'entreprise et son écosystème. Les **externalités**, comme la pollution, liées à l'activité de l'entreprise qui peuvent affecter des parties prenantes externes n'y sont par exemple pas captées. Ces dernières occupent pourtant une place centrale dans la constitution d'une stratégie environnementale et leur identification doit faire l'objet d'un travail approfondi (*cf.* 4.1).

## 3.2 Caractériser les choix possibles

### Prioriser les enjeux

Une fois établie la compréhension de l'environnement stratégique de l'entreprise, celle-ci doit caractériser la nature du problème environnemental auquel elle est confrontée. Le changement climatique est une dimension essentielle de cette question mais il est loin de l'épuiser. La gestion des déchets, de la ressource en eau, de la biodiversité, la pollution des sols, de l'air, des eaux, y compris des nappes phréatiques sont autant de sujets qui peuvent occuper une place importante dans la réflexion stratégique de l'entreprise (*cf.* 1.2).

Face à la multiplicité des sujets potentiels, il sera alors nécessaire d'établir une cartographie de leur **matérialité**, c'est-à-dire de prioriser leur traitement en fonction de leur importance dans un univers où les ressources en temps et en argent sont limitées.

Pour estimer cette importance de manière robuste, il convient d'objectiver des critères d'évaluation. Cette démarche dépendra beaucoup des spécificités de l'entreprise mais elle repose sur l'idée centrale de croiser l'importance pour l'entreprise avec l'impact sur les parties prenantes.

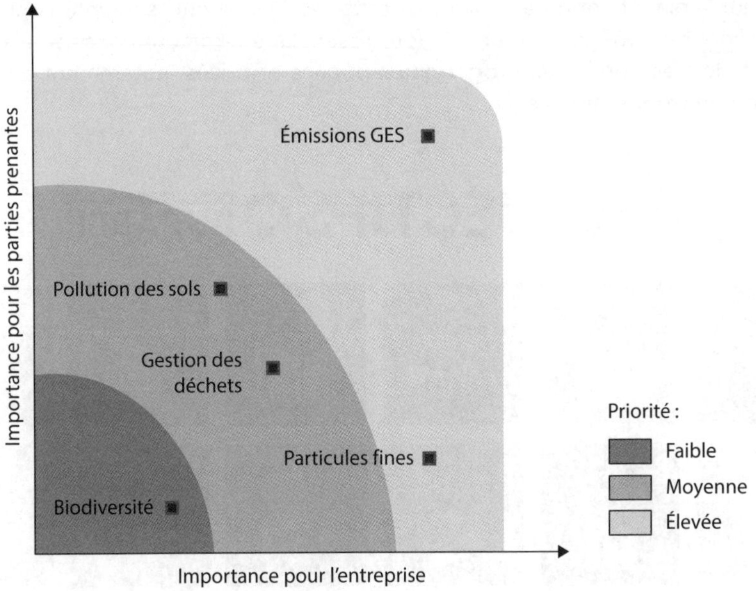


**Figure 3.4** – Représentation simplifiée d'une matrice de matérialité

Source : Auteurs.

## Adopter un cadre de référence commun

Cette approche fait reposer le processus stratégique sur une démarche d'engagement avec les parties prenantes, dans un dialogue constructif qui va permettre de faire émerger un chemin critique de transition partagé par les différents acteurs, et donc qui permette d'identifier et de gérer les blocages potentiels. Une des principales difficultés sera alors de déterminer un référentiel commun pour définir ce que serait une ambition partagée. Des sources normatives comme la norme **ISO 26000** sur la RSE[1] apportent les outils stratégiques, managériaux et organisationnels pour mettre en place cette démarche à travers une vision holistique des interdépendances. De manière plus transversale, ce sont les **objectifs de développement durable** (ODD) des Nations Unies qui servent régulièrement de point de repère pour l'identification des priorités stratégiques.

1. Il n'est pas possible de faire certifier l'application de cette norme par l'entreprise car elle comprend de nombreux éléments non quantifiables relevant des comportements.

**Les objectifs de développement durable des Nations Unies**

Les ODD (*Sustainable Development Goals, SDGs* en anglais) sont des objectifs à horizon 2030 adoptés par les Nations Unies en 2015 à la suite d'un long processus de dialogue avec la société civile. Regroupés en trois piliers, éradiquer la pauvreté, protéger la planète et garantir la prospérité, les 17 objectifs sont interconnectés et se déclinent en 169 indicateurs. Ils fournissent une armature conceptuelle importante à de très nombreux programmes publics et privés, notamment en matière d'action environnementale.

**Figure 3.5** – Les 17 ODD

Source : Nations Unies.

## Spécificités du risque environnemental

Fondamentalement, le risque climatique, et par extension le risque environnemental, est structuré en deux composantes inversement corrélées entre elles. D'une part, le **risque physique** représente le risque posé par le dérèglement du climat aux activités humaines et donc économiques. Il se décompose en **risque catastrophique**, *i.e.* la possibilité d'être impacté par un événement catastrophique comme une inondation, une sécheresse, une tempête, un feu de forêt, etc. et en **risque chronique**, c'est-à-dire les effets cumulatifs mais non catastrophiques des changements comme la réduction de la productivité des terres agricoles, la moindre disponibilité en eau pour les barrages hydroélectriques ou encore les dépenses accrues en climatisation du fait de la hausse des températures moyennes.

D'autre part, le **risque de transition** concerne, lui, l'effet sur l'entreprise de la réorientation des activités vers des modes de production et de consommation compatibles avec la préservation de l'environnement. Il peut être **réglementaire**, quand des normes de plus en plus exigeantes viennent contraindre le modèle d'affaires ou carrément interdire certains produits. Le risque est alors que certains actifs économiques n'ayant pas encore atteint la fin de leur durée de vie comptable n'ont plus la possibilité de produire et deviennent des **actifs échoués** avec des pertes afférentes importantes pour les entreprises (*cf.* 10.4). Le secteur automobile, et en particulier les sous-traitants spécialisés dans la fabrication de moteurs à explosion, est particulièrement exposé à ce risque avec l'interdiction de la commercialisation à partir de 2035 des véhicules à moteurs thermiques. Ce risque est tellement tangible que l'Allemagne, sous la pression de sa base industrielle, a bloqué le projet de règlement européen portant l'interdiction jusqu'à ce qu'un accord sur une exemption pour les véhicules utilisant des fuels synthétiques neutres en carbone soit trouvé. Il peut s'agir également d'un **risque de marché** où les produits de l'entreprise ne trouvent plus preneurs soit du fait d'un renoncement des consommateurs à des consommations particulièrement polluantes, soit du fait de l'apparition de produits de substitution à impact environnemental réduit. Finalement, il y a également un **risque réputationnel** pour l'entreprise, certes plus difficile à quantifier, mais tout à fait tangible quand les consommateurs et l'opinion publique, notamment à travers des ONG, focalisent leur attention sur des pratiques particulièrement nocives pour l'environnement.

Au niveau collectif, ces risques sont mutuellement exclusifs mais au niveau de l'entreprise, la réponse stratégique passe par une complémentarité des stratégies de mitigation et d'adaptation. Une **analyse coûts bénéfices** approfondie permet de déterminer l'allocation optimale des ressources dans un univers où la probabilité d'une augmentation substantielle des températures est importante et où tout doit être fait pour la prévenir.

| Scénario | Transition rapide | +2°C | Mesures prévues | Business-As-Usual |
|---|---|---|---|---|
| Ajustement nécessaire | Très élevé | Élevé | Substantiel | Limité |
| Températures en 2100 | 1,5°C | 2°C | 3°C | 4°C |

← **Plus de risques de transition**
- Changement agressif mais contrôlé
- Impact de court terme mais conséquences réduites à long terme
- Minimise les dégâts économiques

**Plus de risques physiques** →
- Accélération des changements systémiques
- Impacts croissants avec le temps
- Augmentation des dégâts économiques

**Figure 3.6** – L'arbitrage mitigation / adaptation

Source : Représentation auteurs, adapté de Oliver Wyman.

## 3.3 Définir une stratégie

### Typologie des orientations stratégiques

Les différentes options stratégiques ouvertes aux entreprises peuvent être catégorisées en fonction de deux axes : le but poursuivi par l'entreprise d'une part et le degré de coopération, c'est-à-dire l'organisation mise en place avec les parties prenantes, d'autre part.

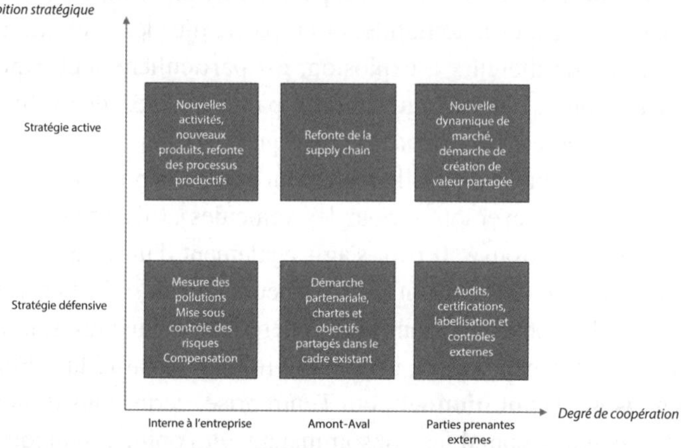


**Figure 3.7** – Typologie des différentes stratégies possibles

Source : Auteurs, inspiré par Kol *et al.* 2004, et Porter et Kramer, 2011.

Les entreprises peuvent donc soit innover pour trouver les solutions techniques et industrielles nécessaires à la réduction de leurs émissions, soit s'engager dans une démarche de compensation des émissions, dans le cadre d'un marché de droits à polluer (marché carbone EU-ETS par exemple, *cf.* 3.2), ou par des actions permettant la réduction d'émissions chez des tiers ou le retrait de carbone de l'atmosphère.

Les deux démarches sont complémentaires. La démarche ERC (Éviter, Réduire, Compenser) permet ainsi d'ordonner les efforts en les focalisant en premier lieu sur l'évitement de toutes les émissions inutiles, puis la réduction des émissions qui ne peuvent pas être évitées, notamment à travers l'amélioration des process et le progrès technique et, finalement, pour les émissions qui ne peuvent être ni évitées, ni réduites la mise en place de solutions de compensation (*cf.* 7.1). Si cette approche a le mérite d'ordonner les actions dans un but d'efficacité environnementale, elle ignore l'arbitrage entre mitigation et adaptation déjà mentionné.

### Arbitrer entre les possibles

Du point de vue de la stratégie, la question qui va se poser à ce stade est celle du choix entre les différentes priorités et routes identifiées, sachant que plus l'entreprise sera grande, plus la réponse sera complexe du fait de la multiplicité des cadres climatiques, socio-économiques et réglementaires (stratégie multi-pays).

L'**analyse coûts bénéfices (ACB)** des différentes options est l'outil traditionnel pour orienter les choix en matière économique. Elle permet de rapporter sur une base comparable la valeur des dommages escomptés liés au changement climatique et de la comparer au coût des investissements nécessaires pour la mitigation et l'adaptation, minorée des bénéfices attendus. Ces flux doivent être exprimés à la date de l'analyse, c'est-à-dire que les flux futurs doivent être actualisés pour refléter la préférence pour le présent, ce qui soulève de nombreuses questions dans un contexte d'incertitude radicale (*cf.* 2.3 et 6.1). Il est cependant particulièrement complexe et onéreux pour une entreprise de déterminer à son échelle la fonction de coût des dégâts climatiques. Il est donc plus pertinent de réaliser une **analyse coûts efficacité** qui rapportera les bénéfices à un coût déterminé en fonction d'un objectif politique.

Ainsi, dans un nombre croissant de pays, un **prix du carbone** est attribué de manière explicite à travers soit des taxes carbone, soit des marchés carbone. Ils peuvent alors servir de référence pour valoriser le coût de l'inaction que doit déjà payer l'entreprise si elle est soumise à ce prix ou qu'elle devra payer à terme[1]. Dans les cas de figure où un tel prix n'est pas disponible, ou si celui-ci n'est pas compatible avec le respect des objectifs de l'Accord de Paris, soit un niveau compris entre 40 et 80 USD / $tCO_2$ en 2020 et entre 50 et 100 USD / $tCO_2$ en 2030, il peut être pertinent d'adopter un **prix interne du carbone** déterminé en autonomie par l'entreprise (*cf.* 7.1).

Il sera par contre plus simple pour l'entreprise de déterminer les investissements nécessaires à la réduction de ses émissions et les bénéfices attendus. Pour cela, elle peut construire une **courbe du coût marginal d'abattement** sur laquelle elle ordonne tous les leviers dont elle dispose en fonction de leur potentiel de réduction des émissions et du coût associé.

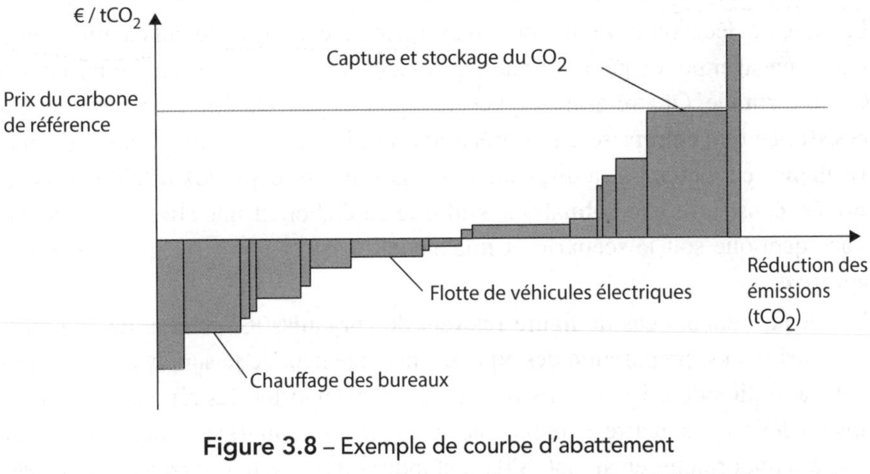


**Figure 3.8** – Exemple de courbe d'abattement

Source : représentation auteur, d'après McKinsey pour la courbe.

Cette représentation permet de prioriser l'intégralité des leviers d'action disponibles et de les confronter à un prix de référence du carbone (interne ou exogène). Un grand

1. La plupart des taxes et marchés carbone ont vocation à couvrir à terme l'ensemble des secteurs d'activité, ce qui n'est par exemple pas encore le cas pour le marché européen du carbone (EU-ETS).

nombre de projets ont un coût négatif, du fait des bénéfices économiques associés et peuvent donc être mis en avant afin de dégager des ressources pour financer les projets plus onéreux. Les projets supérieurs au coût de référence du carbone peuvent être reportés à la prochaine actualisation stratégique. En effet, l'exercice doit être fréquemment réitéré par l'entreprise car les calculs de coût d'abattement reposent sur de nombreuses hypothèses susceptibles d'évoluer avec le temps, notamment en termes de progrès technique et de coût relatif d'une solution par rapport à une autre. La forme de la courbe est donc susceptible d'évoluer dans le temps.

### Décider dans un cadre incertain

Toutes les réflexions menées jusqu'à présent reposent sur l'idée implicite que les équipes en charge de la stratégie sont capables de construire des scénarios représentatifs de l'avenir. Or, une des conséquences du changement climatique est d'introduire une **incertitude radicale** quant à l'évolution socio-économique de long terme (*cf.* 2.1). Elle doit être prise en compte dans l'exercice d'orientation stratégique de l'entreprise.

L'utilisation de **scénarios** pour informer la décision est une possibilité intéressante. Ils permettent en effet de s'affranchir de la logique prédictive traditionnelle afin d'explorer des futurs potentiels. La décision ne se fait plus sur des bases quantifiées mais en fonction d'une compréhension dynamique des enjeux, des risques et des chemins critiques menant aux états futurs décrits. Cette approche reste néanmoins limitée dans sa capacité à fournir un aperçu complet des futurs possibles du fait de la complexité des variables en jeu et éprouve des difficultés à faire émerger les conséquences à une granularité fine (géographique et économique).

La prise de décision devient alors un exercice de définition de buts à atteindre et de moyens à engager pour y parvenir mais également de minimisation de l'impact des aléas liés à l'incertitude. Quatre grands types de réponses peuvent être identifiés : améliorer la **résistance** de l'entreprise en la préparant au pire scénario imaginable, augmenter sa **résilience** en mettant à sa disposition les moyens de réagir aux différents scénarios identifiés, construire une **robustesse statique** en élaborant une stratégie relativement efficace quel que soit le scénario et finalement élaborer une stratégie de **robustesse adaptative**.

Les deux premiers cas de figure relèvent de l'organisation interne de l'entreprise : gestion des stocks, préparation des équipes, management de la supply chain, organisation de la gestion de crise, etc. Ils ont l'avantage d'apporter des réponses relativement simples à définir et à mettre en œuvre, ne nécessitant pas un travail analytique et/ou des ressources importantes en amont. S'ils sont indispensables, notamment pour les PME – ETI, ils soulèvent néanmoins de vraies questions en matière de compétitivité sur des marchés concurrentiels et de mauvaise allocation de ressources si le pire des scénarios ne devait pas se produire. Ces décisions doivent donc faire l'objet d'une analyse coûts bénéfices fine.

Une **décision robuste** associe l'objectif de maximisation des gains à celui de minimisation des regrets, quel que soit le scénario qui se matérialise in fine.

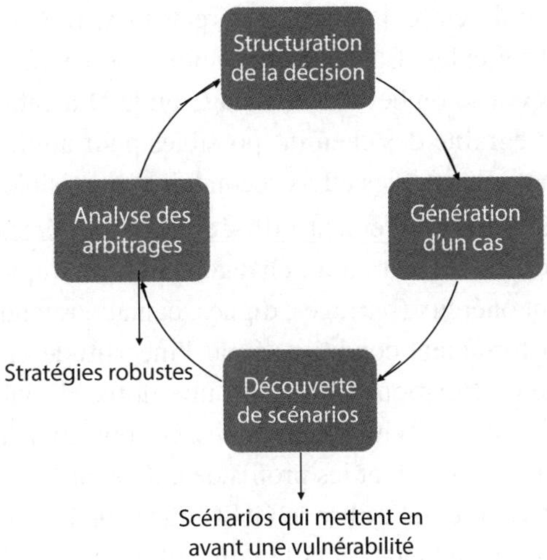


**Figure 3.9** – Processus itératif de prise de décision robuste

Source : d'après Lempert, 2012.

Le processus de prise de décision robuste commence par la structuration d'une décision-type sur la base des informations, scénarios, modèles et consultations disponibles. Cette décision permet ensuite de générer un cas en examinant les conséquences de la décision via des modèles. L'itération répétitive de cet exercice plusieurs milliers de fois en faisant varier les paramètres permet de constituer un ensemble de cas. L'analyse de cet ensemble permet de découvrir des sous-ensembles de scénarios cohérents. Ceux-ci mettent en lumière les choix stratégiques qui peuvent être faits pour se prémunir des effets secondaires indésirables de la décision initiale. La décision initiale peut alors être modifiée pour intégrer ces arbitrages, et l'exercice recommencé jusqu'à l'obtention d'une décision robuste dans un pourcentage prédéterminé de scénarios (95-99 % par exemple).

Cet exercice reste néanmoins statique, une fois la décision actée, il ne reste plus qu'à espérer que l'exercice ait permis de faire émerger des scénarios représentatifs des conditions réelles. Face à l'impossibilité de se représenter l'intégralité des avenirs possibles (incertitude profonde), la stratégie devrait donc devenir adaptative. Le but est de ne pas être prisonnier des choix antérieurs et de pouvoir ajuster la trajectoire décisionnelle au fur et à mesure que de nouvelles informations deviennent disponibles. C'est la méthode des **chemins d'adaptation dynamique**[1]. Celle-ci permet de décomposer la prise de décision en une série d'étapes où des arbitrages doivent être rendus au fur et à mesure que des points de bascule sont atteints.

Cette approche permet de produire une carte des chemins d'adaptation recensant les points de bascule, qui sont autant de nœuds décisionnels. Par exemple, dans la figure 3.10, l'entreprise est située initialement sur le chemin de croissance actuel, qui arrive à

1. *Dynamic Adaptation Pathways* – cette méthode est compatible avec la réalisation d'analyses de robustesse statiques.

expiration. Elle a le choix entre 4 actions différentes (A, B, C ou D), chacune ouvrant des futures actions différentes. Elle sait néanmoins que l'action B a une durée de vie de 8 ans, et qu'elle devra se replier sur la A, la C ou la D à cette échéance. Il est alors possible d'étudier l'intégralité des chemins possibles pour atteindre les effets attendus, en comparant leur coût relatif et les effets secondaires prévisibles.

Cette approche est particulièrement utilisée pour les décisions d'investissements dans les infrastructures d'adaptation au changement climatique. Ce sont en effet des actifs particulièrement onéreux (barrages, digues, canaux, retenues, bassines…) dont le dimensionnement est fortement conditionné par l'incertitude quant aux conséquences exactes du changement climatique et qui ont une durée de vie longue. La méthode permet ainsi d'arbitrer entre des choix techniques, comme choisir entre le renforcement et le rehaussement d'une digue dont les profils de coût sont fortement divergents. C'est d'ailleurs notamment celle-ci qu'utilise le GIEC dans son sixième rapport (Groupe de Travail 2 sur les impacts, l'adaptation et la vulnérabilité) pour discuter du choix entre les différentes solutions techniques disponibles.

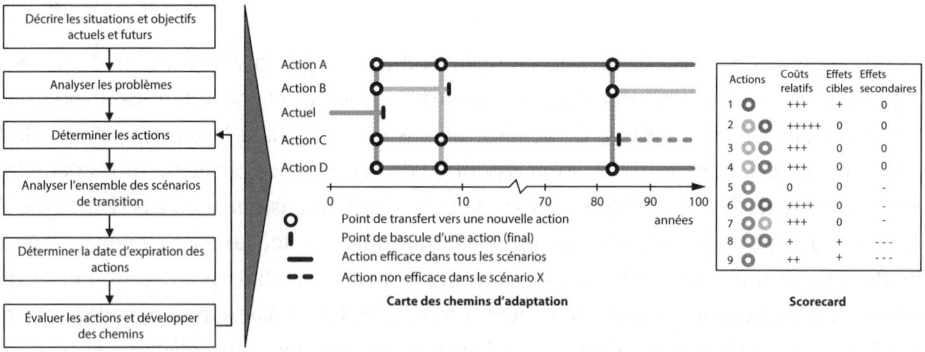


**Figure 3.10** – Structuration des chemins d'adaptation dynamique

Source : traduction auteur, d'après Haasnoot *et al.*

En conclusion, développer une stratégie de long terme pour l'entreprise face aux enjeux du changement climatique est particulièrement complexe. À la **tragédie des horizons** s'ajoutent la gestion de l'incertitude radicale et les contraintes liées à l'écosystème de l'entreprise et à la pression concurrentielle. Identifier un chemin critique dans cet environnement requiert une sophistication analytique croissante et des moyens de plus en plus importants. Pourtant la prise de position devient inévitable si les entreprises veulent sortir d'une position où elles subissent le changement climatique et ses conséquences pour devenir pleinement actrices de la transition environnementale.

# Partie II

# L'entreprise dans son environnement

# Chapitre 4 L'écosystème de l'entreprise

Une fois les enjeux du contexte environnemental et économique détaillés et la nécessité pour les entreprises d'adapter leur modèle d'affaires pour gérer les risques soulignée, l'objet de ce chapitre est de montrer que pour répondre aux enjeux liés à ce contexte, la logique d'entreprise monolithique doit être rompue. L'entreprise doit au contraire développer une approche holistique à même d'appréhender l'ensemble de son écosystème.

- La première étape est d'identifier et associer les parties prenantes. Les différents outils pour les cartographier seront présentés, ainsi que les outils permettant de définir la responsabilité de l'entreprise vis-à-vis de ses parties prenantes.
- La deuxième étape est de développer l'engagement des parties prenantes dans la poursuite des objectifs environnementaux. Les différents outils à la disposition des entreprises seront décrits. Pour développer un tel engagement, les valeurs de l'entreprise doivent être alignées à ses objectifs et celle-ci doit s'attacher à créer de la valeur partagée.
- Dans l'écosystème de l'entreprise, l'importance du territoire ne doit pas être sous-estimée. Les différentes dynamiques territoriales et les interactions entre les différents acteurs seront donc explorées et leurs conséquences sur l'activité des entreprises détaillées.

## 1 Identifier et associer les parties prenantes

Ce chapitre traitera de la relation d'une entreprise à ses **parties prenantes**. Elles se définissent, en première approche, comme l'ensemble des acteurs externes à l'entreprise qui sont touchés, de près ou de loin, par son activité. Elles peuvent être des acteurs classiques de l'environnement concurrentiel tels que des clients, des fournisseurs et des banques ; ou des entités plus éloignées issues de la société civile (associations de consommateurs ou de riverains voisins d'une usine de l'entreprise, associations de protection de l'environnement…), d'organismes étatiques ou de régulation (État, Union européenne, banques centrales…), ou d'organismes académiques ou produisant de la connaissance (universités, think tank).

De cette première définition partielle, émergent plusieurs questionnements pour l'entreprise quant aux rapports qu'elle doit entretenir avec ces différentes entités. Parmi ces questionnements, deux sont particulièrement importants : la détermination par l'entreprise, parmi toutes les parties prenantes possibles, de celles qu'elle prendra en compte dans ses décisions stratégiques ; et la détermination du niveau de prise en compte des intérêts de ces mêmes parties prenantes, qui traduit alors une forme de responsabilité acceptée de l'entreprise vis-à-vis d'elles.

Le concept de parties prenantes est encore jeune et manque d'un cadre théorique et pratique pour les managers, justifiant ainsi sa difficile prise en considération dans la stratégie des entreprises. La formalisation théorique du sujet fait l'objet de nombreuses dissensions sur l'étendue de la responsabilité de l'entreprise.

## 1.1 Le concept de responsabilité sociale de l'entreprise

### La théorie de Friedman

Dans un article publié en 1970 dans le *New York Times*, l'économiste Milton Friedman décrit une théorie de la responsabilité de l'entreprise qui va faire date et qui se résume dans le titre dudit article : *La responsabilité sociale de l'entreprise est d'accroître ses profits.* Il condamne fermement l'utilisation de ressources propres à l'entreprise à d'autres fins, qualifiant ce détournement de taxe triple imposée aux actionnaires, aux consommateurs et aux employés.

Milton Friedman utilise à dessein le concept de taxe pour disqualifier les mesures sociales ou environnementales prises par une entreprise. En effet, la taxe est définie comme « Un prélèvement à caractère fiscal, destiné à alimenter la trésorerie de l'État, d'une collectivité locale ou d'un établissement public administratif en contrepartie d'un service rendu aux administrés. » Les actionnaires, les consommateurs et les employés peuvent eux-mêmes décider d'allouer leurs propres ressources aux actions qu'ils souhaitent soutenir. Or, lorsqu'une entreprise décide de financer des activités sociales ou environnementales qui n'apportent pas directement de valeur à ses produits ou services, cela revient, selon Friedman, à lever une taxe sur les actionnaires ou les consommateurs ou les salariés, voire les trois à la fois, et à laisser l'entreprise, en l'occurrence ses dirigeants, décider du montant de cette taxe et de la façon dont celle-ci est ensuite redistribuée.

C'est face à ce constat sans appel que Milton Friedman conclut son article par une citation de son livre *Capitalisme et Liberté* : « il n'y a qu'une seule et unique responsabilité sociale de l'entreprise – utiliser ses ressources et s'engager dans des activités visant à augmenter ses profits, à condition de rester dans le respect des règles du jeu, c'est-à-dire dans le cadre d'une concurrence ouverte et libre, sans tromperie ni fraude. »

### Enrichie par la pyramide de Carroll

Cependant, malgré cette disqualification très claire de la responsabilité sociale des entreprises par Milton Friedman, la question posée dès 1953 par Howard R. Bowen dans son livre *Social Responsability of the businessman* demeure : « Quelles responsabilités vis-à-vis de la société les dirigeants d'entreprise sont-ils censés avoir ? » Cette question, posée il y a soixante-dix ans, reste d'actualité et a nourri la réflexion d'économistes insatisfaits de la réponse radicale apportée par Friedman.

L'un des modèles qui a fait date dans l'élaboration de la théorie de la **responsabilité sociale des entreprises** est la **Pyramide de Carroll**, élaboré par l'économiste Archie B. Carroll dans son ouvrage *The Pyramid of Corporate Social Responsability: Towards the moral management of organizational stakeholders* publié en 1991. Au sein de cet ouvrage, Carroll donne la définition suivante de la RSE : « La responsabilité sociale des entreprises englobe les attentes économiques, juridiques, éthiques et philanthropiques de la société à l'égard des organisations à un moment donné. »

Les quatre catégories issues de cette définition permettent à l'entreprise de saisir et de catégoriser rapidement les attentes que la société dans laquelle elle évolue a vis-à-vis d'elle. La force de cette définition tient donc de sa simplicité, mais aussi du concept de la pyramide qui en découle : chaque catégorie de responsabilités (économique, légale, éthique et philanthropique) constitue un étage de la pyramide sans lequel l'étage suivant ne peut pas se construire. Les étages les plus bas de la pyramide, à savoir les responsabilités économiques et légales, constituent des nécessités pour l'entreprise, tandis que les étages supérieurs, qui, du fait de la construction de la pyramide sont moins pérennes, consistent en des attendus non obligatoires. En effet, il ne sera pas demandé à une entreprise au bord de la faillite de s'engager dans des grandes actions philanthropiques, sociales ou environnementales.

La première responsabilité développée par Carroll, à savoir la responsabilité économique, rejoint d'une certaine manière la vision de Friedman. Il s'agit en effet de dire que la première responsabilité qu'une entreprise a envers la société est sa propre rentabilité. Elle doit créer de la valeur et se reposer exclusivement sur le profit tiré de cette valeur ajoutée pour sa survie.

Le second niveau de responsabilité est la responsabilité légale, qui constitue lui aussi une nécessité pour la survie de l'entreprise mais cette fois-ci à plus long terme. Carroll défend le fait que cette conformité légale est bien une responsabilité sociale dans le sens où le droit est une traduction juridique des aspirations de la société.

Une fois ces deux premiers niveaux de responsabilités remplis, Carroll en développe deux autres qui ne constituent pas une nécessité pour l'entreprise du point de vue de sa survie mais qui formalisent les attendus de la société quant à la manière dont l'entreprise exerce son activité.

Le premier de ces deux niveaux est la responsabilité éthique. Il n'est pas attendu de l'entreprise qu'une simple conformité à la loi, mais aussi une attitude proactive vis-à-vis de l'esprit de celle-ci. De plus, même si le principe de la concurrence n'est pas remis en cause, il s'agit aussi pour l'entreprise de mener ses activités de façon juste et équitable vis-à-vis de ses concurrents, de ses fournisseurs et de ses clients, aussi et surtout en ce qui concerne les activités qui ne sont pas ou peu encadrées par la loi. L'entreprise doit être capable de suivre les évolutions des préoccupations sociales et environnementales de la société dans laquelle elle évolue, et elle ne peut pas aller à l'encontre des principes éthiques de celle-ci au seul titre que son action ne serait pas juridiquement illégale.

Le dernier niveau de responsabilité développé par Carroll est la responsabilité philanthropique, à savoir le fait pour l'entreprise d'affecter une partie de ses ressources à des activités sociales qui ne relèvent pas de son cœur de métier, que ces ressources soient de nature financière, matérielle ou une mise à disposition de la force de travail. Il ne s'agit pas à proprement parler d'une exigence sociale mais plus précisément d'un désir. Cette responsabilité philanthropique ne peut être pleinement revendiquée que lorsque l'entreprise est irréprochable sur les autres points, sous peine de se voir dire qu'elle affecte ses ressources aux mauvais endroits, voire d'être accusée d'hypocrisie et de tentative de maquillage de ses véritables responsabilités. Cette accusation porte le nom de ***social washing***, le pendant social du ***greenwashing*** (*cf.* 9.1).

## Pigou et le concept d'externalités

La notion de responsabilité découle du fait que les agissements des entreprises ne sont pas neutres et n'affectent pas qu'elles seules. Ainsi, une entreprise qui ne se soucierait que des deux premiers niveaux de la pyramide de Carroll et qui, pour reprendre la citation de Friedman, « [s'engagerait] dans des activités visant uniquement à augmenter ses profits, à condition de rester dans les règles du jeu », aurait tout de même, par ses activités, des effets sur la société.

Ces effets sont ce que l'économiste anglais Arthur C. Pigou a nommé des **externalités**. Dans son ouvrage *The economics of Welfare* il définit ces externalités comme les coûts ou les bénéfices qui découlent des activités de l'entreprise et qui sont respectivement supportés par des personnes, physiques ou morales, ou à leur avantage, alors même que ces coûts ou bénéfices n'ont pas fait l'objet d'un échange contractuel entre l'entreprise et les personnes susmentionnées. Lorsque ces externalités représentent un coût, elles sont qualifiées de négatives et lorsqu'elles engendrent un bénéfice, elles sont qualifiées de positives. Il est important de noter que ces externalités ne sont pas nécessairement d'ordre financier mais le plus souvent d'ordre matériel, notamment lorsqu'elles sont négatives. Il s'agit majoritairement de détériorations des conditions physiques, matérielles, environnementales ou sanitaires d'un lieu. C'est notamment sur la base de ces externalités négatives que les revendications vis-à-vis de la responsabilité des entreprises se construisent (*cf.* 3.2).

## Le concept de parties prenantes

Une fois le cadre théorique de la responsabilité sociale de l'entreprise posé et complété par le concept d'externalités, il s'agit de se replacer du point de vue des gestionnaires d'une entreprise afin de comprendre exactement ce que recouvre la notion de société. En effet, la société est presque une non-catégorie puisque dans son sens le plus large et du point de vue de l'entreprise, elle peut être comprise comme toutes les personnes qui ne sont ni ses actionnaires, ni ses dirigeants, ni ses employés.

C'est afin de répondre à cette question que le concept de parties prenantes (PP) et plus généralement la **théorie des parties prenantes** (TPP) se sont développés. Dans son article fondateur de 1984, Freeman définit les parties prenantes de la façon suivante : « Une partie prenante est un individu ou un groupe d'individus qui peut affecter ou être affecté par la réalisation des objectifs organisationnels. » Les parties prenantes recouvrent alors les investisseurs, les employés, les fournisseurs, les clients, les communautés locales, les groupes de pression… La notion d'externalité est alors étendue puisque cette définition englobe des groupes d'individus tels que les fournisseurs ou les clients avec lesquels l'entreprise entretient des relations contractuelles et financières.

Le raisonnement mené jusqu'à présent portait sur la responsabilité de l'entreprise envers la société et sur la façon dont cette responsabilité découle des répercussions des activités économiques de l'entreprise. Cette réflexion présuppose que la relation entre l'entreprise et la société est unilatérale : les activités économiques de celle-ci influent sur celle-là sans que les groupes d'individus constituant la société n'aient leur mot à dire. Or, la définition de Freeman renverse ce présupposé en donnant la possibilité aux parties prenantes d'affecter la réalisation des objectifs organisationnels.

## 1.2 La prise en compte effective des parties prenantes

Si le concept de parties prenantes, comme défini par Freeman, est un outil puissant pour l'incorporation des responsabilités sociales dans la stratégie de l'entreprise et leur matérialisation en objectifs organisationnels concrets, plusieurs questions demeurent.

### Pourquoi associer les parties prenantes dans les prises de décisions ?

En premier lieu, un dirigeant peut remettre en cause la pertinence de la prise en compte des intérêts des parties prenantes dans la construction de sa stratégie, sans même évoquer l'idée de leur participation à cette même construction, au titre que cette stratégie n'est censée servir que les intérêts de l'entreprise. D'autant plus que, comme exposé dans la partie suivante, la détermination des parties prenantes pertinentes pour l'entreprise est un processus long et difficile, donc coûteux en ressources, et pour lequel il est difficile de quantifier un retour sur investissement.

Cependant la consultation, voire l'implication des parties prenantes dans la construction de la stratégie est souhaitable à plusieurs titres.

La déconvenue de mars 2023 du gouvernement hollandais est un exemple de la façon dont une non-implication des parties prenantes peut contrarier, voire tout simplement empêcher, la réalisation d'une stratégie. Le gouvernement avait décidé de plafonner à 460 000 le nombre de vols en provenance et à destination de Schiphol entre novembre 2023 et octobre 2024. Or plusieurs compagnies aériennes, KLM en tête, ont porté l'affaire devant les tribunaux au titre qu'elles n'avaient pas été suffisamment intégrées dans la prise de décision et que celle-ci leur porterait préjudice puisqu'elles avaient déjà fait les investissements liés au précédent plafond de 500 000 vols décidé en 2015. Le tribunal de district d'Amsterdam a donné raison à KLM et a fait annuler le nouveau plafond au titre que le gouvernement « [n'avait] pas suivi la bonne procédure » et « [devait] consulter toutes les parties intéressées. » Ainsi, alors même que la décision émanait du gouvernement, ne pas prendre en compte les intérêts des parties prenantes et vouloir mettre en place des mesures allant à l'encontre de ces mêmes intérêts a causé la perte d'une mesure annoncée comme une solution provisoire au problème de nuisances sonores posé par les vols concernés et comme un pas en avant dans la lutte contre le changement climatique.

Cet exemple est exceptionnel, notamment parce qu'il s'agit de la stratégie d'un gouvernement, et non celle d'une entreprise, et parce que les parties prenantes impliquées sont suffisamment influentes et leurs intérêts en jeu suffisamment importants pour mettre en branle le système judiciaire et pour que celui-ci interdise une mesure gouvernementale. Pour autant, et bien que l'équilibre entre parties prenantes et entreprise porteuse de projet soit plus généralement en faveur de cette dernière, cet exemple montre bien que des parties prenantes sentant leurs intérêts mis en danger peuvent aller jusqu'à obtenir l'interdiction des activités de l'entreprise via une décision de justice.

L'outil juridique est d'ailleurs l'un des outils principaux utilisés par les parties prenantes, notamment celles qui, à l'instar d'ONG, ne possèdent pas d'intérêts financiers directs liés aux activités de l'entreprise, qui ne sont donc pas impliquées dans la prise de décision, mais qui considèrent que ces mêmes activités porteront préjudice aux intérêts matériels qu'elles défendent. La mise en accusation de BNP Paribas par Les amis de la Terre, Oxfam France et Notre Affaire à Tous en février 2023, pour non-respect de son **devoir de vigilance** lors de financement d'activités pétrolières, n'est qu'un exemple parmi d'autres de la façon dont les parties prenantes, en particulier celles issues de la société civile, peuvent chercher à entraver une entreprise en la remettant face à ses responsabilités, tant éthiques que juridiques.

**Le devoir de vigilance**

Inscrit en droit français depuis la loi du 27 mars 2017 relative au devoir de vigilance des sociétés mères et des entreprises donneuses d'ordre, le devoir de vigilance consiste à imposer aux grandes entreprises de mettre en place un plan de vigilance de façon « à identifier les risques et prévenir les atteintes graves envers les droits humains et les libertés fondamentales, la santé et la sécurité des personnes, ainsi que l'environnement, résultant des activités de la société et de celles des sociétés qu'elle contrôle. »

L'implication des parties prenantes n'est pas qu'un exercice contraignant visant à éviter une éventuelle contestation de ces dernières. Le quatrième rapport d'évaluation du GIEC, publié en 2007, souligne l'importance cruciale de l'implication des parties prenantes pour l'évaluation des risques, des mesures d'adaptation et des vulnérabilités de l'entreprise vis-à-vis du changement climatique. La raison en est que ce sont les parties prenantes qui seront les premières concernées par les conséquences du changement climatique. Il définit une échelle en cinq degrés de cette implication :

- L'information : l'avis des parties prenantes est recueilli via des questionnaires ou des sondages mais elles n'ont pas voix au chapitre dans les processus.
- La consultation : les parties prenantes sont consultées par des chercheurs pour leur communiquer des informations qui seront ensuite utilisées dans l'affinement des processus d'évaluation.
- La collaboration : les parties prenantes collaborent sous la direction d'un tiers et sont dépendantes de ressources externes, mais peuvent s'assurer que les processus mis en place et les résultats sont pertinents.
- Le partenariat : les parties prenantes agissent comme des partenaires égaux dans le processus, apportent des ressources propres et profitent du résultat des mesures prises.
- La mobilisation autonome : les parties prenantes agissent de façon autonome, gèrent leurs ressources et leur process.

Cette échelle a été développée pour la prise en compte des parties prenantes lors de la rédaction du quatrième rapport du GIEC mais reste pertinente pour tout type d'entreprises pour montrer les différents niveaux d'implication qui peuvent être affectés aux parties prenantes.

Les bénéfices que l'entreprise retire de cette implication sont, en plus de réduire le risque d'une action en justice, d'atteindre un niveau de connaissance plus robuste de l'environnement social dans lequel elle opère via un enracinement dans cet environnement (*cf.* 4.3) et d'être en mesure de prendre des décisions plus légitimes du point de vue des mesures entreprises et de leurs conséquences.

### Identifier, catégoriser et prioriser les parties prenantes : le modèle de prédominance

Cette association bénéfique des parties prenantes se heurte à une difficulté d'ordre pratique : la définition de Freeman est très large et ne permet pas de savoir *a priori* quelles sont les parties prenantes qui seront les plus affectées par l'activité de l'entreprise ou celles dont la capacité d'influence sur l'entreprise est suffisamment importante pour justifier leur consultation. De plus, la définition de Freeman possède aussi le défaut, inhérent à sa généralité, de ne pas faire de différences entre les entreprises et leurs besoins. En effet, la détermination des parties prenantes dépend du type d'entreprise et des projets qu'elle porte. Il est aisément concevable que les parties prenantes, mais aussi les niveaux de responsabilité éthique voire philanthropique, d'une multinationale pétrolière n'ont aucune commune mesure avec ceux d'une PME industrielle ou ceux d'une start-up informatique. Ces questionnements montrent en sus que cette identification est un exercice difficile, chronophage et énergivore, donc coûteux, et que les plus petites entreprises n'auront vraisemblablement pas la capacité de le mener à bien.

Il apparaît alors nécessaire de présenter une méthode efficace permettant d'identifier les parties prenantes associées à un projet, de pouvoir les catégoriser de façon cohérente en fonction des intérêts qu'elles portent et de prioriser ces catégories, le tout pour permettre au porteur du projet d'y voir clair et de prendre les meilleures décisions.

Le **modèle de prédominance**, développé en 1997 par Ronald Mitchell, Bradley Agle et Donna Wood, propose une méthode de catégorisation en trois groupes, les parties prenantes potentielles, les parties prenantes aux aguets et les parties prenantes absolues, que les auteurs souhaitent facilement adaptable à tout type de projets. Afin d'établir cette catégorisation, une entreprise doit établir si la partie prenante étudiée possède un ou plusieurs des attributs suivants :

- Pouvoir : dans quelle mesure la partie prenante en question est capable de forcer l'entreprise à effectuer une tâche qu'elle n'aurait pas effectuée sinon.
- Légitimité : la crédibilité de la partie prenante vis-à-vis du projet qui découle d'une compétence ou d'un statut particulier.
- Urgence : la vitesse de traitement acceptable pour la partie prenante ainsi que la criticité qu'elle accorde à cette réponse.

Lorsqu'une partie prenante ne possède aucun de ces trois attributs, elle est disqualifiée de son statut de partie prenante et ne nécessite aucune prise en compte par les porteurs du projet.

Lorsqu'une partie prenante ne possède qu'un seul de ces attributs, elle est catégorisée comme partie prenante potentielle et possède alors un faible niveau de prédominance. Au sein de ces parties prenantes potentielles se trouvent : les parties prenantes « dormantes » qui n'ont que peu de relations avec le projet mais ont le pouvoir d'imposer leurs décisions (une mairie dans un chantier immobilier par exemple) ; les parties prenantes « discrétionnaires » qui possèdent de la crédibilité vis-à-vis du projet mais n'ont aucun pouvoir d'influence dessus (des océanologues par rapport à un projet de pêche en haute mer par exemple) ; et les parties prenantes « exigeantes » qui n'ont ni pouvoir ni légitimité sur le projet mais ont tout de même des exigences vis-à-vis de celui-ci (une association de riverains d'un chantier d'usine par exemple).

Lorsqu'une partie prenante possède deux des trois attributs, elle est catégorisée comme partie prenante aux aguets et possède alors un niveau de prédominance plus élevé. Au sein de ces parties prenantes aux aguets se trouvent : les parties prenantes dominantes qui possèdent le pouvoir et la légitimité d'influer le projet (les créanciers ou les actionnaires de l'entreprise par exemple) ; les parties prenantes dangereuses qui possèdent du pouvoir et un besoin d'attention immédiat (les fournisseurs d'un restaurant par exemple) ; et les parties prenantes dépendantes qui possèdent un besoin d'attention immédiat et une forte crédibilité (un syndicat par exemple).

Lorsqu'une partie prenante possède les trois attributs, son niveau de prédominance la rend incontournable. Elle est alors qualifiée de partie prenante décisive (un PDG par rapport à un chef de projet par exemple).

Le modèle de prédominance ne doit pas, une fois appliqué, être figé. En effet, les parties prenantes peuvent évoluer et acquérir ou perdre des attributs, modifiant leur catégorisation et donc leur priorisation par l'entreprise.

## Créer et pérenniser l'engagement avec les parties prenantes

Une fois la catégorisation des parties prenantes effectuée, il est nécessaire de s'assurer que la relation avec celles-ci sera fructueuse et surtout pérenne. En effet, la catégorisation des parties prenantes via le modèle de prédominance n'a de sens que si les parties prenantes identifiées sont régulièrement consultées voire intégrées dans les processus de décision.

Cette pérennisation des relations avec les parties prenantes doit se faire à tous les niveaux de l'entreprise et dans toutes ses fonctions. Dans le cadre des fonctions achats (*cf.* 8.3) Maignan[1] *et al.* (2002) identifient quatre approches canoniques de réponses aux sollicitations des parties prenantes qui guident l'implémentation des achats responsables. Ces approches vont de la stratégie réactive, qui se caractérise par une négation de l'importance des questions soulevées par les parties prenantes et les responsabilités associées, à la stratégie proactive, qui anticipe, sonde et répond aux demandes des parties prenantes. Ils présentent l'exemple de Nike qui, accusé dans les années 90 de recourir à du travail d'enfants, est passé par la négation de toute responsabilité dans les pratiques de ses fournisseurs à l'implémentation d'un audit desdits fournisseurs et des chaînes de production par un panel d'étudiants.

De plus, la pérennisation de l'implication des parties prenantes est d'autant plus cruciale que les entreprises sont amenées à s'adapter aux conséquences du changement climatique. Cette adaptation se traduit par une nécessité de développer la recherche et collecter des informations, sensibiliser, modifier les structures organisationnelles et institutionnelles, ainsi que prendre des mesures concrètes pour gérer les risques climatiques et tirer parti des opportunités possibles (*cf.* 2.2). Pour chacune de ces activités, l'entreprise doit se reposer très fortement sur les apports des parties prenantes.

Pour s'assurer de la qualité de ces apports, et pour garantir que ceux-ci pourront perdurer dans le temps, l'entreprise doit formaliser sa stratégie de consultation et de prise en compte des parties prenantes, de façon que celle-ci ne soit pas ponctuelle mais devienne une pratique récurrente au même titre que les autres activités.

EDF a par exemple créé un conseil des parties prenantes défini comme « un collectif multidisciplinaire, paritaire et bénévole composé de treize personnalités issues de la société civile (climatologues, représentants de collectifs d'étudiants ou de consommateurs, économistes, acteurs des solidarités…) » et qui se rassemblent auprès du PDG pour apporter leurs regards sur les orientations stratégiques de l'entreprise. Sur la seule année 2021, ce conseil a rencontré le PDG lors de trois sessions pour travailler à la raison d'être du groupe, au développement des énergies renouvelables et aux scénarios de mix énergétique 2050 et aux externalités liées à ces travaux. De plus, Enedis, filiale détenue à 100 % par EDF, a elle aussi instauré un tel conseil des parties prenantes et prévoit de le décliner dans ses vingt-cinq directions régionales, répondant ainsi au besoin de décliner la consultation des parties prenantes à l'échelle locale.

1. Isabelle Maignan est professeure associée de marketing à la Nijmegen School of Management.

### Conclusion

Ainsi, le concept de parties prenantes découle d'une réflexion théorique sur la responsabilité de l'entreprise de plus de 50 ans et est à appréhender, dans la définition que Freeman en donne, comme une précision et une incarnation des niveaux de responsabilité éthique et philanthropique du modèle de Carroll. La prise en compte des parties prenantes dans la construction de la stratégie d'entreprise, prenant des formes diverses allant de la consultation à la participation active, permet une forme d'internalisation des externalités négatives de l'activité de l'entreprise ainsi qu'une amélioration de la qualité des décisions dans un contexte de lutte contre le changement climatique.

L'identification des parties prenantes pertinentes, via le modèle de prédominance, la création et la pérennisation des liens avec ces dernières sont des conditions nécessaires à l'amélioration de la stratégie RSE d'une entreprise.

Le concept de parties prenantes et leur implication dans les décisions stratégiques de l'entreprise ouvrent la voie à celui de **valeur partagée**, théorisé par Porter et Kramer, et qui fera l'objet du prochain chapitre.

# 2 Développer l'engagement pour créer de la valeur partagée

Une fois les parties prenantes identifiées et correctement caractérisées, les entreprises doivent réussir à les engager dans la poursuite d'objectifs environnementaux. En effet, la réalisation de ces objectifs est souvent conditionnée à un engagement de l'intégralité de la chaîne de valeur. Ensuite, réaliser ces objectifs et les inclure dans la stratégie peut se matérialiser par la création de valeur à la fois économique, sociale et environnementale, c'est-à-dire de **valeur partagée**.

## 2.1 S'aligner autour d'objectifs communs

### Les freins

Malheureusement, réussir à mobiliser toutes les parties prenantes autour d'un objectif commun n'a rien d'évident. D'abord, les entreprises évoluent dans un réseau complexe où les parties prenantes ne sont pas impliquées dans une chaîne de valeur linéaire et entretiennent une multiplicité de relations différentes. En pratique, les acteurs sont divers, dispersés, avec des objectifs parfois contradictoires et des relations à la fois de collaboration et de compétition. La **fragmentation des chaînes de valeur** rend alors toute démarche holistique particulièrement difficile, et peut devenir une des limites majeures au déploiement des objectifs environnementaux. Responsabiliser tous ces acteurs dispersés nécessite donc une large coordination regroupant fournisseurs, sous-traitants, distributeurs, clients, alliés stratégiques et autres parties prenantes non marchandes.

Aussi, les parties prenantes perçoivent souvent les directives environnementales et sociales comme des risques de coûts supplémentaires, qui peuvent être de différente nature.

Premièrement, les entreprises de la chaîne de valeur doivent engager des investissements pour répondre aux besoins de ces nouveaux objectifs ou d'un projet environnemental afin de développer de nouvelles compétences et d'acquérir de nouvelles ressources. Par exemple, un constructeur automobile voulant minimiser la pollution de ses véhicules doit lancer des campagnes de développement coûteuses et accompagner ses sous-traitants dans l'implémentation de nouveaux procédés et éventuellement dans l'achat de nouvelles machines. C'est une source de coût immédiate qui peut agir comme une puissante barrière psychologique.

Le second risque de surcoût est dû au changement de modalités de coordination dans la chaîne de valeur. Les rôles de chacun doivent être redéfinis, la responsabilité doit être repartagée, ce qui implique de modifier les contrats voire d'inclure de nouveaux acteurs. Or, la création de nouveaux contrats ou la complexification des anciens génèrent des **coûts de transaction** (*cf.* 5.1). Aussi, engager la chaîne de valeur dans des démarches responsabilisantes nécessite de se coordonner avec des parties prenantes non marchandes, ce qui constitue une autre source de coût de transaction. Ces coûts sont plus durs à anticiper car ces parties prenantes n'ont pas de contrat marchand et peuvent donc agir de manière plus imprévisible. Les coûts résident surtout dans le temps investi dans la mise en relation et le dialogue mais aussi dans la nécessité de trouver des compromis pour répondre aux attentes de ces nouveaux acteurs.

### Encourager l'engagement des parties prenantes

Engager toutes les parties prenantes est donc un défi qui mérite d'établir une stratégie précise. D'abord il faut présenter un objectif clair et répondre aux craintes des acteurs. Notamment la question du partage des efforts et des retours sur investissement doit être traitée avec rigueur. Il faut éviter que certains acteurs bénéficient beaucoup plus des actions transversales que d'autres ou que la charge d'investissement soit inégalement répartie. Ainsi, analyser les retombées de la réalisation des objectifs sur toute la chaîne de valeur est nécessaire pour anticiper un potentiel accompagnement de ceux qui perdent le plus (*cf.* 10.3).

Pour gagner en crédit, les entreprises souhaitant définir des objectifs environnementaux peuvent s'inspirer de normes comme la **ISO 26000**, voire s'inscrire dans une démarche de certification ou de labélisation comme avec le label **Bcorp**.

### Norme ISO 26000

La norme ISO 26000 est une norme internationale qui donne des orientations/recommandations sur la manière dont toute organisation peut améliorer sa responsabilité sociale et contribuer ainsi à un développement environnemental, social et économique durable. Elle a été négociée au niveau international selon la méthode du consensus de l'ISO, en utilisant une approche multipartite (450 représentants étatiques, privé et appartenant à des ONG). La norme adopte une démarche holistique en incluant sept dimensions simultanément : responsabilité, transparence, comportement éthique, respect des intérêts des parties prenantes, respect de l'État de droit, respect des normes internationales de comportement et respect des droits de l'homme. Cette norme n'est pas certifiante et donne surtout des lignes directrices.

### Label Bcorp

Le label Bcorp a été fondé en 2006 et a pour objectif d'évaluer la performance environnementale et sociale des entreprises. Il certifie les entreprises après les avoir évaluées selon trois types de standards. Le premier mesure les répercussions positives de l'activité de l'entreprise sur les travailleurs, les communautés, les clients, les fournisseurs et l'environnement en s'appuyant sur le cadre des Objectifs de développement durable (ODD) (*cf.* 3.3). Cette analyse est ensuite complétée par une analyse des risques de conséquences négatives sur l'environnement du secteur de l'entreprise. Les grands groupes multinationaux doivent suivre des directives supplémentaires. Ces standards sont en constante évolution afin de s'adapter au mieux aux besoins de la société.
En 2023, plus de 6 000 entreprises étaient certifiées.

Une fois le cap identifié, l'effort se poursuit pour réussir à aligner tous les acteurs vers ces objectifs. Un des moyens peut être d'encourager l'adhésion et non de la forcer. Cela passe d'abord par donner du sens à la démarche en montrant la direction visée, le futur souhaité. Un travail sur les **imaginaires** peut alors être pertinent. En effet, Maurice Godelier[1] explique que l'humain est un être d'imagination et de symboles capable de se représenter le monde grâce à la pensée et au langage. Les récits et les fictions jouent alors un rôle majeur dans la création de sens et peuvent justifier les actions à prendre aujourd'hui. L'humain a sans cesse besoin de s'inclure dans une « trajectoire dotée de sens » à travers un début, un chemin et une fin. C'est cette fin qu'il faut réussir à imaginer et à partager avec les parties prenantes, afin de construire un imaginaire autour d'un futur commun souhaitable et justifiant les efforts à faire aujourd'hui. Les **prospectives** sont des bons outils pour construire ces imaginaires et penser le futur comme l'a fait l'ADEME avec les scénarios « Transition 2050 ».

---

1. Anthropologue de renommée mondiale ayant reçu la médaille d'or du CNRS et un prix Alexander von Humbolt en sciences sociales.

**Les prospectives**

Les prospectives sont des méthodes utilisées pour anticiper les évolutions futures d'un secteur, d'une entreprise ou d'une société. Elles reposent sur l'analyse des tendances, des enjeux et des incertitudes pour proposer des scénarios possibles à moyen et long terme. Les prospectives peuvent ainsi aider les décideurs à prendre des décisions éclairées en anticipant les risques et les opportunités à venir.

Ensuite, il est possible d'influencer les choix et les décisions sans contraindre grâce aux techniques inspirées de la **théorie des nudges**.

## Théorie des nudges

La théorie des nudges a été popularisée par Richard Thaler[1] et Cass Sunstein[2] par leur livre *Nudge: improving Decision About Health, Wealth and Happiness* (2008). Cette théorie remet en question le concept de *l'homo economicus* dans lequel les agents prennent toutes leurs décisions de manière optimale et raisonnée. L'humain a plutôt tendance à commettre des erreurs prévisibles car son raisonnement repose souvent sur des heuristiques, c'est-à-dire des raisonnements s'appuyant sur des connaissances incomplètes et donc influencés par le contexte social dans lequel il évolue.

Ces mécanismes qui influencent notre jugement sont appelés des **biais cognitifs**.

Aujourd'hui plus de 180 biais sont recensés et peuvent être organisés en quatre catégories : ceux qui résultent d'un trop-plein d'information, de manque de sens, du besoin d'agir rapidement et ceux liés aux limites de la mémoire.

Par exemple, l'ancrage est un biais qui repose sur la tendance de l'humain à être influencé par des morceaux d'information. Pour illustrer cette tendance, Richard Thaler et Cass Sunstein ont fait l'expérience de demander à des habitants d'une petite ville et d'une grande ville d'évaluer la population d'une ville de taille moyenne. La seule information dont disposent les questionnés est la population de leur propre ville. Ceux vivant dans une petite ville vont avoir tendance à sous-évaluer la population de la ville moyenne et inversement pour les habitants de la grande ville.

Les **nudges** (coup de pouce) sont alors les techniques utilisant ces biais afin d'influencer les choix sans aucune contrainte. Ils ont rapidement été utilisés dans le cadre de politique publique pour pousser les citoyens à changer certains de leurs modes de vie afin de lutter contre l'obésité par exemple.

Un exemple classique de nudge est l'utilisation du biais de moindre effort à travers un consentement présumé. Plutôt que de demander aux Français d'accepter d'être donneurs d'organe, ils sont présumés donneurs et il leur est proposé de refuser s'ils le souhaitent. Ainsi, aujourd'hui seulement 300 000 personnes sont sur les listes de refus.



1. Économiste américain, Prix Nobel 2017 pour ses travaux sur l'économie comportementale.
2. Professeur à la faculté de droit de l'université et juriste connu pour ses études sur le droit constitutionnel et le droit administratif.

Dans le cas de l'engagement des parties prenantes, les nudges peuvent être utilisés pour influencer la prise de décision de ces acteurs et augmenter la probabilité qu'ils s'alignent avec les nouveaux objectifs. Ils sont particulièrement utiles dans des périodes de négociation de nouveaux accords ou de nouveaux contrats. La communication est alors clef et elle doit être particulièrement travaillée pour encourager l'adhésion de tous.

## Forcer l'alignement

Toutefois, les techniques d'encouragement sont souvent insuffisantes et certains acteurs peuvent rester en opposition et freiner la poursuite de l'objectif commun. Il est alors nécessaire d'implémenter des formes de contraintes afin de s'assurer de l'alignement de tous. Cela passe d'abord par des aspects contractuels. L'entreprise motrice peut ainsi ajouter des clauses à ses contrats afin d'inclure la dimension environnementale et donner des objectifs à ses parties prenantes. Par exemple, des **accords d'approvisionnement durable** peuvent être pris avec les fournisseurs afin de les obliger à garantir que les matériaux utilisés dans la production sont obtenus de manière durable et respectueuse de l'environnement. Ces accords peuvent inclure des exigences en matière d'utilisation de matériaux recyclés, de sources d'énergie renouvelables ou de pratiques agricoles durables. Les **contrats d'efficacité énergétique** font aussi partie de ces contrats environnementaux car ils obligent les fournisseurs énergétiques à proposer des énergies moins carbonées. Une illustration de cela est la **charte d'achats responsables** mise en place par la Banque postale qui impose aux fournisseurs les dix principes du Pacte mondial et les conventions fondamentales de l'Organisation internationale du travail. La banque inclut aussi de plus en plus des critères RSE dans ses appels d'offres. Aujourd'hui ces critères représentent 10 % de leur pondération. Plus de détails dans les dynamiques d'achat seront apportés dans le chapitre 8.3.

Pour s'assurer du suivi de ces nouvelles directives, les entreprises peuvent mettre en place des **scores environnementaux** afin d'évaluer la performance écologique de leurs fournisseurs et aussi leur donner des objectifs précis et chiffrés.

**Les scores environnementaux**

Les scores environnementaux sont des notes données à des produits, des services, des entreprises en fonction de leurs performances environnementales. Ils sont calculés en évaluant de nombreux critères (empreinte $CO_2$, utilisation des sols, etc.) qui sont ensuite pondérés afin d'obtenir une note globale. Malgré l'absence d'un score exhaustif et universel, ils sont surtout utiles pour faciliter la comparaison entre deux produits ou deux acteurs dans un même cadre méthodologique.

Klöckner, un distributeur d'acier, a développé son propre score environnemental à travers sa marque Nexigen® pour évaluer l'empreinte carbone des aciers achetés à ses fournisseurs. Pour cela un algorithme prenant en compte l'ensemble du **cycle de vie** (*cf.* 2.2) des aciers a été construit afin d'évaluer l'empreinte de ses 200 000 produits. Grâce aux résultats de l'algorithme, la stratégie consiste désormais à mobiliser l'ensemble de la chaîne de valeur pour transformer l'industrie de manière plus durable. La marque Nexigen® poursuit le même objectif et utilise la métrique précédente pour souligner les efforts de ses fournisseurs et faire pression sur ceux qui avancent trop lentement. Elle aide également ses fournisseurs à élargir leur portefeuille de produits à faible émission de $CO_2$. Du côté des clients, Nexigen® garantit une transparence totale sur les émissions de $CO_2$ pour les responsabiliser et les encourager à préférer l'acier vert en connaissant les émissions qu'il permet d'éviter. L'entreprise a ainsi inversé la relation de pouvoir avec son fournisseur pour devenir le moteur du changement. Son ambition est de faire passer 70 % de son volume total à l'acier vert avant 2025.

Ces scores environnementaux peuvent aussi être élaborés par des entreprises tierces, des associations ou des gouvernements qui vont jouer le rôle d'informateur directement auprès des clients. C'est le cas de l'éco-score pour les produits alimentaires ou encore la mesure d'empreinte $CO_2$ proposée par Google Flights pour les trajets en avion. Finalement ces scores permettent de convaincre les derniers réfractaires à s'aligner car ils y voient un moyen de répondre aux nouvelles attentes des consommateurs qui sont maintenant mieux informés.

Enfin le dernier levier que peuvent déployer les entreprises est d'encourager les institutions à raffermir les lois environnementales. Les parties prenantes ne suivant pas encore les objectifs seront alors obligées de se remettre à niveau afin de respecter ces nouvelles lois.

Pour répondre à ces objectifs sociaux et environnementaux, l'entreprise et ses parties prenantes ne peuvent nier leur réalité économique, l'enjeu est alors de concilier les deux, c'est la proposition du concept de valeur partagée.

## 2.2 La notion de valeur partagée

### Définition

En 2006, dans un article du *Harvard Business Review*, Porter[1] et Kramer[2] introduisent le concept de création de **valeur partagée** (*Creating Shared Value*, CSV). Ils partent du constat que les entreprises sont de plus en plus tenues responsables des conséquences sociales et environnementales de leurs actions. La défiance envers les entreprises croît dans l'opinion publique, ce qui conduit les gouvernements à mettre en place des politiques ralentissant leur croissance. Pour sortir de ce cercle vicieux, les entreprises doivent assumer leur responsabilité et repenser leur vision de la création de valeur. Il faut sortir des modèles cherchant seulement à optimiser les performances financières à court terme et ignorant les influences sur le long terme. L'objectif est alors de réconcilier

1. Professeur d'Harvard, il est considéré comme le père de la stratégie moderne et est l'auteur le plus cité dans ce domaine.
2. Maître de conférences à Harvard et co-fondateur avec Porter de FSG, un cabinet de conseil aidant les entreprises à améliorer leur action sociale.

les objectifs financiers avec la responsabilité sociale et environnementale. Pour Porter et Kramer, la solution réside dans la création de valeur partagée, c'est-à-dire la création non seulement de la valeur économique, mais aussi de la valeur pour la société. Créer de la valeur pour la société revient à répondre aux différents enjeux qu'elle affronte. Cela inclut l'objectif de créer une société plus durable, de répondre aux enjeux sociaux (santé, inégalité, pauvreté...), voire de répondre aux attentes éthiques.

Cette notion est un réel changement de paradigme sur la place des entreprises dans la société et s'oppose totalement à la vision de Friedman (*cf.* 4.1). Elle reconnaît que les besoins sociaux définissent le marché autant que les besoins économiques et que les dégâts causés à la société finissent toujours par réintroduire des coûts autant à court terme (gaspillage d'énergie ou de ressources) qu'à long terme (augmentation des prix d'une ressource à cause de surexploitation ou la perte d'un marché à la suite de l'accroissement de la pauvreté). Cette approche veut aussi démontrer que répondre aux enjeux sociétaux n'entraîne pas nécessairement une hausse des coûts pour les entreprises. Il s'agit aussi d'une opportunité de se réinventer, de développer de nouveaux produits et d'atteindre de nouveaux marchés tout en s'assurant un meilleur futur en réfléchissant à plus long terme.

Il ne s'agit pas simplement de partager la valeur déjà créée par l'entreprise mais bien de développer de nouvelles valeurs économiques et sociales. L'exemple du commerce équitable permet de bien comprendre la différence. En effet, l'objectif du commerce équitable est d'augmenter les revenus des petits agriculteurs en les payant plus pour les mêmes produits. Nous sommes donc dans un cas de simple redistribution qui ne permet pas réellement d'augmenter la valeur créée. Dans ce cas-là, créer de la valeur partagée reviendrait plus à accompagner les producteurs pour développer des nouvelles méthodes de production et renforcer le tissu local pour améliorer l'efficacité et la qualité des produits des agriculteurs. Ainsi, plus de profits sont générés, ce qui bénéficie autant à l'entreprise qu'aux producteurs. En Côte d'Ivoire, la comparaison a été faite : le commerce équitable a augmenté de 10 à 20 % les revenus des agriculteurs mais des investissements axés sur le principe de création de valeur partagée ont permis une augmentation de 300 %.

Finalement, la création de valeur partagée peut être vue comme une nouvelle approche de la RSE. D'après Porter et Kramer, il y a tout de même des différences notables à faire avec la RSE qui est surtout concentrée sur la réputation de l'entreprise et qui reste déconnectée de la réalité économique, ce qui ne lui permet pas de pérenniser son action. Aussi, elle est souvent guidée par des forces extérieures (venant du marché ou des institutions), à l'inverse la CSV est entièrement pilotée et internalisée par l'entreprise. À l'inverse des mesures de RSE pouvant s'avérer contraintes par le budget alloué et limité au scope de l'entreprise, celles de CSV sont soutenables économiquement et engendrent de la valeur pour la société. Les deux économistes concluent alors que la CSV doit supplanter la RSE pour guider les investissements des entreprises.

## Le potentiel et comment le mesurer

D'après cette théorie, les leviers d'actions classiques pour répondre aux enjeux sociaux et environnementaux comme la philanthropie, les associations, les ONG, etc. sont insuffisants. En effet, ils ont surtout un problème de passage à l'échelle car ils manquent de ressources. Les ressources sont en réalité détenues en majorité par les entreprises. Ainsi, aux États-Unis, elles possèdent 82 % des richesses. C'est ici que réside le potentiel de la valeur partagée : participer à la résolution de problèmes sociaux et environnementaux avec des modèles d'affaires profitables donne accès à d'immenses ressources capables de s'autoalimenter. La promesse est telle que le terme de valeur partagée a vite été repris et déformé. Pour assurer de bien définir la notion et d'éviter les dérives, il est indispensable d'adopter une méthodologie afin de la mesurer.

Comprendre le lien entre les résultats financiers et sociaux est primordial pour identifier les potentiels de création de valeur partagée. Il faut alors mesurer les répercussions des actions de l'entreprise sous ces deux regards. Porter ajoute à cela trois niveaux de création de valeur partagée. Celle qui provient de la **reconception** d'un produit ou d'un service pour mieux cibler les besoins de la société, celle obtenue en **redéfinissant la chaîne de valeur** pour mieux gérer les opérations internes et celle créée en développant des **clusters** (*cf.* 4.3) locaux en changeant les conditions sociétales externes. À partir de ce cadre, il définit les bénéfices possibles autant financiers que sociaux :

**Tableau 4.1** Bénéfices économiques et sociaux de CSV

| Niveau de valeur partagée | Résultats économiques | Résultats sociaux |
|---|---|---|
| **Reconcevoir des produits** | – Augmenter les revenus.<br>– Augmenter la part de marché.<br>– Faire croître la taille du marché.<br>– Augmenter la rentabilité. | – Réduire l'empreinte carbone.<br>– Améliorer l'éducation.<br>– Améliorer les prises en charge des patients.<br>– Améliorer la qualité de la nutrition. |
| **Redéfinir la chaîne de valeur** | – Améliorer la productivité.<br>– Réduire les coûts d'opération logistique.<br>– Augmenter la qualité.<br>– Augmenter la rentabilité.<br>– Sécuriser l'approvisionnement. | – Économiser de l'énergie.<br>– Économiser de l'eau.<br>– Économiser des matières premières.<br>– Augmenter les salaires des employés.<br>– Monter en compétences. |
| **Développer des clusters** | – Réduire les coûts.<br>– Sécuriser l'approvisionnement.<br>– Améliorer l'attractivité.<br>– Augmenter la rentabilité. | – Améliorer l'éducation.<br>– Améliorer la santé.<br>– Améliorer les salaires. |

L'objectif est alors de placer les actions de la société dans ce cadre et d'identifier s'il y a bien des bénéfices financiers et sociaux. Pour cela, Porter propose une méthodologie de mesure en quatre étapes :

1. Identifier la question sociale à prioriser. Cela nécessite un examen systématique des besoins sociaux non satisfaits et des lacunes, ainsi qu'une analyse de la manière dont ils se recoupent avec l'entreprise aux trois niveaux de la valeur partagée. Le résultat de cette étape est une liste de questions sociales prioritaires qu'une stratégie de valeur partagée peut cibler.
2. Analyser la rentabilité, quantifier comment l'amélioration sociale peut accroître les performances économiques de l'entreprise. Cette étape comprend l'identification des cibles et la spécification des activités et des coûts impliqués pour chaque opportunité de valeur partagée, la modélisation des résultats commerciaux et sociaux potentiels par rapport aux coûts.
3. Suivre le progrès à la lumière de l'analyse de rentabilité qui devient une feuille de route. Cette étape comprend le suivi des intrants et des activités commerciales, des résultats et des performances financières (recettes et coûts) par rapport aux projections.
4. Valider le potentiel de création de valeur ajouté identifié plus tôt. Les idées et les enseignements tirés de cette analyse permettront d'identifier les possibilités de débloquer la création de valeur en affinant la stratégie et la mise en œuvre de la valeur partagée.

Ce processus est itératif et doit être intégré dans la stratégie de l'entreprise. Cette boucle de rétroaction continue est l'un des principaux avantages de la mesure de la valeur partagée : elle fournit une feuille de route pour comprendre et réaliser la création de valeur partagée.

La méthodologie peut être complétée par une analyse *a posteriori* en mettant particulièrement en avant les moyens déployés (les investissements faits), les résultats obtenus (toujours en termes économiques et sociaux) et les bénéficiaires (internes et externes).

Si la CSV est bien mesurée et comprise dans les bons termes, elle peut s'avérer particulièrement bénéfique. D'abord, elle permet de formuler les activités de RSE dans un vocabulaire managérial adapté aux entreprises. La responsabilité des entreprises n'est plus un devoir éthique imposé par l'extérieur mais bien une cible stratégique ouvrant vers des opportunités nouvelles. Là est une grande force du concept : il élève les enjeux sociétaux au niveau stratégique. Le rôle des institutions et des gouvernements est aussi explicité : ils doivent construire des « réglementations qui renforcent la valeur partagée, fixent des objectifs et stimulent l'innovation.

## Les limites

La notion de valeur partagée a donc un fort potentiel et a rencontré un vif succès. Elle est notamment inscrite dans la stratégie officielle de l'UE en matière de RSE. Cependant, ce cadre est aussi critiquable à plusieurs niveaux.

D'abord, le concept n'est pas si original. Le principe de création de valeur sociale et économique est déjà présent dans la littérature sur la gestion des parties prenantes. C'est notamment le cas dans la théorie instrumentale des parties prenantes où l'adhésion aux principes et pratiques des parties prenantes est perçue comme un moyen d'augmenter les performances de l'entreprise. En adoptant le cadre de la valeur partagée, il est alors important de ne pas nier les recherches qui la précèdent en la voyant comme une notion qui concatène plusieurs aspects plutôt qu'une proposition totalement nouvelle.

Ensuite, la critique majeure réside dans le manque de prise en considération de la tension entre les objectifs sociaux et les objectifs économiques. Porter et Kramer se concentrent sur les situations gagnant-gagnant sans prodiguer de conseils sur comment gérer les situations où les résultats économiques et sociaux ne seront pas alignés pour toutes les parties prenantes. Vogel évoque la crainte que « le marché de la vertu ne soit pas suffisamment important pour que toutes les entreprises aient intérêt à se comporter de manière plus responsable. » En pratique, les entreprises font plus souvent face à des situations d'arbitrage dans lesquelles elles doivent discuter avec des parties prenantes qui peuvent considérer toute tentative de discussion comme un échec de leurs actions. Par exemple, si des organisations luttent pour les droits des travailleurs de la production de cacao, ils percevront toute forme de compromis comme un abandon de leur mission et une menace pour leur identité. Les entreprises se retrouvent alors plus dans une posture de lutte permanente avec leurs parties prenantes et devront parfois céder, même si cela ne leur apporte pas de bénéfice financier. L'autre risque majeur est qu'en adoptant une mentalité de création de valeur partagée, les entreprises peuvent avoir tendance à promouvoir des solutions simplistes à des problèmes complexes, sans vraiment résoudre les problèmes de fond, ce qui peut même aggraver la situation des parties prenantes marginalisées.

Le rôle des gouvernements et d'institutions comme l'UE dans l'accompagnement de la CSV est indispensable mais cela révèle une autre faiblesse. Il faut que les entreprises adhèrent à toutes les normes externes, en particulier les lois et les réglementations gouvernementales. Or, en pratique, il est probable que des entreprises s'opposent à ces lois ou du moins essayent de limiter leurs conséquences. Il y a alors un grand enjeu à forcer cette adhésion afin que le déploiement des mesures de CSV soit efficace.

Enfin, il a été reproché à l'approche de Porter et Kramer de rester dans un cadre centré sur l'entreprise dans la lignée des anciens modèles stratégiques de Porter comme la chaîne de valeur ou les cinq forces (*cf.* 3.3). Le modèle ne permet pas assez de sortir du cadre des stratégies concurrentielles classiques qui exigent de s'opposer frontalement à la concurrence. Pourtant, les enjeux sociétaux à traiter mériteraient des solutions largement intégrées dans des processus multipartites organisés démocratiquement.

## 2.3 Créer de la valeur partagée en pratique

Malgré ses limites, la notion de valeur partagée permet de concrétiser les objectifs sociaux et environnementaux des entreprises, il est alors particulièrement intéressant de regarder comment elle se traduit en pratique.

## Les différents types d'actions pratiques

Porter et Kramer proposent trois leviers pour mettre en place des dynamiques de valeur partagée. D'abord, les entreprises peuvent reconcevoir leurs produits et leurs marchés en se demandant si leurs produits sont vertueux pour leurs clients. L'objectif est de concevoir des produits plus durables, ce qui passe par une démarche d'analyse du cycle de vie et d'éco-conception (*cf.* 5.2) qui amène aussi à produire de manière plus soutenable (*cf.* 7.1). De plus, les produits doivent être pensés pour répondre aux besoins sociétaux. Par exemple, l'industrie agro-alimentaire peut s'engager dans la lutte contre l'obésité en proposant de nouveaux produits avec des meilleurs apports nutritionnels et limitant la quantité de gras et de sucre. Des marques comme Bjorg, spécialisées dans les produits alimentaires bios et avec une forte exigence nutritionnelle en ont fait leur **modèle d'affaires** (*cf.* 4.3). Elles sont le symbole que proposer des produits plus respectueux de l'environnement et des consommateurs peut permettre de générer de la valeur partagée. Le chiffre d'affaires de Bjorg suit une croissance d'à peu près 10 % par an, ce qui montre la bonne santé de l'entreprise. À plus grande échelle, GE a lancé en 2005 une gamme de produits plus efficients et éco-conçus appelée Ecoimagination. Dix ans plus tard, ces nouveaux produits ont rapporté 200 milliards de dollars à l'entreprise et ont permis de réduire l'empreinte carbone des produits de la société comme leur nouvelle génération de locomotive réduisant de 70 % les émissions de $CO_2$ par rapport à la génération précédente. Cette démarche a même inspiré une multitude de projets dans d'autres entreprises, de Intel à Walmart.

Par rapport à des initiatives portées par les gouvernements ou les ONG, les gains pour la société sont encore plus importants, car les entreprises seront souvent beaucoup plus efficaces en matière de marketing pour motiver les clients à adopter des produits et des services qui créent des avantages pour la société. Pour rester crédible, il est nécessaire d'engager la majorité de sa gamme de produit dans une recherche de valeur partagée. En effet Coca-Cola et Nestlé étaient présentés comme des pionniers de la valeur partagée par Porter et Kramer mais la majorité de leurs produits sont restés très sucrés et addictifs. Leurs démarches CSV ont alors été perçues comme du *green washing* car elles n'étaient pas à la bonne échelle.

Le second levier d'action s'appuie sur la redéfinition de la chaîne de valeur. Dans ce cas, la création de valeur partagée peut se matérialiser de plusieurs manières :

- Gagner en efficacité énergétique tout au long de la chaîne, des processus aux canaux de distribution en passant par les transports et les bâtiments. Des améliorations comme l'utilisation de meilleures technologies, le recyclage, la cogénération, etc. sont toutes créatrices de valeur partagée. L'objectif est aussi de réduire les distances pour économiser en énergie mais aussi en temps, en complexité de gestion et en coût d'inventaire (*cf.* 7.1).
- Chercher une meilleure utilisation des ressources, ce qui est rendu possible par l'amélioration des technologies sur l'ensemble de la chaîne de valeur, des fournisseurs aux canaux de distribution. Porter prend l'exemple de Dow Chemical (une entreprise

produisant des produits chimiques) qui a réussi à réduire la consommation de son plus gros site de plus de 200 millions de litres d'eau tout en économisant 4 millions de dollars.

- Casser les règles du jeu traditionnelles voulant que les entreprises exercent un pouvoir de négociation maximal sur leurs fournisseurs afin de faire baisser les prix. Aujourd'hui il faut prendre conscience que les fournisseurs marginalisés doivent être accompagnés pour rester productifs. Cela passe par du partage de technologie, des financements, des conseils pour améliorer la productivité ou un accompagnement de formation (*cf.* 10.2). Les fournisseurs peuvent alors prospérer et l'entreprise s'assure d'avoir accès à des volumes constants, de qualité et avec des prix en baisse du fait du gain en productivité. C'est l'objectif du programme AAA de Nespresso qui accompagne ses 100 000 fournisseurs. L'entreprise a encouragé les pratiques agricoles durables, créé des dynamiques communautaires pour faire face au risque (climatique notamment) et a mis en place des solutions systémiques pour garantir l'accès à certaines ressources.

Ainsi, repenser son organisation à l'échelle de la chaîne de valeur en reconsidérant notamment ses chaînes logistiques (*cf.* 7.2) et en installant des dynamiques de collaboration plutôt que de concurrence permet de créer de la valeur partagée.

Enfin, le dernier levier consiste à former des « **clusters** » c'est-à-dire des territoires où les entreprises sont particulièrement concentrées, ce qui favorise la collaboration. Ces clusters ont le potentiel d'augmenter la productivité et le potentiel d'innovation. L'exemple iconique est la Sillicon Valley mais on retrouve des clusters similaires au Kenya pour les fleurs coupées ou la taille des diamants à Surat en Inde. Ces dynamiques territoriales seront largement développées dans le chapitre suivant (*cf.* 4.3).

## L'innovation et l'entreprenariat social

### *Innovation sociale*

Créer de la valeur partagée revient souvent à intégrer une mission sociale dans des nouvelles activités ou en faisant évoluer les activités déjà maîtrisées par l'entreprise. Cela se matérialise souvent par des innovations dites sociales. L'**innovation sociale** est définie comme les nouvelles idées (produits, services et modèles) qui répondent à la fois à des besoins sociaux et à créer de nouvelles relations ou collaborations. La Commission européenne complète cette définition en ajoutant que ces innovations renforcent l'autonomie des personnes. D'abord considérée comme spécifique aux organismes dont la finalité première est sociale, l'innovation sociale peut être adaptée à tout type d'entreprise entreprenant une démarche CSV. De ce point de vue, l'innovation sociale regroupe alors les solutions créatives à des problèmes sociaux dans le cadre du marché, qui se traduisent par des opportunités commerciales rentables et à forte croissance. L'innovation sociale et la valeur partagée sont fortement liées. Ainsi, encourager la première est un moyen efficace de créer la seconde.

### *Comment innover ?*

Comme pour toute forme d'innovation, une innovation sociale est avant tout une idée qui est ensuite concrétisée. Générer des idées et les concrétiser résultent de deux systèmes de pensée et d'organisation différente. D'abord la pensée doit être convergente dans un contexte d'exploration avant de devenir convergente dans un contexte d'exploitation. Gérer cette ambivalence est la clef pour innover. Dans le cas de l'innovation sociale, l'idée doit partir de l'identification d'un besoin social qui n'est pas encore satisfait. Il faut réussir à entrer en empathie avec ceux vivant la douleur pour être sûr de la comprendre et pouvoir y répondre au mieux.

Une fois le besoin identifié, il faut trouver des solutions, des idées permettant d'apporter de la valeur sociale. Cette phase est nécessairement divergente, il ne faut pas espérer suivre un schéma séquentiel à une seule voie. Le médecin et psychologue Edward de Bonon parle de **pensée latérale** pour décrire la méthode de résolution qui consiste à explorer de nombreuses directions originales. Elle est souvent associée à des méthodes comme la remise en question des hypothèses, le recours à des analogies ou l'approche par des perspectives différentes. C'est une phase d'exploration qui est souvent difficile à appréhender par les grandes entreprises focalisées sur l'exploitation (la production et la vente de produits déjà établis). Cette opposition entre exploration et exploitation est un des freins historiques à l'innovation comme l'expliquait Marsh en 1991. Un projet de nature exploratoire risque d'être stoppé prématurément s'il est évalué à la lumière des mêmes indicateurs que ceux traditionnellement utilisés pour les projets d'exploitation.

À l'inverse, développer une innovation sans jamais envisager son industrialisation et son exploitation future est aussi voué à l'échec. Tushman[1] et O'Reilly[2] recommandent alors aux entreprises de développer des formes d'**ambidextrie organisationnelle**. Cela veut dire qu'elles doivent apprendre à s'adapter aux deux modes de fonctionnement. Ils proposent alors deux modes d'organisation, soit à travers une structure « séparée » en créant des divisions dédiées à l'innovation et à l'exploration, soit avec une structure « intégrée » où l'innovation est intégrée dans toutes les activités de l'entreprise. L'avantage de la première est qu'elle permet de facilement installer des systèmes de gestion adaptés à l'exploration dans ces unités à part, mais en pratique beaucoup de ces divisions ont échoué du fait de leur manque de lien avec le reste de l'entreprise et donc de la difficulté à vendre leur projet. De l'autre côté, la seconde nécessite plus d'investissements pour réussir à développer une culture d'innovation dans toute la société mais une fois en place, elle apporte des solutions plus facilement implémentables.

1. Professeur à Harvard Business School, il est connu pour ses recherches sur les processus d'innovation et les modèles d'affaires.

2. Professeur à la Stanford Graduate School of Business, spécialisé dans les domaines de la culture organisationnelle, du leadership et de la stratégie.

### *Collaborer avec les entrepreneurs*

Un autre moyen d'acquérir des compétences d'exploration pour les grandes entreprises est de faire appel à ceux qui en font le plus preuve : les entrepreneurs et les start-up. Henry Chesbrough[1] parle d'*open innovation* pour décrire cette collaboration entre les entreprises et des partenaires externes, souvent des start-up, des universités voire des clients pour générer des idées, des technologies, des processus et des produits innovants. Cela peut prendre la forme de partenariats, de partages de connaissances, voire de rachats. L'innovation sociale peut alors être impulsée par l'**entreprenariat social**, c'est-à-dire des entreprises ou des organisations à but non lucratif créées dans l'objectif de répondre à des questions sociales en créant avant tout de la valeur pour la société avant d'en créer pour l'entreprise. Ces organisations sont souvent plus proches du terrain, plus créatives et plus flexibles, ce qui leur permet de reconnaître les possibles innovations créant de la valeur partagée. Elles s'inscrivent aussi dans les dynamiques d'économie sociale et solidaire (*cf.* 4.3).

## Des exemples d'entreprenariat social

**Le baluchon** : Fondée en 2014 cette entreprise a un double objectif d'insertion professionnelle dans les quartiers en difficulté de la banlieue parisienne et d'offre d'une alimentation locale et responsable. Baluchon ne travaille qu'avec des produits frais et de saison, privilégie les pratiques agricoles respectueuses de l'environnement et achète ses produits à un prix juste auprès des producteurs. En 2018 l'entreprise a généré 4 millions d'euros de chiffre d'affaires qui ont été entièrement réinvestis.

**Amaz** : La marque produit des sneakers dans la tradition de l'artisanat marocain et s'est associée à l'ONG Education for All en s'engageant à financer un jour de pensionnat pour une jeune fille au Maroc pour chaque paire vendue.

**E-Cover** : Le concept de l'entreprise est simple : récupérer les pneus usagés trouvés dans les rues du Sénégal pour les broyer avec des hachoirs à viande et ainsi les transformer en matière exploitable pour faire des aires de jeux ou des semelles de chaussures.

Ainsi le cœur de l'innovation sociale est la collaboration, d'abord avec les futurs clients pour comprendre leurs besoins puis avec les entrepreneurs sociaux afin de s'inspirer de leurs idées voire d'intégrer leur compétence. La collaboration avec les institutions peut aussi être bénéfique, notamment pour absorber le risque d'exploration comme cela est fait avec les **crédits d'impôt recherche** (CIR) en France.

**Crédit impôt recherche**

Les crédits d'impôt recherche sont un dispositif fiscal mis en place à partir de 1983 par l'État français pour encourager les entreprises à investir dans la recherche et le développement. Il permet aux entreprises de déduire de leur impôt sur les sociétés une partie des dépenses engagées pour la recherche et le développement, ce qui rend l'innovation moins risquée pour les entreprises.



1. Universitaire et auteur américain, connu pour avoir popularisé le terme « *open innovation* ».

## Les nouvelles formes d'entreprise

### *La forme de l'entreprise est questionnée*

Dans un contexte de création de valeur partagée, l'entreprise n'a plus comme seul but un objectif de performance financière. Elle intègre maintenant de nouveaux objectifs sociaux, ce qui remet en question la forme de l'entreprise classique, orientée sur le profit et la rémunération de ses actionnaires. Ces nouvelles formes d'entreprises se développent de plus en plus et permettent de questionner la conception de l'entreprise « sociale ». Ce besoin de repenser l'entreprise se traduit d'abord par la création d'association, comme Corporations 20/20 ou des institutions reconnues telles que l'Aspen ou le Tellus Institute qui cherchent à définir ces nouvelles entreprises en organisant des groupes de discussion, des séminaires et en menant des études.

### *Nécessité de définir une raison d'être*

Ensuite, en pratique, le besoin d'inclure ces nouveaux objectifs dans la stratégie des entreprises s'est matérialisé par la formulation de **raisons d'être** (*purpose*). Elle cristallise l'objectif principal de l'entreprise qui devrait guider toutes ses actions. Elle est souvent liée à la valeur partagée que l'entreprise souhaite créer. Pour s'adapter à ces nouvelles aspirations, le cadre juridique de l'entreprise a dû évoluer. La Californie a été précurseur dans ces nouvelles formes de législation avec le projet de loi *Flexible Purpose Corporation* adopté en 2011. Il ajoute une raison d'être dans la définition de l'entreprise, c'est-à-dire qu'il place une mission d'ordre social ou environnemental dans les statuts d'entreprises pourtant à but lucratif. Les objectifs lucratifs ne sont pas supprimés mais ils sont complétés par des *special purposes*, des objectifs sociétaux de minimisation de répercussions négatives ou de maximisation de conséquences positives. Le point particulièrement intéressant de cette législation est qu'elle offre une protection inédite aux dirigeants. En effet, les actionnaires ne peuvent pas engager des poursuites judiciaires si leurs bénéfices diminuent du fait de la poursuite de la raison d'être. Les dirigeants gagnent ainsi une forme de liberté qui leur permet de lancer des actions plus ambitieuses.

En France, c'est la loi PACTE de 2019 qui a permis de reconsidérer la place des entreprises dans la société. Elle comporte de nombreuses dispositions dont plusieurs ayant pour objectifs de mieux suivre les répercussions environnementales et sociales des activités des entreprises. Ces dispositions se déclinent surtout sur trois volets :

1. Elle modifie l'article 1833 du Code civil pour compléter la vocation de l'entreprise qui est bien de réaliser des profits, mais « en prenant en considération les enjeux sociaux et environnementaux de son activité. ».
2. Elle donne la possibilité d'inscrire une raison d'être dans le statut de l'entreprise, ajoutée à l'article 1835 du Code civil. Cette raison d'être est définie comme : « principes dont l'entreprise se dote et pour le respect desquels elle entend affecter des moyens dans la réalisation de son activité ».
3. Elle modifie le Code de commerce pour donner la possibilité aux dirigeants de transformer leur entreprise en **entreprise à mission**.

**L'entreprise à mission**

Le titre d'entreprise à mission est défini par l'article 176 de la loi PACTE de 2019. Pour obtenir ce titre, une entreprise doit préciser une raison d'être et la compléter par des objectifs sociaux et environnementaux que la société s'engage à suivre dans le cadre de son activité. Elle doit aussi préciser la méthode de suivi de l'exécution de la mission. Cela prend souvent la forme d'un **comité de mission** composé d'au moins un salarié qui a pour seul objectif de réaliser ce suivi en publiant des rapports annuels. En 2020, il a été ajouté que ce suivi doit aussi être vérifié par un organisme tiers indépendant accrédité et ce, au moins tous les deux ans.

*Exemples pratiques*

Depuis 2019, les entreprises à mission se sont multipliées montrant bien le développement de nouvelles formes d'entreprises. La première entreprise à mission était Danone qui a défini sa raison d'être comme : « apporter la santé par l'alimentation au plus grand nombre ». De nombreuses sociétés ont ensuite emboîté le pas et en 2023 elles étaient plus de 1 000 appartenant à des secteurs variés. Par exemple, 900.care crée des produits de salle de bains avec pour mission notamment de « réduire l'utilisation du plastique à usage unique dans l'industrie de l'hygiène ». Vita novae conçoit et gère des lieux d'habitat et de rencontre partagés. Leur mission est de proposer des logements à prix abordable, éco-responsables et au service des habitants. Leur comité de mission s'est donné des indicateurs précis pour suivre ces trois objectifs. Le groupe La Poste est aussi devenu société à mission en 2021 en se donnant pour objectif de « contribuer au développement et à la cohésion des territoires ; favoriser l'inclusion sociale et promouvoir un numérique éthique, inclusif et frugal ; œuvrer à l'accélération de la transition écologique pour tous. »

Les entreprises à mission peuvent être aussi bien des entreprises jeunes naissant de la volonté d'agir socialement, que des entreprises plus classiques cherchant à inclure de nouveaux objectifs dans leur stratégie. Leur nombre en augmentation ainsi que la prospérité de la majorité d'entre elles témoignent du potentiel du concept de valeur partagée.

# 3 Entreprises et dynamiques territoriales

## 3.1 Synergies entre entreprises

### Effets d'agglomération et clusters

L'implantation d'une entreprise dans un territoire plutôt qu'un autre a des conséquences sur sa compétitivité. Traditionnellement, l'implantation était principalement conditionnée par l'accès à des ressources naturelles ou génériques (main-d'œuvre ou clientèle) mais, avec la globalisation de l'économie et l'abolition relative de la notion de distance, cette contrainte est devenue moins prégnante.

Cependant, d'autres avantages peuvent résulter de la localisation d'une entreprise, grâce à, notamment, certaines dynamiques territoriales. Ces dynamiques ont été étudiées dès le début du xx^e siècle par A. Marshall[1], donnant naissance au concept d'**effets d'agglomération**. Ces effets s'illustrent particulièrement à travers la notion de **cluster**. De nombreux travaux, notamment de M. Porter,[2] ont démontré les avantages compétitifs procurés par les clusters grâce à une augmentation de la productivité et des capacités d'innovation. Si l'exemple le plus connu est celui de la Silicon Valley, un cluster peut être bénéfique pour n'importe quel type d'industrie.

## Effets d'agglomération

Ces effets décrivent les externalités positives (*cf.* 3.2) qui découlent de la concentration d'entreprises dans un même lieu. Elles peuvent être séparées en deux catégories : les effets de localisation, créés par l'agglomération d'entreprises de même spécialisation industrielle et les effets d'urbanisation, créés par l'agglomération d'entreprises diverses.

### Effets de localisation

Les effets de localisation permettent d'augmenter la productivité d'une entreprise, peu importe la taille de l'agglomération, grâce, par exemple, à des économies d'échelle liées à la présence de nombreux fournisseurs et clients, à la présence d'une main-d'œuvre qualifiée, ou encore à la facilitation de la diffusion des innovations grâce à la coopération ou l'observation des concurrents.

### Effets d'urbanisation

Les effets d'urbanisation sont eux liés à la densité de l'activité économique et à la taille de la zone d'implantation. Plus un territoire est diversifié, plus les entreprises bénéficient d'infrastructures importantes, d'une main-d'œuvre diverse, ou encore d'une diffusion des connaissances facilitée par la diversité technologique en œuvre sur le territoire.

### Cluster

Groupement d'entreprises liées entre elles par des complémentarités (de marketing, d'offres…), des coopérations et des échanges au sein d'un même territoire. Ils reposent sur les effets d'agglomération, surtout ceux de localisation, couplés à une combinaison de compétition et coopération assurant une capacité d'innovation plus importante. L'échelle d'un cluster peut aller d'une ville à une région entière, selon le rayon sur lequel échanges et externalités sont présents.

1. Alfred Marshall (1842-1924), économiste britannique considéré comme l'un des fondateurs de l'économie néoclassique.
2. Michael E. Porter (1947-), chercheur américain en stratégie d'entreprise, célèbre pour ses études des avantages concurrentiels et notamment des clusters.

Un des rôles clés du cluster est d'assurer un espace de dialogue entre les différentes entreprises. Ainsi, la simple proximité géographique des entreprises ne suffit pas à expliquer le fonctionnement d'un cluster et justifie en quoi il dépasse les simples effets d'agglomération. Deux autres types de proximité sont à l'œuvre : la **proximité institutionnelle** (représentations, règles d'actions communes facilitant la coordination) et la **proximité organisationnelle** (faisant référence aux modes de partage des connaissances). Cependant, les clusters peuvent aussi générer des conséquences négatives. Ils peuvent par exemple entraîner l'émission de pollutions supplémentaires ainsi qu'une augmentation de la demande pour des ressources rares. Une telle augmentation peut, en outre, contrebalancer les effets d'agglomération en créant des **effets de congestion** (par exemple lorsqu'une hausse de la demande due à un cluster entraîne une hausse des coûts des matières premières, diminuant la productivité).

La prise en compte des aspects environnementaux peut pourtant engendrer d'autres avantages pour les entreprises.

### L'écologie industrielle et territoriale

Le développement de démarches d'**écologie industrielle et territoriale (EIT)** est un autre moyen pour les entreprises d'améliorer leur compétitivité en prenant en compte les enjeux environnementaux. L'EIT est un des sept piliers de l'**économie circulaire** et est définie dans la loi française comme,

> *[consistant,] « sur la base d'une quantification des flux de ressources, et notamment des matières, de l'énergie et de l'eau, à optimiser les flux de ces ressources utilisées et produites à l'échelle d'un territoire pertinent, dans le cadre d'actions de coopération, de mutualisation et de substitution de ces flux de ressources, limitant ainsi les impacts environnementaux et améliorant la compétitivité économique et l'attractivité des territoires. »*
>
> *(Article L-541-1, Code de l'environnement)*

Il s'agit, à l'échelle locale, de questionner la vision linéaire des ressources pour s'inspirer des écosystèmes naturels et créer une circularité des flux afin de limiter l'usage de ressources extérieures ainsi que les répercussions sur l'environnement. Différents types de synergies (ne s'appliquant pas nécessairement uniquement aux activités industrielles) s'inscrivent dans cette démarche :

- **Les synergies de mutualisation** de ressources (de matériel, d'espaces (de stockage, de travail), de ressources humaines) ou de services (achats groupés, collectes mutualisées de déchets).
- **Les synergies de substitution** de ressources, lorsque le déchet d'une structure devient la matière première d'une autre.
- Les synergies pour créer des activités innovantes.

Les avantages d'une démarche d'EIT pour les entreprises sont nombreux. La mise en place de symbioses permet une baisse des coûts (ou une source de revenus supplémentaires dans le cas de revente de coproduits) et donc une augmentation de la productivité. Les démarches d'EIT favorisent aussi l'innovation grâce à la coopération et au partage de bonnes pratiques. En outre, certaines démarches peuvent permettre aux entreprises de diminuer leurs émissions de GES et les aider à réaliser leur transition vers la **neutralité carbone**. Le fait que de plus en plus d'entreprises s'engagent dans cette démarche (*cf.* 7.1) explique l'accélération qu'a connue l'EIT ces dernières années. De manière similaire aux clusters, à des échelles allant de la zone industrielle à une région entière, l'EIT permet donc d'améliorer la compétitivité des territoires et des entreprises.

**Économie circulaire**

L'économie circulaire vise à produire des biens et services durablement en préservant les ressources et en limitant la production de déchets grâce à une vision non plus linéaire mais circulaire de l'économie. Elle consiste en sept piliers : l'approvisionnement durable (*cf.* 8.3), l'écoconception (*cf.* 5.2), l'EIT, l'économie de la fonctionnalité (*cf.* 7.3), la consommation responsable, l'allongement de la durée d'usage (*cf.* 5.3), et enfin la prévention, gestion et recyclage des déchets (*cf.* 4.3).

## Exemples de mise en œuvre de démarches d'EIT

### *Mutualisation de ressources et de services*

La mutualisation de ressources et de services est la synergie la plus simple à mettre en place de par la multitude de possibilités et des exigences techniques moindres par rapport aux synergies de substitution. Par exemple, BIOTOP, éco-réseau (réseau ayant pour but de mettre en place des initiatives d'économie circulaire et plus particulièrement d'EIT) d'entreprises rochelaises a mis en place un système de gestion des déchets mutualisé pour ses plus de 150 entreprises adhérentes. Ecopal (association d'accompagnement des démarches d'EIT à Dunkerque) propose le même service.

À une autre échelle, Ultramarinos Ana, épicerie fine à Toulouse, a mis en place plusieurs types de mutualisation, à différents niveaux. Avec un de ses voisins immédiats, un lycée technique, elle mutualise par exemple l'usage des locaux et utilise ses cuisines lorsqu'elles sont disponibles. Plus largement, elle a créé un groupement d'achat avec d'autres entreprises afin de mutualiser le service de transport, pour faire leurs achats en **circuit court** (*cf.* 8.1) tout en optimisant le remplissage et donc les coûts.

Sur une autre problématique, de plus en plus d'entreprises cherchent à mutualiser leurs ressources humaines. Ainsi, des PMEs peuvent s'associer pour embaucher un responsable HSE (Hygiène, Sécurité, Environnement), ce qu'elles n'auraient pas pu faire individuellement. Ces exemples montrent la diversité des possibilités et des gains associés.

### *Synergies de substitution*

Les synergies de substitution sont plus fréquentes dans le secteur industriel car elles sont généralement soumises à des contraintes techniques plus importantes et nécessitent plus de volume pour être rentables, mais là encore une grande diversité d'actions existe, et certaines sont particulièrement anciennes.

La première **symbiose industrielle** a été créée sur le site industriel de **Kalundborg** au Danemark en 1972. D'autres ont suivi dans le monde, comme à Dunkerque où de nombreuses entreprises ont rejoint l'initiative ou en Corée du Sud, avec l'exemple du cluster textile de Banwol-Sihwa. Pour réduire l'**empreinte environnementale** (*cf.* 5.1) de ce dernier exemple, des synergies ont été mises en place : la chaleur provenant des rejets d'eau utilisée pour la coloration des tissus alimente depuis 2011 une usine de cogénération produisant de l'énergie pour le cluster tandis que les boues d'effluents textiles sont, depuis 2007, utilisées comme substitut à la craie par un fabricant de ciment.

En reprenant l'exemple d'Ultramarinos Ana, des synergies de substitution peuvent aussi fonctionner à petite échelle : les caisses en plastique de livraison des fruits et légumes (environ trente par semaine) sont récupérées par un restaurant voisin pour conditionner ses plats à emporter.

### *Activités innovantes*

L'EIT peut apporter deux types d'innovation : un premier lié aux activités de R&D nécessaires au préalable de certaines synergies et un deuxième une fois les synergies créées. D'abord, de la recherche peut être nécessaire ponctuellement, comme pour la synergie entre un acteur agro-alimentaire (Hénaff) et une entreprise de biogaz (Cap Métha) qui a nécessité des études pour vérifier la compatibilité des graisses envoyées par Hénaff avec le méthaniseur de Cap Métha.

Ensuite, de nouvelles activités innovantes peuvent émerger grâce aux dynamiques créées par des démarches d'EIT. En ce sens, les réseaux locaux d'entreprises mettant en place des synergies peuvent être assimilés à des clusters, facilitant la création de nouvelles entreprises et/ou le développement de nouvelles technologies. Un exemple est celui de Melting Pot, solution de toitures végétalisées 100 % recyclées née au sein de BIOTOP de la coopération de plusieurs entreprises membres.

## En pratique : exemple de Kalundborg

### Synergies et symbiose industrielle

À Kalundborg, les déchets gazeux d'une raffinerie sont réintégrés pour produire du plâtre depuis 1972. Cette même année a été créée la première symbiose industrielle, qui s'est traduite par la multiplication des synergies collectives (d'eau, énergie ou matière) entre 19 organisations, permettant de créer de nombreuses interdépendances symbiotiques. Ces organisations sont majoritairement des entreprises, mais la municipalité est aussi impliquée. Comme cela sera présenté dans la suite, les collectivités territoriales ont un rôle central dans le développement des synergies.

### Innovations

De nombreux tests et projets de démonstration ont été lancés au sein de la symbiose de Kalundborg, notamment pour une entreprise utilisant une technologie innovante de production de protéines pour l'alimentation animale grâce au méthane produit par une entreprise de la symbiose.

## Quelle gouvernance ?

### *Les obstacles aux démarches d'EIT*

Si la participation, pour une entreprise, à des démarches d'EIT a de nombreux avantages, la mise en place de telles dynamiques et leur inscription dans le temps ne sont pas sans difficulté.

D'abord, les entreprises sont souvent mal informées sur les possibilités de l'EIT, l'identification de synergies comme la mise en place de collaborations demandent du temps, surtout quand les entreprises n'ont pas forcément l'occasion d'échanger avec leurs voisins. En effet, comme pour les clusters, si la proximité géographique est nécessaire pour échanger techniquement des flux, des proximités organisationnelles et institutionnelles sont nécessaires à la mise en place de coopérations.

Ensuite, la mise en place de synergies requiert l'échange de données parfois confidentielles entre entreprises. Pour pallier cet obstacle, des méthodologies se développent, comme l'utilisation de **schémas directeurs** (**blueprints**) réunissant une série de profils fournissant un aperçu sur les flux entrants et sortants d'énergie électrique et thermique, de matériaux et services.

Finalement, l'EIT est un type de démarche collective qui ne peut fonctionner sans confiance mutuelle entre participants, et doit donc dépasser un obstacle de l'ordre socio-culturel d'entre soi et de valorisation de performance individuelle. Comme elle réunit des acteurs avec des intérêts parfois divergents, des désaccords voire des conflits peuvent émerger. De surcroît, des acteurs peuvent se désengager, d'autant que l'intégration d'une démarche d'EIT demande à chacun de ses participants une modification de l'organisation de l'entreprise et/ou le développement d'innovations et donc un vrai engagement dans un processus d'apprentissage.

### *Des solutions de gouvernance*

Face à ces difficultés, des solutions de gouvernance existent comme le suggèrent les exemples cités plus haut.

D'abord, la mise en place de dynamiques d'EIT est facilitée si les acteurs ont déjà eu l'occasion de coopérer, comme c'est le cas pour des clusters devenant **parcs éco-industriels** (zone spatiale au sein de laquelle les entreprises coopèrent pour partager les ressources efficacement) comme celui de Banwol-Sihwa, ou encore lorsque des associations d'entrepreneurs locaux lancent l'initiative comme à La Rochelle. Les coopérations peuvent aussi être mises en place par des entreprises pivots, « **des architectes du réseau** » comme Ultramarinos Ana ou l'industriel sidérurgique Usinor (devenu Arcelor Mittal) qui a présidé Ecopal à ses débuts.

Les démarches d'EIT s'appuient aussi souvent sur un **animateur**, chargé non seulement d'organiser des rencontres entre entreprises en amont pour identifier les synergies, et en aval pour s'assurer de la pérennité de la dynamique mais aussi d'évaluer les résultats de la démarche. Il organise notamment des ateliers inter-entreprises ou des visites croisées d'entreprises, permettant aux acteurs impliqués d'apprendre à se connaître et d'établir une relation de confiance, tout en assurant un dialogue continu en cas de désaccord.

Une fois les synergies établies, les entreprises participantes peuvent s'organiser en réseaux, notamment en **associations**, qui jouent le rôle d'animateur à plus grande échelle afin de favoriser les synergies futures et d'intégrer de plus en plus d'acteurs comme Biotop (porté par l'association Sphère(s)), Ecopal ou Kalundborg Symbiosis. Ces associations permettent de regrouper les entreprises autour d'objectifs communs et donc de faciliter l'engagement. L'institutionnalisation des démarches peut aussi être faite par la création d'un **parc éco-industriel**, comme Corée du Sud, aux États-Unis, ou encore aux Pays-Bas.

Il faut cependant souligner que pour faciliter la mise en œuvre de chaque étape d'une démarche d'EIT ou même l'initier, les autorités publiques ont un rôle clé, y compris pour les exemples cités.

## 3.2 Synergies public/privé pour repenser le territoire

### Les institutions publiques : nécessaire soutien aux coopérations inter-entreprises

#### *Politiques nationales*

Les institutions publiques bénéficient des dynamiques économiques à l'œuvre sur leur territoire et ont un rôle central pour les accompagner et les promouvoir. La présence d'un cluster assure au territoire un avantage compétitif grâce à l'innovation, lui permet d'améliorer son attractivité et de créer des emplois locaux à mesure que le cluster se développe.

De nombreuses politiques nationales encourageant leur développement ont donc été mises en place dans le monde. C'est notamment le cas en France depuis 2004, avec les politiques « **pôles de compétitivité** », qui réunissent actuellement 54 pôles. Selon M. Porter, ces politiques ne doivent pas viser à créer des clusters car ils se forment par eux-mêmes aux endroits propices, mais doivent aider les clusters existants à se renforcer, par exemple en allégeant les régulations, en favorisant les échanges entre entreprises membres du cluster, ou en utilisant le mécanisme de la commande publique pour acheter les produits ou services du cluster.

Les démarches d'EIT sur le territoire apportent non seulement des bénéfices semblables à ceux des clusters, mais permettent aussi de réduire l'empreinte environnementale des activités économiques, de valoriser des ressources locales, ou d'améliorer l'attractivité du territoire grâce à une offre de services mutualisés. L'EIT est donc aussi promue à l'échelle nationale, comme en Chine où l'EIT fait partie officiellement de la stratégie nationale depuis 1999. De manière générale, les réglementations, notamment environnementales, peuvent favoriser la mise en place de l'EIT, comme en Australie où de telles démarches ont été mises en place pour respecter des normes de pollutions.

En France, depuis 2015 et l'inscription de l'économie circulaire dans la loi, l'EIT est aussi promue à l'échelle nationale. Ainsi, des aides de l'ADEME sont disponibles pour aider à financer des projets d'EIT et le réseau national Synapse a été créé en 2017 avec le soutien de l'ADEME et du ministère de la Transition écologique et de la Cohésion des territoires à destination des animateurs de l'EIT pour leur permettre de partager bonnes pratiques et retours d'expériences.

### *Gouvernance locale*

Au-delà des politiques nationales, les collectivités locales et leurs groupements ont un rôle primordial pour développer ou même, parfois, initier des dynamiques territoriales, et des démarches d'EIT en particulier, au sein d'un « **projet de territoire** ». Alors que les collectivités locales sont responsables de près de 60 % de l'investissement public, elles sont de plus en plus sollicitées dans le contexte du changement climatique pour transformer leurs territoires, les rendre plus résilients et réaliser leur transition énergétique et environnementale, tout en assurant, au-delà de la croissance économique, le bien-être de leurs citoyens.

Le développement de l'EIT inter-entreprises peut ainsi s'inscrire dans des politiques territoriales, telles que l'Agenda 21 local (programme d'actions pour le développement durable) ou le Plan climat-air-énergie territorial (outil de planification définissant les objectifs en termes de lutte contre le changement climatique et les actions à entreprendre). En outre, l'EIT permet la construction d'un intérêt commun entre acteurs privés et publics, et la création de **valeur territoriale**, qui peut être comprise comme une forme de valeur partagée (*cf.* 4.2). Pour la développer, les collectivités locales peuvent jouer le **rôle de coordinateur**. Par exemple, ce sont le plus souvent les collectivités qui sollicitent des études des synergies possibles sur leur territoire, organisent les premiers ateliers inter-entreprises et initient les possibles coopérations. À Dunkerque, ce sont initialement les collectivités locales qui ont incité les entreprises à prendre en compte l'environnement, et elles ont ensuite soutenu les initiatives de synergies des industriels.

Les collectivités ont d'autres moyens pour encourager la mise en place de démarches d'EIT. Elles peuvent par exemple participer au financement de telles initiatives. Ainsi BIOTOP est financé à 55 % par la ville de Périgny et la communauté d'agglomération de La Rochelle. Elles peuvent aussi participer aux synergies, comme la municipalité de Kalundborg qui utilise la chaleur dégagée par les procédés industriels pour son réseau de chaleur.

**Projet de territoire**

Un projet de territoire correspond à une stratégie de développement du territoire. Il peut être associé à la création d'intérêts partagés entre les différents acteurs, publics, privés ou associatifs, et notamment à la création de valeur territoriale (amélioration de l'attractivité du territoire ou de la qualité de vie des citoyens par exemple). Ce sont ce type de projets de territoire, au sein desquels des démarches d'EIT peuvent s'inscrire, qui seront considérés ici. Ils impliquent que les entreprises considèrent, outre leur intérêt privé, l'intérêt collectif.

### *Structurer le territoire*

Si des politiques peuvent faciliter des coopérations inter-entreprises, la proximité géographique, condition nécessaire aux clusters et démarches d'EIT, est conditionnée par l'**organisation spatiale** du territoire sur laquelle, là encore, les collectivités locales ont une grande influence. Elles fournissent des services aussi divers que la gestion des déchets ou la gestion de l'éducation et de la formation et peuvent s'assurer de la disponibilité d'infrastructures adaptées ou d'offres de formation correspondant aux besoins d'un cluster. Elles ont, de plus, un pouvoir décisionnel sur l'aménagement du territoire, et la gestion des parcs d'activités. En France, cela passe par la définition de plans tels que le PLU (plan local d'urbanisme) qui définit l'aménagement et l'utilisation des sols ainsi que la gestion des **ZAE (zones d'activités économiques)**, zones réservées aux entreprises. Pour encourager l'EIT, les documents d'urbanisme peuvent par exemple faciliter la mise en place d'actions mutualisées sur ces zones tandis que des emplacements spécifiques d'implantation d'entreprises peuvent être choisis pour faciliter des symbioses futures.

## Entreprises et projets de territoire

### *Symbioses urbaines*

Si les collectivités locales ont intérêt à soutenir des symbioses industrielles, elles peuvent aussi développer des **symbioses urbaines** afin d'optimiser les flux à l'échelle du territoire, en s'appuyant notamment sur des partenariats public/privé. Le **réseau de chaleur**, réseau d'énergie local, est l'exemple typique permettant la mise en œuvre de ces synergies car il permet d'intégrer de la **chaleur fatale**. C'est par exemple ce qu'a fait la municipalité à Kalundborg mais aussi, à plus grande échelle, des villes comme Lyon, Vancouver ou Rotterdam.

À Vancouver, les réseaux de chaleur de la ville sont alimentés non pas par la chaleur fatale produite par des industriels, mais par celle produite par les flux de la ville elle-même (chaleur des eaux usées et issue de la valorisation énergétique de déchets). Même dans ce cas, la mise en place de telles symbioses se fait en collaboration étroite avec le secteur privé. Par exemple, des partenariats sont mis en place avec des énergéticiens ou promoteurs immobiliers potentiellement concernés par le projet. À Rotterdam, le projet REAP (*Rotterdam Energy Approach and Planning*) vise entre autres à développer les synergies entre les industries de la zone portuaire et le réseau de chaleur urbain, ainsi qu'entre des bureaux ou supermarchés ayant besoin de climatisation et des habitations requérant, au contraire, de la chaleur.

Ces collaborations font face à des obstacles similaires à ceux des synergies inter-entreprises, avec quelques particularités. Le développement de tels projets représente un engagement financier conséquent pour les acteurs publics tandis qu'une différence de temporalité importante entre acteurs privés et publics doit être surmontée, notamment pour convaincre les entreprises productrices de chaleur fatale de s'engager. En outre, les symbioses urbaines impliquent un nombre d'acteurs et donc d'intérêts à concilier beaucoup plus important, et le rôle de coordinateur des échanges est d'autant plus crucial.

Finalement, le développement de symbioses urbaines est souvent lié à des politiques d'aménagement du territoire. Ainsi, à Vancouver, le plan d'action 2020 reposait sur deux principes : circularisation des flux et actions dans différents secteurs (mobilité, urbanisation, alimentation…) visant à réduire l'empreinte carbone de la ville, tandis qu'à Rotterdam, les politiques d'aménagement du territoire visent à d'abord réduire la demande énergétique puis à prendre en compte les possibilités de synergies urbaines dans les projets urbains afin d'assurer la proximité géographique nécessaire à leur réalisation.

**Chaleur fatale**

La chaleur fatale désigne la chaleur co-générée par tout procédé de fabrication. Si elle est généralement perdue dans l'environnement, elle peut être récupérée et utilisée comme source de chaleur pour d'autres usages. Il s'agit alors d'une énergie de récupération. En France, les investissements nécessaires à la récupération de la chaleur fatale peuvent être co-financés par l'ADEME grâce au « fonds chaleur ».

### *Transition environnementale*

Le couplage entre politiques territoriales adaptées et logiques de l'EIT peut permettre aux collectivités d'atteindre leurs objectifs réglementaires en termes de lutte contre le changement climatique et de créer un projet de territoire, influençant le développement des entreprises. Par exemple, la décarbonation des mobilités quotidiennes (notamment domicile-travail) et la lutte contre l'artificialisation des sols (avec en France un objectif de 0 artificialisation nette en 2050) peuvent amener les collectivités à repenser la place de l'entreprise sur le territoire. En France, dans les **ZAE**, des solutions de mutualisation telles que le covoiturage ou le partage des stationnements peuvent être encouragées, permettant de diminuer l'impact des mobilités dans le premier cas et le besoin en foncier dans le deuxième.

Au-delà des démarches d'EIT, les politiques territoriales peuvent influencer le développement des entreprises. Alors que peu de solutions autres que la voiture thermique permettent d'accéder aux ZAE, des politiques de développement des transports en commun, de création de pistes cyclables ou de soutien à l'installation de bornes pour véhicules électriques pourraient être mises en place. Ces politiques bénéficient aux entreprises, leur permettant par exemple de diminuer leur empreinte carbone liée aux déplacements domicile-travail. Ces politiques sont bien sûr pertinentes pour l'ensemble du territoire.

Une autre solution est de favoriser non pas la sectorisation mais la **mixité fonctionnelle**, en accueillant, quand cela est possible, les entreprises au sein des villes afin de réduire les distances domicile-travail et de faciliter le recours aux modes de déplacement actifs tels que la marche ou le vélo. Cette mixité a été mise en place à Vancouver et tend à être développée, notamment avec le concept de « **ville du quart d'heure** » proposé par exemple par Paris, selon lequel les habitants pourraient tout faire dans un rayon de 15 min à pied autour de chez eux, visant non seulement à diminuer les déplacements carbonés, mais aussi à améliorer le cadre de vie, avec plus d'espaces verts, à favoriser le développement de la **démocratie participative** ou encore des **circuits courts**, s'inscrivant donc dans un **projet de territoire**.

### *Transition énergétique : le cas des réseaux de chaleur*

Penser la transition énergétique des territoires implique une **reterritorialisation** de la production d'énergie de par l'aspect intrinsèquement local des énergies renouvelables et de récupération, permettant de créer de la valeur territoriale. Par exemple, au-delà de leur intérêt pour développer des symbioses urbaines, les **réseaux de chaleur et de froid** sont de plus en plus reconsidérés dans le cadre de la transition énergétique des territoires. En effet, outre les énergies de récupération, ils permettent aussi d'intégrer des énergies renouvelables (EnR) locales. Les politiques européennes, avec InvestEU, et les politiques nationales peuvent encourager leur développement, comme en France avec le « Fonds Chaleur » de l'ADEME qui co-finance les réseaux alimentés à plus de 65 % par des énergies renouvelables et de récupération (EnR&R).

En parallèle, les collectivités locales ont un rôle central. Le développement de réseaux de chaleur et de froid implique une restructuration du territoire, en fonction des lieux de production et de consommation. En effet, leur faisabilité est dimensionnée par la distance entre ces deux lieux. Le développement de réseaux de chaleur est donc particulièrement cohérent dans le cadre d'une densification des villes et de retour à une mixité fonctionnelle. Il peut aussi être couplé à une volonté de rétablir une cohérence sociale du territoire comme à Lyon, car l'utilisation d'énergies locales permet d'assurer un prix stable, indépendant de la situation internationale et de lutter contre la précarité énergétique.

Le développement des réseaux de chaleur représente aussi des opportunités pour les entreprises. Leur raccordement à un réseau de chaleur et/ou de froid alimenté en majorité par des EnR&R leur permet de décarboner leur chauffage et/ou climatisation et leur garantit un accès à des prix stables. En outre, l'utilisation d'EnR, par exemple de biomasse locale, permet de développer des filières et emplois locaux.

### *Le développement d'innovations*

La transition énergétique et environnementale des territoires passe aussi par le développement d'innovations locales (technologies ou **modèles d'affaires**), qui doivent être encouragées par les collectivités grâce à un soutien financier, technique, légal, ou encore institutionnel. Ces innovations sont indispensables pour atteindre les objectifs climatiques.

#### Modèle d'affaires

Un modèle d'affaires est défini par quatre paramètres : la proposition d'une valeur (produit ou service) sur laquelle porte l'échange, les clients, le mode de création de cette valeur et les acteurs impliqués, et enfin le mode de capture de la valeur (monétarisation). Toute innovation technologique entrant sur le marché nécessite la création d'un nouveau modèle d'affaires mais cette dernière ne nécessite pas forcément une innovation technologique. Par exemple, une innovation en termes de modèle d'affaires peut consister en l'intégration d'une dimension environnementale, ou circulaire, comme vu précédemment avec la participation à des synergies de substitution ou la mise en place de **l'économie de la fonctionnalité** en louant plutôt que vendant (*cf.* 7.3).

Ces possibilités d'innovation sont conditionnées par les particularités locales et les choix stratégiques des collectivités. Par exemple, pour développer son réseau de chaleur, Vancouver a eu recours à des technologies intermédiaires, déjà éprouvées mais relativement peu développées et a ainsi permis leur avancée.

De manière systémique, Londres est pleinement engagée dans le développement d'une économie basée sur l'hydrogène, où ce dernier serait utilisé pour le transport, l'électricité et le chauffage. Il s'agit de développer un projet de territoire permettant d'atteindre les objectifs de décarbonation de la ville, d'améliorer la qualité de vie des citoyens et de créer un savoir-faire local en se positionnant comme leader mondial du secteur. Pour cela, la ville a dû accompagner le développement de **technologies de rupture** à grande échelle, notamment en s'appuyant sur des **intermédiaires stratégiques**. Ces derniers sont des organisations formées par des partenariats entre les différents acteurs du secteur (autorités publiques, secteur privé, acteurs académiques) et chargées de missions diverses, telles que la définition de feuilles de route, ou la création d'espaces d'échanges. Ce rôle de coordinateur/animateur est d'autant plus important que ce choix de développement a des conséquences sur les entreprises, pouvant représenter des opportunités mais aussi des risques, alors qu'agir pour la transition signifie aussi abandonner progressivement les activités économiques non adaptées (*cf.* 10.3).

### Technologies de rupture ou de niche

Ce sont des innovations radicales, qui se développent d'abord au sein d'un espace restreint d'expérimentation. Si les villes peuvent encourager de telles expérimentations, les métropoles, de par leur poids, peuvent soutenir leur mise à échelle, permettant une profonde modification des systèmes. Un exemple de technologie de niche est les bâtiments à très faible consommation énergétique ou passifs.

À plus petite échelle, les innovations locales peuvent aussi permettre, outre la création de valeur économique associée à un gain de compétitivité, la création de **valeur territoriale**. Cette valeur peut être créée par l'association étroite d'entrepreneurs au projet de territoire voulu par les collectivités pour développer une innovation collective répondant aux besoins du territoire. Cette co-construction est rendue possible par le rôle clé des collectivités dans le processus d'innovation. Elles peuvent mettre en place des incitations (appels d'offres, soutien au financement initial), instaurer des échanges entre différents partenaires pour faciliter la création d'une vision territoriale commune, et légitimer, une fois l'innovation développée, sa valeur environnementale et territoriale, permettant aux entrepreneurs de la valoriser autrement que de manière marchande. Par exemple, en Suisse, des innovations photovoltaïques ont été valorisées non seulement par un échange monétaire capturant leur valeur économique mais aussi par un gain d'image pour les acteurs investissant dans le projet grâce à la valeur environnementale de ces innovations.

Associer des entreprises au projet de territoire est d'autant plus important que ce sont elles qui connaissent le mieux les réalités économiques du territoire et qui sont les mieux placées pour imaginer des innovations répondant aux besoins futurs. Ces interactions entreprises – collectivités sont particulièrement pertinentes, par exemple, dans le domaine du bâtiment, pour développer la construction de bâtiments innovants éco-conçus (utilisant des matériaux biosourcés ou recyclés). Il peut être décidé d'utiliser des matériaux produits, recyclés ou réemployés localement (*cf.* 6.3), avec pour double objectif de soutenir une construction répondant aux enjeux environnementaux tout en redynamisant le territoire avec la création de nouvelles filières locales répondant à ses besoins. Le développement de telles innovations repose sur des mécanismes similaires à ceux évoqués précédemment concernant les clusters et les démarches d'EIT.

## Nouveaux concepts urbains

### *L'idéal-type : l'éco-quartier*

L'**éco-quartier** réunit tous les enjeux décrits précédemment. Il peut être défini comme un projet d'aménagement urbain, de réhabilitation ou de construction, dans une métropole ou un territoire rural, qui se veut respectueux de l'environnement tout en prenant en compte des enjeux économiques, sociaux, culturels ou encore esthétiques. Ces concepts se sont développés dans différents pays comme en Allemagne, en Suède ou au Royaume-Uni. En France, un **label ÉcoQuartier** a été lancé en 2012, pour soutenir ces projets urbains innovants. Ce sont 322 quartiers qui ont été labellisés, à différentes étapes d'avancement en 2023.

Pour être labellisés, les éco-quartiers doivent satisfaire 20 engagements dans quatre catégories concernant la manière de mener le projet, les améliorations du cadre de vie, les dynamiques de territoire créées et la prise en compte des enjeux environnementaux :

- En termes de valeur territoriale, un éco-quartier doit notamment valoriser le patrimoine local.
- En termes de transition, les modes de déplacement alternatifs doivent être encouragés, tandis qu'un éco-quartier doit être engagé dans une démarche de densification pour lutter contre l'étalement urbain dans une logique de **mixité fonctionnelle**.
- En termes énergétiques, l'utilisation d'EnR&R doit être favorisée, et l'utilisation des ressources optimisée, faisant des éco-quartiers un cadre privilégié pour mettre en place des démarches d'EIT pour les communes, tout en favorisant les filières locales. Pour répondre à ces enjeux, un projet d'éco-quartiers peut être accompagné d'un **réseau de chaleur**, ce dernier étant rendu faisable par la logique même d'aménagement de l'éco-quartier.
- Enfin, il doit encourager l'évolution vers une **ville intelligente**.

Le développement de nouvelles technologies, qui peuvent être imposées par la collectivité gérant le projet, ou les changements de comportements amenés par une nouvelle conception du territoire favorisent la création de nouveaux **modèles d'affaires** pour les entreprises impliquées dans ces projets. Elles peuvent, par exemple, étendre leur offre (logements Haute Qualité environnementale pour les promoteurs), tester de nouvelles solutions (matériaux innovants pour les constructeurs), modifier la monétarisation des services en incluant des valeurs non économiques, ou encore développer une technologie de rupture, comme le projet IssyGrid.

*Ville intelligente ou « smart city »*

Une **smart city** peut être définie globalement comme une ville utilisant de manière systémique les plus récentes **technologies de l'information et de la communication (TIC)** afin d'améliorer son efficacité dans de nombreux domaines. En réalité, les définitions sont multiples car le concept de smart city peut intégrer de nombreuses dimensions qui sont plus ou moins développées selon les régions ou les projets. En général, les smart cities peuvent être utilisées afin de réduire l'impact environnemental des villes, d'améliorer la qualité de vie des citoyens, la gouvernance de la ville et la compétitivité du territoire grâce à l'innovation. Les domaines d'application étant assez vastes, un projet de smart city doit prioriser ses objectifs. Par exemple, la smart city d'Amsterdam s'est concentrée sur l'énergie et le partage de données. Les technologies utilisées sont variées (réseaux de fibres optiques, analyse de données, big data, ou encore objets connectés). Ainsi, une smart city permet de connecter l'ensemble des acteurs (collectivités, citoyens et entreprises) par des dispositifs intelligents et des échanges de données pour fournir des services intelligents, optimiser les activités et faciliter les collaborations dans des secteurs aussi variés que l'énergie, les transports ou la santé, permettant de créer de la valeur.

Les pouvoirs locaux sud-coréens ont été les premiers à mettre en place ce concept dès le début des années 2000 et des projets de smart cities sont désormais développés dans le monde entier. En Europe, l'Estonie, les Pays-Bas, la Lituanie, la Suède et la Finlande sont leaders dans ce domaine. En France, les villes de Dijon et Angers peuvent être qualifiées de pionnières et ont massivement investi dans des solutions connectées. Avec son projet IssyGrid, la ville d'Issy-les-Moulineaux a, elle, été la première en France à développer, au sein d'un éco-quartier, un « **smart grid** ». Ce projet a été porté par un consortium d'entreprises menées par le groupe Bouygues, qui a joué le rôle d'agenceur avec le soutien de la mairie. Tous les acteurs ont développé leur propre brique technologique, collaboré et partagé des informations afin d'aboutir à la réussite du projet. L'intérêt pour les entreprises de participer à ce projet n'était pas purement économique (il n'était pas directement rentable), mais plutôt relationnel, réputationnel de même que technologique. Ainsi, elles ont pu ensuite développer un nouveau modèle d'affaires proposant cette technologie. Cet exemple montre de nouveau le rôle des entreprises pour développer les villes de demain et l'importance de la collaboration pour innover.

**Smart grid**

Un smart grid est un réseau électrique intelligent optimisant et pilotant la distribution d'électricité en connectant, grâce aux TIC, producteurs, consommateurs et producteurs-consommateurs. Ces technologies permettent notamment de mieux intégrer les énergies renouvelables et de développer de nouveaux usages comme la possibilité, pour l'usager final, de produire sa propre énergie, la revendre, ou moduler sa demande en fonction de l'offre. Les smart grids sont la technologie sous-tendant le développement d'une smart city voulant optimiser sa gestion de l'électricité.

Cependant, le numérique a des impacts environnementaux non négligeables qui doivent être comparés aux bénéfices qu'il apporte (*cf.* 9.3). Afin d'assurer que les bénéfices apportés sont supérieurs et éviter le risque de l'**effet cliquet** qui incite à rentabiliser les investissements réalisés et à continuer dans la dynamique de digitalisation, des études d'impacts peuvent être utilisées systématiquement.

Une des difficultés majeures des projets de smart cities réside dans le fait que leurs bénéfices environnementaux reposent en partie sur l'ajustement des comportements de consommation des particuliers et des entreprises. La collecte et l'agrégation des informations liées aux principaux fluides et énergies (eau, gaz, électricité, chaleur, froid…) servent en effet à les informer à une granularité temporelle fine en leur fournissant des relevés de consommation et des points de comparaison afin qu'ils puissent optimiser leurs décisions de consommation tant en volume que dans le temps. Cette information peut se faire simplement à travers les factures mensuelles ou de manière plus sophistiquée via des applications smartphone ou portails web dédiés. Le but à terme est d'arriver à un système dans lequel des **signaux-prix** variant dans le temps et fournissant au consommateur des indications quant à la disponibilité de l'offre et à la congestion des réseaux, permettent un ajustement de la demande (à la hausse ou à la baisse). Ces signaux-prix peuvent aussi assurer aux opérateurs (fournisseurs, réseaux) des moyens financiers additionnels pour investir.

Or, il est complexe d'anticiper *ex ante* la réponse comportementale des consommateurs à ces différents stimuli informationnels et il n'est pas non plus garanti que les retours d'expériences locales soient transposables à d'autres zones du fait de différences socio-économiques, voire culturelles à l'international. Cela explique en partie pourquoi le développement de ces technologies est très peu standardisé et se fait au cas par cas, en procédant sur la base de démonstrateurs de petite taille (quartier) afin de tester, notamment, ces variables comportementales.

Enfin, la mise en avant des solutions numériques ne doit pas faire oublier que le succès des smart cities dépend, outre des technologies, du capital humain disponible, et de leur capacité à mobiliser une **intelligence collective**. Ainsi, si les autorités locales souhaitent développer des projets de smart city (ce sont le plus souvent elles qui les initient), elles doivent collaborer avec les acteurs du territoire (citoyens, entreprises, mais aussi associations, centres de recherche et universités) pour créer une « **économie de la connaissance** ».

## 3.3 Synergies entre l'entreprise et son écosystème

### Collaborer avec d'autres acteurs pour innover

#### *Le monde académique*

Si des innovations telles que celles liées aux smart cities nécessitent, entre autres, une coopération avec le monde académique, des collaborations entre ce dernier et les entreprises ont toujours été considérées comme une condition *sine qua non* permettant l'innovation. Porter souligne ainsi que des relations étroites avec les centres de recherche et universités sont nécessaires afin d'atteindre le plein potentiel d'un cluster et que ces acteurs sont souvent inclus en son sein.

Ce constat est aussi valable pour les démarches d'EIT. La participation de structures de recherche facilite le développement d'innovations nécessaires à la mise en place de synergies, comme à Dunkerque où des collaborations entre les centres de R&D des industriels et des laboratoires universitaires ont permis de surmonter les obstacles technologiques. Pour l'EIT, la mobilisation des chercheurs permet en outre de valider scientifiquement les projets. Ainsi, toujours à Dunkerque, la prise en compte progressive des enjeux environnementaux par les entreprises telle qu'encouragée par la municipalité a été rendue possible par des coopérations avec des acteurs de recherche spécialisés dans l'environnement (par exemple pour mesurer les pollutions). La pertinence de telles collaborations ne doit pas être sous-estimée lorsqu'il s'agit de développer des innovations en répondant aux besoins du territoire dans le cadre du changement climatique.

#### *Associations et acteurs de l'ESS*

Les entreprises peuvent aussi bénéficier de collaborations avec d'autres acteurs du territoire, telles que les associations et les acteurs de l'**ESS (Économie sociale et solidaire)**. De nombreuses associations sont ainsi partenaires d'ECOPAL tandis que BIOTOP collabore avec des structures de l'ESS qui travaillent certaines matières récupérées par BIOTOP pour les transformer en objets design ou en mobilier dans le cadre d'une démarche de reconditionnement (*cf.* 5.3).

**Économie sociale et solidaire (ESS)**

La loi française définit l'ESS comme « un mode d'entreprendre et de développement économique adapté à tous les domaines de l'activité humaine » et qui respecte les principes suivants : la gestion de l'organisation doit être démocratique, le projet doit avoir une utilité sociale et ne doit pas avoir pour seule finalité le partage des bénéfices, la non-lucrativité (bénéfices majoritairement réutilisés pour le maintien ou le développement de l'organisation) doit être respectée. Différentes organisations peuvent s'inscrire dans l'ESS : les associations, les fondations, les mutuelles à but non lucratif, les coopératives ou encore les entreprises commerciales d'utilité sociale. En France, l'ESS représente 14 % des emplois privés et compte environ 200 000 structures.

Des démarches d'EIT peuvent aussi être mises en place au sein de **pôles territoriaux de coopération économique** (PTCE), comme au sein du PTCE « Florange e2i » où des déchets industriels sont transformés ou de celui « Edenn », réunissant des acteurs du cycle de l'alimentation et dont fait partie Ultramarinos Ana qui, entre autres, mutualise des locaux de stockage et de travail pour ses membres. Surtout, la participation de PME, TPE ou entrepreneurs à des PTCE en collaboration avec des acteurs de l'ESS et des collectivités est l'un des moyens de développer des innovations ancrées dans un projet de territoire faisant consensus et prenant en compte la création de valeur territoriale.

**Pôle territorial de coopération économique (PTCE)**

Les PTCE ont été inscrits dans la loi française en 2014 donnant un cadre légal et financier au regroupement d'acteurs de l'ESS et d'entreprises classiques au sein d'un territoire donné. Ils ont bénéficié du lancement d'appels à projets par l'État en 2013, 2016 et 2021 visant à développer ces projets coopératifs, économiques, innovants et solidaires. Sur le même principe que les clusters, les PTCE mettent en place en leur sein des pratiques de coopération entre les différents acteurs (privés, publics ou universitaires et surtout de l'ESS) mais les innovations portées visent à répondre aux besoins du territoire et à le développer, par exemple en créant des filières locales innovantes. Les PTCE se concentrent généralement sur les domaines de la transition écologique et sociale, encourageant la diminution de l'empreinte environnementale des activités économiques et leur relocalisation. Ils jouent ainsi un rôle de « catalyseurs de projets locaux ».

### Intégrer le territoire au sein du fonctionnement de l'entreprise

L'intégration, par les entreprises, de la notion de **responsabilité territoriale des entreprises (RTE)** est un moyen, pour elles, de s'ancrer au sein des dynamiques territoriales décrites jusqu'à maintenant, et de participer, avec l'ensemble des acteurs du territoire et de **ses parties prenantes** (*cf.* 4.2) à la co-construction de valeur territoriale. La RTE est une notion encore émergente qui correspond au fait d'« entreprendre en collectif et en responsabilité pour le bien commun » (M. Filippi, citée dans *Le livre blanc – La responsabilité territoriale de l'entreprise*, Chaire Territoires de l'ESS, 2022). Elle peut être comprise comme un prolongement de la dimension territoriale de la RSE et de la notion d'**entreprise à mission** (*cf.* 4.2), où l'entreprise n'est plus considérée individuellement mais en interaction permanente avec son territoire dans une logique collective.

Sa mise en application est basée sur trois principes. Le premier est l'**ancrage territorial**, c'est-à-dire l'intégration, dans la stratégie d'entreprise, de la volonté de s'implanter durablement. Il s'agit non seulement de produire sur place, mais aussi de développer un sentiment d'appartenance au territoire, de développer des interactions multiples et de s'intégrer au sein de l'écosystème local, économique, social ou encore culturel et sportif. Cet ancrage peut apporter de nombreux bénéfices aux entreprises, par exemple en leur permettant de réduire la vulnérabilité de leurs chaînes d'approvisionnement, de renforcer leur attractivité et de fidéliser des talents grâce à la création de sens. L'établissement des interactions propres à un tel ancrage nécessite, comme pour les clusters ou les démarches d'EIT, une **proximité** non seulement géographique mais aussi **institutionnelle**. Par exemple, Harmonie Mutuelle, devenue entreprise à mission en 2021, s'est réorganisée pour mettre en place un maillage plus fin du territoire lui permettant, en outre, de mieux comprendre les acteurs locaux.

Le deuxième mécanisme est la mise en place de **coopérations territoriales** avec l'ensemble des acteurs pour créer un projet de territoire partagé. Les conditions nécessaires à leur mise en place sont similaires à ce qui a déjà été développé et les collaborations au sein des PTCE ou de certaines démarches d'EIT en sont des exemples. Pour les multinationales, l'équilibre est complexe entre culture propre et ancrages territoriaux multiples, mais des initiatives existent, comme Microsoft qui a créé en 2019 les Microsoft Experiences Labs dans cinq villes de France, des plateformes visant à approfondir ses interactions avec l'ensemble des parties prenantes du territoire en fournissant notamment un accompagnement vers la transformation numérique, et des formations sur la data et l'IA. Pour ce dernier aspect, Microsoft a commencé à créer dès 2018 des Écoles IA formant des demandeurs d'emploi au métier de développeur en intelligence artificielle, en partenariat avec Simplon, structure de l'ESS.

Enfin, le troisième mécanisme est celui de l'**implication des autorités locales**, qui ont notamment pour rôle d'amener les entreprises à prendre en compte des valeurs partagées, comme cela a déjà été développé.

Alors que le territoire est de plus en plus mis en avant face à la crise climatique, il paraît comme l'espace indispensable à l'émergence de nouvelles innovations (technologiques ou d'usages). La notion de RTE est la plus à même à placer l'entreprise au cœur de ces nouvelles dynamiques.

# Chapitre 5 Le cycle de vie des produits

Les pistes pour engager l'écosystème de l'entreprise vers la poursuite d'objectifs environnementaux ayant été présentées, l'objet de ce chapitre est de détailler des outils concrets permettant aux entreprises d'atteindre leurs objectifs.

- Un premier outil est celui du bilan carbone, indispensable pour que l'entreprise identifie ses postes d'émissions et définisse une stratégie de réduction adéquate. La notion de scope sera introduite, avec une attention particulière accordée à l'empreinte carbone en amont et en aval de ses activités (scope 3).
- Un deuxième outil est celui de l'analyse du cycle de vie (ACV), indispensable pour analyser l'empreinte environnementale complète des produits. Cette empreinte peut ensuite être diminuée grâce à l'application des principes de l'écoconception.
- Dans la continuité de l'ACV et de l'écoconception, les solutions permettant de valoriser économiquement la fin de vie des produits seront présentées, et notamment le réemploi et le recyclage. Les implications en termes d'organisation de l'entreprise seront détaillées.

## 1 Réduire l'empreinte carbone

### 1.1 L'empreinte carbone

#### Empreinte carbone et empreinte écologique

Historiquement, le concept d'**empreinte écologique** a précédé celui d'**empreinte carbone**. En effet, c'est en 1995 que William Rees[1] et Mathis Wackernagel[2] publient l'ouvrage *Ecological footprint* et y développent l'idée d'un outil analytique qui mesurerait la consommation en énergie et en matériaux d'une communauté humaine. Ils effectuent cette mesure dans le cadre du calcul du « **jour du dépassement** » ou « la date à laquelle l'humanité a utilisé toutes les ressources biologiques que la Terre régénère pendant toute l'année ». Ces indicateurs (empreinte écologique et jour du dépassement) sont aujourd'hui portés par le Global Footprint Network qui édite un simulateur et mesure régulièrement l'empreinte écologique de chaque pays. Leurs calculs leur ont par exemple permis de

1. Professor Emeritus à l'University of British Columbia (UBC) et ancien directeur de la School of Community and Regional Planning (SCARP) at UBC.
2. Président du Global Footprint Network.

conclure qu'en 2018, il aurait fallu 2,8 Terres si toute l'humanité avait vécu comme des Français, et de fixer, à l'échelle de la planète, le jour du dépassement au 1er août.

*Stricto sensu*, l'empreinte carbone est plus restrictive car elle ne mesure quant à elle que les émissions de GES émises par une entreprise, une administration, une organisation, une collectivité, un territoire ou un individu. Il faudrait alors y ajouter d'autres empreintes – comme celle sur la consommation d'eau ou d'accaparement de terre – pour reconstituer l'empreinte écologique. Regroupées en « famille d'empreintes » elles donnent une image plus fidèle de la complexité environnementale aux décideurs politiques mais la popularité du concept d'empreinte carbone a aujourd'hui dépassé celle de l'empreinte écologique. En effet, du fait de la diversité des empreintes qu'elle entend agréger, l'empreinte écologique s'avère souvent difficile à calculer et fait l'objet de nombreuses critiques méthodologiques. De surcroît, le niveau de précision du calcul des différentes empreintes est très hétérogène, alors qu'il devient possible de mesurer l'empreinte carbone avec une certaine acuité.

Aussi, dans le reste de ce chapitre nous nous focaliserons sur l'empreinte carbone qui, d'après le Global Footprint Network, représente environ la moitié de l'empreinte écologique.

### La comptabilité carbone

La mesure de l'empreinte carbone est l'objet de la **comptabilité carbone**. Cette discipline émergente regroupe l'ensemble des méthodes utilisées pour recenser, quantifier et classer toutes les émissions de GES ($CO_2$, $CH_4$, $N_2O$...) engendrées par une activité humaine dans un périmètre défini. Des travaux sont en cours pour compiler cette comptabilité carbone et la comptabilité financière traditionnelle dans l'optique de construire une comptabilité en « triple capital » c'est-à-dire capable d'approcher la performance sociale et environnementale en plus de la performance financière d'une entreprise (*cf.* 6.3).

## Comptabilité écologique ou comptabilité « multi-capitaux »

L'origine de la comptabilité dite « multi-capitaux » est associée à l'apparition du terme « ***triple bottom line*** » chez l'auteur et entrepreneur anglais John Elkington en 1997. S'alignant avec les trois piliers du développement durable du rapport Bruntland de 1987, il propose d'évaluer la performance globale de l'entreprise autour de trois thèmes : l'humain ou le social (« *people* »), l'environnement (« *planet* » ) et l'économique (« *profit* » ).

En parallèle, depuis les années 1970, les professionnels de la comptabilité et de la finance s'intéressent à de nouveaux modèles de comptabilité pour inclure les **externalités** d'abord négatives puis positives d'une organisation envers la société. La recherche – tant spécialisée que non spécialiste en comptabilité – s'est aussi emparée du sujet sans toutefois s'imposer comme une discipline à part entière. Les tentatives de développement de pratiques comptables alternatives se sont donc avérées complexes et beaucoup de projets restent encore à l'état embryonnaire (voir ci-dessous « FCA » et « CARE »), mais il existe un consensus aujourd'hui autour de la nécessité de réformer les normes de comptabilité mondiales (voir ci-dessous « ISSB » et « EFRAG »).

### Full Cost Accounting (FCA)

La comptabilité a cherché à s'engager dans les principes du développement durable par le biais du « **full cost accounting** », qui a longtemps été vu comme une des alternatives les plus prometteuses pour mieux mettre au jour les externalités sociales et environnementales d'une entreprise. La méthode identifie quatre types de coûts pour un produit, un processus ou un projet : les « coûts directs », les « coûts cachés », les « coûts de responsabilité éventuels » et les « coûts moins tangibles ». Toutefois, malgré quelques expérimentations dans le domaine, ce modèle peine à se montrer assez robuste pour rendre compte de l'aspect non soutenable d'une activité.

### La méthode Comptabilité adaptée au renouvellement de l'environnement (CARE)

En France, des auteurs comme Alexandre Rambaud[1] ont travaillé sur le développement de la **méthode CARE**. Son objectif est de proposer une réforme radicale du système actuel de comptabilité financière des entreprises, accompagnée d'une réforme correspondante du système de comptabilité nationale. Son originalité réside dans l'application des normes comptables traditionnelles du capital financier aux capitaux naturels et humains afin de comptabiliser et intégrer la dégradation annuelle de ces derniers dans les comptes financiers des entreprises.

### L'International Sustainability Standards Board (ISSB) et la réforme de la norme IFRS

En novembre 2021, à l'occasion de la **COP26,** la fondation IFRS, organisation internationale de référence sur la comptabilité, a annoncé la création d'une instance, l'**ISSB**. Sa mission est « d'élaborer dans l'intérêt public, des normes IFRS relatives à la communication d'informations sur le développement durable qui fourniront une base mondiale d'obligations d'information conçues pour donner aux investisseurs des informations sur le développement durable de haute qualité et comparables à l'échelle mondiale » (*cf.* 6.3).

### Le European Financial Reporting Advisory Group (EFRAG)

L'EFRAG est une association privée créée en 2001 avec le soutien de la Commission européenne. Son activité se concentre d'abord sur l'information financière (influencer le développement des normes IFRS d'un point de vue européen et fournir des conseils d'approbation et des amendements sur les normes IFRS à la Commission européenne) ainsi que sur l'information en matière de développement durable (élaborer des projets de normes européennes d'information en matière de développement durable et des amendements connexes pour la Commission européenne).

1. Maître de conférences à AgroParisTech-CIRED, chercheur associé à l'université Paris-Dauphine et Academic Fellow de l'Institut Louis Bachelier.

L'empreinte carbone, appréhendée sous le prisme de la comptabilité carbone, est la somme des émissions de chaque poste d'activité. Concrètement, pour chaque poste d'activité, nous avons la formule suivante :

$$\text{Empreinte carbone} = \text{Ressources consommées} \times \text{Facteur d'émissions}$$

Les émissions de GES de chaque poste d'activité sont donc égales à la quantité de ressource consommée (ces données sont issues d'une collecte menée par l'entreprise) multipliée par le **facteur d'émission** qui lui correspond. Ces facteurs d'émissions sont la quantité moyenne de GES émis par une unité de référence, et sont généralement exprimés en kg$CO_2$eq, c'est-à-dire rapporté à une unité de $CO_2$, grâce au calcul du **pouvoir de réchauffement global** (PRG, *cf.* 1.1). Par exemple, si l'on cherche à calculer l'empreinte carbone de 15 km parcourus avec une voiture à essence moyenne, le facteur d'émission est de 0,218 kg / $CO_2$eq / km. On obtient donc 15 × 0,218 = 3,27 kg $CO_2$eq.

Les facteurs d'émissions sont référencés dans la **base carbone** de l'ADEME. Ils sont construits sur la base de moyennes, il est donc important de noter qu'il existe une incertitude associée à chaque facteur.

De fait, le bilan carbone sert davantage à avoir des ordres de grandeur qu'une mesure exacte. En effet, la finalité de la comptabilité carbone est d'établir un état des lieux pour prioriser les actions à mener dans le but de faire converger les émissions d'une activité vers son **budget carbone**. Ce budget carbone représente un quota d'émissions maximum, c'est-à-dire dans la limite des émissions de GES qui permettent de rester en dessous d'une température moyenne mondiale donnée. Pour fixer ces budgets carbone, nous pouvons nous référer à la **Stratégie nationale bas carbon**e (SNBC), feuille de route du gouvernement en la matière qui liste des objectifs à court et moyen termes par secteur d'activité. Par exemple, le budget carbone du secteur des transports sur la période 2019-2023 était de 128 Mt de $CO_2$eq et celui du secteur de l'industrie de 72 Mt de $CO_2$eq (*cf.* 7.1).

Concernant les entreprises, la meilleure manière de mesurer l'empreinte carbone reste d'établir un bilan précis des émissions de leur activité. Mais avant de détailler la méthode du bilan carbone, il faut introduire une première segmentation des activités d'une entreprise en termes de « scopes ».

## 1.2 Les « scopes »

### Une catégorisation internationale portée par le WRI et le WBCSD

Le protocole encadrant les GES ou **GHG Protocol** est né à la fin des années 1990. À cette époque, le **World Resources Institute** (WRI) et le **World Business Council for Sustainable Development** (WBCSD) reconnaissent la nécessité d'une norme internationale pour la comptabilisation et la déclaration des GES par les entreprises. L'objectif est simple : catégoriser les émissions de gaz à effet de serre par poste d'activité d'une entreprise. Depuis, ces deux institutions portent ce protocole qui est désormais la norme internationale en termes de comptabilité et de **reporting carbone**.

En parallèle, en l'an 2000 une initiative est lancée en Grande-Bretagne face au constat de l'absence de politique publique en matière d'information sur le sujet pour les investisseurs : le **Carbon Disclosure Project (CDP)**. Le CDP se présente comme une plateforme d'échanges entre les besoins des investisseurs et la réponse apportée par les entreprises (même si le choix des informations communiquées par les entreprises répond à une stratégie de diffusion). Il demande aux entreprises de déclarer elles-mêmes leurs émissions selon le GHG Protocol puis vend des rapports détaillés aux investisseurs institutionnels intéressés par le « passif » GES des entreprises pour déterminer comment mieux allouer leur capital. Il s'articule autour d'un questionnaire rempli par les entreprises, communiqué aux investisseurs et composé de deux grilles de notation : la transparence et la performance de l'entreprise en matière de carbone. Ainsi, en 2016, 92 % des entreprises répondant au CDP utilisaient le GHG Protocol directement ou indirectement.

Enfin, d'autres initiatives internationales se sont développées dans la même période comme le **Global Reporting Initiative (GRI) 305**. Créée en 1997, cette institution indépendante édite des standards qui sont utilisés par plus de dix mille organisations dans une centaine de pays. De manière à ne pas multiplier les normes, une attention particulière est accordée à la compatibilité du reporting produit avec cette méthode avec d'autres standards comme le CDP ou l'évaluation **B-Corp** par exemple.

La première édition du GHG Protocol, publiée par le WRI et le WBCSD en 2001, a été progressivement mise à jour. Des orientations supplémentaires sont venues clarifier la manière dont les entreprises peuvent mesurer les émissions provenant de l'achat d'électricité et d'autres énergies. La norme explique également comment comptabiliser les émissions de l'ensemble des chaînes de valeur d'une entreprise. Ces mises à jour ont donné naissance à deux champs d'application : le « **scope 1** » et le « **scope 2** » qui sont des périmètres recoupant la chaîne de valeur. En octobre 2011, un troisième champ d'application a été établi dans le GHG Protocol : le « **scope 3** » dans l'optique de couvrir toutes les émissions indirectes non comprises dans le scope 2.

## Les différents scopes

### *Scope 1, les émissions directes*

Le scope 1 regroupe les émissions directes provenant des installations fixes ou mobiles situées à l'intérieur du périmètre organisationnel – c'est-à-dire les sources d'émissions sur lesquelles l'entreprise a la main. Il se décompose en 5 sous-catégories.

1. Sources fixes de combustion.
2. Sources mobiles à moteur thermique.
3. Procédés hors énergie.
4. Émissions directes fugitives.
5. Émissions issues de la biomasse (sols et forêts).

Par exemple, TotalEnergies présentait un montant de 34 millions de tonnes de $CO_2$eq sur le Scope 1 dans le périmètre opéré, en 2021, d'après le rapport climat de l'entreprise publié en 2022.

### *Scope 2, les émissions indirectes liées à l'énergie*

Le scope 2 regroupe les émissions indirectes associées à la production d'électricité, de chaleur ou de vapeur importée pour les activités de l'organisation. Il se décompose en deux sous-catégories.

1. Émissions liées à la consommation d'électricité.
2. Émissions liées à la consommation de vapeur, chaleur ou froid.

Dans le cas de TotalEnergies, le montant avancé était de 2 millions de tonnes de $CO_2$eq sur le Scope 2 dans le périmètre opéré, en 2021, d'après le rapport climat de l'entreprise publié en 2022.

### *Scope 3, les autres émissions indirectes*

Le scope 3 regroupe tous les autres postes d'émissions. Il se décompose en 16 sous-catégories et on distingue souvent les émissions « en amont de la chaîne de valeur » (1 à 7) de celles situées « en aval » (8 à 16).

1. Émissions liées à l'énergie non incluse dans les catégories 1 et 2.
2. Achats de produits et de services.
3. Immobilisation des biens.
4. Déchets.
5. Transport de marchandise amont.
6. Déplacements professionnels.
7. Actifs en leasing amont.
8. Investissements.
9. Transport des visiteurs et des clients.
10. Transport des marchandises aval.
11. Utilisation des produits vendus.
12. Fin de vie des produits vendus.
13. Franchise aval.
14. Leasing aval.
15. Déplacement domicile travail.
16. Autres émissions indirectes.

Pour revenir au cas de TotalEnergies, le rapport Climat de 2022 annonçait un montant de 400 Mt de $CO_2$eq sur le scope 3 en 2021 sur le périmètre opéré (à noter qu'il ne prend en compte que la consommation d'essence des Européens de l'Ouest). Ce montant a été remis en cause par certaines associations qui lui opposent un montant de 1 500 Mt $CO_2$eq, soit près de quatre fois supérieur. Ce décalage est emblématique des questions soulevées par le scope 3 et plus généralement par le manque de socle commun méthodologique de la comptabilité carbone.

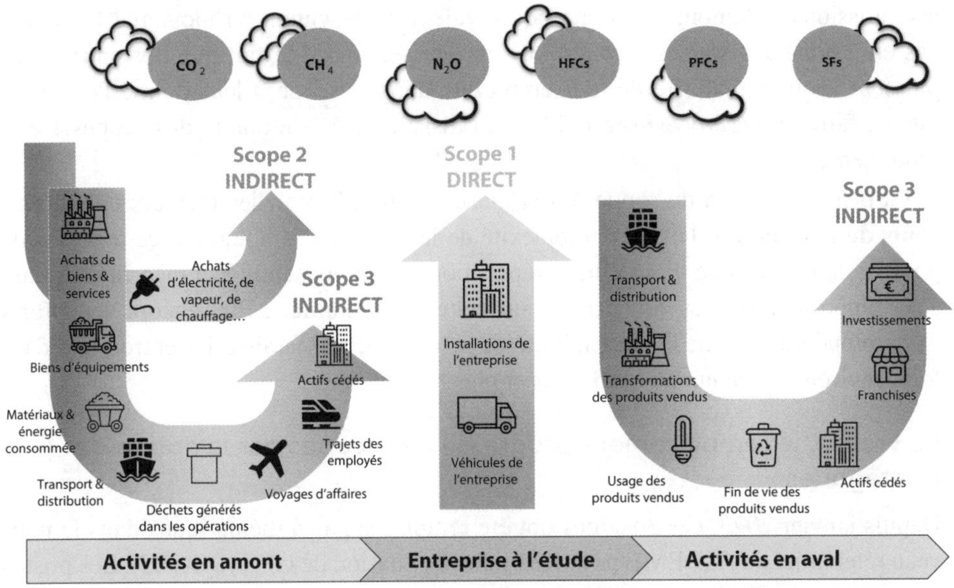


**Figure 5.1** – Les différents scopes

Sources : Auteurs, d'après WBCSD

## Limites et émergence d'approches alternatives aux scopes

Cette décomposition en scopes comporte encore quelques zones grises. Par exemple, l'**empreinte carbone du numérique** est encore mal appréhendée dans ces périmètres (*cf.* 8.3). Aussi, plusieurs entreprises permettent désormais d'éviter des émissions en fournissant par exemple du matériel reconditionné, ce qui les amène à militer pour la création d'un « scope 4 », qui viendrait comptabiliser ces « **émissions évitées** ».

### Émissions évitées & scope 4

Les émissions évitées correspondent à l'impact positif sur la société lorsqu'on compare l'impact sur les GES d'une solution à un scénario de référence alternatif. Une émission évitée est la différence entre les émissions de GES qui se produisent ou se produiront (la « solution » ) et les émissions de GES qui se seraient produites en l'absence de cette solution (celle du scénario de référence). Les experts ont eu tendance à se référer à ces émissions évitées sous le terme de « scope 4 ». Néanmoins, un rapport de mars 2023 WBCSD sur le sujet estimait que l'appellation « scope 4 » est trompeuse, car il place les émissions évitées au même niveau que les émissions de GES des entreprises. Il faudrait dès lors préférer le vocabulaire « d'émissions évitées » pour éviter ce risque, et séparer les reportings liés au scope 1, 2 et 3 des émissions évitées.

Plus généralement, la majorité des émissions produites par l'entreprise réside dans le scope 3 : achat de marchandises, de services, etc. L'analyse des rapports envoyés au CDP de 4 000 bilans d'émissions pour son rapport 2015 montre par exemple que les émissions en amont de la chaîne de valeur représentent en moyenne le double des émissions des scopes 1 et 2 d'une entreprise. Aussi, le fait que des entreprises puissent avoir la majorité de leur empreinte dans le scope 3 leur donne l'opportunité de faire du ***greenwashing*** (*cf.* 9.2) en insistant sur le montant des scopes 1 et 2 seulement.

La pleine adoption du scope 3 a été jusqu'ici limitée par des facteurs comme les **coûts de transaction** liés à la complexité de la collecte des données, les relations de pouvoir dans la chaîne de valeur, la répartition des responsabilités, l'incertitude quant aux comportements des concurrents sur cette comptabilité... Pire encore, les efforts d'approfondissement de la comptabilité du scope 3 détourneraient les entreprises d'efforts environnementaux plus efficaces et plus rentables.

### En France, le remplacement progressif des scopes par la notion de « catégories »

Depuis janvier 2023, ces 3 scopes ont été remplacés par 6 thématiques dans le nouveau référentiel de l'ADEME pour les bilans d'émission de GES (BEGES). Les postes d'émissions de GES seront désormais rassemblés par catégories : 1) les émissions directes, 2) les émissions indirectes liées à l'énergie, 3) les émissions indirectes associées au transport, 4) les émissions indirectes associées aux produits achetés, 5) les émissions indirectes associées aux produits vendus et 6) les autres émissions indirectes de GES.

Les catégories 1) et 2) restent inchangées par rapport à la version antérieure de la norme (**ISO 14064-1** : **2006**) ; les catégories 3) à 6) correspondent quant à elles aux émissions de l'ancien scope 3.

## 1.3 Le bilan carbone

### Pourquoi effectuer un bilan carbone ?

Le **bilan carbone** est une méthodologie permettant de compter les émissions de GES émis directement ou indirectement par une organisation sur une période donnée afin de construire un **plan d'action** pour les réduire.

Réaliser un bilan carbone présente d'abord différents intérêts économiques au niveau d'une entreprise. Il permet notamment une différenciation aux yeux des clients, renforce la marque employeur, permet de faire des économies et d'anticiper les évolutions réglementaires en plus de répondre aux exigences des parties prenantes. Typiquement, des directives telles que le **CSRD** en Europe étendent progressivement leur champ d'action et imposaient déjà en 2023 un reporting environnemental à environ 50 000 entreprises européennes (*cf.* 6.3). Enfin, d'après France Stratégie, quelle que soit la mesure de la performance économique (profit par tête, excédent brut d'exploitation ou valeur ajoutée par tête) et la dimension de la RSE (environnement et éthique, ressources humaines, relation client, relation fournisseur), il existe un écart de performance économique d'environ 13 % en faveur des entreprises qui mettent en place des pratiques RSE *versus* celles qui ne le font pas.

Les coûts induits par cette démarche varient en fonction de la taille de l'entreprise et du périmètre concerné, du niveau de précision souhaité, du recours ou non à un prestataire ou à un logiciel en ligne... Le marché des prestataires de bilan carbone s'est d'ailleurs largement étoffé ces dernières années et un annuaire peut être consulté sur le site de l'Association pour la transition Bas Carbone (ABC). Des subventions de l'ADEME et de BpiFrance sont en outre disponibles pour aider les entreprises dans le cadre du programme DIAG Decarbon'action.

## Typologie des bilans carbone

### *Le bilan carbone complet ou bilan carbone volontaire*

Entre mi-2000 et fin 2003, une équipe menée par l'ingénieur-chercheur Jean-Marc Jancovici a mis en place une méthode permettant d'estimer à la fois les émissions directes et les émissions indirectes de GES de toute activité industrielle ou tertiaire, intitulée le « Bilan Carbone ». La mission se déroule pour le compte de l'ADEME, créée en 1991, et de la Mission interministérielle pour l'effet de serre, créée en 1992. Son objectif est de donner à toutes les entreprises, quel que soit le secteur, un outil de mesure qui leur permette d'identifier leurs marges de manœuvre et agir en conséquence.

L'année 2004 marque l'avènement officiel de la **méthode Bilan Carbone®**, méthodologie de diagnostic GES développée par l'ADEME (marque déposée). La réglementation évolue également en 2010 avec l'article 75 de la loi Grenelle II qui généralise les Bilans GES obligatoires aux entreprises de plus de cinq cent salariés.

En 2011, face au succès rencontré par le dispositif, l'ADEME choisit de transmettre le Bilan Carbone® à une structure entièrement dédiée pour favoriser son développement et sa diffusion : l'Association pour la transition Bas Carbone, anciennement Association Bilan Carbone.

### *Le bilan d'émission de gaz à effet de serre (BEGES) ou bilan carbone réglementaire*

En France, l'article 173 de la loi « transition énergétique pour la croissance verte » de 2015 impose aux entreprises d'inclure dans leur rapport de gestion annuel les émissions de GES générées par leur activité.

Dans les faits, toutes les entreprises ne sont pas automatiquement concernées par le bilan GES obligatoire. L'article L.229-25 du code de l'environnement précise que seuls les acteurs qui possèdent l'une des caractéristiques suivantes doivent fournir un bilan GES obligatoire :

- En métropole, les entreprises privées de plus de 500 salariés.
- Dans les départements d'outre-mer, les entreprises privées de plus de 250 salariés.
- Les structures publiques de plus de 250 salariés.
- Les collectivités territoriales de plus de 50 000 habitants.

Les bilans sont à réaliser tous les 3 à 4 ans. Pour les entreprises privées de plus de 500 salariés, ce bilan GES réglementaire doit aussi être accompagné d'une synthèse des actions prévues pour réduire les émissions de GES de la structure. Les bilans sont ensuite publiés en ligne sur la plateforme BEGES gérée par l'ADEME.

Jusqu'à fin 2022, le BEGES n'imposait de recenser que les scopes 1 et 2, mais depuis janvier 2023, les émissions indirectes significatives sont concernées – et donc des éléments du scope 3 (sous la forme des six catégories de la norme ISO 14064-1 évoquées plus haut).

### *Compatibilité des différentes approches*

Nous avons évoqué depuis le début du chapitre deux grandes méthodes de comptabilité carbone que sont le GHG Protocol et le Bilan Carbone®. Concrètement, cette dernière repose sur un tableur : ce fichier à multiples entrées est ensuite utilisé pour exporter les résultats aux formats réglementaires, respectant le cadre du BEGES, du GHG Protocol ou de la norme ISO 14064.

**Tableau 5.1** – Synthèse des différentes approches de bilan carbone

| | GHG Protocol | Bilan Carbone® | ISO 14064-1 |
|---|---|---|---|
| Date | 1998 | 2004 | 2011 |
| Origine | WBCSD & WRI (États-Unis). | Association pour la transition Bas Carbone (France). | Norme ISO (International). |
| Spécificités | Couvre l'ensemble des scopes.<br>Méthode disponible pour les entreprises, les collectivités, les territoires… | Couvre l'ensemble des scopes.<br>Méthode disponible pour les entreprises, les établissements publics, les collectivités… | Principes généraux s'appliquant à toutes les méthodes. |

Source : Auteurs

En 2018, la norme ISO 14064-1 est venue encadrer l'ensemble des méthodes en donnant les « spécifications et lignes directrices, au niveau des organismes, pour la quantification et la déclaration des émissions et des suppressions des gaz à effet de serre ».

## Les étapes d'un bilan carbone

### *La préparation d'un bilan carbone*

D'un point de vue organisationnel, la mise en place d'un projet bilan carbone au sein d'une entreprise implique de définir un responsable de projet. Celui-ci joue le rôle d'animateur de la démarche et de référent pour mobiliser et sensibiliser toutes les parties prenantes. Son rôle sera aussi d'identifier les personnes ressources à mobiliser. De la même manière, si l'entreprise a recours à un prestataire externe, le responsable de projet sera l'interlocuteur privilégié de ce prestataire.

Dans le cas où le projet de bilan carbone est mené par des ressources internes à l'entreprise, il est important de noter que la méthode Bilan Carbone® est une démarche professionnelle qui nécessite une formation spécifique.

### *La réalisation d'un bilan carbone*

Par convention, le bilan se calcule sur une année. Il peut néanmoins être plus pertinent de le calculer sur plusieurs années pour les projets d'infrastructures, par exemple, dans le cas de la construction d'une ligne TGV.

La première étape consiste à déterminer le **périmètre de déclaration** concerné par le bilan. On distingue généralement le périmètre organisationnel (les sites, installations et compétences de l'organisation pris en compte) et le périmètre opérationnel (scope 1,2,3). Par exemple, un directeur d'université pourrait se demander quel est le bilan de « former un étudiant pendant une année, tous programmes confondus, sur mon campus universitaire ».

Trois principes doivent guider la définition de ce périmètre de déclaration : compter au prorata de sa contribution à une chaîne de valeur, chercher ses dépendances et ses leviers d'actions et procéder par itération successive (effectuer un premier calcul rapide et ensuite affiner le montant obtenu).

Pour le bilan carbone volontaire, il n'y a pas de règles absolues concernant la définition du périmètre, l'important étant de bien recenser toutes les hypothèses retenues dans un rapport. Concernant les BEGES, il faudra considérer le périmètre opérationnel en termes de scopes comme vu précédemment.

La deuxième étape consiste à collecter les données de consommation de ressources dans une matrice de données (tableur) qu'on appelle « **matrice de collecte** ». C'est un document clé dans la réalisation du bilan carbone et certains documents en libre accès (plan RSE, DPE…) sont aussi des sources à mobiliser dans la réalisation de cette collecte. La collecte peut se faire grâce à des questionnaires. Lorsque le périmètre est large, il est possible de procéder par échantillonnage et d'extrapoler.

La troisième étape consiste enfin à identifier les facteurs d'émissions que l'on peut calculer à partir de la Base Carbone de l'ADEME ou d'autres sources plus spécialisées, comme la base de données européenne *Handbook Emission Factors for Road Transport* pour les transports. Il faudra s'assurer de vérifier les ordres de grandeur et d'amortir les immobilisations sur la bonne durée, comme en comptabilité. Dans le doute, mieux vaut surestimer un poste et y revenir plus tard pour affiner pour ne pas passer à côté d'un poste significatif.

Deux avertissements sont à garder à l'esprit lors de la réalisation du bilan carbone :

- Deux bilans carbone ne sont pas faits pour être additionnés. Les périmètres retenus peuvent varier, ce qui induit un risque de double prise en compte de certaines activités.
- Les **compensations carbone** doivent être comptées à part : elles ne font pas partie du bilan carbone car elles n'amènent pas d'actions de réduction au sein du périmètre observé.

### *La communication d'un bilan carbone*

Dans le cadre du BEGES, le bilan doit être publié sur la plateforme dédiée de l'ADEME. Un bilan carbone complet pourra quant à lui apparaître sur le site internet de l'entreprise et sur les réseaux sociaux. Certaines bonnes pratiques doivent cependant guider la communication autour des résultats du bilan carbone pour éviter le *greenwashing* :

- Être transparent et précis sur les hypothèses retenues.
- Ne pas utiliser la mention « neutre en carbone ».
- Situer ce bilan dans la stratégie RSE globale.

Ces considérations rejoignent celles émises dans le chapitre 9 (1). Aussi, une référence utile en la matière est le guide de l'ADEME sur le sujet. Cependant, certaines entreprises peuvent être réticentes à rendre public leur bilan carbone en raison de leur secret industriel. En effet, certaines informations sur les processus de production peuvent être considérées comme des données confidentielles qui ne doivent pas être divulguées sous la forme de ce type de bilan.

### *La construction d'une trajectoire de décarbonation*

Une fois le bilan carbone réalisé, la construction du plan d'action, ou de la « trajectoire de décarbonation » s'organise autour de ces deux premières questions : « Quels sont les postes les plus émetteurs ? » et « Quels sont les postes faciles à réduire ? ». Il faudra donc cibler en priorité les postes faciles à réduire et qui ont un effet significatif. Quelques principes doivent guider la construction du plan d'action :

- Différencier les solutions techniques des solutions comportementales.
- S'inscrire dans une **démarche ERC** : Éviter, Réduire, Substituer, Compenser dans cet ordre (*cf.* 7.1).
- S'assurer que les solutions n'impliquent pas d'autres effets néfastes (comme l'**effet rebond**, *cf.* 1.2).
- S'assurer que les solutions s'adaptent à chaque contexte socio-culturel.
- S'assurer que les solutions mobilisent un niveau de technologique adapté.
- Penser sur le long terme : voir les boucles d'amélioration de la démarche. À chacun des objectifs du plan d'action, associer une mesure de la réduction potentielle des émissions.

Au même titre que pour le bilan carbone, une pluralité de méthodes existe pour établir les plans d'actions.

Au niveau international, la ***Science Based Target Initiative*** **(SBTi)** est un partenariat datant de 2015 entre le CDP, le United Nations Global Compact, World Resources Institute (WRI) et le World Wide Fund for Nature (WWF) qui vise à accroître l'ambition climatique du secteur privé. L'organisation définit et promeut les meilleures pratiques en matière de réduction des émissions, fournit une assistance technique ainsi que des ressources spécialisées aux entreprises, et réunit une équipe d'experts pour fournir aux entreprises une évaluation et une validation indépendantes des objectifs. Elle regroupe aujourd'hui environ quatre mille entreprises et se conclut par une certification de la compatibilité de la trajectoire de décarbonation avec les objectifs planétaires de limitation de l'augmentation des températures à 1,5° ou 2° (oui ou non).

En France et en Europe, **la méthode ACT**, pour Assessing Low Carbon Transition®, est une initiative lancée par l'ADEME en partenariat avec le CDP lors de la COP21 dont l'objectif est d'aider les entreprises dans leur stratégie de décarbonation. Elle est la seule initiative mondialement reconnue permettant d'évaluer les actions concrètes mises en place par les entreprises à l'aune de l'Accord de Paris. L'évaluation s'effectue à l'aune de trois critères – Performance, Cohérence, Tendance – auxquels on attribue une note pour finalement attribuer une note sur 20. En plus de la méthodologie « Évaluation ACT », l'initiative offre aux entreprises des outils de pilotage et de suivi pour développer (**ACT Pas à Pas**). En 2022, ce sont 407 entreprises qui participent à la méthode ACT dont 100 en France.

Enfin, le **SM-GES** (Système de management des gaz à effet de serre) est un outil élaboré par l'ABC en 2012 et fournit des référentiels, des outils et des formations pour accompagner les entreprises dans l'élaboration des trajectoires de décarbonation.

### Limites du bilan carbone et complémentarité avec l'Analyse du cycle de vie (ACV)

Une première série de critiques du bilan carbone concerne les limites de la comptabilisation des activités. Outre le manque de précision du scope 3, on lui reproche notamment la problématique de double prise en compte de certaines émissions : dans le cas où deux acteurs sont situés à des étapes différentes d'une même chaîne de valeur, les émissions « aval » de l'un seront certainement comptabilisées dans les émissions « amont » de l'autre. En outre, en tant qu'outil monocritère, à usage exclusivement relatif au carbone, il faudrait coupler le bilan carbone avec d'autres outils pour évaluer d'autres impacts tels que ceux sur la biodiversité, l'utilisation d'eau ou l'artificialisation des sols par exemple.

Une autre critique concerne la neutralité de la démarche quant à l'activité de l'entreprise. En effet, une entreprise dont les produits ont pour objectif de réduire notre dépendance aux énergies fossiles sera soumise à des objectifs de réduction des émissions au même titre qu'une autre entreprise dont les produits ne bénéficient pas à la cause climatique. En conséquence, le bilan carbone ne mesure pas véritablement la contribution positive de chacun et à ce titre, comme nous l'avons évoqué plus haut, le bilan carbone ne prend pas encore en compte les **émissions évitées**.

Afin de pallier certaines de ces insuffisances, la **Convention citoyenne pour le climat** avait émis en 2021 plusieurs propositions concernant le bilan carbone dans son volet « Produire et travailler » :

- Étendre le périmètre d'action du GES à l'ensemble des émissions indirectes.
- Produire le bilan tous les ans.
- Remplacer l'amende de 10 000 € par une amende proportionnelle au chiffre d'affaires de l'entreprise (jusqu'à 2 %).
- Élargir l'obligation aux TPE et PME.

Finalement, là où le bilan carbone est l'outil pertinent pour appréhender l'organisation de manière globale, une approche centrée sur le produit se révèle parfois nécessaire ou en tout cas très complémentaire. Elle peut notamment aider à comparer deux produits (par exemple des ordinateurs reconditionnés et des ordinateurs neufs).

Cette approche produit peut être conduite à travers une **Analyse du cycle de vie** (ACV) qui sera présentée au chapitre suivant.

# 2 L'analyse du cycle de vie et ses conséquences industrielles

Dans la continuité du bilan carbone fait à l'échelle de l'entreprise, une autre analyse d'empreinte environnementale centrée sur le produit ou le service s'est développée. C'est l'analyse du cycle de vie qui identifie les impacts d'un produit durant toutes les étapes de sa vie.

## 2.1 L'analyse du cycle de vie

### L'histoire de la méthode

La notion d'analyse du cycle de vie (ACV) est ébauchée durant les années 1970 d'abord sous la forme d'une quantification de l'utilisation des ressources. Mais le développement de ces méthodes s'est surtout fait dans les années 1990 alors que les premières inquiétudes autour de la production de déchets solides apparaissent. L'ACV commence alors à être utilisée mais la crédibilité des résultats est limitée car ils dépendent beaucoup de la méthode et des hypothèses utilisées. Ainsi est né le besoin de systématiser la méthode, ce que fera l'Organisation internationale de normalisation en 1997 avec **les normes ISO de 14040 à 14043**.

Disposant alors d'une base normative, la méthode commence à se répandre et l'ACV devient un moyen convaincant aux yeux de l'opinion et des décideurs pour évaluer les produits et services. Elle se déploie à grande échelle dans les années 2000 avec le développement de méthodologie d'ACV. En 2006, **la norme ISO 14044** remplace les normes 14041 à 14043 pour renforcer la crédibilité des résultats en répondant aux failles des normes précédentes. La norme 14040 est conservée.

## Les étapes du cycle de vie

Le cycle de vie d'un produit représente toutes les étapes par lesquelles le produit va passer au cours de sa vie. Le mot cycle évoque la volonté de faire entrer la production de biens et services dans une logique de réutilisation et de recyclage. Dans les faits, le cycle de vie est le plus souvent linéaire et se découpe en cinq étapes d'après la norme ISO 14040 :

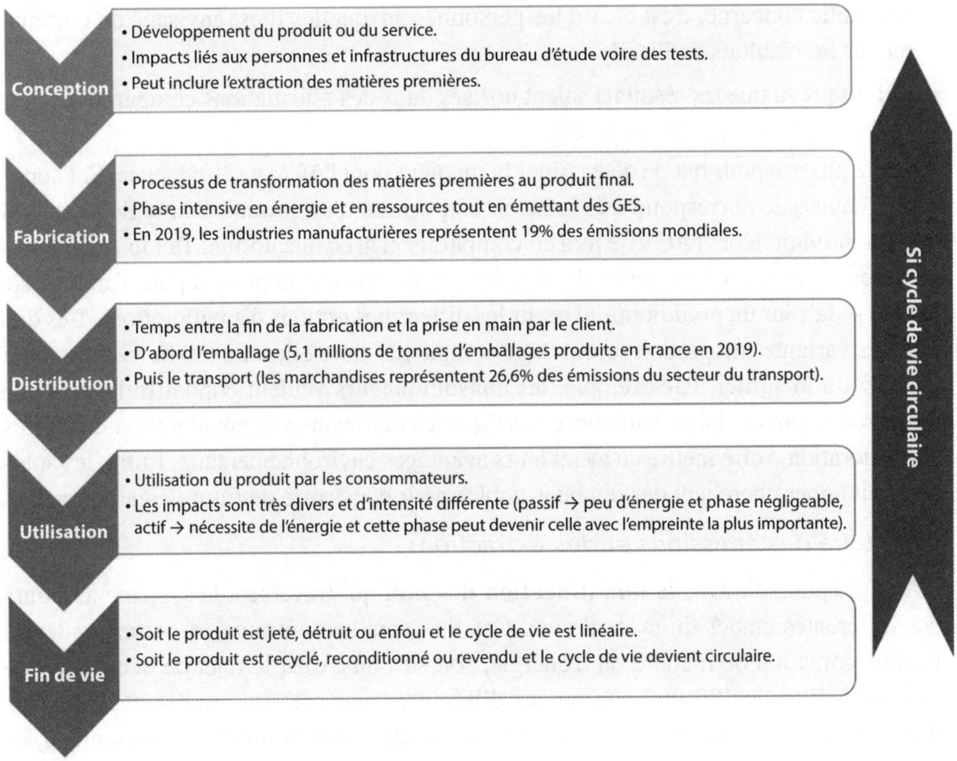


**Figure 5.2** – Les étapes du cycle de vie

Sources : Norme ISO 14040. Représentation : auteurs

## Le principe de l'analyse du cycle de vie

L'analyse du cycle de vie est un outil d'aide à la décision. Il sert à informer le management en amont de la prise de décision de l'empreinte environnementale de la production. Mais aussi à réaliser l'audit de productions déjà existantes et à fournir une base de dialogue quantitative avec les parties prenantes de l'entreprise tout au long de la vie de son produit ou de son service. Toujours d'après les **normes ISO 14040 et 14044**, l'analyse du cycle de vie se déroule en quatre phases :

- Définition des objectifs et du système
- Inventaire des émissions et des extractions
- Évaluation de l'impact environnemental
- Interprétation

### *Définition des objectifs et du système*

L'ACV commence par la **définition des objectifs** qui doit indiquer plusieurs éléments explicités par la norme ISO 14040 :

- « L'application envisagée.
- Les raisons conduisant à réaliser l'étude.
- Le public concerné, c'est-à-dire les personnes auxquelles il est envisagé de communiquer les résultats de l'étude.
- S'il est prévu que les résultats soient utilisés dans des affirmations comparatives destinées à être divulguées au public. »

Cette phase a pour but de déterminer la manière dont l'ACV va être menée. Si l'application envisagée correspond à la mise en conformité d'un produit à la réglementation pour un produit, alors l'ACV se fera en comparaison avec une norme. Tandis que si l'application se fait dans le cadre du développement d'un nouveau produit pour l'entreprise, l'étude se fait sur un produit initial et sur les différentes options d'améliorations. Les différentes variantes du produit seront donc comparées entre elles. Le public visé est aussi pertinent à identifier. Par exemple, les consommateurs veulent connaître l'empreinte d'un produit pour éclairer leur choix alors que les fabricants veulent identifier des pistes d'amélioration, voire mettre en avant leurs avantages environnementaux. Enfin, les autorités publiques cherchent des données fiables pour construire de futures régulations.

### *Inventaire des émissions et des extractions*

L'ACV se poursuit avec la **quantification des flux** qui traversent le système au cours des différentes étapes du cycle de vie. Ces flux sont soit entrants, et correspondent à la consommation de matière ou d'énergie, soit sortants, c'est le rejet de déchets ou de polluants. Plus de 100 000 substances différentes peuvent être représentées par des flux, des émissions d'oxydes d'azote ($NO_x$) à l'électricité consommée en passant par les minerais ou les matières premières agricoles. Ces calculs nécessitent alors des logiciels dédiés comme : **Gabi LCA ou openLCA**. En pratique, il est possible de se concentrer seulement sur quelques flux comme ceux d'énergie ou de $CO_2$. La méthode la plus couramment utilisée pour effectuer cet inventaire est l'**approche par processus**. Dans cette méthode, la première étape est d'identifier tous les processus par lesquels passe le système, c'est l'inventaire de production. Ces processus permettent d'identifier tous les intrants (énergie et matière consommée) nécessaires au produit ou le service. Ensuite, les intrants sont reliés à leurs émissions ou extractions nécessaires à l'aide de bases de données. Par exemple, en France, la consommation d'1 kWh d'énergie correspond à une émission de 0,06 kg $CO_2$e. La majorité du travail réside donc dans la construction en amont de ces bases de données. Il existe plusieurs bases de données accessibles comme le Portail du répertoire des ressources ACV de la Commission européenne ou la base française Base Empreinte® de l'ADEME. Enfin, les flux totaux sont calculés en faisant la somme des différents flux élémentaires directs et indirects.

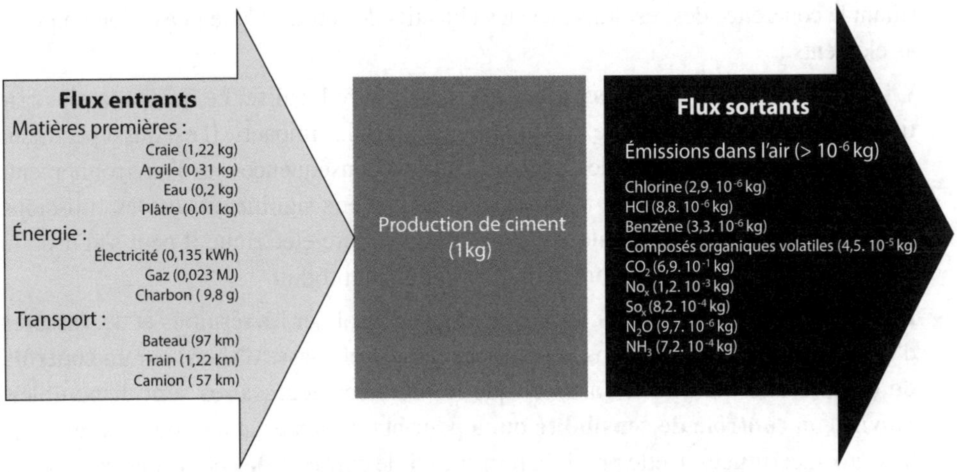


**Figure 5.3** – Exemple d'inventaire d'émissions et d'extractions pour la fabrication de ciment

Source : Données : C. Chen, G. Habert, Y. Bouzidi, A. Jullien, « Environmental impact of cement production », J. Clean Prod. 2010.

### *Évaluation de l'impact environnemental*

L'étape suivante est **l'évaluation des impacts** du cycle de vie. Cette étape prend en entrée l'inventaire des émissions et des extractions fait à l'étape précédente et en déduit une série d'impacts potentiels et identifiables. D'après les normes ISO, cette étape doit contenir au moins :

- **Une sélection des catégories d'impact** avec leurs indicateurs et leurs modèles. Les catégories d'impacts sont par exemple le réchauffement climatique ou la pollution de l'air.
- **Une attribution des résultats de l'inventaire aux catégories sélectionnées**. Le but est de classer chaque élément identifié dans l'inventaire dans une ou plusieurs catégories choisies. Par exemple, pour la catégorie réchauffement climatique, il faut identifier tous les GES émis lors du cycle de vie.
- **Un calcul des indicateurs des catégories**. Ce calcul se fait le plus souvent en multipliant les éléments de l'inventaire par des facteurs qui permettent de se ramener à une unité commune. En continuant sur l'exemple du réchauffement climatique, un indicateur peut être l'équivalent $CO_2$. Il faut alors multiplier les émissions de $CO_2$ par 1 et celles de méthane par 25. Cette phase a pour objectif de quantifier précisément les impacts pour prioriser les possibilités d'améliorations et de caractériser la performance environnementale du système pour le comparer avec d'autres systèmes similaires ou avec des réglementations.

### *L'interprétation*

L'ACV se termine par une phase d'**interprétation**. Les résultats des deux phases précédentes sont alors combinés. L'objectif est d'aboutir à des recommandations tout en vérifiant la cohérence des résultats avec les objectifs de l'étude. Cette phase doit contenir trois éléments :

- **L'identification des enjeux significatifs**, c'est-à-dire localiser ce qui est le plus critique tant dans les données de l'inventaire que dans les impacts. Il est aussi pertinent de repérer la phase du cycle de vie avec le plus de conséquences sur l'environnement. Par exemple pour une voiture thermique, un des enjeux significatifs est les émissions de $CO_2$ lors de l'utilisation, alors que pour une voiture électrique il peut s'agir de la consommation de minerais lors de la fabrication du produit.
- **La vérification des résultats**. L'objectif est de consolider les résultats et de s'assurer d'être dans le cadre défini dans la première étape. Cela passe d'abord par un **contrôle de complétude** qui vise à s'assurer que les données nécessaires sont disponibles. Suivis d'un **contrôle de sensibilité** qui a pour but d'évaluer la fiabilité des résultats face aux incertitudes. Cette phase se termine par le **contrôle de cohérence** qui revient sur les hypothèses et les méthodes utilisées pour vérifier leurs cohérences avec les objectifs et le champ de l'étude.
- Une conclusion présentant les limitations et les recommandations.

## Cas pratique d'ACV : véhicule thermique ou électrique ?

L'analyse du cycle de vie est un outil puissant pour prendre en compte les répercussions globales d'un produit. Il permet de comprendre quels impacts sont majoritaires et quelle phase du cycle de vie est la plus critique. Il est aussi utile pour comparer deux produits équivalents comme les voitures thermiques et les voitures électriques. Dans ce cas précis, l'analyse du cycle de vie est particulièrement pertinente car ces deux produits ont exactement la même fonction, mais les impacts sont différents et surtout les phases critiques sont différentes. L'ACV comparative de ces deux produits a été effectuée par Francesco Pero et son équipe en 2018, ils suivent bien la méthodologie présentée précédemment :

### Définition des objectifs et du système

**L'objectif** de cette étude est d'évaluer l'empreinte environnementale de deux voitures équivalentes qui diffèrent uniquement par leur motorisation : une est à combustion interne et l'autre est électrique.

**Les raisons conduisant** à cette étude sont que les voitures individuelles restent le moyen de transport le plus utilisé et en 2014, il représentait déjà 44,4 % des émissions de GES du secteur des transports. Il devient alors critique de décarboner le secteur et une des voies privilégiées par les institutions est d'encourager le déploiement des véhicules électriques. L'UE réfléchit même à interdire la vente de véhicules thermiques neufs à partir de 2035. Les véhicules électriques sont effectivement plus décarbonés à l'usage, mais nécessitent plus de ressources pour la fabrication. L'ACV est donc nécessaire pour faire la part des choses.

**Le public visé** est alors tout le secteur automobile et les institutions dirigeantes ainsi que le public dans une démarche de comparaison.

**Les indicateurs utilisés** sont en accord avec le cadre européen, l'unité fonctionnelle est 150 000 km parcourus par la voiture et les impacts étudiés sont sélectionnés parmi l'ILCD (*International reference Life Cycle Data system*).

## L'inventaire du cycle de vie

Dans cette étude, le cycle de vie commence par la phase de production en incluant les conséquences de l'extraction des matières premières. Les phases de conception et de distribution ne sont pas étudiées, car elles sont considérées comme équivalentes pour les deux types de véhicule.

**Durant la production**, les processus identifiés sont : l'extraction des matériaux, la fabrication des composants et leur assemblage. Les flux associés sont donc principalement l'utilisation de métaux (aluminium acier) et de minerais (lithium pour le véhicule électrique). Sans présenter l'ensemble des flux, le véhicule électrique nécessite environ 20 % de matériaux supplémentaires.

**Pendant la phase d'usage**, pour le véhicule thermique, les processus regroupent, l'extraction et le transport du pétrole, son raffinage en essence, le transport et la commercialisation de l'essence et enfin sa combustion dans le moteur. Les flux associés sont principalement les émissions de GES, l'étude s'appuie sur les standards EURO 5 pour conclure que la voiture thermique émet 136 $gCO_2$/km.

Pour le véhicule électrique, les processus sont différents, et regroupent la production d'électricité et son utilisation par le moteur. Ici, le flux majoritaire est la consommation d'énergie qui sera reliée aux émissions de GES en fonction du mix énergétique européen. En utilisant différents modèles, l'étude conclut que le véhicule électrique consomme 16,7 kWh/100 km.

Enfin, **la fin de vie** est modélisée en prenant en compte la norme ISO 22628 : 2002 : « *Road Vehicles Recyclability and Recoverability: Calculation Method* » qui découpe la fin de vie en quatre étapes :

- La dépollution des pneus, des catalyseurs et des batteries.
- Le démantèlement de la carrosserie, des disques de freins, des vitres...
- Le déchiquetage chez un épaviste.
- Le recyclage des métaux et l'enfouissement de ce qui n'est pas recyclé.

Toutes ces étapes nécessitent de l'énergie, à laquelle il faut rajouter la pollution due à l'enfouissement.

## Évaluation de l'impact environnemental

Les **catégories d'impacts sélectionnées** parmi les recommandations de l'ILCD sont :

- L'acidification des océans (Mole d'H+ équivalent).
- Le changement climatique ($kgCO_2e$).
- La toxicité envers l'être humain (CTUh, l'unité comparative de toxicité pour l'humain qui évalue l'augmentation de la morbidité due à un produit).
- Les microparticules (kgPM2.5eq. la masse de particule de type PM2.5 c'est-à-dire celle de taille inférieure à 2,5 µm).

- La formation d'ozone photochimique (kg NMVOC eq. la masse de composant non organique volatile sans méthane).
- La diminution des ressources en minerais et énergies fossiles (kgSb eq. le potentiel d'épuisement abiotique mesuré en kg d'Antimony (Sb) équivalent).

Chaque flux identifié lors de l'inventaire est relié à ces six impacts et les indicateurs sont calculés pour les deux types de véhicules.

**Tableau 5.2** – Comparaison de l'empreinte environnementale d'une voiture thermique et d'une voiture électrique

| Type de véhicule | Acidification | Réchauffement climatique | Toxicité envers l'humain | Micro-particules | Formation d'ozone | Diminution Ressources |
|---|---|---|---|---|---|---|
| Véhicule thermique | 90,8 moles | 30 488 $kgCO_2eq$ | 5,529E-03 CTUh | 4,83 kgPM2.5eq. | 42,6 kgNMVOCeq. | 2,18 kgSbeq. |
| Véhicule électrique | 135,8 moles | 19 287 $kgCO_2eq$ | 26,9E-03 CTUh | 10,98 kgPM2.5eq. | 53 kgNMVOCeq. | 2,88 kgSbeq. |

Les impacts sont aussi générés à des phases du cycle de vie différentes. Par exemple, pour les émissions de GES, une voiture thermique émet la majorité de ces émissions durant la phase d'utilisation (70 %) alors que pour le véhicule électrique, c'est la phase de fabrication qui représente la quasi-totalité des émissions durant le cycle de vie.

Il est aussi mis en évidence que les impacts ne sont pas répartis de la même manière entre les différents modules des voitures. Pour la thermique, les impacts sont presque également répartis entre les modules qui présentent tous une part prépondérante de métaux (châssis, portes, caisse en blanc...). Pour la voiture électrique, les impacts sont principalement portés par la fabrication du groupe motopropulseur du fait des batteries.

### Interprétation

Au sein des impacts étudiés, celui qui apparaît comme le plus critique reste le réchauffement climatique avec des objets émettant plusieurs tonnes de $CO_2eq$ durant leur cycle de vie. En considérant le cycle de vie complet avec 150 000 km d'utilisation, la voiture électrique permet d'économiser 36 % d'émissions de GES. Finalement, la voiture électrique commence sa phase d'utilisation avec une « dette environnementale » (8 887 $kgCO_2eq$ contre 4 878 $kgCO_2eq$ pour la thermique) ensuite la voiture thermique va émettre plus que l'électrique durant l'utilisation. Ainsi après un peu moins de 50 000 km la voiture d'électrique a un bilan favorable face à son équivalent thermique. Ce calcul a été effectué avec le mix énergétique européen. Pour un mix très carboné comme celui de la Pologne, la voiture électrique reste toujours plus émettrice que la thermique.

**Les recommandations** de cette étude sont alors : la voiture électrique a le potentiel de réduire de manière significative les retombées sur le changement climatique du secteur, mais seulement si le mix électrique est décarboné. Déployer un parc de voitures électriques sans décarboner l'énergie est un non-sens écologique.

Il est tout de même important de ne pas oublier les autres impacts (acidification des océans, toxicité, microparticules, diminution des ressources) pour lesquels la voiture électrique est toujours plus problématique. En effet, les processus d'extraction et de transformation des minerais nécessaires pour les batteries restent toxiques pour l'être humain et l'environnement. Il est donc pertinent d'encourager l'innovation dans le secteur de la production de batterie pour réduire ces impacts.

## 2.2 L'éco-conception

Une fois que l'ACV a mis en évidence les différents impacts d'un produit ou d'un service l'objectif est maintenant de les réduire. Une des solutions est de repenser la conception du système en incluant les leçons tirées de l'ACV. C'est l'**éco-conception** (ou *Design for Environment*) qui a pour objectif de réduire au maximum l'empreinte environnementale d'un système tout au long de son cycle de vie et pas seulement durant la fabrication.

### Les débuts de la méthode

Les premiers liens entre conception et empreinte écologique ont été établis dans les années 1970 par Victor Papanek[1] qui appelle à une réflexion sur la responsabilité des concepteurs et leur devoir de repenser leurs méthodes. Il propose des ébauches de solutions et est l'un des premiers à parler de *Design for environment.*

L'éco-conception s'est ensuite réellement développée dans la fin des années 1990 avec les premières définitions du procédé : « Prendre en compte les aspects environnementaux à tous les stades du processus de développement des produits, en s'efforçant d'obtenir des produits dont l'empreinte environnementale est le plus faible possible tout au long du cycle de vie du produit ». Dans cette même période a lieu une prise de conscience que cette manière de concevoir amène des produits plus efficaces, plus robustes et restant viables économiquement tout en répondant aux inquiétudes écologiques des clients.

Comme l'ACV, l'éco-conception va être standardisée par une norme, l'**ISO 14062** en 2002 qui systématise les grands principes de cette pratique.

### Les principes de l'éco-conception

La norme décrit le processus en six étapes.



1. Designer et éducateur américain devenu un fervent défenseur de la conception de produits socialement et écologiquement responsables.

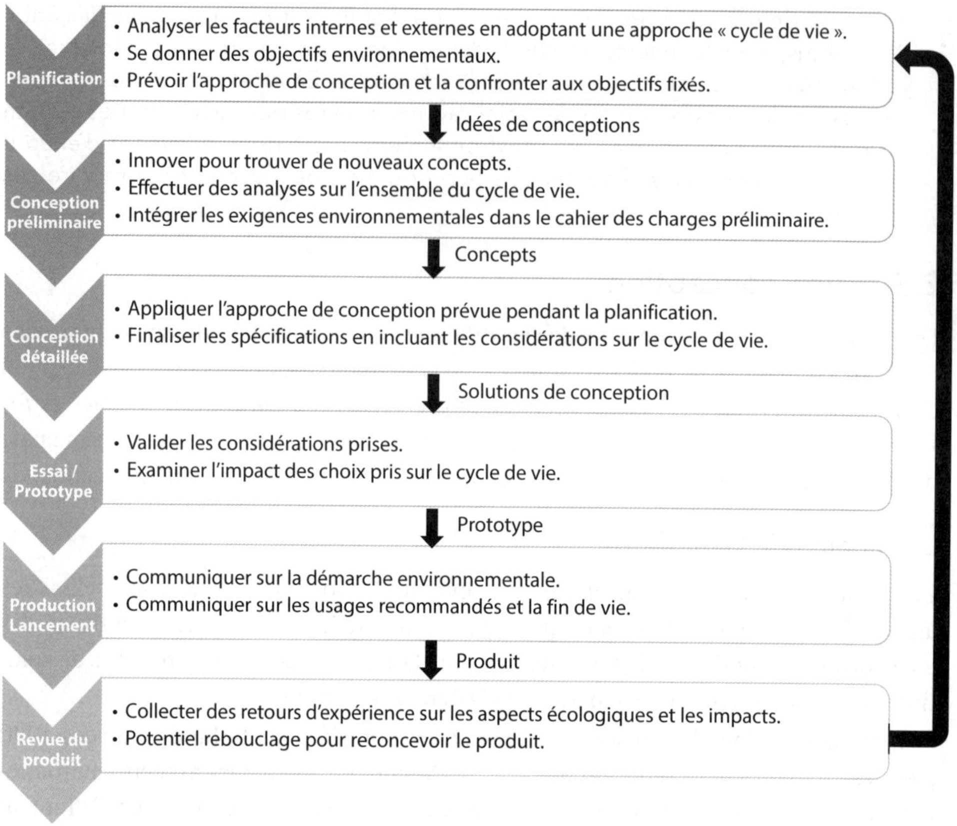


**Figure 5.4** – Déroulement du processus d'éco-conception selon la norme ISO 14062

Peu importe l'approche de l'éco-conception suivie, l'objectif central reste d'inclure les enjeux écologiques dans le processus de conception. Cet objectif peut se décliner en sept principes :

- Inclure une réflexion à l'échelle du cycle de vie dans le processus de développement du produit.
- Estimer l'efficacité des ressources utilisées ainsi que du système dans sa globalité.
- Choisir des métriques appropriées pour représenter les performances environnementales tout au long du cycle de vie.
- Mettre en place des stratégies systématiques d'éco-conception.
- Utiliser des méthodes d'analyse pour évaluer la performance de la conception et observer les gains.
- Utiliser des logiciels pour faciliter le processus d'éco-conception.
- S'inspirer de la nature pour le développement des produits.

### L'éco-conception en pratique

En pratique, des centaines de méthodes peuvent être recensées, mais celles-ci ne sont pas organisées et systématisées. Pour aider les entreprises à choisir les méthodes appropriées à leurs besoins, trois grandes catégories peuvent être identifiées :

Les pratiques de **management de l'éco-conception** sont liées au processus de développement et non au produit lui-même. Elles sont génériques et applicables dans n'importe quelle entreprise et quel que soit le produit développé. L'Ecodesign Maturity Model regroupe 62 pratiques de ce genre, parmi elles :

- Réaliser une analyse comparative interne et externe de la performance environnementale des produits ou des pratiques d'éco-conception.
- Déployer et maintenir une politique et/ou une stratégie environnementale au niveau du produit.
- Incorporer les aspects environnementaux dans l'identification et la gestion des fournisseurs.

Les pratiques d'**éco-conception opérationnelle** sont plus proches du produit et sont liées directement à son cycle de vie, aux choix des matériaux et aux stratégies de conception. Ces pratiques fournissent des lignes directrices pour le développement de produits avec de meilleures performances environnementales. Cette fois-ci, les entreprises doivent personnaliser les pratiques qu'elles suivent en fonction de leurs produits. Ainsi, le nombre de pratiques existantes est bien plus important et ce sont 468 pratiques de ce type qui ont été recensées et classées en deux catégories d'objectifs.

- **Réduire la consommation de matériaux**. Cela peut se faire en évitant les composants supplémentaires avec peu de fonctionnalités, en optimisant la réutilisation des déchets de fabrication, en supprimant les éléments de packaging non nécessaires…
- **Étendre la durée de vie des matériaux,** en facilitant par exemple le recyclage en limitant la diversité des composants, ou en pensant à la seconde vie des matériaux dès la conception ou encore en utilisant des matériaux recyclés dès que cela est possible.

**Les outils techniques d'éco-conception** sont des outils pratiques et formalisés d'éco-conception qui aident à implémenter les pratiques vues précédemment. Malgré plus de 100 techniques répertoriées, il reste difficile pour les entreprises de comparer ces méthodes et de choisir les plus adaptées.

## Quelques exemples d'outils d'éco-conception

### EcoDesign Checklist

L'EcoDesign Checklist est un outil qui a pour objectif d'assister les concepteurs dans l'identification des priorités. Pour cela, il faut mener trois analyses :

– **L'analyse par module** qui commence par le découpage du produit par modules qui vont être analysés indépendamment selon sept critères, les matériaux, la fabrication, la durée de vie, les fonctionnalités, la maintenance, la réparation et la fin de vie. Chaque critère est évalué avec un indicateur de proximité avec les performances environnementales attendues.

- **L'analyse par fonction** commence, elle, par une identification des fonctions du produit. Ensuite, l'impact écologique de chaque fonction est évalué. Et enfin, la part de responsabilité des modules dans l'accomplissement de la fonction est déterminée. Cela permet de localiser la fonction la plus critique et les modules auxquels elle est rattachée.
- **L'analyse par produit** est similaire à l'analyse par module, mais elle considère le produit dans sa globalité et les critères sont différents : l'utilisation, les fonctionnalités, la consommation, les émissions et la distribution.

Finalement, cette méthode ne cherche pas à être précise et se fait avec des ordres de grandeur, mais elle permet de rapidement mettre en évidence les points faibles du produit afin de localiser le point de départ du processus d'éco-conception.

### *Environmental Value Chain Analysis* (EVCA)

L'EVCA a pour objectif d'analyser les interactions dans toute la chaîne de valeur pour pouvoir impliquer tous ces acteurs dans le processus d'éco-conception. Pour cela les fournisseurs, les producteurs, les distributeurs et les clients ainsi que leurs interactions sont identifiés sur un graphe. Cela permet ensuite de mobiliser toute la chaîne en s'appuyant sur la valeur que le projet d'éco-conception apporte à chacun. Par exemple, lorsque Phillips utilise la méthode pour son projet de Green TV, ils identifient que la proposition de valeur se fait d'abord au niveau du grand public avec le soutien du gouvernement néerlandais et de la presse. En interne, la valeur perçue est surtout stratégique même si des inquiétudes sur le prix se font sentir. La communication interne est alors portée sur deux axes, mettre en avant l'avantage stratégique d'un tel produit et défendre que « vert » ne veuille pas dire plus cher. En revanche, il a été plus difficile d'embarquer les fournisseurs. Finalement, le projet reste une réussite, même si les avancées techniques sont cantonnées au niveau de Philipps.

### *Quality Function Deployment for Environment* (QFDE)

La méthode QFDE est une adaptation de la technique *Quality Function Deployment* (QFD) aux enjeux environnementaux. Cette approche s'appuie sur les exigences des clients en termes de qualité (*Voice of Customer*, VOC) et se déroule en deux phases :

- D'abord, il faut récolter les exigences clients (consomme moins d'énergie, facile à transporter, facile à démonter…) et les traduire à l'aide de métriques d'ingénieurs (la masse, les matériaux, la durée de vie, la consommation d'énergie…). Une matrice de corrélation entre le VOC et les métriques est alors construite.
- Dans la seconde phase, les métriques sont reliées aux composants du produit. Cela permet aux concepteurs de localiser où concentrer leurs efforts.

La QFDE rajoute deux autres phases :

- La troisième phase consiste à estimer l'effet d'un ensemble de modifications de conception sur les métriques des phases précédentes. Différents plans de conception sont alors comparés.

– La dernière phase sert à reboucler les effets des modifications de conception sur les VOCs.

*Packaging Impact Quick Evaluation Tool* (PIQET)

PIQET est un outil construit sur l'ACV et qui se concentre sur la question des emballages. Il prend la forme d'un logiciel dans lequel sont renseignées les spécifications des emballages utilisés. Le logiciel rend ensuite compte d'une série d'indicateurs, notamment l'épuisement des ressources, les émissions de GES, la consommation d'énergie... Ces indicateurs sont ensuite mis en comparaison avec des recommandations du type du Code de pratiques environnementales pour l'emballage en Europe (EcoPP) ou du National Packaging Convenant (NPC) en Australie. Les concepteurs d'emballages peuvent alors identifier les emballages à modifier et comparer différentes solutions en exécutant des simulations. L'outil peut aussi être utile dans le choix d'un fournisseur d'emballage.

## Des exemples d'éco-conception en entreprise

L'une des premières marques à s'inscrire dans une démarche d'éco-conception est Patagonia qui devient en 1993 la première marque à utiliser des matériaux recyclés pour leurs vêtements. Leurs produits sont conçus dans une **démarche circulaire** en prévoyant un système de récupération des vêtements en fin de vie pour les recycler à 100 %. L'entreprise a ainsi placé l'éco-conception au cœur de sa stratégie et elle est aussi un exemple de comment communiquer sur le sujet. Par exemple, en 2011, la marque fait une campagne de communication sur sa non-participation au Black Friday avec le slogan « *Don't buy this jacket* » pour dénoncer la surconsommation et aligner les pratiques commerciales avec les valeurs de la marque (*cf.* 9.1).

Un autre secteur pour lequel l'éco-conception s'est beaucoup développée est le bâtiment, une entreprise comme Foster + Partners a placé les enjeux écologiques au cœur de sa stratégie et s'appuie sur quatre piliers. D'abord en se concentrant sur la valorisation des bâtiments existants, en rénovant, mais aussi en adaptant les bâtiments aux nouveaux besoins. Par exemple, l'entreprise transforme des anciens bureaux désertés en lieux de travail plus flexibles ou des sites industriels en galeries marchandes. L'entreprise tend aussi à dépasser les attentes des régulations en termes de diminution d'empreinte $CO_2$ en mesurant précisément ses émissions pour les confronter à des objectifs stricts. Ces objectifs sont atteints en développant une approche d'éco-conception qui se concentre sur la flexibilité et la résilience des bâtiments. Enfin, l'entreprise prend des engagements forts pour embarquer toute sa chaîne de valeur. Un autre cas classique d'éco-conception est celui d'Herman Miller, un designer de mobilier de bureau. En 2009, l'entreprise veut développer une nouvelle chaise avec pour la première fois, la volonté de proposer un produit plus simple, plus durable et en accord avec les enjeux écologiques. C'est ainsi que naît le projet Setu qui reprend des principes classiques de l'éco-conception comme utiliser des matériaux non toxiques et recyclés (44 % de la chaise est en matériaux recyclés.). La chaise est elle-même recyclable à 92 % grâce au choix de ne pas mélanger des matériaux qui ne se recyclent pas avec les autres. Elle est produite avec 100 % d'énergie verte. La marque a aussi fait des efforts sur le packaging que le client peut renvoyer pour qu'il soit réutilisé.

Mais le plus intéressant chez Herman Miller reste leur processus d'éco-conception qui cherche à identifier les objectifs et les opportunités de réduction d'empreinte. Par exemple pour le cas de Setu, l'entreprise s'est donnée pour objectif de réduire la masse et les mécanismes non nécessaires. Les étapes suivantes incorporent ces objectifs dans la conception. Sans cesse, les concepteurs confrontent leurs idées aux lignes directrices d'éco-conception et le design se raffine pas à pas. Cela se termine par une rétrospective sur le processus pour identifier les points d'amélioration. C'est ainsi qu'ils ont abouti à un concept innovant de chaise sans mécanisme avec une structure s'inspirant de la colonne vertébrale humaine. Cela a permis un gain de 9 kg dans la structure de la chaise.

## 2.3 Autres conséquences de l'ACV

L'ACV n'influe pas seulement la conception mais aussi d'autres disciplines comme le sourcing. Le *sourcing* est l'activité qui consiste à chercher, comparer et sélectionner les fournisseurs de matière première. Historiquement les critères de sélection sont liés au coût, à la qualité, au stock disponible, aux modalités de paiement et aux conditions de livraison. Mais l'avènement des enjeux écologiques dans les consciences et les régulations ont poussé les entreprises à considérer ces enjeux dans leurs choix de fournisseurs.

S'est alors développé le concept de *Green Supply Chain Management* (GSCM) qui se décline en plusieurs bonnes pratiques (*cf.* 7.2). Cela inclut un **audit des performances environnementales des fournisseurs**. Les résultats sont ensuite confrontés à un cahier des charges que se fixe l'entreprise et qui peut suivre des normes comme la norme ISO 14001. Les critères de ces cahiers des charges sont souvent liés aux pollutions dues à la production des matériaux, à leur capacité de recyclage et aux émissions dues au transport. Pour faciliter la mise en place de ces cahiers des charges, l'entreprise peut aussi entrer en collaboration avec ses fournisseurs pour les sensibiliser et les former.

Ce processus peut même amener à remettre en question l'utilisation de certains matériaux. Un exemple historique est celui du PVC, ce matériau économique et facile à mettre en forme s'est rapidement répandu pour atteindre plus de 44,3 millions de tonnes produites en 2018. Mais il pose des problèmes à cause de la génération de déchets polluants et dangereux pour la biodiversité lors de sa fabrication et de sa fin de vie. Face à ces constats, l'industrie a pris plusieurs directions.

La première est d'utiliser des matériaux de substitution, en retournant par exemple, à des matériaux anciennement utilisés, souvent au prix d'un sacrifice en termes de coût ou de performance. Par exemple pour les fenêtres, remplacer le PVC par de l'aluminium implique souvent de perdre en isolation tout en étant plus cher. Le bois est lui encore plus coûteux et nécessite plus d'entretien. L'autre solution est de développer de nouveaux matériaux, plus durables mais autant voire plus performants que le matériau qu'il faut remplacer. Par exemple, l'UE finance le projet DECOCOAT qui vise à développer des polyoléfines sans plastifiant chimique pour remplacer le PVC dans ses applications textiles.

La seconde est d'**optimiser le processus de fabrication** du matériau pour réduire ses répercussions tout en encourageant le recyclage. C'est l'objectif du programme VinylPlus fondé par une association d'industriels européens. Ce programme a abouti sur une feuille de route pour l'industrie qui vise à recycler 800 000 tonnes de PVC par an tout en contrôlant mieux les polluants émis tout au long du cycle de vie. Les industriels s'engagent aussi à gagner en efficacité énergétique. Finalement, tous ces objectifs sont inclus dans un label certifiant qu'un produit suit bien les engagements du programme VinylPlus.

## Label et certification des produits

Les labels de produits certifient au client le suivi de certains engagements. L'objectif est alors d'encourager les consommateurs à choisir des produits moins dommageables pour l'environnement. Dans le cas précédemment évoqué, le label VinylPlus certifie que le PVC a été produit en limitant l'émission de polluants et d'agents toxiques tout en assurant la recyclabilité du produit. Pour asseoir la crédibilité des labels, ils sont souvent attribués par des sociétés tiers et indépendantes. En France, l'appellation « label » est elle-même encadrée par une loi imposant aux labels de se reposer sur un cahier des charges clair et la certification doit toujours se faire par un organisme externe.

Un label est crédible quand il donne des directives au-delà du légal. Il informe alors les consommateurs sur l'impact d'une phase du cycle du produit ou sur la totalité du cycle. Comme le label d'agriculture biologique qui certifie qu'aucun produit chimique ou OGM n'a été utilisé pendant la production. Ou les labels NF et Ecolabel qui suivent l'ensemble du cycle de vie.

### Le label NF

Le **label NF** est un label français délivré par Afnor Certification ou des organismes mandatés. Il regroupe les normes et recommandations françaises et européennes. Cela est ensuite complété par des spécifications propres au type de produit ou service. Par exemple pour les meubles, le label NF Environnement Ameublement s'appuie sur la norme ISO 14024. Globalement, les labels du type NF Environnement s'appuient sur la comparaison de l'ACV du produit ou du service avec un cahier des charges précis et adapté au produit. Aujourd'hui plus de 50 000 produits portent ce label.

### L'Ecolabel

L'**Ecolabel** est lui aussi un label produit utilisant la norme ISO 14024 et délivré par des tiers. Il a pour objectif de promouvoir à l'échelle européenne les produits et services avec une empreinte environnementale réduite sur l'ensemble de leur cycle de vie. Il s'appuie sur de multiples critères comme : « le potentiel de réduction des incidences environnementales résultant de la durabilité et de la possibilité de réutilisation des produits » ou « le solde net des avantages et charges pour l'environnement, y compris les aspects liés à la santé et à la sécurité, aux différents stades de la vie des produits concernés ».

Ainsi mettre en place des pratiques GSCM (*cf.* 7.2) permet souvent d'améliorer les performances environnementales de l'entreprise. Cela pousse aussi toute la chaîne de valeur vers le haut car les fournisseurs sont obligés de se mettre au niveau des attentes de leurs entreprises clientes. Cela leur donne également un avantage stratégique en améliorant leur image auprès du public et ce encore plus lorsque l'entreprise parvient à obtenir un label reconnu sur son produit.

Enfin, l'ACV amène souvent à reconsidérer la fin de vie du produit afin d'entamer une dynamique circulaire. Cela fera l'objet du prochain chapitre.

# 3 Valoriser la fin de vie des produits

Le cycle de vie défini plus haut se termine par la phase de fin de vie qui commence une fois que le produit cesse d'être utilisé par le consommateur. Cela peut survenir lorsque le produit ne fonctionne plus ou que ses performances sont trop faibles pour les usages envisagés, c'est l'**obsolescence fonctionnelle**. La décision peut aussi provenir d'une **obsolescence esthétique** (les effets de mode pour les vêtements) ou encore **économique** lorsque les coûts de maintenance deviennent trop élevés par exemple.

Peu importe le type d'obsolescence, la phase de fin de vie est cruciale, car elle détermine si le cycle de vie du produit va rester linéaire ou devenir circulaire. Lorsqu'il est valorisé, le produit entre dans un nouveau cycle de vie, ce qui permet d'amortir plus longtemps son empreinte tout en permettant de recréer de la valeur avec moins de matières premières.

## 3.1 Faire revenir les produits

La première étape pour une entreprise qui souhaite valoriser la fin de vie de ses produits est de s'assurer de pouvoir les **récupérer**. En effet, établir un lien de retour entre l'utilisateur et l'entreprise voulant valoriser la fin de vie est indispensable et demande un effort particulier.

### Informer les utilisateurs

Aujourd'hui, la majorité des consommateurs sont habitués à des produits avec des cycles de vie linéaires. Ainsi, ils ont tendance à jeter ou à conserver leurs produits en fin de vie. Par exemple, la moitié des Français conservent leur ancien smartphone lorsqu'ils en achètent un nouveau. Et en 2021, seulement 51 % des Français trient systématiquement leurs déchets. Les entreprises aussi n'ont pas toujours l'habitude de valoriser leurs déchets. En 2018, seulement 50 % des déchets industriels européens ont été recyclés. Le premier enjeu est alors d'informer sur les bonnes pratiques à suivre lorsque les produits arrivent à leur fin de vie.

#### *Les campagnes de sensibilisation*

Plusieurs outils peuvent être déployés pour informer et sensibiliser les utilisateurs. Le premier est la **campagne de sensibilisation**. Elle peut prendre la forme de spots publicitaires à la télévision, sur Internet ou sur la voie publique. Elle peut aussi passer par la diffusion d'articles de presse ou l'organisation d'événements. Tous ces outils ont par exemple été mobilisés par Sytcom, une agence publique gérant les déchets ménagers d'Île-de-France qui souhaite valoriser les déchets organiques. Pour cela, elle a besoin que les consommateurs développent une nouvelle habitude de tri. Leur campagne de sensibilisation a alors deux objectifs, le premier est d'informer sur les déchets qu'il faut trier et comment les trier. Le second objectif est de sensibiliser les consommateurs à l'intérêt de trier en montrant les possibilités de valorisation. Des slogans comme « mon bus roule à la peau de banane » ou « ma carotte pousse aux peaux d'orange » ont permis cela.

Souvent, les campagnes ne s'adressent pas à un public aussi large que l'exemple précédent. Une bonne pratique est alors de bien définir le panel de personnes à sensibiliser pour ensuite localiser le moyen le plus efficace de les atteindre. Ce ciblage passe par le choix du médium (télévision, affiches, réseaux sociaux…), le choix de l'échelle de déploiement (locale, nationale, mondiale) mais aussi le ton et le vocabulaire utilisé. Un bon exemple est la campagne de sensibilisation #RRRR (réparer, réutiliser, recycler, réduire) lancée par Re_fashion, l'**éco-organisme** de la filière textile qui s'est concentrée sur une stratégie en ligne sur les réseaux sociaux et surtout sur les sites des marques et des revendeurs.

## Les filières REP et les éco-organismes

Pour s'occuper de la problématique de gestion de déchets, l'État français a décidé de s'appuyer sur le **principe de pollueur-payeur** encouragé par la directive-cadre européenne sur les déchets. Ainsi, ce sont les producteurs qui ont été chargés de s'occuper de la fin de vie de leur produit. Pour cela, 14 **filières de responsabilité élargie des producteurs** (REP) ont été créées (emballages ménagers, textiles, véhicules, médicaments…). Ces filières sont chargées de financer, organiser et mettre en place les solutions de collecte, de réutilisation ou de recyclage adaptées à leurs produits.

À travers les **éco-contributions**, le dispositif permet d'inclure le coût de prévention de la gestion des déchets dans le coût du produit, ce qui incite à l'éco-conception.

Les producteurs ont alors le choix de s'occuper de leurs déchets, soit de manière individuelle, soit de manière collective. Le plus souvent, ils passent par un système collectif qui prend la forme d'**éco-organismes**. Ces organismes récoltent les éco-contributions auprès des producteurs pour, soit les redistribuer aux collectivités territoriales et aux autres acteurs qui assurent la collecte et le tri des déchets, soit pour payer des contrats avec des prestataires.

La loi relative à la lutte contre le gaspillage et à l'économie circulaire (AGEC) a fait évoluer le statut des éco-organismes. Déjà en ajoutant 11 filières REP supplémentaires et aussi en leur donnant un cahier des charges et des objectifs encourageant l'éco-conception.

Les éco-organismes ont aussi pour rôle de former les entreprises de leur secteur aux bonnes pratiques de gestion de la fin de vie, mais aussi de conception. Ils s'adressent enfin aux consommateurs pour les informer sur les bons gestes à adopter.

### *Informer directement sur le produit*

L'autre moyen de communiquer efficacement est d'informer directement sur le produit. Cela permet d'être sûr que l'utilisateur a eu accès à l'information. Mais pour être efficace l'information doit être **simple, claire et rapidement identifiable**. Le logo reste le moyen le plus efficace pour informer rapidement, mais il faut s'assurer d'être identifié et compris par le consommateur. Le ruban de Möbius (représenté par trois flèches disposées en triangle) est l'exemple même du logo associé par tous au recyclage. Mais son utilisation abusive le rend parfois trompeur et il n'indique pas la manière de recycler. D'où l'apparition du logo info-tri en 2012 qui a toutes les caractéristiques d'une communication efficace par logo :

- Une accroche « Tri + facile » couplé au logo Triman obligatoire pour capter l'attention du consommateur et être identifiable d'un produit à l'autre.
- Une description imagée des éléments recyclables du produit.
- La représentation du geste de tri.

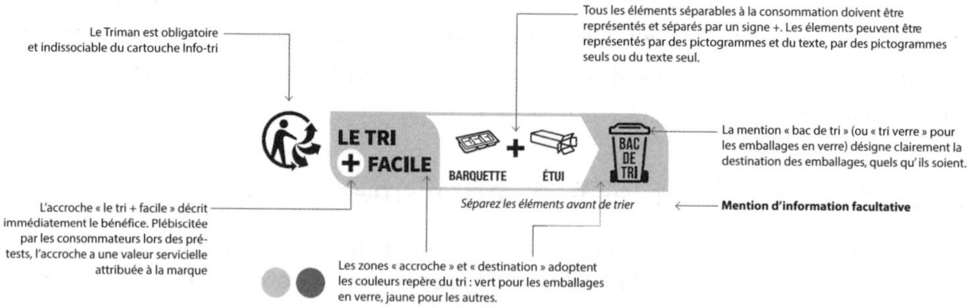


**Figure 5.5** – Logo info-tri

Source : CITEO.

## Influencer le comportement

Informer et sensibiliser les utilisateurs est indispensable et peut conduire à un changement d'habitudes, mais dans la majorité des cas d'autres méthodes doivent être utilisées pour que les consommateurs développent ces nouveaux gestes.

### *Incitation par la récompense*

La première manière d'inciter un comportement est de le récompenser économiquement, matériellement ou symboliquement.

Le levier économique peut être positif par le biais de subvention ou de prime. Par exemple, le gouvernement a envisagé une prime de retour pour toute personne ramenant son téléphone. Certains acteurs du secteur ont déjà recours à ce genre d'incitation en rachetant les smartphones en fin de vie. La consigne est aussi une bonne méthode d'incitation en permettant au consommateur d'économiser une partie d'un nouvel achat en ramenant son ancien produit.

Dans l'autre sens, il est possible de sanctionner ceux qui ne changent pas leur habitude. C'est par exemple ce qui a été mis en place avec la fiscalité incitative sur le traitement des déchets. Une partie de la tarification du service public (TEOM) était calculée à partir de la quantité de déchets produits, ce qui a incité à davantage de tri.

### *Incitation psychologique*

L'être humain ne contrôle pas tous ses choix en pleine conscience et il est sujet à des biais cognitifs, c'est-à-dire des schémas de pensées faussement logiques. C'est par exemple la tendance à suivre ce que font les autres (conformisme), à être influencé par les premières informations reçues (ancrage) ou encore avoir tendance à accepter plus facilement ce qui lui est proposé dans un contexte de liberté perçu.

Ces biais sont alors utilisables pour influencer le comportement des utilisateurs afin qu'ils ramènent leur produit grâce à des incitations psychologiques. Ces incitations peuvent prendre la forme de « coup de pouce » pour inciter le comportement plutôt que le contraindre, c'est la théorie du nudge. En pratique, cela peut passer par rendre le geste ludique, par des affiches de remerciement, en installant une compétition ou une comparaison avec les autres utilisateurs (*cf.* 4.2).

## La logistique inverse

Une fois que l'utilisateur a décidé de rendre son produit en fin de vie, tout un processus logistique se déploie, c'est ce qui est appelé la **logistique inverse** (*reverse logistic*). C'est toute la chaîne logistique qui se met en place entre l'utilisateur qui rend son produit et les sites de valorisation.

### *Le processus*

La première étape de la logistique inverse est l'**acquisition des produits**, c'est-à-dire la récupération des produits via des points de collecte. Cette étape peut commencer par l'information et l'incitation des clients et se termine par identifier les produits qui vont entrer dans le processus de valorisation. Les autres sont rendus aux consommateurs après avoir résolu leurs problèmes ou directement jetés si impossibles à valoriser. Cette décision est appelée *Gate keeping*. L'acquisition est critique, car la cadence des retours, leur qualité et leur quantité sont incertaines. Sa bonne exécution est donc le premier critère de réussite de la stratégie de logistique inverse.

Vient ensuite l'activité de **collecte** qui consiste à récupérer le produit du point d'acquisition pour l'acheminer vers les prochaines étapes du processus. Cette étape pose aussi problème, car les stocks à rapatrier sont variables en temps et en quantité. Ils sont aussi répartis de façon éparse dans tout le territoire d'acquisition. Dans ces conditions, il est plus difficile de faire rouler des camions pleins sur un itinéraire optimisé que dans un processus de logistique classique. Aussi, il est souvent impossible de passer à des transports de masse par conteneurs sur train ou sur bateau.

Une fois les produits collectés, il faut les **trier**. En effet, les raisons qui ont poussé l'utilisateur à rendre son produit sont très diverses. L'état du produit peut aller de presque neuf si l'obsolescence était esthétique, à un produit complétement détruit dans les cas extrêmes. C'est à cette étape qu'est décidé comment le produit va être valorisé. Un bon tri conditionne l'efficacité des étapes de valorisation venant ensuite.

Enfin, les produits inspectés sont **mis à disposition** de la méthode de valorisation leur correspondant. Ils sont stockés jusqu'à avoir un volume suffisant pour être acheminés au centre de recyclage, de remise à neuf, de reconditionnement ou de réparation.

### *Les bonnes pratiques pour faire face aux difficultés*

Malgré le potentiel de la valorisation des produits en fin de vie, les difficultés de mise en place d'une logistique inverse efficace peuvent freiner l'adoption d'un modèle en boucle fermée.

La première limite est le manque d'implication de l'entreprise et du management. Cela est souvent dû à l'absence de sensibilisation, ce qui conduit le top-management à craindre de ne pas être rentable, à cause de problèmes de qualité. Il est alors rare qu'un planning stratégique soit mis en place, ce qui inévitablement freine la mise en place de ce genre de logistique. Les réticences peuvent aussi venir des clients, des régulations ou des actionnaires. Pour s'engager dans une politique de logistique inverse, il faut alors sensibiliser toutes les parties prenantes en mettant en avant le potentiel économique et environnemental d'une telle pratique.

Une fois que tous les acteurs sont convaincus, il reste encore des défis d'ordre pratique à relever. En effet, la différence majeure entre la logistique classique et la logistique inverse est la grande incertitude en termes de quantité, de temps et de qualité des produits retournés. Il est alors indispensable de développer des **méthodes de prévision** pour pouvoir bien dimensionner et organiser son réseau de logistique inverse. Plusieurs études proposent des méthodes, souvent complexes et construites avec des modèles mathématiques comme l'*Adaptive Network Based Fuzzy Inference System* (ANFIS), un modèle prédictif multi-facteur.

Avec ces modèles de prévision, il faut ensuite **optimiser la conception du réseau**, c'est-à-dire décider du nombre de points de collecte, leur emplacement, leur capacité et leur taille. À cette étape, il est important de considérer les différents moyens de valorisation. Pour le recyclage, il est plus efficace de centraliser l'acheminement des produits à un seul centre. À l'inverse pour les produits destinés à être réutilisés, vu qu'ils nécessitent peu de transformation avant d'être remis sur le marché, un réseau décentralisé est plus adapté.

Ces compétences particulières sont parfois difficiles à acquérir pour une entreprise. Il peut alors être pertinent de sous-traiter ces étapes à un tiers spécialisé. Externaliser a aussi l'avantage de représenter moins de risques, car l'entreprise investit moins et peut plus facilement arrêter cette activité si elle n'est pas rentable.

### *L'exemple d'IBM*

Le secteur de l'électronique, avec ses 20 à 50 millions de déchets est particulièrement propice à l'installation d'une logistique inverse. IBM, un des leaders du secteur, a mis en place un programme de récupération des produits en fin de vie dès 1989 en Europe. L'entreprise a d'abord déployé un réseau décentralisé avant de tout centraliser au centre de Montpellier.

Cela a d'abord permis de faciliter la gestion du réseau avec un seul stock de pièces et de machines usagées et donc d'optimiser les processus de valorisation. Mais le vrai avantage a été de **mutualiser les infrastructures**. En effet, le circuit de valorisation s'appuie sur les mêmes ateliers d'assemblage, salles de tests et lieux de stockage que la chaîne logistique de produits neufs. De la même manière, IBM s'est servi des compétences et des ressources déjà disponibles dans son centre de production à Montpellier. Ainsi, une même équipe gère avec les mêmes outils les serveurs neufs et d'occasion. Cette mutualisation a évité à IBM de lourds investissements et a permis de déployer la logistique inverse à moindre coût et donc de rendre viable cette pratique.

Ensuite, IBM s'est aussi doté d'importants moyens d'information et de prévision. L'objectif a été d'intégrer la gestion des flux de retour avec celle des flux directs. Par exemple, dans le système de planification, les stocks de pièces neuves sont complétés par les pièces déjà remises à neuf et les pièces prévues de revenir à court, moyen et long terme. Le court terme comprend toutes les pièces revenues à l'usine, mais pas encore remises à neuf. Ce stock est considéré à 100 % dans la planification. Le moyen terme représente les pièces expédiées depuis les clients, mais qui ne sont pas encore arrivées à l'usine, 80 % de ce stock est pris en compte. Le long terme est une pièce dont le retour est planifié, seulement 50 % de ce stock est considéré pour faire face aux incertitudes sur les volumes réels et la qualité. Cette approche statistique permet à IBM d'anticiper au mieux ses stocks disponibles et de privilégier la réutilisation à l'utilisation de pièces neuves.

Ces bonnes pratiques, couplées avec le partenariat avec une entreprise de transport pour sous-traiter l'acheminement des produits jusqu'au centre de Montpellier, ont permis à IBM de mettre en place une logistique inverse viable économiquement tout en réduisant son empreinte environnementale.

## 3.2 Les méthodes de valorisation

Selon l'état des produits collectés, leur nombre, leur conception, le business model de l'entreprise, plusieurs stratégies de valorisation sont possibles. Soit l'objectif est de **réintroduire le produit** sur le marché en conservant globalement sa fonction, c'est la réparation, la remise à neuf ou le reconditionnement, soit l'objectif est de **valoriser les matières premières** en recyclant ou en utilisant l'énergie de leur combustion.

### Réparer, reconditionner, remettre à neuf

La différence entre les trois manières de réintroduire un produit réside dans l'étape de la chaîne logistique où le produit est réintroduit.

### *Réparer*

La première stratégie est de **réparer**, c'est-à-dire corriger le défaut qui a entraîné l'obsolescence. Souvent, les produits réparés sont de moins bonne qualité que les produits remis à neuf ou reconditionnés, leur garantie est souvent plus courte et ne couvre que les parties réparées. L'avantage de cette pratique est qu'elle peut se faire proche du client pour réintroduire le produit directement au niveau des points de vente. Aussi, c'est la seule valorisation qui peut permettre de rendre le produit à l'utilisateur d'origine, ce qui évite les problèmes de logistique inverse. Cette pratique est aujourd'hui minoritaire car elle est considérée comme trop chère par les consommateurs. En plus, le développement de produits plus high tech a engendré une augmentation des coûts de réparation. Entre 1980 et 1990, le prix des machines à laver a augmenté de 40 % mais le coût de réparation, lui, a augmenté de 165 %.

### *Reconditionner*

Le **reconditionnement** est plus complet que la réparation, car il commence le plus souvent par une analyse globale du produit pour repérer les composants endommagés et dont les performances sont inférieures à l'attendu. Ces pièces sont alors changées même si elles ne sont pas à l'origine de la fin de l'utilisation. Par exemple, pour un smartphone dont l'écran a été brisé, la réparation se limite à changer l'écran alors que le reconditionnement va analyser tout le produit et si la batterie a une capacité trop faible, elle sera aussi changée. L'objectif est de remettre à niveau le produit pour qu'il se rapproche des caractéristiques du neuf. La qualité du produit reste inférieure mais les coûts de reconditionnement peuvent être bien moindres. Cette pratique est assez répandue et a créé un marché alternatif, celui des « produits gris ». Certaines entreprises comme BackMarket ou Refurbished se sont spécialisées sur ce créneau et ont démontré la viabilité de la pratique. Ce sont des distributeurs qui s'appuient sur des reconditionneurs indépendants. Pour assurer la qualité des produits de sa plateforme, BackMarket a mis en place un label qui évalue le processus de reconditionnement de tous ses partenaires.

### *Remettre à neuf*

La **remise à neuf** est la valorisation la plus complète qui permet de ramener le produit aux performances du neuf pour proposer les mêmes durées de garantie. Cette pratique est la plus coûteuse, car elle nécessite le démontage complet du produit pour restaurer ou remplacer tous les composants sujets à l'usure. Il est aussi possible de valoriser seulement certaines pièces et de compléter le stock de composants neufs par des composants de seconde vie, mais en très bon état, c'est ce que pratique IBM. L'avantage de cette pratique est alors de pouvoir vendre le produit au prix du neuf tout en utilisant moins d'énergie et de matières premières. L'exemple historique est Xerox avec ses photocopieurs qui assure avoir économisé 80 millions de dollars en 1997 en développant leur filière de remise à neuf.

## Recycler

Lorsque le produit est dans un état qui ne lui permet pas d'être réintroduit sur le marché, il est toujours possible de valoriser les matières premières qui le constituent. Le **recyclage** est le procédé qui permet d'extraire ces matières premières des produits en fin de vie afin d'en fabriquer de nouveaux.

Le processus de recyclage est relativement différent d'un matériau à l'autre et conduit à des rendements plus ou moins intéressants. Ainsi les taux de recyclage sont hétérogènes, par exemple pour les emballages ménagers, 100 % de l'acier, 58 % de l'aluminium, 88 % du verre sont recyclés contre seulement 30 % des plastiques.

### *Recycler les métaux*

Les métaux sont *a priori* des matériaux facilement recyclables, et ce, à l'infini en fondant le métal pour le remodeler. En pratique, le processus est plus complexe que cela. D'abord, il faut réussir à **isoler** les métaux des autres matériaux du produit. Cela pose problème lorsque les métaux sont présents en faible quantité et de manière dispersée, comme c'est le cas dans les équipements électroniques. Ainsi, le taux de recyclage des métaux dans l'électronique est de 50 % dans les meilleurs cas pour l'aluminium, l'argent ou le cuivre et moins de 1 % pour les pires exemples comme le béryllium, l'indium ou le gallium.

L'autre limite est l'utilisation d'alliages particuliers, ces « mélanges » de métaux ne peuvent pas être séparés de manière viable donc leur recyclage implique de garder la même composition. Or dans des domaines comme l'aéronautique, il n'est pas envisageable d'utiliser des alliages de générations précédentes et qui ont accumulé des impuretés durant le recyclage. Cela explique le faible taux de recyclage des avions.

### Le cas particulier des batteries lithium-ion

Au cours de la dernière décennie, le nombre de batteries lithium-ion a considérablement augmenté du fait du développement des véhicules électriques. Cela s'accompagne d'une mise en tension des ressources pour fabriquer de telles batteries comme le lithium ou le cobalt. Il y a alors un fort enjeu à recycler ces batteries. En 2020, seulement 13 entreprises en Europe étaient capables de recycler des batteries pour atteindre une capacité de 50 000 tonnes par an au total.

Le processus de recyclage conventionnel débute par un pré-traitement qui commence par décharger la batterie en la plongeant dans des bains d'eau salée où elle subit des courts-circuits la déchargeant de ses électrons. Cette étape est nécessaire pour éviter les risques d'explosion, mais elle peut mener à des fuites d'électrolyte ce qui compromet le processus. Il faut ensuite démonter la batterie pour séparer les différents composants. Cette étape est difficilement automatisable et pose des problèmes de santé pour les opérateurs. Elle nécessite donc des procédures de sécurité lourdes qui ralentissent le processus. Le défi majeur reste la séparation des électrodes des matériaux actifs. Cette phase nécessite une séparation physique par concassage et tamisage couplée avec une décomposition thermique puis une dissolution chimique dans un solvant.

Une fois le prétraitement terminé, deux méthodes peuvent être utilisées, la pyrométallurgie qui s'adapte à différents types de batteries et qui affiche la meilleure efficacité. Elle est la plus répandue aujourd'hui, mais elle consomme beaucoup d'énergie et une partie du lithium et de l'aluminium est perdue. L'alternative est l'hydrométallurgie qui consomme moins d'énergie et qui récupère aussi le lithium et l'aluminium, aujourd'hui cette méthode a un rendement plus faible, mais de nombreuses études visent à améliorer la méthode.

Les autres formes de recyclage comme la resynthèse d'électrode ou la valorisation du graphite des anodes sont prometteuses, mais restent bloquées au stade de la recherche et ne sont pas encore passé à l'échelle industrielle.

En plus de réduire la tension sur les matières premières, il a été estimé que le recyclage des batteries pourrait réduire les coûts de fabrication de 20 %.

### *Recycler les plastiques*

Les plastiques sont des matériaux dérivés du pétrole polyvalents et peu coûteux. Ils se sont rapidement répandus dans notre quotidien et leur production n'a cessé de croître. En 2019, 353 millions de tonnes de plastiques ont été produites, mais seulement 9 % ont été recyclées.

Le premier obstacle au recyclage est la collecte des déchets plastiques, seulement 40 % des bouteilles plastiques sont recyclées et 15 % des autres types de déchets plastiques. En effet, la collecte des déchets ménagers est assez bien déployée, mais il y a un enjeu fort à développer ces collectes pour les entreprises et les lieux publics. Pour améliorer l'efficacité de la collecte, les déchets plastiques sont souvent mélangés avec d'autres types de déchets comme les déchets papiers. Il est alors indispensable de procéder à un tri qui se fait le plus souvent de manière automatisée grâce à des capteurs optiques. Ces technologies restent limitées, notamment pour séparer différents types de matériaux assemblés ensemble.

Après le tri, les plastiques rigides sont broyés en flocons et nettoyés en utilisant un minimum d'eau (2 à 3 $m^3$ par tonne de plastique) voire sans eau avec le nettoyage à sec par friction. Les différents types de plastique sont ensuite séparés d'abord par densité ou par élutriation (méthode granulométrique qui s'appuie sur la taille, la forme et la densité). La séparation la plus complexe est celle des PVC avec les PET (plastique présent dans les bouteilles par exemple) car les deux plastiques ont une densité proche. Elle nécessite alors des méthodes de spectroscopie, de flottation par mousse ou de dégradation sélective.

Une fois tous les flocons bien séparés, ils peuvent être utilisés comme matière première, les PET sont soit remployés pour refaire des bouteilles, soit pour des vêtements polaires. Les PVC sont transformés en fibres textiles. Les plastiques sont donc rarement recyclés pour produire la même gamme de produits, il n'y a donc pas de cycle « infini » de recyclage pour les plastiques.

Les plastiques trop difficiles à recycler sont souvent incinérés, ce qui donne l'opportunité de récupérer une partie de l'énergie qu'ils contiennent, mais cela émet du $CO_2$ et des substances toxiques.

### *Les matériaux plus difficilement recyclables*

Malheureusement, beaucoup de matériaux restent difficiles à recycler parce qu'ils sont en faible quantité (vernis, peinture...), ou toxiques (composants en mercure, dissolvants) ou avec des structures trop complexes mélangeant des matériaux de natures différentes comme les composites. Ces derniers sont composés de fibres (de verre, de carbone) tissées et entourées d'une matrice (en résine, en métal...). Ils sont de plus en plus utilisés dans l'industrie, en automobile et en aéronautique notamment. Aujourd'hui, il est encore difficile de les recycler mais de nombreuses recherches sont menées et trois voies sont explorées. Le recyclage mécanique qui ressemble au procédé décrit pour le plastique, mais qui a l'inconvénient de briser les longues fibres qui perdent alors leurs propriétés mécaniques. Le procédé qui apparaît le plus viable économiquement est le traitement thermique, mais il demande beaucoup d'énergie. Sinon, il existe de nombreux procédés chimiques permettant de séparer la matrice des fibres. Des méthodes comme la dissolution dans un solvant à pression ambiante sont prometteuses, mais ne sont pas encore passées à l'échelle industrielle.

## Concevoir pour mieux valoriser

Les méthodes de valorisation sont encore coûteuses et difficiles à mettre en place, mais un des leviers les plus efficaces pour gagner en efficacité sur ces procédés est de penser à la fin de vie dès la conception. Plusieurs bonnes pratiques peuvent alors être mises en place :

**Tableau 5.3** – Les bonnes pratiques de conception pour mieux valoriser les produits en fin de vie

| Les bonnes pratiques | Description | Objectifs |
|---|---|---|
| Conception pour le démontage (*Design for disassembly*) | – Intégrer les problématiques de démontage dans la conception, tous les composants doivent être séparables avec un outillage de base et sans risque d'endommagement.<br>– Par exemple, privilégier de la visserie à de la colle, mais aussi documenter le démontage ou encore éviter d'utiliser des composants trop petits. | Rendre le démontage plus rapide, accessible à tous et sans risque de détériorer le produit. |
| Choix des matériaux | – Choisir des matériaux durables en les dimensionnant pour plusieurs cycles de vie.<br>– Privilégier des matériaux facilement recyclables, en évitant les alliages complexes par exemple.<br>– Supprimer tous les matériaux toxiques.<br>– Évaluer l'affinité des matériaux utilisés. | Permettre au produit de survivre plusieurs cycles de vie avant d'être facilement recyclé. |

| Les bonnes pratiques | Description | Objectifs |
|---|---|---|
| Conception évolutive (*Conception for upgrade*) | – Laisser la possibilité de remplacer des composants par des versions plus performantes ou d'ajouter des fonctionnalités avec de nouveaux modules.<br>– Appuyer tous les designs d'une gamme sur une structure similaire appelée plateforme. | Faciliter la valorisation des pièces détachées communes à tous les produits ayant la même plateforme.<br>Augmenter la valeur ajoutée de la remise à neuf en ajoutant des fonctions. |
| Conception modulaire (*Modular design*) | – Concevoir le système en le découpant en plusieurs parties appelées modules.<br>– Les modules sont indépendants et peuvent être modifiés, remplacés, améliorés indépendamment.<br>– Par exemple, il faut séparer les systèmes électriques, des systèmes mécaniques et des systèmes de plomberie. | Remplacer seulement les modules défectueux ou avec des performances insuffisantes.<br>Facilite aussi le recyclage si les modules sont séparés par matériaux. |
| L'explorateur de regroupement modulaire (MGE *Modular Grouping Explorer*) | – Identifier la nature des modules et localiser les frontières.<br>– Classement des modules selon l'homogénéité des matériaux, la fiabilité, le potentiel d'obsolescence.<br>– Intégrer cette classification dans la conception des modules et dans la prévision de la fin de vie. | Optimiser la conception des modules pour les adapter au mieux à leur fin de vie.<br>Construire un scénario de fin de vie couvrant l'architecture, les modules et les composants. |
| Appliquer une stratégie Low-Tech | – Limiter l'utilisation de composants électroniques.<br>– Limiter le nombre de matériaux utilisés.<br>– Utiliser des matériaux de récupération.<br>– Concevoir plus durable et sans superflu. | Limiter la complexité des systèmes pour faciliter tous les types de valorisation. |

Ces bonnes pratiques sont appliquées par les entreprises qui essayent de valoriser au mieux la fin de vie de leur produit. Par exemple, Adidas a lancé en 2019 son programme « *futurecraft loop* » qui a pour objectif de proposer une basket recyclable et transformable en une nouvelle paire. Ainsi, les concepteurs ont fait le choix de n'utiliser qu'un seul matériau, un plastique recyclable. Les interfaces sont gérées sans aucune colle, ce qui supprime l'étape de séparation. Ainsi, la basket en fin de vie peut directement être broyée et les granulés de plastiques sont ensuite utilisés comme matière première pour une nouvelle paire.

Xerox est, elle, pionnière dans la conception évolutive en développant dès 1990 une structure commune à tous ses modèles d'imprimantes. Cette plateforme comprenait le moteur principal et les périphériques centraux avec une durée de vie de plus de 15 ans. Autour de cette plateforme, la firme proposait des modules supplémentaires et encourageait des remises à neuf avec des améliorations des composants et des logiciels. Cela permettait d'éviter l'obsolescence de ses produits et de se démarquer de ses concurrents.

## 3.3 Des limites surmontables

Malgré les potentiels d'économies en matières premières, la remise sur le marché ou le recyclage sont loin d'être systématiques. Plusieurs limites freinent le déploiement de ces pratiques, néanmoins des entreprises comme Back Market, Murphy, Xerox, IBM ont réussi à faire face à ces limites.

### Les limites

#### *Une réduction d'empreinte imparfaite*

D'abord, la fermeture du cycle de vie avec toutes les manières de valoriser les produits en fin de vie est imparfaite et garde une certaine empreinte écologique.

Pour commencer, il est important de comprendre qu'aucun cycle de vie n'est infini et auto-alimenté. D'abord chaque processus de réparation, de reconditionnement ou de remise à neuf nécessite d'apporter des pièces neuves, d'utiliser des machines, de l'électricité ou des ressources. Ainsi une dynamique circulaire a toujours besoin de flux externes pour compenser les pertes inévitables.

Le recyclage aussi n'est jamais vraiment infini, il consomme de l'énergie et il s'accompagne toujours d'un certain rendement. Ce dernier entraîne une perte en masse qui s'accumule à chaque cycle. Même avec un rendement de 90 %, il suffit de six cycles pour perdre presque la moitié de la masse, pour un rendement de 80 % trois cycles suffisent. Les métaux en particulier sont parfois vus comme recyclables à l'infini mais les processus de recyclage ont tendance à amener des impuretés, ce qui réduit le rendement. Par exemple l'acier est considéré comme un des matériaux les plus recyclables et pourtant 10 % de l'acier issu du recyclage est considéré comme « contaminé ». En plus du processus de recyclage en lui-même, la collecte et le tri laissent échapper une partie des matériaux recyclables.

Ainsi, dans ce contexte, il est nécessaire d'apporter de nouvelles matières premières pour compléter les pertes et soutenir l'augmentation de la production.

#### *Une équation économique difficile*

La logistique inverse couplée avec les méthodes de valorisation demeure un processus coûteux et la perception du client reste méfiante. Il s'attend toujours à payer un produit revalorisé moins cher qu'un produit neuf et à préférer racheter du neuf plutôt que de payer une réparation. Alors, il est plus risqué pour une entreprise d'orienter son activité vers des produits valorisés que vers des produits neufs. Cela explique que la plupart des entreprises restent dans la production linéaire à laquelle elles sont habituées.

### Les entreprises qui les ont surmontées

Pourtant, ces freins n'ont pas empêché certaines entreprises d'inclure avec succès la valorisation de la fin de vie dans leur stratégie d'entreprise. Ce choix stratégique est intéressant car il répond aux besoins client d'avoir des produits à empreinte réduite. Aussi, cela peut permettre de capter un marché encore inexistant en étant le premier à proposer une offre de produit de seconde main ou de produit recyclé.

Pour mener à bien ce choix stratégique, les entreprises ont recours à des pratiques économiques et marketing particulières.

D'abord il est possible d'augmenter le consentement à payer en répondant aux craintes des clients. Par exemple, rassurer sur la durabilité d'un produit reconditionné en proposant une garantie équivalente voire supérieure au neuf, Xerox ou Orangebox ont utilisé cette pratique.

Même avec un consentement à payer plus élevé, il peut être difficile de rentabiliser un produit avec sa seule vente, surtout s'il est conçu pour être réparable et durer plus longtemps. Une solution est de passer à une proposition de service. Dans ce modèle, le produit est détenu par l'entreprise donc plus le produit est durable, facilement réparable ou valorisable, plus il est rentable. Cela permet aussi de générer plus de valeur en proposant de la maintenance ou de la réparation. C'est le modèle de Fairphone qui propose un abonnement mensuel qui inclut l'utilisation d'un smartphone, les réparations et l'échange avec un nouveau smartphone en cas de panne. Murphy, une entreprise spécialisée dans l'électroménager reconditionné, a aussi axé son activité vers le service en mettant en avant ses compétences en réparation. Ces activités de réparations créent directement de la valeur et permettent de rassurer le client sur le reconditionné, car il sait que même en cas de panne, il pourra facilement faire réparer son appareil.

Finalement, le chapitre peut être résumé par ce schéma :

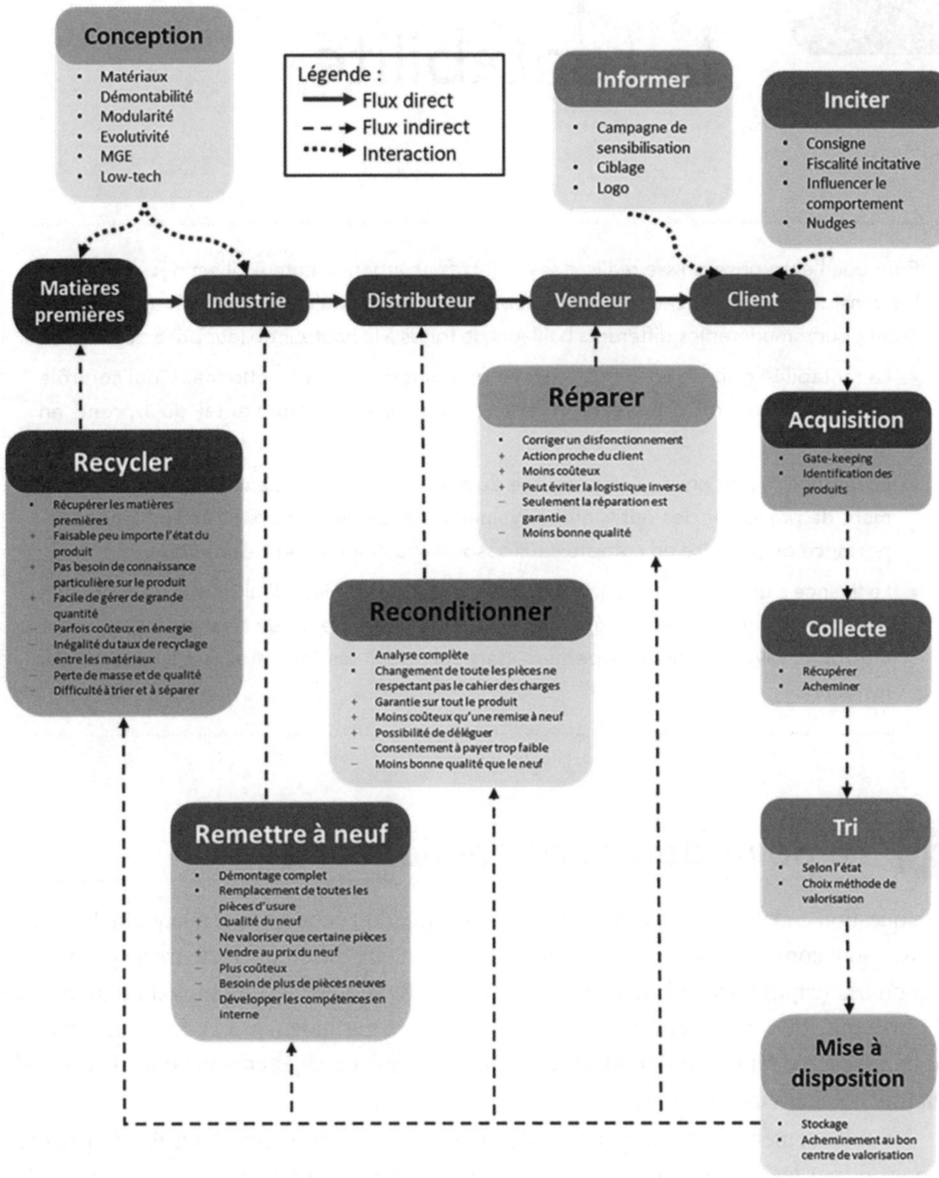


**Figure 5.6** – Synthèse de la valorisation des produits en fin de vie

Source : Auteurs.

# Chapitre 6 La question de la rentabilité

Pour que l'entreprise puisse réaliser ses objectifs environnementaux, il est nécessaire que les transformations associées soient rentables, c'est-à-dire qu'elles dégagent un profit suffisant pour rémunérer les différents bailleurs de fonds à la hauteur de leur prise de risques :

- La rentabilité doit d'abord être assurée du point de vue de l'actionnaire qui contrôle l'entreprise et doit donc être informé du risque environnemental qu'il prend en investissant.
- La rentabilité doit ensuite être assurée du point de vue des créanciers. Il s'agit notamment de présenter des outils afin d'évaluer le risque des crédits et de souligner l'importance de prendre en compte ceux associés au changement climatique.
- La finance a un rôle central à jouer pour assurer la rentabilité d'initiatives de réduction d'empreinte environnementale. Les différents instruments de finance verte seront introduits, avec un développement particulier sur les indicateurs de reporting à instaurer.

## 1 Le point de vue de l'actionnaire

La question de la rentabilité est centrale dans l'équation économique à laquelle les entreprises sont confrontées : ce n'est qu'en garantissant aux différents facteurs de production mobilisés (capital, travail) une rémunération en ligne avec les attentes du marché que la pérennité des efforts environnementaux peut être garantie (*cf.* 3.1). La détermination d'un niveau de rémunération juste du capital est donc un sujet critique dans le cadre de la transition environnementale.

Le financement de l'entreprise se décompose schématiquement en **fonds propres** apportés par les actionnaires, qui touchent une rémunération sous forme de dividendes ou d'une appréciation du cours de l'action, et en **dette** apportée par les créanciers (banques ou prêteurs obligataires) et qui est rémunérée par le paiement d'intérêts et dont le principal doit être remboursé (*cf.* 6.2). La rémunération de la dette est contractuellement obligatoire selon un échéancier défini à l'avance et tout défaut entraînerait la faillite de l'entreprise. Dans ce cas de figure, la liquidation des actifs de l'entreprise irait prioritairement aux salariés, puis aux créanciers et en dernier lieu aux actionnaires. La dette est donc moins risquée que les fonds propres dont la rémunération, elle, n'est pas garantie – il n'y a aucune obligation légale de verser des dividendes – et qui bénéficient de moins de protections en cas de faillite.

Le point de vue de l'actionnaire se focalisera donc sur le couple risque – rendement de son investissement.

### 1.1 La rentabilité attendue et ses limites

L'investisseur partage le risque économique de l'entreprise : il peut perdre son argent et sa rémunération dépendra de la capacité à verser des dividendes et/ou à trouver un acheteur souhaitant acquérir ses parts à un prix supérieur à l'investissement initial.

Du point de vue financier, la valeur d'une action s'estime sur la base de la somme actualisée des flux financiers futurs (dividendes + produit de cession) :

$$VAN = \sum_i^n \frac{CF_n}{(1+r)^n}$$

Avec :

$VAN$, Valeur Actuelle Nette
$CF_n$, Cash Flow escompté de l'année n
$r$, le taux d'actualisation

Cette technique de **valorisation**, dite des flux financiers actualisés (*discounted cash flows*), repose sur deux hypothèses. La première est qu'il est (1) possible de se construire une opinion éclairée sur les flux financiers futurs de l'entreprise. Cela suppose de disposer d'une information fiable et à jour sur la situation de l'entreprise et sur les conditions de marché dans lesquelles elle opère (2). La seconde concerne la notion même d'actualisation qui est censée représenter le coût du passage du temps (3).

#### Prévoir les flux futurs

Le rôle des business plans est de fournir une chronique prévisionnelle de flux financiers à destination des créanciers, de l'entreprise[1] et des actionnaires[2]. Ils permettent à chaque acteur de se faire une opinion prévisionnelle et de prendre des décisions sur la base d'analyses prédictives dont le but n'est pas de représenter le futur de manière exhaustive mais d'illustrer des cas de figure potentiels (scénarios). Surtout, les business plans sont la matrice principale d'analyse des risques et de leur allocation entre les parties prenantes au projet. L'**incertitude radicale** liée au changement climatique (*cf.* 2.1) perturbe fortement la capacité des business plans standards à anticiper les changements futurs.

1. *Free Cash Flow to the Firm (FCFF).*
2. *Free Cash Flow to Equity (FCFE).*

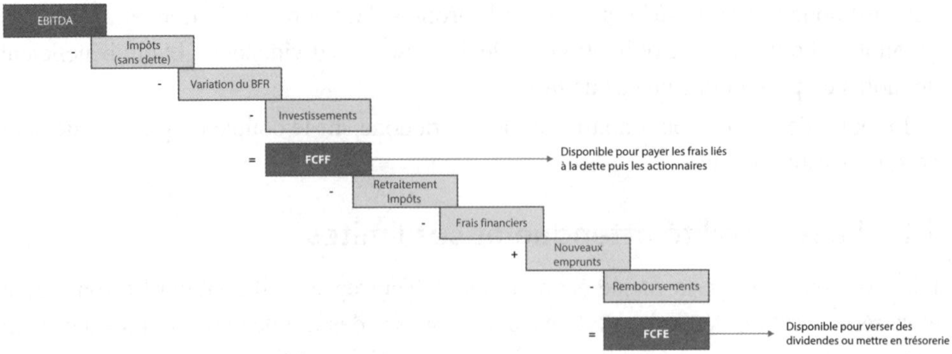


**Figure 6.1** – Cascade des cashflows

Source : Auteurs.

Le recours à des techniques de modélisation de plus en plus sophistiquées peut fournir des outils pour gérer l'incertitude radicale quant aux conséquences du changement climatique. Néanmoins, elles ont des limites importantes (impossibilité de tout prévoir, coût en temps et en ressources) et ne permettent pas de résoudre le problème de fond : les décennies à venir présentent un profil de risque historiquement inédit et nos capacités prédictives s'en trouvent fortement contraintes. La valorisation des actifs, et en particulier des projets d'investissement à long terme, en devient donc de plus en plus complexe car l'incertitude sur la modélisation des flux futurs augmente. Cela se traduit par des coûts de financement augmentés et une difficulté croissante à trouver des financements, surtout dans les zones les plus exposées au risque climatique. Pour reprendre les termes de Larry Fink[1], le risque climatique est un risque pour l'investissement.

## L'enjeu de l'information

Afin de prendre en compte le risque climatique, les investisseurs doivent donc disposer d'une information fiable sur l'exposition de l'entreprise, tant pour le **risque physique** que pour le **risque de transition** (*cf.* 3.3). De nombreuses initiatives concourent à cela, notamment en matière de reporting extra-financier et de labellisation des activités (*cf.* 6.3). Les entreprises peuvent également faire le choix de développer des indicateurs spécifiques pour informer leurs actionnaires et investisseurs potentiels de leur effort climatique. Ce fut le cas par exemple de Danone, qui pendant un temps publiait un bénéfice par action (BPA) ajusté du coût des émissions de $CO_2$ nécessaires à sa réalisation :

$$BPA_{Ajusté} = BPA - \frac{Coût\ carbone}{Nbr\ d'actions}$$

Avec :

$$Coût\ carbone = Émissions * Prix\ du\ CO_2$$

1. PDG de BlackRock, un des plus grands fonds d'investissement au monde.

N.B. : Danone utilisait un prix du carbone de 35 €/tonne, inférieur aux préconisations pour atteindre l'Accord de Paris (40-80 $/t en 2020, 50-100 $/t en 2030), mais en ligne avec les prix prévalant alors sur le marché européen du carbone.

Ces initiatives restent cependant limitées mais elles ont le mérite de permettre une visualisation immédiate du **coût social** en termes de pollution carbone et de permettre de mesurer le risque financier qu'encourent les investisseurs si les marchés carbone devaient être étendus aux entreprises de leur portefeuille. C'est par exemple une des raisons qui a poussé GetLink, la maison-mère d'Eurotunnel, à publier une marge décarbonée qui permet de concilier finance et carbone :

$$\textit{Marge décarbonée} = \textit{EBITDA} - \textit{Coût carbone}$$

Avec :

$$\textit{Coût carbone} = \textit{Émissions} * \textit{Prix du } CO_2$$

GetLink a pour sa part retenu un prix du carbone de 197 euros la tonne, en lien avec les recommandations scientifiques. Il n'est pas anodin que l'entreprise, acteur du transport ferroviaire en concurrence avec des ferries, publie cet indicateur dans un contexte où le secteur maritime, et donc ses concurrents, va être inclus dans le **marché européen du carbone** (*cf.* 3.2).

Au-delà de ces initiatives ponctuelles, la plupart des investisseurs n'ont pas les ressources techniques et l'expertise pour développer des scénarios climatiques cohérents leur permettant de produire des chroniques de cash flows prospectives. C'est pourquoi les principales banques centrales mondiales, réunies dans le *Network for Greening the Financial System* (NGFS), ont construit et mettent à disposition un ensemble de scénarios macroéconomiques chiffrés qui incluent les chemins critiques de transition.

Les scénarios **ordonnés** reposent sur une transition précoce et progressive. Les risques de transition et physiques sont minimisés.

Les scénarios **désordonnés** reposent sur un risque de transition plus élevé du fait de mesures plus tardives ou différentes suivant les pays et industries. Les prix du carbone y sont plus élevés à élévation de la température comparable.

Les scénarios "**Maison chaude** " reposent sur une introduction dans certains pays de mesures de transition partielles. Les efforts globaux restent insuffisants pour prévenir le changement climatique. Des seuils de température critiques sont dépassés, menant à un risque physique sévère et à des impacts irréversibles, comme la hausse du niveau des mers

Les scénarios "**Trop peu, Trop tard** " reposent sur l'idée qu'une transition tardive ne réussit pas à limiter le risque physique. Ces scénarios n'ont pas été modélisés mais peuvent être estimés en augmentant la matérialisation du risque physique dans les scénarios désordonnés.

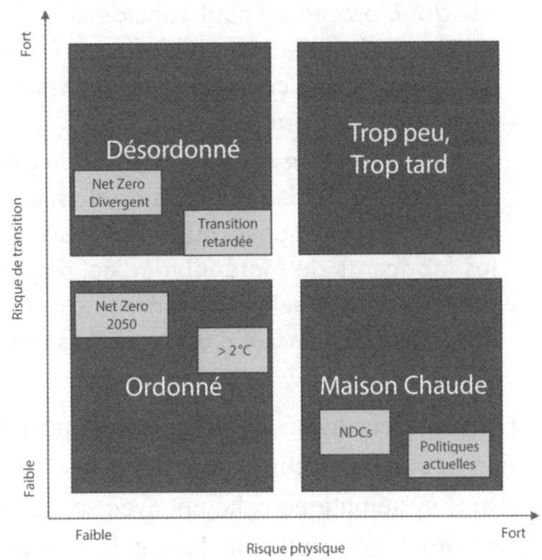


**Figure 6.2** – Les six scénarios de transition du NGFS

Source : Représentation et traduction auteurs, d'après NGFS.

## La notion d'actualisation

L'analyse financière moderne repose en grande partie sur l'**hypothèse d'efficience des marchés** développée par Eugene Fama. Elle stipule que dans un marché efficient, en moyenne, toute l'information disponible est intégrée instantanément dans le prix d'un actif du fait de la présence de nombreux acteurs. Le processus itératif d'ajustement des prix lié à l'arrivée de nouvelles informations sera alors lui-même aléatoire, *i.e.* il n'est en moyenne pas possible de le prédire. Cette théorie est notamment à la base de toute la gestion passive des investissements sur la base du suivi d'index. Comme il n'est pas possible en moyenne d'anticiper les variations d'une variable aléatoire, en théorie la meilleure stratégie d'investissement est donc de répliquer le mouvement de cette variable en investissant dans un fonds contenant tous les actifs du marché considéré (l'index). Cette **gestion passive** représente environ la moitié des actifs gérés par des fonds aux États-Unis.

Cette hypothèse est la base du **modèle d'évaluation des actifs financiers** (MEDAF, *Capital Asset Pricing Model*, CAPM) dans lequel les investisseurs vont apprécier les actifs en fonction de leur couple rentabilité espérée – risque potentiel. Ce modèle repose sur la distinction entre le **risque idiosyncratique**, propre à l'entreprise et le **risque systématique** qui représente l'évolution du rendement de l'actif en fonction du reste du marché. Bien qu'il présente de réelles limites et que des modèles alternatifs existent, le CAPM est la pierre angulaire du système financier. Il est utilisé de manière transverse par l'ensemble des acteurs (entreprises, banques, investisseurs, fonds…) pour valoriser portefeuilles, actions et projets d'investissement.

### Les différentes catégories de risques

Le **risque idiosyncratique** résulte de la gestion de l'entreprise et de ses aléas. Il est donc propre à l'actif considéré et il est reflété dans le business plan du projet d'investissement. Il va venir affecter les revenus futurs escomptés. Il est possible de se couvrir contre ce risque en investissant en parallèle dans des actifs ayant un profil de risque différent (diversification).

Le **risque systématique** est le risque porté par l'ensemble des acteurs du marché, par exemple le risque d'une épidémie ou d'une hausse des prix des matières premières énergétiques. Tous les acteurs ne seront pas affectés de la même manière : les fabricants de matériel médical n'ont pas la même fortune économique que les exploitants de salles de cinéma durant une pandémie. Ils sont néanmoins tous concernés. Ce risque n'est donc pas diversifiable.

L'investisseur avisé identifiera les opportunités lui permettant d'optimiser la composition de son portefeuille pour neutraliser le risque idiosyncratique et adopter le profil de risque systématique cohérent avec son appétence pour le risque (et donc son espérance de gain). Il en résulte que la rentabilité exigée d'un investissement ne se calculera qu'en fonction du risque systématique puisque le risque idiosyncratique peut être éliminé par la diversification du portefeuille. Le MEDAF donne ainsi la formule suivante pour calculer le taux de rentabilité exigée d'un investissement :

$$E[r_i] = r_f + \beta_i * \left(E[r_m] - r_f\right)$$

Avec :

$$E[r_i] \text{ la rentabilité escomptée de l'actif } i$$
$$r_f \text{ le taux sans risques}$$
$$\beta_i = \frac{Covariance\ (r_i, r_m)}{Variance\ (r_m)}$$
$$E[r_m] \text{ la rentabilité escomptée pour l'ensemble du marché}$$

Le coefficient $\beta$ relie la variation de l'actif avec celle du marché et correspond au risque systématique. Il s'applique à la prime de risque de marché, qui s'obtient par la différence entre le taux sans risques et la rémunération d'un portefeuille qui contiendrait l'ensemble des actifs du marché. Le taux sans risques correspond à la rémunération obtenue pour un actif théorique qui ne présenterait aucun risque de perte en capital. Dans les faits, les obligations souveraines américaines ou allemandes sont souvent utilisées comme taux sans risques de référence.

L'incertitude radicale quant aux effets du changement climatique vient perturber ce schéma. Sur le plan technique, le risque climatique ne suit pas une distribution normale (risque de queue de distribution) (*cf.* 2.1) et les estimations historiques ne sont pas pertinentes pour sa modélisation. Or le risque physique et le risque de transition peuvent être caractérisés à la fois comme des risques idiosyncratiques dans certaines dimensions et comme des risques systématiques lorsqu'ils affectent tous les acteurs du marché. Il conviendrait alors de s'interroger sur la capacité du modèle à rendre compte efficacement du risque climatique, notamment pour le calcul du coefficient $\beta$ et de la rentabilité attendue du marché.

Par ailleurs, le risque climatique, dans sa forme la plus extrême, est également un **risque systémique**. Un risque systémique se définit comme l'occurrence d'un événement déclencheur qui va venir causer une réaction en chaîne (un « effet domino ») de conséquences négatives. La notion de **contagion** d'une classe d'actif à une autre, d'un marché à un autre est donc centrale. Le concept est apparu dans le sillage de la crise financière de 2008 où les difficultés bancaires américaines liées au marché immobilier se sont répandues à l'ensemble de l'économie mondiale. Or, le risque climatique présente des caractéristiques analogues : dans un contexte de très forte incertitude du fait de l'absence de précédent, les marchés sont incapables d'estimer correctement la présence de ce risque alors même que les incitations individuelles sont alignées pour amener sa matérialisation et que le risque ne peut être évité que par une action collective coordonnée. Ce risque systémique étant exogène au marché (en l'absence de tarification carbone, le climat reste une externalité, *cf.* 2.2) et l'information à son sujet étant au mieux parcellaire, les outils financiers actuels ne sont pas en mesure de fournir aux investisseurs une exigence de rentabilité cohérente avec le risque encouru (et généré) par leur investissement.

Poser ce constat ne résout cependant pas le problème. La principale difficulté ici réside dans le fait que, comme mentionné plus haut, l'utilisation du MEDAF est ubiquitaire, ce qui a pour corollaire que, sous réserve qu'ils disposent d'informations équivalentes, les différents acteurs d'un marché vont convenir de manière itérative d'une fourchette pour les exigences de rentabilité demandées à tel ou tel type d'actif. Ces techniques de valorisation sont en effet devenues un **langage commun**. Utiliser d'autres méthodes expose à trouver des résultats fortement divergents et alors deux cas de figure sont possibles : soit le risque climatique anticipé se matérialise effectivement et l'investisseur avisé verra son raisonnement validé, soit il ne se matérialise pas (ou pas tout de suite) et l'investisseur se retrouvera à devoir assumer financièrement des décisions plus onéreuses que celles de ses concurrents ou des opportunités manquées.

## 1.2 L'arbitrage inter-temporel

Nous sommes partis jusqu'ici du principe que la décision d'investissement se prenait en fonction de la valeur présente des revenus futurs et nous avons exploré la manière dont ces revenus pouvaient éventuellement être actualisés en fonction des attentes des investisseurs.

Nous devons maintenant nous pencher sur la question critique de ce principe d'actualisation. Du point de vue financier, il rémunère le passage du temps, le fait que les revenus de demain sont moins certains que les revenus d'aujourd'hui. Il traduit à la fois une pure préférence pour le présent et un risque de ne plus exister demain. Or, le changement climatique concerne le long terme et nous invite à nous interroger sur la place que nous accordons aux générations futures dans nos décisions présentes (*cf.* 2.3).

Un calcul financier d'actualisation traduit le point de vue unilatéral de l'investisseur présent, le taux est fixé en fonction de son exigence de rentabilité. Un taux élevé aura tendance à réduire l'importance des flux financiers futurs, qu'ils concernent des revenus ou des frais.

| GES | 2 % | 4 % | 6 % | 8 % |
|---|---|---|---|---|
| 2030 | 871 € | 760 € | 665 € | 583 € |
| 2050 | 586 € | 347 € | 207 € | 125 € |
| 2100 | 218 € | 49 € | 11 € | 3 € |

**Figure 6.3** – Valeur actuelle (2023) de 1 000 € à différentes dates en fonction du taux d'actualisation

Source : Calculs et représentation auteurs, d'après Christian Gollier.

Le tableau ci-dessus illustre bien la difficulté de la prise en compte des différentes dates-butoir des principaux objectifs climatiques. Les valeurs actuelles nettes de 1 000 € de dégâts sont très faibles si le taux d'actualisation est élevé. D'un point de vue **éthique**, incluant les **générations futures**, seul un taux d'intérêt faible est à même de garantir la prise en compte efficace des conséquences du changement climatique dans les calculs d'actualisation. Ce raisonnement repose néanmoins sur l'idée que les générations futures, grâce à la croissance économique, seront matériellement plus riches que les générations présentes. Dans ce cadre, il est éthiquement justifié d'accorder une préférence au présent, au-delà de la rémunération du risque de décès, et donc d'actualiser les flux futurs en fonction de cet accroissement de richesse (*cf.* 2.3).

Néanmoins, dans un contexte d'**incertitude radicale** quant à l'avenir, cette proposition est pour le moins hasardeuse. Plusieurs arguments militent contre : le maintien d'une croissance linéaire uniforme à long terme est loin d'être certain, la répartition géographique et sociale des bénéfices de cette croissance n'est pas uniforme, *i.e.* même s'il devait y avoir croissance, il n'est pas donné que tous les individus en bénéficient et certains membres des générations futures peuvent être plus pauvres que les générations présentes, les coûts liés à la destruction de l'environnement ne sont pas supportés de manière uniforme…

De plus, l'utilisation de calculs d'actualisation n'a de sens que si les flux futurs ne connaissent pas de fluctuations significatives. En effet, face à des débouchés futurs massivement différents et fortement incertains, l'utilisation d'une référence unique d'actualisation, traduisant un unique profil de risque, n'a pas de sens conceptuellement. Dans ce cadre, une analyse de scénarios est beaucoup plus probante pour arbitrer entre différents projets.

En outre, face à un risque de catastrophe climatique majeure, représentant un coût économique drastique, l'actualisation perd de son sens tant du point de vue mathématique (l'actualisation n'aura que peu d'effets sur des flux financiers colossaux, quelle que soit leur date ou le taux retenu) qu'éthique. Il paraît en effet questionnable d'essayer de valoriser le coût présent de la perte d'une partie de l'humanité, là où tout devrait être fait pour éviter ce débouché. Il s'agit là du « ***dismal theorem*** » de Weitzman (*cf.* 2.1 et 2.3).

Face à ces considérations, que peuvent faire les entreprises ? Si l'on part du principe que les taux de marché ne reflètent au mieux que très imparfaitement le risque environnemental de long terme[1], elles devraient s'en affranchir pour essayer d'approximer une valeur cohérente avec la préservation de l'environnement (taux d'actualisation très faible). Néanmoins, cette position est difficilement tenable à long terme dans un marché concurrentiel (*cf.* 3.1), d'autant plus que les investisseurs auront la possibilité d'arbitrer leur participation dans l'entreprise en faveur d'un concurrent présentant un rapport risque – rentabilité plus favorable. Seul un alignement de vision sur les missions de l'entreprise permettra de dépasser la tragédie des horizons et d'aligner les intérêts de long terme en faveur du climat avec les objectifs de rentabilité de court terme.

La question de l'arbitrage intertemporel est donc particulièrement complexe, tant du point de vue purement logique que du point de vue éthique. La question agite profondément le champ académique, à l'intersection de l'économie, de la philosophie et de la finance, sans qu'un consensus émerge quant à la position appropriée à adopter. Pour reprendre les mots de Christian Gollier, « Peut-on baser une éthique de nos responsabilités envers les générations futures sur l'hypothèse que tout ira bien ? C'est ce qu'on fait,

1. Le taux de rendement annuel moyen des actions américaines (S&P 500) a été de 9,0 % sur les 25 dernières années.

mais c'est inacceptable ». Une solution peut alors être d'avoir une intervention publique à même d'imposer une **valeur tutélaire** du carbone (*cf.* 2.3).

## 1.3 L'activisme actionnarial

Dernière facette de l'implication de l'actionnaire, celui-ci dispose de **droits de vote** lors de l'assemblée générale des actionnaires et il peut donc faire valoir par ce biais ses exigences tant sur le couple risque – rendement de l'entreprise que sur sa stratégie. L'utilisation de ces droits de vote est devenue un enjeu crucial dans la transition environnementale avec leur instrumentalisation à des fins variées : des fonds activistes peuvent s'en servir pour remettre en cause une stratégie environnementale trop ambitieuse comme dans le cas de Danone et des associations environnementales pour influer sur la stratégie de grands groupes pétroliers par exemple. Les actionnaires n'ont néanmoins pas le droit légalement de s'immiscer dans la gestion de l'entreprise, leur influence se limitant en théorie au vote des résolutions et à la nomination du conseil d'administration.

Cependant, l'approbation des résolutions favorables à l'environnement en assemblée générale est devenue un indicateur important de l'engagement environnemental de nombreux fonds d'investissement. Ils poussent directement ou indirectement les entreprises de leur portefeuille à leur fournir plus d'informations sur les conséquences environnementales de leur développement à travers des reportings extra-financiers détaillés, et notamment des mesures de leurs émissions, et à adopter des stratégies de transition environnementale à long terme. Leur action est donc centrée sur deux leviers, la transparence et la planification de moyen – long terme, tous deux indispensables pour leur permettre d'apprécier le risque environnemental auquel les investisseurs sont exposés. Ils auront également à cœur d'aligner les intérêts du management avec cette stratégie en introduisant des objectifs environnementaux au sein du package de rémunération variable des dirigeants.

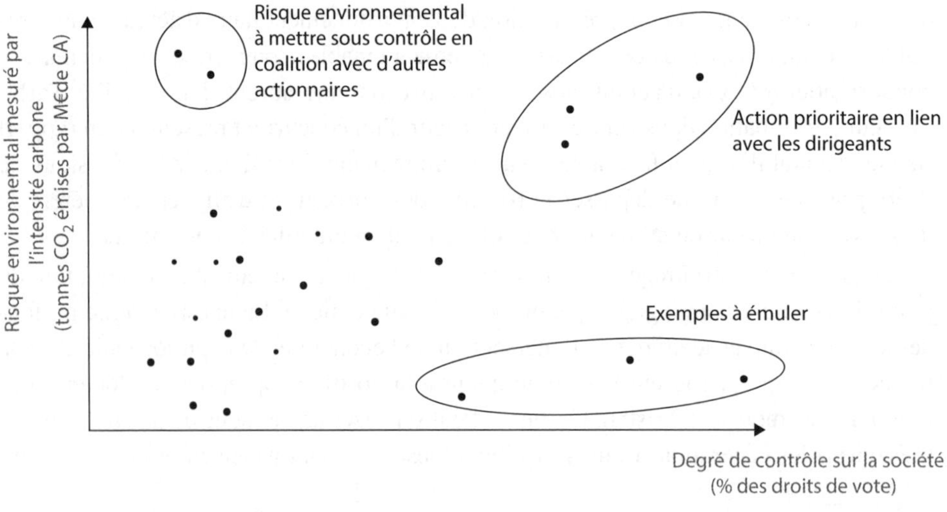


**Figure 6.4** – Suivi du risque environnemental d'un portefeuille de participations

Source : Auteurs.

Face à l'incertitude radicale de l'avenir et aux limites des outils traditionnels de la finance, la transmission d'une information claire, transparente et objective sur la situation environnementale de l'entreprise est donc un enjeu majeur pour l'actionnaire. Il s'agit pour lui du seul moyen de prendre en compte le risque environnemental, tant dans ses dimensions physiques que de transition.

Pour les entreprises, la fourniture de cette information est un défi organisationnel avec toute une **architecture de reporting** à mettre en place pour collecter cette information et la transmettre aux actionnaires de manière fiable. Les systèmes de gestion intégrée des entreprises (ERP) traditionnels sont focalisés sur le suivi, l'agrégation et la remontée des informations physiques (flux et stocks) et financières mais ne sont pas paramétrés pour y inclure les données environnementales : émissions, pollutions, déchets, etc. Il convient donc souvent de mettre en place tout un nouveau système de reporting. Il faut alors en premier lieu déterminer quelle est l'information importante à communiquer, sur la base de la réglementation et des pratiques de marché, et quel est le degré de granularité nécessaire dans sa collecte. Il faut ensuite investir dans les systèmes et processus nécessaires à cette collecte (capteurs, relevés, études terrain…) avec des méthodologies documentées et réplicables. Le chemin de remontée du flux d'information doit être validé pour garantir son intégrité et sa fiabilité. Son traitement doit ensuite être standardisé avec notamment des règles de conversion et d'agrégation pour éviter le double-comptage dans les organisations complexes. Finalement, sa synthèse doit être organisée puis validée par les instances dirigeantes de l'entreprise avant de pouvoir être communiquée aux investisseurs, souvent soit dans un *addendum* au rapport annuel, soit au sein d'un **rapport RSE** autonome. Finalement, des pratiques d'audit interne et externe doivent être structurées pour s'assurer de la robustesse du système. Celui-ci devra être également adapté au fil de l'eau en fonction des retours des destinataires de l'information (direction, investisseurs).

Ces systèmes sont donc complexes et onéreux à mettre en place, et requièrent un apprentissage interne long. Des alternatives sont disponibles dans lesquelles les entreprises utilisent des **benchmarks sectoriels** pour approximer par exemple leurs niveaux d'émissions. Il y a là un arbitrage managérial à faire, les benchmarks étant directement opérationnels et moins onéreux à utiliser mais ne fournissant pas une mesure du réel. Dans un contexte de tarification du carbone croissante, cela peut représenter un coût significatif pour l'entreprise, les benchmarks menant potentiellement à une surestimation des émissions réelles par rapport à une mesure terrain. Ils peuvent également mener à une priorisation défaillante des efforts dans le cadre de l'utilisation de **courbes d'abattement** (*cf.* 3.3).

Un dialogue informationnel se met donc en place entre les investisseurs et les entreprises dans une situation d'**asymétrie d'information** : l'entreprise en sait plus sur sa situation réelle que les acteurs externes. Cela suppose donc une confiance des investisseurs dans la qualité de l'information remontée et la mise en place de mécanismes d'audit, de supervision et de certification. Par ailleurs, afin d'être opérationnelle, l'information remontée doit pouvoir être analysable, c'est-à-dire comparable avec d'autres entreprises. Cette mise en perspective est indispensable à l'appréciation de la situation réelle. Pour cela, il est nécessaire que les indicateurs remontés soient comparables et les méthodes utilisées *a minima* similaires (par exemple que la définition des émissions indirectes significatives obligatoirement rapportées dans le bilan des émissions de gaz à effet de serre soit la même). De nombreuses évolutions réglementaires sont d'ailleurs en cours (*cf.* 6.3) pour faire émerger un « **langage commun** » à tous les acteurs (*cf.* 5.1).

**La double matérialité**

Les dirigeants ont l'obligation légale d'informer les actionnaires, et investisseurs potentiels dans le cas des entreprises cotées, des informations pouvant matériellement affecter la valeur de l'entreprise. Par définition, cette notion d'impact financier ne couvrait que partiellement les questions environnementales, dans la mesure où elles avaient une traduction financière, ce qui excluait notamment les externalités générées par l'entreprise.
La Directive sur la publication d'informations par les entreprises en matière de durabilité (CSRD, *Corporate Sustainability Reporting Directive*), entrée en vigueur début 2023, introduit la notion de double matérialité. Les entreprises ont désormais l'obligation de communiquer en plus des informations ayant un impact financier, toutes les informations ayant une incidence matérielle sur les populations et l'environnement (*cf.* 6.3).

# 2 Le point de vue des créanciers

Pour se financer, l'entreprise peut recourir à l'endettement. Pour cela, elle doit trouver un créancier prêt à lui prêter de l'argent en échange du paiement d'intérêts et du remboursement du principal. Le paiement des intérêts se calcule en fonction d'un taux défini contractuellement en amont, fixe ou variable. Le remboursement du principal peut se faire soit progressivement, comme dans un crédit immobilier, soit en fin de période, soit être sculpté en fonction des besoins de l'entreprise et de l'accord du créancier.

En prêtant de l'argent, le créancier encourt donc un risque de ne pas être payé. En cas de faillite de l'entreprise, et de liquidation de ses actifs, il sera néanmoins remboursé avant les actionnaires. Son apport est donc moins risqué et le coût de la dette est structurellement moins élevé que le coût des fonds propres.

## 2.1 La rémunération des créanciers

### Le calcul des intérêts

La rémunération des créanciers se calcule en appliquant un **taux d'intérêt** à un montant d'argent emprunté, le **principal**. Analytiquement, le coût de la dette peut se décomposer comme suit :

$$Coût_{Dette} = (r_f + r_{pays} + r_{entreprise}) * (1 - IS)$$

Avec :

$r_f$ le taux sans risque, souvent approximé par les obligations souveraines américaines pour les opérations en dollars ou allemandes pour les opérations en euros.

$r_{pays}$ le risque du pays où l'emprunteur est situé, ce risque ne s'applique pas si l'emprunteur et le créancier sont dans le même pays. Il couvre le risque de change (ce risque peut être très important quand la devise du crédit et la devise d'opération de l'emprunteur ne sont pas identiques), le risque politique et économique et les risques liés au transfert effectif de l'argent d'un pays à un autre.

$r_{entreprise}$ le risque spécifique de l'entreprise qui mesure sa capacité à payer les intérêts et à rembourser le principal. Il est une fonction de la situation financière de l'entreprise, de son taux d'endettement et de sa liquidité et des garanties offertes.

$IS$ le taux d'imposition des sociétés. En effet, le paiement des intérêts est une charge déductible du résultat net imposable et il génère donc une économie fiscale.

Contrairement aux particuliers, les taux d'intérêt payés par les entreprises sont très souvent **variables**, c'est-à-dire qu'ils vont fluctuer en fonction de l'évolution d'un sous-jacent auquel ils sont adossés. Le plus souvent, il s'agit d'un taux d'intérêt de référence, l'**Euribor**. L'Euribor (*Euro Interbank Offered Rate*) est un taux moyen du crédit interbancaire, fournissant un indicateur du coût de financement par dette des banques en euro. À ce taux fluctuant vient s'ajouter la **prime de risque**, payée par l'entreprise en fonction de son profil.

## Le remboursement du principal

Comme mentionné, le remboursement du principal peut adopter différents profils. Il peut être négocié entre l'emprunteur et le prêteur en fonction des besoins de l'entreprise. Ces différents types d'amortissements de crédit ont également des profils de risques différents, certains pouvant intégrer dans le bilan des risques de refinancement ou de variation de taux importants. Un profil de remboursement risqué ou extrêmement atypique augmentera naturellement le coût du crédit.

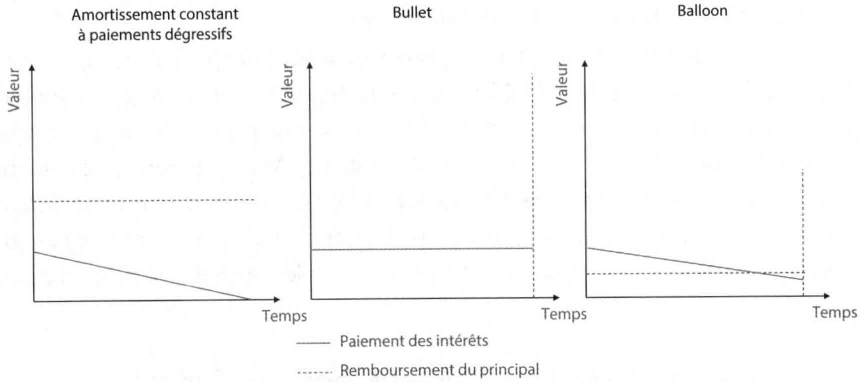


- Remboursement du principal au fur et à mesure
- Intérêts décroissants
- Effort financier important au début

- Remboursement du principal en une fois à la fin
- Paiement d'intérêts constants (si taux fixe)
- Risque financier majeur en fin de crédit (refinancement)

- Remboursement partiel du principal
- Intérêt légèrement décroissant
- Remboursement de principal important en fin de période

**Figure 6.5** – Différents profils d'amortissement

Source : Auteurs.

Dans le cadre des financements complexes de long terme, notamment pour les infrastructures, l'optimisation du **profil d'amortissement** de la dette et de son refinancement à diverses échéances est un enjeu majeur pour réduire le coût de financement global.

**Le coût moyen pondéré du capital (CMPC)**

Le CMPC (ou WACC, *Weighted Average Cost of Capital* en anglais) représente le coût total des différentes sources de financement, fonds propres et dette, de l'entreprise. Il est donné par la formule suivante :

$$CMPC = \frac{Dette}{Dette + Fonds\ propres} * Coût_{Dette} + \frac{Fonds\ propres}{Dette + Fonds\ propres} * Coût_{FP}$$

La stratégie de financement de l'entreprise visera à minimiser le CMPC et à investir dans des actifs dégageant une rentabilité des actifs supérieure au CMPC, tout en minimisant les risques associés à la structure de financement (notamment les appels de fonds nécessaires au remboursement du principal).

Dans le cadre d'un calcul d'actualisation (*cf.* 3.1), le CMPC sert de taux d'actualisation pour les *free cashflows to the firm* (FCFF).

### Le recours à des agences de notation

La question du **coût du crédit** est donc avant tout celle de l'appréciation par les créanciers, banques ou prêteurs obligataires, de la capacité de l'entreprise à honorer le paiement des intérêts et les remboursements du principal. Or ils n'ont qu'une vue partielle de l'entreprise, fondée sur des informations que celle-ci leur communique. Ils sont également tributaires de leurs propres capacités d'analyse, limitée par les facteurs temps et ressources disponibles (humaines et financières).

Les prêteurs ont donc recours à des **agences de notation** spécialisées qui vont leur fournir une évaluation de la solvabilité et de la liquidité des entreprises souhaitant emprunter ou ayant déjà un crédit auprès d'eux. Les trois principales agences opérant sur ce marché sont Standard & Poor's (S&P), Fitch et Moody's. Les notes attribuées permettent de réduire l'**asymétrie d'information** quant à la situation financière et de fournir une liquidité au marché secondaire de la dette, *i.e.* de permettre aux banques et aux prêteurs obligataires de revendre à d'autres acteurs les titres de créances et à ceux-ci de se les échanger.

## 2.2 Évaluer et innover : les enjeux pour le climat

La structure de financement d'une société n'est pas sans conséquences dans un cadre économique marqué de manière croissante par l'**incertitude radicale** liée au changement climatique. En effet, un niveau d'endettement élevé représente un risque financier important car les fluctuations imprévues dans les revenus risquent de mettre la société dans une situation d'impayé, soit par défaut de liquidité, soit par incapacité à générer suffisamment de revenus pour honorer ses obligations. Renforcer la robustesse des organisations (*cf.* 3.3) pour faire face aux aléas potentiels suppose donc une gestion fine de la stratégie de financement de la part de la Directrice.eur administratif et financier, surtout lorsque les activités sont exposées à un risque climatique physique – catastrophique ou chronique – important. En particulier, la surveillance des **échéances de remboursement du principal** est essentielle afin de ne pas ajouter des pics financiers à franchir dans une situation où des aléas pourraient se matérialiser. Cette réflexion s'entend tant en termes géographiques que de secteurs d'activité : emprunter à long terme sans remboursement de principal sur des activités particulièrement sensibles comme l'agro-alimentaire est risqué du point de vue de la gestion du risque climatique.

En faisant un pas en arrière, la question centrale pour les créanciers sera de savoir dans quelle mesure l'entreprise sera en mesure de payer, quel que soit le risque environnemental à se matérialiser le premier (physique ou de transition). Apprécier ce risque est essentiel tant pour le dimensionnement et la structuration du crédit que pour sa tarification et plus tard pour la vie commerciale du titre de créance. Or, si l'appréciation traditionnelle du risque financier est déjà complexe, surtout pour les groupes multinationaux et leurs nombreuses filiales, l'évaluation du risque environnemental en est à ses débuts.

Non seulement déterminer l'information environnementale pertinente est complexe mais s'assurer de sa collecte et sa transmission fiable est un défi organisationnel important pour les entreprises (*cf.* 6.1). Même si cette information était produite, traitée, remontée et ensuite effectivement transmise aux prêteurs, ceux-ci ne disposent pas toujours, voire encore rarement, des compétences en interne pour les exploiter utilement et les intégrer à leur prise de décision. C'est pourquoi le secteur des agences de notation environnementale connaît un développement dynamique.

## Le défi de la notation environnementale

Investisseurs comme créanciers ont besoin d'information sur la performance environnementale des entreprises et la soutenabilité de leurs investissements. Cette notion de soutenabilité est protéiforme et couvre de nombreuses dimensions. Elle est presque systématiquement groupée avec deux autres concepts, la responsabilité sociétale et la qualité de la gouvernance (**ESG**, *Environmental, Social and Governance*). Afin de fournir une appréciation de la performance ESG, de nombreux acteurs ont investi le champ de l'évaluation environnementale et ont développé une série de produits à destination des investisseurs. MSCI, Sustainalytics, Refinitiv, ECPI, FTSE Russel font partie des fournisseurs d'informations ESG les plus connus. Les principales agences de notation financière ont également rejoint le marché et fournissent des notes en la matière.

La question de la méthodologie utilisée pour évaluer la performance ESG des entreprises devient alors centrale. En effet, celle-ci influe sur les comportements des acteurs, tant pour les investisseurs (valorisation de l'entreprise) et les créanciers (accès au financement) que pour les entreprises qui vont adopter des comportements visant à maximiser leurs scores selon la méthodologie établie, quitte parfois à introduire des **biais** en termes de performance environnementale effective. Ainsi, les méthodologies utilisées favorisent les indicateurs de court terme et ne promeuvent pas l'adaptation de long terme des modèles d'affaires. Par ailleurs, si les différentes agences parviennent à un consensus sur les acteurs ayant les pires performances en termes d'ESG, elles ont encore beaucoup de difficultés à converger sur ce qu'est une bonne performance.

En particulier, la pondération relative accordée aux différents indicateurs environnementaux, sociaux et de gouvernance peut aboutir à des résultats qui interrogent. Ainsi de la sortie de Tesla, une des entreprises en tête de la transformation environnementale, de l'index S&P 500 ESG en 2022 pour des raisons liées aux critères sociétaux et de gouvernance, alors même qu'ExxonMobil en faisait partie. Ces évaluations ont en commun d'exploiter l'information extra-financière publiée par les entreprises (au titre de la **CSRD** en Europe) et de compléter ces informations par des approximations statistiques fondées sur des moyennes sectorielles ou des cas représentatifs.

Au-delà des débats sur la grille d'évaluation à appliquer, l'enjeu est en effet d'obtenir suffisamment d'informations sur chaque entreprise pour remplir ces grilles et ensuite d'établir des comparaisons qui aient du sens. Cela suppose d'obtenir des informations équivalentes, à une granularité comparable ou, à défaut, d'être capable de les reconstituer par les méthodes mentionnées plus haut. Les avancées réglementaires en matière de **reporting extra-financier** et de **double matérialité** (*cf.* 6.1) constituent à ce titre des progrès majeurs.

*A contrario* des approches « passives » de l'évaluation ESG, les entreprises peuvent demander une évaluation personnalisée de leur performance. Suivant les agences d'évaluation, cela passe par des examens approfondis de la performance environnementale à travers la communication de très nombreuses données historiques pour permettre à l'évaluateur d'estimer à la fois la performance présente mais également la trajectoire de progrès.

## Focus : EcoVadis

Une entreprise leader dans ce secteur est EcoVadis qui propose un système de notation ESG basé sur 21 critères, dont 9 consacrés à l'environnement. La méthodologie s'appuie sur la méthode PDCA (*Plan-Do-Check-Act*) pour caractériser les composantes d'un système de management RSE efficace et sur des normes internationalement reconnues pour établir ses critères (Pacte mondial, Global Reporting Initiative (GRI) et norme ISO 26 000 pour la partie environnementale).

L'évaluation permet également d'influer sur les comportements de l'entreprise, en permettant la comparaison avec d'autres entreprises de leur secteur, en formulant des suggestions d'amélioration et en suivant la performance sur plusieurs années.

## L'essor de produits verts : les green bonds et les SLL

Reflets d'une préoccupation environnementale accrue des prêteurs et des emprunteurs, une nouvelle catégorie de prêts obligataires a vu le jour : les **green bonds**. Ces obligations sont des contrats de dette conclus non plus avec des banques mais avec des investisseurs et sont librement échangeables. Ils ont pour particularité de restreindre l'utilisation des fonds à des projets soutenables. La définition exacte de ce qu'est une obligation verte pose problème puisqu'elle est *de facto* liée à l'utilisation finale des fonds et que la compréhension de ce qu'est une activité verte peut fortement varier d'une entreprise à une autre.

Pour résoudre ce problème, plusieurs initiatives concurrentes ont vu le jour pour poser une définition commune de ce que sont les green bonds. Les Principes applicables aux obligations vertes (*Green Bond Principles*) publiés par l'International Capital Market Association sont ainsi des lignes directrices d'application volontaire rédigées par des représentants de l'industrie financière. Le recours à des tiers certificateurs indépendants s'impose également comme une pratique indispensable. Ils permettent de proposer aux investisseurs une forme d'assurance que l'utilisation finale des fonds se fait en fonction d'objectifs environnementaux clairs.

Globalement, il est possible d'isoler un certain nombre de caractéristiques pour les green bonds :

- L'**utilisation des revenus** : les revenus doivent financer des actifs verts ou contribuer à leur refinancement.
- Le **paiement** des intérêts et le remboursement du principal : dans le cas d'une obligation verte « standard », les paiements sont garantis par le bilan complet de l'entreprise et la tarification de l'obligation se fait donc sur la base de sa notation de crédit. Dans certains cas cependant, les paiements peuvent être garantis par des droits sur un flux de revenus, par exemple le produit d'une taxe dans le cadre d'une obligation publique. Dans le cas des financements de projets, la société de projet emprunteuse ne possède pas d'actifs autres que ceux du projet, les paiements sont donc déterminés en fonction de ces flux futurs.
- L'ordre de **séniorité** dans l'échelle des remboursements : par défaut, les obligations vertes ne bénéficient pas de priorité de remboursement par rapport aux autres crédits de l'entreprise (*pari passu*), même si cette priorité peut être contractuellement négociée.

- La présence de **co-bénéfices** : émettre des obligations vertes permet à l'entreprise de bénéficier d'avantages en termes d'image et de communication, lui permet de promouvoir les projets financés et lui permet d'accéder à des prêteurs avec des stratégies ESG poussées. Dans certains pays, des incitations fiscales peuvent également exister, réduisant le coût du financement des obligations vertes.
- Les obligations de **reporting** : les emprunteurs ont l'obligation d'informer à échéance régulière les détenteurs des obligations de la situation financière de l'entreprise et de l'utilisation qui est faite des fonds levés. Le contrat initial devrait ainsi stipuler clairement les informations à communiquer et exiger leur validation par un tiers indépendant.

Malgré ces efforts, il reste compliqué de clairement catégoriser les green bonds. La Climate Bonds Initiative distingue ainsi entre les green bonds, dont le caractère soutenable de l'utilisation des fonds a pu être vérifié par des tiers, les sustainability-linked bonds, qui incluent des objectifs environnementaux dans leurs formules de calculs, et les transition bonds qui ne financent pas des activités vertes mais contribuent à la décarbonation (par exemple en finançant la dépollution de secteurs particulièrement difficiles à décarboner comme le ciment ou l'acier).

Le marché est pourtant présent et se développe fortement. Ainsi, au 31 décembre 2022, il est estimé que le marché de la dette liée à des objectifs ESG élargis représente 3 700 milliards de dollars (USD) avec près de 500 milliards de dollars de nouvelles émissions de green bonds, malgré un fort ralentissement du fait de la guerre en Ukraine et des tensions sur l'énergie.

Face à ces difficultés et afin d'améliorer la profondeur du marché des obligations vertes pour répondre aux besoins d'investissements de la transition vers la neutralité carbone, la Commission européenne a décidé dans le cadre du **Green Deal** européen de 2019 de mettre en place un **Standard européen pour les obligations vertes** (*EU Green Bond Standard,* EU GBS). Le texte[1] prévoit notamment que les fonds levés par ce biais devraient être investis à 85 % au minimum dans des activités alignées avec la **taxonomie européenne des activités vertes** (*cf.* 6.3) et qu'une pleine transparence soit assurée sur leur utilisation effective. Cette définition commune de ce que doit être une obligation verte devrait permettre une meilleure comparaison des offres entre elles et une tarification plus appropriée, tout en réduisant le risque de *greenwashing*. Ces standards n'en restent pas moins purement volontaires et seul le temps pourra dire si les acteurs de marché s'en emparent. Un régime d'enregistrement et de supervision des certificateurs externes est également créé, le recours à leurs services étant central dans l'application de l'EU GBS.

1. N.B. : le texte est dans les phases finales de son adoption à l'écriture de ces lignes après un accord politique entre le Parlement et le Conseil en février 2023.

Ces initiatives visent toutes à normaliser les attentes et comportements des acteurs sur le marché de la dette verte afin de réduire les **coûts de transaction** liés au manque de standardisation : temps de recherche et analyse, collecte et traitement de données non standardisées, sélection, recrutement et rémunération de tiers indépendants pour la certification.

Néanmoins, une question de fond perdure, celle de la tarification des obligations vertes. En théorie, de telles obligations devraient être moins onéreuses pour l'entreprise, les créanciers acceptant une décote de leur rémunération en échange de la possibilité de financer des actifs verts. Ainsi il existerait, toutes choses égales par ailleurs, une différence de rémunération entre une obligation dont les fonds sont utilisés pour financer un projet vert et une obligation finançant un projet standard : le **greenium** (green premium). D'un point de vue économique, mesurer cette différence permettrait d'obtenir un **prix implicite** pour la valeur que le marché accorde à la protection de l'environnement et la lutte contre le changement climatique. Pourtant, à l'heure actuelle, la littérature reste partagée sur la matérialité de cette différence, sans qu'une conclusion universellement applicable semble émerger en faveur de son existence ou de son absence. Dans les faits, un greenium peut être observé du fait du décalage entre une demande et une offre de green bonds limitée par rapport à la demande des investisseurs. Il est donc fonction de la séniorité des obligations (moins l'obligation est prioritaire dans les remboursements, plus elle sera chère et le greenium faible), de la notation de crédit, du secteur d'activité concerné et de la maturité de l'obligation (les assureurs étant particulièrement demandeurs d'obligations vertes de long terme, le greenium augmente avec la maturité).

## Focus : Information des détenteurs d'obligations vertes

L'émetteur d'obligations vertes doit informer régulièrement les détenteurs de la manière dont sont utilisés les fonds. L'espace investisseur des sites Internet regroupe généralement ces publications. Y figurent notamment, sous des noms divers, l'allocation précise des fonds, la documentation associée aux obligations, le reporting financier et la certification par un tiers indépendant. D'autres documents peuvent compléter cette information comme des politiques générales d'utilisation des fonds ou encore de la documentation RSE regroupant une partie des informations extra-financières.

Une partie de cette information est spécifique aux obligations tandis que le reste peut être également trouvé dans le **Document d'enregistrement universel** dans le cas des sociétés cotées.

Au-delà des obligations vertes, une nouvelle génération d'instruments de dette émerge. Les ***sustainability-linked loans*** **(SLL)** sont des crédits dont le taux d'intérêt évolue en fonction de l'atteinte, ou non, d'objectifs environnementaux. Ici, ce n'est plus l'utilisation des fonds qui est visée mais la tarification : celle-ci permet au prêteur d'envoyer à l'emprunteur un **signal-prix** parfois très puissant sur la nécessité d'ajuster sa performance environnementale. Ils permettent donc aux prêteurs d'influer sur le comportement de l'entreprise sans en assumer le contrôle. Il est donc nécessaire de définir conjointement avec l'entreprise durant la phase de négociation du prêt des indicateurs de performance environnementale pertinents, agrégés (score ESG par exemple) ou individuels (émissions de GES par exemple) et une trajectoire d'évolution sur la durée du crédit. En cas de respect ou de dépassement de cette trajectoire, le taux d'intérêt appliqué sera réduit, et, symétriquement mais pas systématiquement, il pourra être augmenté en cas de non-respect.

## 3 La finance contre le changement climatique

Le principal défi de la transition écologique est son coût. Ainsi, à l'échelle mondiale, ce ne sont pas moins de **275 000 milliards de dollars d'investissements** qui seraient nécessaires pour suivre le scénario Net Zero 2050 du NGFS[1] (*cf.* 6.1), soit 9 200 milliards de dollars par an en moyenne entre 2021 et 2050. Ces chiffres sont à mettre en perspective : sur ces 9 200 milliards annuels, « seuls » 3 500 milliards correspondent à des investissements additionnels pour atteindre la neutralité carbone par rapport à la trajectoire normale d'investissement. Ce montant représente néanmoins l'équivalent de la moitié des profits d'entreprise à l'échelle mondiale ou du quart des revenus fiscaux planétaires pour l'année 2020.

Il s'agit du plus grand défi économique que l'humanité ait jamais eu à relever et la finance y joue un rôle considérable car c'est sur elle que repose la charge de trouver et orienter les flux financiers vers ces investissements. Face à cet enjeu inédit, elle doit répondre à deux problèmes majeurs liés à l'**absence de références communes** permettant de caractériser et comprendre les enjeux et à l'**inadéquation des outils** dont elle dispose.

### 3.1 L'indispensable émergence d'un langage commun

#### De la difficulté de définir un actif vert

La question centrale de la transition écologique est de savoir reconnaître quels actifs y contribuent afin de pouvoir y investir. Pour certaines activités, la réponse semble évidente : les énergies renouvelables, les services environnementaux tels que la gestion de l'eau, des déchets et de la pollution, etc. Cet exercice devient néanmoins beaucoup plus complexe lorsqu'on rentre dans le détail de chaque secteur économique. L'analyse en cycle de vie des produits (*cf.* 5.2) ou le positionnement d'une entreprise dans sa chaîne

1. Contre « seulement » 250 mille milliards dans le scénario « Politiques Actuelles ».

de valeur peuvent remettre en cause certains a priori : commercialiser des véhicules électriques lourds dans des pays comme la Chine ou même l'Allemagne dont la production d'électricité se fait en grande partie à base de charbon est un pari sur sa capacité à refondre rapidement son mix énergétique. *A contrario*, un investissement dans une industrie extrêmement polluante, comme le secteur des mines et de l'extraction, peut significativement contribuer à la transition en apportant les terres rares et minéraux nécessaires, par exemple le lithium pour les batteries, ou en permettant de financer des programmes de réduction de l'empreinte environnementale. Ces quelques exemples illustrent la complexité de définir une approche univoque de ce que pourrait être un investissement « vert ».

## L'approche par exclusion

Un premier niveau de réponse a été donné par le développement des approches par exclusions. La logique est simple : il s'agit de retirer de l'univers d'investissement ou de prêt des activités et des secteurs qui ne sont pas considérés comme compatibles avec le positionnement éthique de l'investisseur ou de ses clients. Cette approche est actuellement la plus répandue car elle est relativement simple à mettre en œuvre. Ainsi, les secteurs de jeux d'argent, de l'armement, de la pornographie, du tabac et de l'alcool font-ils fréquemment partie de ces listes d'exclusion. Les thématiques environnementales y ont été incluses plus récemment et de manière plus ciblée : le charbon, le nucléaire et les OGM sont les plus représentés. Loin d'être anecdotique, cette approche a des conséquences très concrètes tant pour les investisseurs que pour les entreprises financées.

Pour les investisseurs, appliquer ces restrictions a un **coût d'opportunité** qui peut être important en réduisant leur possibilité d'investir dans des actifs par ailleurs profitables. En effet, une liste d'exclusion qui peut au premier abord paraître relativement restreinte peut avoir des conséquences importantes dans le cas de groupes industriels diversifiés. La subtilité est dans le détail de l'application : est-il possible de financer des groupes exerçant un panel large d'activités et pour lesquels les activités exclues ne sont que marginales ? Quel est alors le seuil à partir duquel l'activité devient suffisamment insignifiante pour être ignorée ? Comment faire pour des produits structurés ? Dans les faits, les listes d'exclusion sont ainsi souvent complétées par des **exemptions** et des **seuils d'application** permettant de décider de l'opportunité d'un investissement. Cela ouvre donc la porte à des divergences d'interprétation de l'exclusion et à des financements indirects. Par exemple, pour le charbon, des exemptions peuvent être faites pour les entreprises fournissant des services au secteur ou pour les technologies de transition et des investissements peuvent être autorisés si le charbon ne représente pas plus qu'un certain pourcentage du chiffre d'affaires.

Pour les entreprises financées, voir son activité placée sur une liste d'exclusion est une mauvaise nouvelle car cela peut renchérir son **coût du financement**. En effet, en théorie, une liquidité moindre des marchés dette et fonds propres du fait d'une réduction du nombre d'acteurs présents raréfie l'argent et augmente donc son coût. Le retrait croissant des institutions financières du secteur du charbon semble confirmer cet effet, avec une faible substituabilité des sources de financement entre elles. En agrégeant les exclusions individuelles, le but est de réduire la rentabilité attendue des investissements et donc de détourner à terme les flux financiers qui ne sont pas concernés par de telles exclusions.

L'approche présente ainsi d'importantes limites dans son application, mais aussi dans ses fondamentaux.

- La première est éthique et porte sur la **définition** même de ces listes d'exclusion. Si certains secteurs font relativement consensus, comme le charbon, d'autres relèvent d'appréciations personnelles et font l'objet de débats importants comme le nucléaire. La définition d'un référentiel éthique commun paraît alors complexe, charge aux investisseurs de choisir les banques, fonds et véhicules qui proposent les critères compatibles avec leurs valeurs.
- La seconde est matérielle : il est extrêmement complexe de se désengager d'un secteur d'activité en entier. Comme vu précédemment, les listes d'exclusion peuvent être remises en cause à la marge via des exemptions et des seuils, mais ceux-ci ne concernent que l'activité future. Or de nombreuses institutions possèdent déjà des parts dans ces entreprises ou leur ont consenti des crédits de long terme. **Sortir de ces instruments peut être long et onéreux**. Étant donné la sensibilité du secteur, il est en effet de plus en plus complexe de trouver des contreparties souhaitant acheter ces actifs, à moins de consentir à une lourde décote et donc à une perte financière. Ceci explique en partie le fait que malgré la présence de listes d'exclusions et d'engagements, de nombreux établissements conservent à leur bilan des crédits ou participations dans les secteurs exclus.
- Une troisième limite est la difficulté à exclure de nouveaux secteurs, tant les ramifications et conséquences peuvent être importantes en termes de **désavantage concurrentiel** notamment : malgré leur impact environnemental majeur, les secteurs du pétrole et du gaz, de l'automobile ou de l'aéronautique ne figurent sur presque aucune liste d'exclusion.

Exclure des actifs est une approche simple, robuste mais sévèrement limitée. La sélection par l'exclusion (« ***Negative screening*** ») a donc été complétée par des tentatives de sélection positive (« ***Positive screening*** »). Il s'agit alors de choisir les actifs qui obtiennent les meilleures performances en fonction d'indicateurs reflétant les préoccupations éthiques de l'investisseur, ici environnementales. Néanmoins l'acquisition de cette information est complexe et représente un coût important, prohibitif pour la plupart des acteurs de petite taille, et tout spécialement pour les particuliers ; elle repose souvent sur le recours à des agences de notation et d'évaluation environnementale (*cf.* 6.1 et 6.2).

Face à cette difficulté, des **labels** sont apparus pour permettre de discriminer entre les actifs. Sur la base d'un cahier des charges définissant des critères d'éligibilité, les organes de gouvernance décident ou non d'accorder le label. L'éligibilité à chaque critère peut se faire de différentes manières, soit par un système de notation, soit par des tests binaires oui/non. Les labels ne sont pas directement comparables entre eux, car chacun fait ses propres choix méthodologiques et a sa gouvernance et des choix en matière de sévérité qui lui sont propres. Il n'est ainsi pas possible d'isoler un label qui soit « meilleur » que les autres et il convient alors de choisir celui qui reflète le mieux ses propres objectifs. À l'échelle européenne, neuf labels dominent le marché : trois labels purement environnementaux[1] et six labels ESG mélangeant les différentes dimensions au sein de leur évaluation[2]. Le label ISR est un des plus importants avec 1 174 fonds labelisés en 2023, suivi par le label Towards Sustainability (700+ produits labellisés).

**Le label ISR**

Le label ISR (Investissement socialement responsable) a été créé en 2016 par le Gouvernement français qui en assure la gestion à travers le ministère de l'Économie, des Finances et de la Relance. Son champ d'application s'est progressivement élargi depuis sa création afin d'inclure différentes classes d'actifs dans son horizon d'investissement. Sa méthodologie est construite autour de six piliers :

- La définition de critères ESG.
- La mise en place d'une méthodologie d'analyse.
- La construction et la gestion du portefeuille.
- L'engagement des parties prenantes.
- L'information des investisseurs et des épargnants.
- L'évaluation des impacts de la démarche.

Les fonds réussissant à démontrer leur conformité avec les exigences de chacun de ces critères à un auditeur tiers indépendant sont alors éligibles au label.

Dans cette « jungle » de labels et de référentiels, les tentatives de faire émerger un langage commun en matière environnementale sur la base de critères ESG se heurtent également à la difficulté de faire co-exister et de pondérer entre elles des dimensions différentes. Les cas extrêmes d'entreprises ayant une empreinte environnementale importante mais une excellente gouvernance et une implication sociétale forte (*cf.* 6.2) illustrent cette limite.

## La taxonomie européenne des investissements

Prenant acte à la fois de l'importance de faire émerger un langage commun sur la dimension environnementale afin d'orienter les investissements pour le financement de la transition environnementale et des limites des initiatives spontanées portées par les

1. GreenFin (France), LuxFLAG Environment (Luxembourg), LuxFlag Climate Finance (Luxembourg).
2. Label ISR (France), FNG-Siegel (Autriche, Allemagne et Suisse), LuxFLAG ESG (Luxembourg), Towards Sustainability (Belgique), Umweltzeichen (Autriche) et Nordic Swan Ecolabel (pays nordiques).

acteurs du marché, la Commission européenne a décidé de proposer son propre référentiel, la **taxonomie européenne des investissements**, fréquemment appelée « taxonomie verte ».

Le règlement européen 2020/852 du 18 juin 2020 met en place un système à **trois piliers** cumulatifs et **six critères environnementaux**.

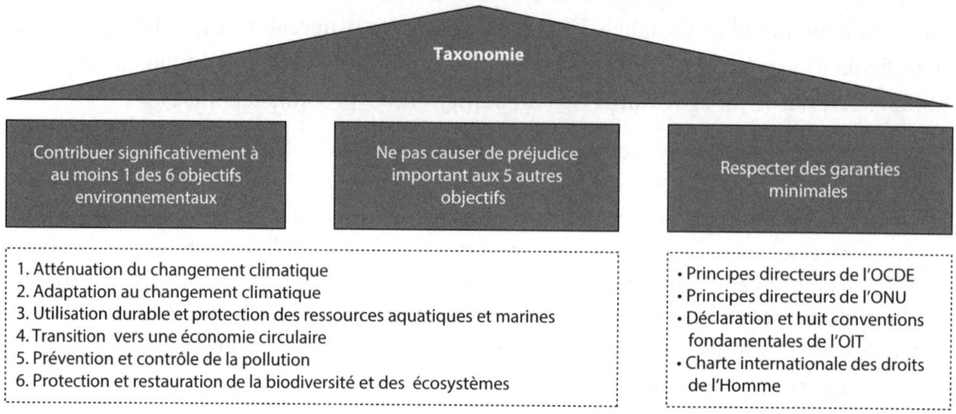


**Figure 6.6** – Présentation simplifiée de la taxonomie

Source : Auteurs, sur la base du règlement taxonomie et d'après une idée de Geentanjali Priyambada.

Dans ce cadre, pour être considérée comme durable sur le plan environnemental, une activité doit **contribuer de manière significative** à au moins l'un des six objectifs environnementaux définis dans le règlement ET ne doit pas causer de préjudice important (***Do No Significant Harm***, DNSH) aux cinq autres objectifs. Par ailleurs, considérant qu'il n'est pas possible d'avoir de durabilité environnementale là où les droits sociaux ne sont pas respectés, une exigence cumulative de respect d'un **socle minimal de garanties sociales** a été introduite. La définition exacte du contenu des six objectifs environnementaux et des notions de contribution significative et DNSH est développée dans des actes délégués complémentaires au règlement.

En appliquant cette taxonomie, il est en théorie possible d'identifier clairement les activités durables ou non. Pourtant dès sa négociation la taxonomie a soulevé de très nombreuses questions, certains États membres craignant que sa vocation universaliste n'handicape trop lourdement des secteurs d'activités importants pour la transition. En particulier, les industries du **gaz** et du **nucléaire** ont dû faire l'objet de compromis pour être intégrées à la taxonomie. Ces deux secteurs ont en effet en commun d'avoir des difficultés à justifier de leur DNSH et donc à ne pas être éligibles. Lors d'un compromis final, ces deux énergies ont pu être introduites dans la taxonomie, en tant qu'activités de transition, et sous condition de respecter des obligations importantes, notamment en termes de contribution à la décarbonation et de transparence vis-à-vis des investisseurs.

Les débats ont été particulièrement âpres sur ces questions car les implications en termes de coût du financement sont importantes pour les actifs à longue durée de construction et d'exploitation. En effet, les actifs du secteur de l'énergie, et en particulier le gaz et le nucléaire[1] sont caractérisés par des durées de construction se mesurant en années, durant lesquelles, par définition, les centrales ne produisent pas d'électricité et donc ne génèrent pas de chiffre d'affaires. La phase de construction est alors exclusivement financée par le recours à la dette et aux fonds propres qui seront ensuite remboursés, refinancés et rémunérés durant la phase d'exploitation. Une légère augmentation du coût du financement a alors des conséquences significatives sur le coût total du projet du fait de cette longue période initiale passée à accumuler de la dette et d'une phase d'amortissement des prêts se mesurant parfois en décennies. Augmenter ce coût de financement du fait de la taxonomie aurait représenté un frein significatif pour les projets de nouveau nucléaire français et de sortie du charbon grâce au gaz de l'Allemagne. Cette inclusion est néanmoins loin de faire l'unanimité et des craintes ont pu être exprimées sur les conséquences en termes de crédibilité de la taxonomie et de son adoption comme référence de marché.

La discussion a été d'autant plus rude que ce premier niveau d'analyse est complété par le fait que la taxonomie européenne est une pierre de touche sur laquelle la Commission européenne va s'appuyer pour définir à l'avenir ses politiques en matière environnementale. Ainsi, les **Standards européens pour les obligations vertes** (*EU Green Bond Standard,* EU GBS) font-ils explicitement référence à la taxonomie pour définir les critères d'utilisation des fonds levés par ces obligations (*cf.* 3.2). De plus, et de manière plus indirecte, les activités exclues de cette taxonomie sont en creux celles qui sont prioritairement identifiées comme vulnérables au **risque de transition** du fait de futures évolutions de la réglementation (*cf.* 3.3), ce qui affecte donc leur potentiel de valorisation.

## 3.2 Vers une comptabilité extra-financière ?

L'émergence d'une définition de la soutenabilité en matière environnementale est une affaire complexe mais elle ne représente qu'une partie de l'immense chantier de la définition d'un langage commun sur la transition. La création *ex nihilo* d'une comptabilité environnementale en est une autre.

L'enjeu est de créer un nouvel ensemble de règles qui aient la même force et la même universalité que les normes comptables internationales (*modulo* leurs variantes locales telles les US GAAP). Ce nouveau référentiel est devenu indispensable pour pouvoir mesurer et comparer les performances des activités environnementales.

### Les initiatives privées

Plusieurs initiatives privées ont été mises sur pied avec pour ambition de répondre au besoin de caractériser ce qui représente une **information matériellement significative** du point de vue environnemental (*cf.* 6.1) et de normaliser les méthodes pour le mesurer et le communiquer. Les **standards SASB** (*Sustainability Accounting Standards Board*) sont ainsi parmi les plus utilisés.

1. Cela est également vrai pour de nombreux types d'infrastructures.

### Les standards SASB

Historiquement publiés depuis 2011 par la fondation SASB, ils fournissent des standards de comptabilité environnementale pour 77 secteurs d'activité distincts. Ils permettent de communiquer aux parties prenantes externes les éléments environnementaux ayant potentiellement des conséquences sur la création de valeur par l'entreprise. Cette division sectorielle permet de proposer des normes répondant aux caractéristiques propres de l'activité et facilite les comparaisons. Une fois les principaux domaines d'activité de l'entreprise identifiés, les standards applicables fournissent quatre éléments :

- Les « sujets de divulgation » : sur la base du secteur d'activité retenu, quels sont les éléments pouvant *a priori* constituer une information matérielle du point de vue environnemental ?
- Les « mesures comptables » : des indicateurs de suivi applicables aux sujets de divulgation identifiés comme pertinents pour le secteur.
- Les « protocoles techniques » : ils détaillent la manière dont les mesures comptables sont calculées et rapportées et servent de référence de base pour l'audit indépendant de la comptabilité environnementale.
- Les « mesures d'activité » : des indicateurs à utiliser en complément des mesures comptables afin de faciliter la comparaison de l'activité de l'entreprise avec ses pairs.

Les standards SASB sont librement accessibles en ligne.

Cette initiative n'est pas isolée et d'autres normes existent en parallèle, telles que les **normes GRI** (*cf.* 5.1). Celles-ci ont pour vocation d'informer les parties prenantes externes des conséquences économiques, environnementales et sociales de l'activité de l'entreprise.

### Les normes GRI

Les normes GRI sont développées par le Global Sustainability Standards Board (GSSB). Elles se présentent sous la forme de trois grands ensembles de standards :

- Les standards GRI 1 à 3 dits « universels » et mis à jour en 2021 qui contiennent les grands principes transverses applicables.
- Les standards GRI « sectoriels » qui contiennent les normes de reporting déclinées en fonction de 40 différents secteurs d'activité. Ces normes sont en cours de rédaction et les secteurs à plus fort enjeu ont été priorisés. Ainsi, les normes relatives au secteur du pétrole et du gaz (GRI 11), du charbon (GRI 12) et de l'agriculture, aquaculture et pêche (GRI 13) sont déjà sorties tandis que celles relatives aux services financiers, aux mines et au textile sont en cours de développement.
- Les standards GRI « thématiques » qui couvrent les enjeux thématiques spécifiques, par exemple la GRI 302 sur l'énergie, la GRI 304 sur la biodiversité ou encore la GRI 305 sur les émissions.

Les normes GRI sont appuyées sur les textes de référence de l'OCDE et de l'ONU et elles fournissent un cadre normatif de mesure de l'impact des activités de l'entreprise sur ses parties prenantes. Elles sont librement accessibles en ligne.

Les standards SASB et les normes GRI, bien que se recoupant partiellement sont avant tout complémentaires. Là où les standards SASB cherchent à informer les investisseurs des conséquences de l'environnement sur l'activité de l'entreprise, les normes GRI visent à informer les parties prenantes des conséquences que les activités de l'entreprise ont sur elles. Les deux institutions travaillent d'ailleurs étroitement à la complémentarité de leurs indicateurs.

Face à la demande croissante des investisseurs pour un cadre référentiel harmonisé, la Fondation IFRS (*International Financial Reporting Standards*) s'est saisie de la question de la comptabilité environnementale et a créé en 2021 l'**ISSB (International Sustainability Standards Board)** avec pour mission d'établir des standards et exigences en matière de reporting environnemental avec la même légitimité que les normes comptables internationales. Étant donné le travail déjà accompli, la Fondation IFRS a absorbé la structure mère du SASB en 2022 et a annoncé que les standards SASB seraient intégrés dans les futures normes IFRS de communication en matière de soutenabilité. Un important travail de consolidation, de légitimation et d'universalisation des travaux accomplis est donc en cours. Néanmoins, toutes ces initiatives relevant de structures privées, l'adoption des standards et recommandations ne peut se faire que sur la base du volontariat des entreprises concernées.

## Les initiatives publiques

Suite à la crise financière de 2008, le G20 a créé en 2009 le **FSB (Financial Stability Board)** avec pour mission de surveiller le système financier mondial et de faire des recommandations, notamment en matière de régulation et de supervision. La question du reporting en matière de soutenabilité s'étant rapidement imposée comme un enjeu majeur de stabilité financière, un groupe de travail spécifique a été mis en place en 2015 (***Taskforce on climate-related financial disclosures,*** TCFD). Partant du constat que les marchés ne peuvent correctement valoriser un risque que si l'information est disponible, le but du groupe de travail était de fournir des recommandations en matière de communication aux investisseurs. Le rapport remis en 2017 articule quatre grandes recommandations en matière de gouvernance, stratégie, gestion des risques et d'indicateurs et de cibles, onze éléments à communiquer de manière prioritaire et sept grands principes pour une communication efficace. Ces éléments, qui n'ont pas de valeur juridique, ont été repris par d'autres institutions, dont le SASB et l'ISBB.

Ils alimentent également les travaux de l'**EFRAG** (European Financial Reporting Advisory Group), une structure indépendante chargée de conseiller la Commission européenne en matière de communication financière et environnementale. En effet, face à la complexité de la situation, et toujours dans le cadre du Green Deal et de ses efforts en matière de finance durable, la Commission a annoncé qu'elle allait publier des **standards obligatoires** (***European Sustainability Reporting Standards*, ESRS**) applicables à l'horizon 2025. Ces standards s'appuieront donc sur les travaux du TCFD, de l'ISSB et du SASB et seront ajustés pour refléter les priorités politiques de l'Union[1].

1. À date d'écriture, l'EFRAG a remis à la Commission ses propositions.

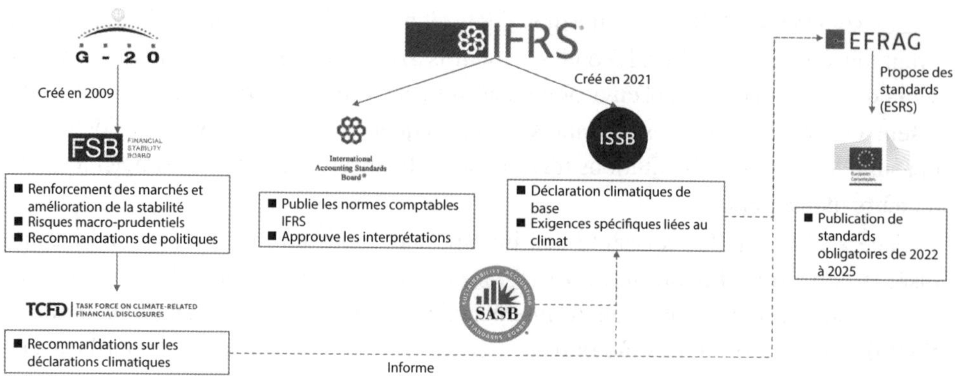


**Figure 6.7** – Synthèse des producteurs de normes

Source : Auteurs.

## Extensions des obligations d'information

### *De la NFRD à la CSRD*

Les standards obligatoires d'information en matière de soutenabilité sont critiques dans l'architecture normative que la Commission européenne est en train de mettre en place. En effet, depuis début 2023 la Directive sur la publication d'informations en matière de durabilité par les entreprises (***Corporate Sustainability Reporting Directive,* CSRD**), rend obligatoire pour plus de 50 000 entreprises européennes de publier des informations à ce sujet. La CSRD vient étendre le champ et renforcer les obligations de la précédente directive sur les publications d'informations non financières (NFRD). Cette dernière avait été transposée en droit français en 2017 et avait donné naissance à la **Déclaration de performance extra-financière (DPEF)**.

**La Déclaration de performance extra-financière**

L'article L 225-102-1 du Code du Commerce instaure une obligation d'insérer une DPEF dans le rapport de gestion présenté à l'assemblée générale par le conseil d'administration ou le directoire. Il doit présenter la manière dont la société prend en compte les « conséquences sociales et environnementales de son activité ». En appliquant un principe de matérialité, il doit notamment inclure des informations sur :

- Le changement climatique et ses conséquences.
- Le développement durable.
- L'économie circulaire.
- La lutte contre le gaspillage alimentaire.

Cela comprend les éléments relatifs au bilan des émissions de gaz à effet de serre et un plan d'action pour réduire ces émissions (*cf.* 5.1).

Si elle reprend la question de la double matérialité déjà présente dans la NFRD (*cf.* 6.1), la CSRD apporte des innovations importantes par rapport à l'état antérieur du droit. En premier lieu, elle rend obligatoire le recours aux futurs standards européens de communication en matière de soutenabilité (ESRS) pour les entreprises concernées. Cela permettra d'harmoniser le reporting et d'assurer sa comparabilité. Elle impose ensuite des formats stricts de communication qui doivent pouvoir être lus de manière automatisée afin de favoriser l'émergence de bases de données regroupant toutes les informations et leur exploitation dans des modèles, tant pour les investisseurs que pour toutes les autorités de régulation et supervision. Finalement, elle pose une obligation de recourir à un tiers (contrôleur légal des comptes ou auditeur) pour émettre un avis sur la conformité des informations en matière de durabilité, des processus et des formats aux exigences européennes. Cet avis se fera initialement sur la base d'une mission d'assurance limitée, qui, à terme, deviendra une mission d'assurance raisonnable, et ce, notamment afin de permettre l'émergence d'un marché européen de l'audit et de la certification de l'information environnementale.

De nombreuses questions restent néanmoins encore en suspens à ce stade, les ESRS n'ayant pas encore été publiés et la CSRD devant encore être transposée en droit national pour avoir force de loi. Par ailleurs, des incertitudes existent sur la charge administrative que la collecte et la préparation des informations demandées pourraient représenter pour les plus petites structures.

### *Le règlement SFDR*

En parallèle des efforts s'appliquant à l'ensemble des acteurs privés, la Commission a mis en place des initiatives focalisées spécialement sur le monde de la finance afin de fluidifier l'intégration des informations relatives à l'environnement dans la prise de décision. En particulier, le règlement 2019/2088 sur la publication d'informations en matière de durabilité dans le secteur des services financiers (***Sustainable Finance Disclosure Regulation*, SFDR**) se focalise sur les acteurs des marchés financiers et les conseillers financiers en les obligeant à fournir l'information en amont des décisions d'investissement (précontractuelle) et durant les périodes de détention. Son but est de « réduire l'asymétrie d'information entre mandants et mandataires ». Pour cela, le règlement pose plusieurs obligations :

- Publication d'une **politique écrite** sur l'intégration des risques de durabilité et transparence sur cette intégration.
- Publication des **incidences négatives** en matière de durabilité des décisions d'investissement (ou explication de la raison pour laquelle ils ne les prennent pas en compte dans leurs décisions).
- Publication d'informations sur la manière dont les **politiques de rémunération** sont « adaptées à l'intégration des risques en matière de durabilité ».

En outre, le règlement introduit une distinction entre trois catégories de fonds d'investissement :

- Les fonds relevant de l'**article 6** SFDR qui n'ont pas de visée environnementale particulière et pour lesquels seules des obligations en matière d'information précontractuelle s'appliquent.
- Les fonds relevant de l'**article 8** SFDR qui promeuvent, entre autres, des caractéristiques environnementales ou sociales pour lesquelles des obligations additionnelles d'information s'appliquent, sur la manière dont ces caractéristiques sont respectées et sur l'utilisation d'éventuels indices de référence.
- Les fonds relevant de l'**article 9** SFDR qui ont pour objectif d'investir de manière durable et qui doivent être accompagnés d'informations sur les indices de référence utilisés ou sur les manières dont l'objectif sera atteint.

Cette typologie des investissements irrigue désormais l'ensemble des activités financières, même si des difficultés persistent. Ainsi, la SFDR se contente de catégoriser en fonction des objectifs, sans rentrer dans le détail des objectifs environnementaux, ni garantir un alignement minimum avec la taxonomie européenne.

Il est à noter qu'en parallèle de ces travaux, l'UE a mis à jour le règlement sur les **benchmarks** pour mieux encadrer la constitution et la documentation des indices de référence servant à mesurer la performance comparative des investissements.

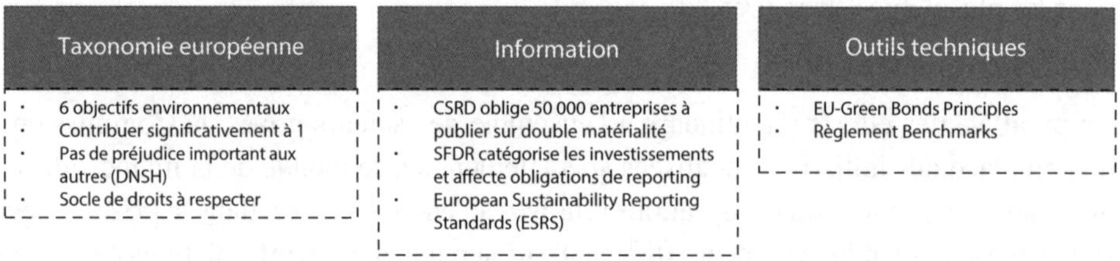


**Figure 6.8** – Synthèse des instruments européens liés à la finance verte

Source : Auteurs, d'après Commission européenne.

**Le cas français**

La France a joué un rôle moteur en matière d'obligations de reporting extra-financier du secteur financier. En particulier, l'**article 29 de la Loi Énergie-Climat** du 8 novembre 2019 et ses décrets d'application imposent des conditions plus strictes, avec notamment l'inclusion de la biodiversité, l'alignement des stratégies d'investissement avec l'Accord de Paris, une estimation des risques ESG, un plan d'amélioration continue et la publication des rapports sur le ***Climate Transparency Hub***. Cette plateforme en ligne gérée par l'Ademe permet de centraliser tous les rapports extra-financiers, d'identifier les pratiques pour faciliter leur comparaison et de promouvoir les meilleures d'entre elles.

## 3.3 Les outils de la finance

Le secteur financier tente donc de répondre par ses propres moyens et avec l'aide des autorités publiques à la problématique du manque de références communes permettant de caractériser et comprendre les enjeux. Les acteurs disposent désormais d'une information moins parcellaire, leur permettant le cas échéant d'appréhender le risque environnemental auquel ils s'exposent et/ou contribuent. Néanmoins, cette meilleure information ne réduit pas l'**incertitude radicale** qui caractérise les futures évolutions du système climato-sociétal (*cf.* 2.1). Face à son caractère irréductible, le rôle de la finance est alors de développer des outils pour y faire face.

### Couvrir les risques

Un des métiers de base de la finance est de fournir des instruments aux entreprises et aux investisseurs pour leur permettre de couvrir les risques affectant leurs revenus (***hedging***). De nombreux instruments financiers permettent de se prémunir au moins partiellement contre les aléas. Sans avoir vocation à tous les lister, nous présentons ici quelques exemples utiles dans le cadre de la gestion du risque environnemental.

- Les **options** à l'achat (*call*) ou à la vente (*put*) permettent au détenteur du contrat d'acheter ou de vendre l'actif sous-jacent à un prix prédéfini (*strike price*). En échange, il rémunère la personne avec laquelle il a passé ce contrat (la contrepartie) en lui payant régulièrement une prime pendant toute la durée du contrat. Le risque de variation du prix de l'actif sous-jacent au-delà du *strike price* est donc transféré vers la contrepartie en échange d'une rémunération. Plusieurs contrats peuvent d'ailleurs être combinés entre eux pour obtenir une exposition au risque construite sur mesure pour répondre aux besoins de l'entreprise considérée. Ces contrats sont présents sur la plupart des marchés financiarisés, notamment sur les marchés de matières premières et permettent de gérer des aléas climatiques qui modifieraient/auraient des répercussions sur les prix par exemple.

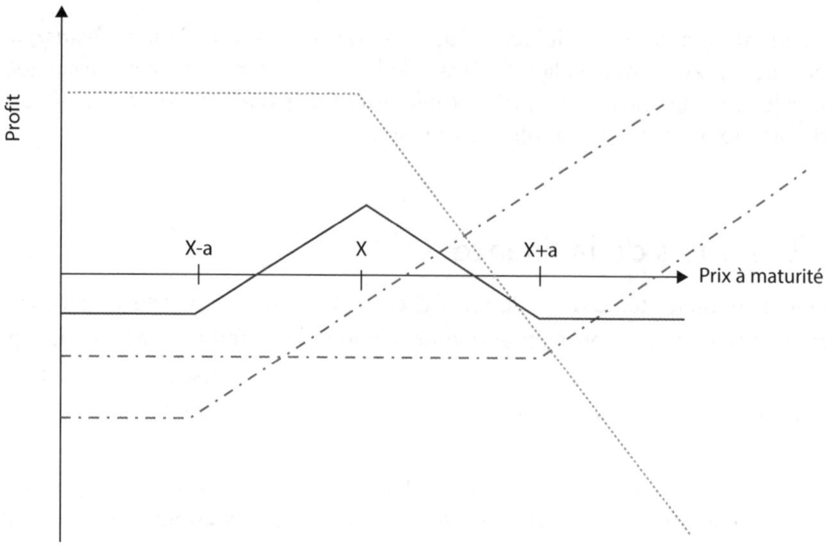


Exemple d'une stratégie de couverture de risques par la combinaison de plusieurs options d'achat (*call*) :
- Acheter un call avec un strike price de X–a (ligne en tirets)
- Acheter un call avec un strike price de X+a (ligne en tirets)
- Vendre deux calls avec un strike price de X (ligne en pointillés)
= une exposition au risque de prix maîtrisée à un coût connu (ligne continue)

**Figure 6.9** – Le papillon : une couverture de risques en utilisant une combinaison d'options

Source : Auteurs.

- Les **forwards** et les **futures** sont des contrats de vente à terme d'un actif sous-jacent. Les forwards sont négociés de gré à gré et fortement personnalisés, tandis que les futures sont des contrats standardisés qui sont échangés sur des marchés réglementés. Historiquement ces contrats sont très développés sur les marchés agricoles car ils permettent de vendre les récoltes avant leur production, sécurisant ainsi une partie des revenus en consentant un prix de vente réduit du fait de l'incertitude. Dans un cadre où justement les rendements agricoles sont menacés par la crise environnementale, ces contrats sont appelés à la fois à se développer pour sécuriser l'approvisionnement en denrées de base (un contrat à terme permet de verrouiller la vente quelles que soient les conditions de marché qui prévaudront alors) et à devenir plus risqués.
- Les **swaps** sont des contrats d'échange par lesquels deux contreparties se mettent d'accord pour échanger des flux de paiements aux caractéristiques différentes. Ils peuvent par exemple concerner les taux d'intérêt (swaps de taux variable pour fixe) ou les devises (swaps d'un flux en EUR pour un flux USD par exemple) et permettent de transférer un risque spécifique sur un autre acteur en échange d'une rémunération proportionnée au risque. Les *credit default swaps* sont un cas particulier, ils

permettent de s'assurer contre le défaut d'une contrepartie, typiquement l'emprunteur d'une obligation : la contrepartie accepte de se substituer à l'emprunteur en cas de défaut de paiement de ce dernier, en échange du versement d'une prime par la personne cherchant à couvrir le risque.

Tous ces instruments sont extrêmement puissants et permettent une rationalisation de la prise de risques pour les entreprises en offrant des opportunités de couverture. Leur utilité ira croissante dans un cadre marqué par une incertitude grandissante mais ils se heurteront également à une difficulté croissante à définir une tarification en adéquation avec les risques climatiques réellement encourus.

Ces instruments ont également de nombreuses limites : ils ne sont pas disponibles dans de nombreuses **zones géographiques** par absence de contreparties, ne sont pas des instruments de **long terme** (plus leur durée augmente, plus leur coût devient important) et ils exposent au risque que la contrepartie n'ait pas les moyens d'honorer le contrat le moment venu (**risque de contrepartie**). Par ailleurs, leur coût parfois important et la sophistication financière nécessaire pour construire des stratégies de gestion de risque reposant sur des instruments financiers rendent ces derniers difficilement généralisables à l'ensemble de l'économie. Ils restent donc l'apanage des grandes entreprises lorsqu'elles opèrent dans des pays possédant des places financières suffisamment développées.

# Partie III

# Réinventer l'entreprise

# Chapitre 7 La production

L'objet de ce chapitre est de présenter concrètement comment l'entreprise peut transformer sa logique de production pour réduire son empreinte environnementale en s'appuyant sur les différents concepts présentés dans la partie II.

- Les différentes étapes d'une stratégie de décarbonation seront présentées, ainsi que les enjeux particuliers liés à l'industrie lourde. Le rôle clé des institutions publiques pour favoriser la mise en place de telles stratégies sera souligné.
- Pour réduire l'empreinte environnementale de l'entreprise, l'ensemble de la supply chain doit être transformé. Cette partie explorera les outils pour améliorer l'efficacité des processus de production et intégrer les enjeux environnementaux dans la supply chain.
- Les enjeux économiques derrière la durabilité des produits seront introduits, et différents modèles d'affaires permettant d'allonger la durée de vie des produits présentés. Un développement important sera consacré à l'économie de la fonctionnalité.

## 1 Produire de manière décarbonée

### 1.1 Mettre en place une stratégie de décarbonation

#### Quels enjeux ?

Alors que l'industrie représente 23 % des émissions de GES à l'échelle mondiale, et 20 % à l'échelle française, les entreprises doivent se transformer pour décarboner leurs modes de production et atteindre la **neutralité carbone** dans le cadre de l'**Accord de Paris**. S'engager vers la neutralité carbone permet aux entreprises, outre d'agir pour le climat, d'améliorer leur image et leur compétitivité alors que l'économie évolue. Cette évolution engendre des risques et des opportunités qui peuvent être intégrés par la définition d'une stratégie de décarbonation. Effectivement, les entreprises sont de plus en plus nombreuses à s'engager à atteindre la neutralité carbone d'ici 2050, bien que cela reste pour l'instant une part minime. Cependant, les divers objectifs de décarbonation des entreprises ne reflètent pas des niveaux d'engagement équivalents, et leur crédibilité peut être parfois questionnée. Cette dernière repose notamment sur : l'ambition de l'entreprise (notamment objectifs de température et **scopes** (*cf.* 5.1) considérés), la transparence des objectifs et des mesures prises pour les atteindre, ainsi que le type de mesures utilisées. Toute stratégie de décarbonation doit en effet suivre la même **hiérarchisation** de ces mesures, suivant une logique similaire à celle de l'**ERC** (Éviter, Réduire, Compenser) (*cf.* 3.3) (Figure 7.1).

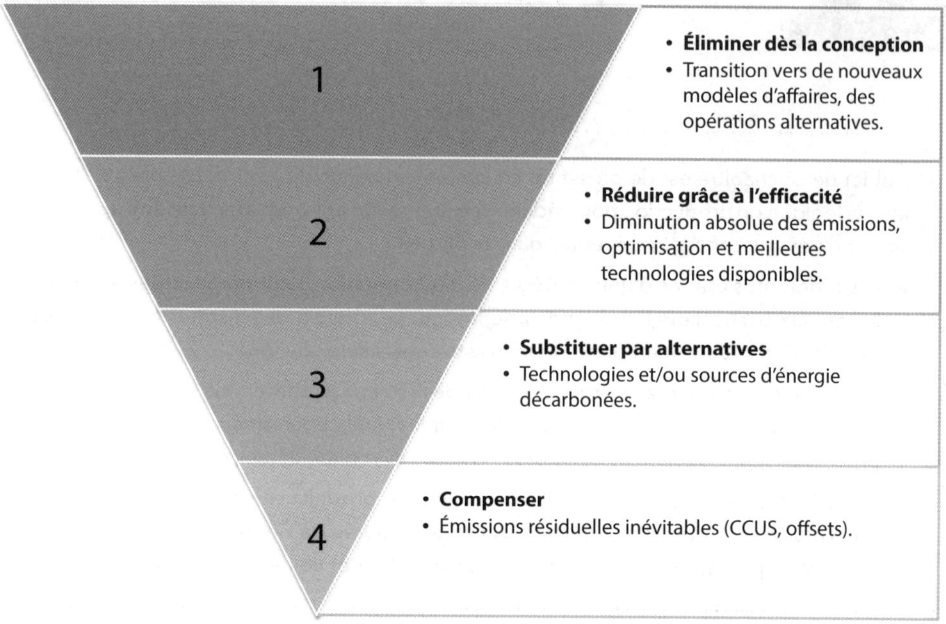


**Figure 7.1** – Hiérarchisation de la gestion des GES

Source : Adapté de IEMA, Greenhouse Gas Management Hierarchy (updated 2020), Bollons et Donnelly.

## Définir les objectifs

La première étape de structuration d'une démarche de décarbonation repose sur la définition des ambitions de l'entreprise. Pour que ces dernières soient réellement en accord avec les objectifs climatiques, les entreprises peuvent utiliser la méthodologie développée par la **SBTi**, mondialement reconnue (*cf.* 5.1). Par exemple, selon ses critères, les **scopes** 1 et 2 doivent toujours être inclus dans la stratégie de décarbonation de l'entreprise ainsi que le scope 3 si, comme pour la majorité des secteurs industriels, il représente une part importante du **bilan carbone** (*cf.* 5.1) de l'entreprise. Cette initiative s'adresse aussi aux PME et TPE, grâce à une méthodologie dédiée. Les entreprises respectant la méthodologie SBT peuvent faire certifier leur stratégie, être inscrites au registre SBTi, accessible en ligne et le communiquer publiquement. Il s'agit d'une des manières d'assurer leur crédibilité. De plus en plus d'entreprises s'avancent dans cette démarche : fin 2022 plus de 4 000 entreprises, représentant un tiers de la capitalisation mondiale, ont défini des objectifs alignés sur la science (des SBT) ou se sont engagées à le faire. Fin 2021 elles n'étaient que 2 250. Si la SBTi définit des niveaux minimaux, certaines entreprises peuvent être plus ambitieuses. Par exemple, Microsoft, aligné sur une cible de température de 1,5 °C, a déjà atteint 110 % de ses SBT en un cinquième du temps accordé par la SBTi grâce à sa propre ambition de réduire de presque 100 % ses émissions des scopes 1 et 2 d'ici 2025 et de diminuer par deux ses émissions de scope 3 d'ici 2030.

## Définir un plan d'action et suivre les progrès

La deuxième étape de structuration d'une démarche de décarbonation est la mise en place d'un plan de mesures, respectant la hiérarchie présentée plus haut. Si l'initiative SBTi certifie la définition d'une stratégie de décarbonation en accord avec les objectifs climatiques, elle n'inclut pas les moyens concrets à mettre en œuvre. Pourtant, une majorité d'entreprises considèrent la difficulté de définition de cet aspect comme un obstacle à la réalisation de leur stratégie de décarbonation. Pour les accompagner dans cette démarche, des méthodologies ont été développées par diverses organisations, telles que l'**ACT Pas à Pas** ou « Climate Neutral Now » de la **CNUCC**. Des méthodologies secteur par secteur donnant les leviers clés à activer pour décarboner ont aussi été développées. Par exemple, l'**Apparel Impact Institute**[1] **(Aii)** en partenariat avec le WRI a identifié six actions pour diminuer de 60 % les émissions du secteur de l'habillement. Allant plus loin, les entreprises d'un même secteur ont pu s'associer pour définir des objectifs de décarbonation et une stratégie commune, comme « the 2050 roadmap » développée par la **GCCA (Global Cement and Concrete Association)**.

Les entreprises doivent ensuite communiquer leurs progrès, leur permettant, entre autres, de garantir la crédibilité de leur démarche. Cette communication est aussi exigée par la SBTi qui réalise un suivi. Pour évaluer leurs progrès, les entreprises peuvent utiliser des outils certifiés comme le questionnaire annuel du **CDP** ou la méthodologie proposée par l'**ACT**, pour une évaluation vis-à-vis des trajectoires sectorielles de décarbonation (*cf.* 5.1). Tout comme pour la SBTi, les entreprises s'engageant dans l'une des démarches proposées par l'ACT peuvent le **certifier** par un audit externe et **communiquer publiquement** leurs résultats.

## Coopérer

Afin de mettre en place une stratégie de décarbonation efficace, les entreprises doivent considérer l'ensemble de leur écosystème et ne pas sous-estimer les bénéfices de la coopération.

### *Au sein de la chaîne de valeur*

Pour décarboner leurs activités, les entreprises doivent collaborer avec l'ensemble de leur chaîne de valeur. D'abord, en se limitant aux entreprises de même métier, elles peuvent s'engager conjointement à s'aligner sur l'objectif de 1,5 °C au sein d'une **alliance** afin de faciliter les collaborations et partages de bonnes pratiques, comme au sein de la *Net Zero Financial Services Provider Alliance* (NZSPA), regroupant vingt-sept fournisseurs de services financiers. Elles peuvent aussi définir une stratégie commune, comme cela a été fait par la GCCA. En outre, elles peuvent se regrouper en consortium pour développer certaines innovations. Par exemple, six entreprises pétrochimiques (BASF, Borealis, BP, LyondellBasell, SABIC et TotalEnergies) situées en Belgique, Allemagne et Pays-Bas

1. Association du secteur de l'habillement ayant pour but de catalyser les meilleures pratiques et solutions innovantes dans le secteur grâce à des partenariats avec de nombreux acteurs du milieu.

se sont alliées pour électrifier le procédé le plus émetteur du secteur de la chimie : le vapocraquage (permettant de casser des molécules de dérivés pétroliers afin d'obtenir des plastiques). Ce processus nécessitant des températures élevées (800 °C), il fonctionne actuellement grâce aux énergies fossiles. Ensuite, englober la chaîne de valeur permet, comme le suggère la démarche promue par l'Aii, d'identifier et développer des bonnes pratiques et innovations ainsi que de déterminer de nouveaux standards pour l'ensemble d'un secteur. Enfin, pour atteindre leurs objectifs de scope 3, les entreprises doivent engager leurs clients en aval pour qu'ils changent leurs habitudes de consommation (*cf.* 7.3) et travailler avec leurs **fournisseurs** en amont (*cf.* 7.2).

*Au-delà de la chaîne de valeur*

Les entreprises doivent aussi parfois coopérer avec d'autres secteurs pour développer certaines technologies de décarbonation. Ainsi, des secteurs comme celui du textile doivent collaborer avec les entreprises développant les innovations leur permettant de réduire leurs besoins en énergie et décarboner leurs sources de chaleur. À plus large échelle, des collaborations de type **EIT (Ecologie industrielle et territoriale)** sont nécessaires lorsque l'adoption de technologies bas carbone entraîne des **changements systémiques**, comme l'hydrogène ou les technologies de **Carbon Capture Utilization and Storage (CCUS)**. Des infrastructures telles que des réseaux d'hydrogène ou de $CO_2$ sont facilement **mutualisables** et leur partage permet d'améliorer leur **rentabilité**. Ainsi, ces innovations devraient prioritairement être développées dans des **clusters** (*cf.* 4.3). Par exemple, c'est sur ces deux types d'infrastructures que le cluster d'Humber, le plus émetteur du Royaume-Uni, s'appuie pour atteindre son objectif de neutralité carbone d'ici 2040. Enfin, les entreprises ont intérêt à collaborer avec d'autres acteurs, comme les institutions académiques, et les pouvoirs publics (*cf.* 4.3).

## 1.2 Les mesures à implémenter

### Éviter

Pour éviter les émissions, c'est-à-dire influencer les choix stratégiques de l'entreprise en amont afin de ne pas investir dans des projets carbonés, mieux identifier et saisir les opportunités bas carbone, ainsi que faciliter l'évolution des comportements en interne, deux solutions existent : la définition d'**un budget carbone** ou d'un **prix interne du carbone**. Les entreprises sont de plus en plus nombreuses à les adopter. Ainsi, en 2020, presque la moitié des 500 entreprises avec la plus importante capitalisation boursière avaient mis en place un prix interne de carbone ou avaient prévu de le faire, et au global, le nombre d'entreprises engagées dans une telle démarche avait augmenté de 80 %.

Sur le même principe que la budgétisation financière, la **budgétisation carbone** consiste à allouer une valeur carbone aux activités de l'entreprise et à planifier son évolution en fonction des investissements à venir. En conséquence, un budget carbone est attribué à chaque service ou site géographique, pour l'ensemble de leurs activités et investissements.

Le principe d'un **prix interne** du carbone est d'associer, en interne, une certaine quantité d'émissions à un prix. Ce prix peut être matérialisé en ayant recours à différents mécanismes avec une influence plus ou moins forte sur la stratégie d'entreprise (Tableau 7.1) mais le principe reste le même. Ainsi, appliqué aux actifs existants des entreprises mais aussi à leurs projets d'investissement, ce prix leur permet d'évaluer si leurs activités restent rentables une fois la prise en compte financière des émissions. Par exemple, une entreprise européenne d'énergie a fermé certaines usines suite à la prise en compte d'un tel coût. La mise en place d'un prix interne du carbone est corrélée à l'attention accordée aux émissions de GES au sein de l'entreprise et donc à l'importance de leur réduction. Il s'agit aussi d'un des meilleurs moyens pour les entreprises d'anticiper le risque d'être un jour soumises à une tarification carbone alors même qu'elles sont de plus en plus nombreuses à être concernées. En outre, au-delà de permettre d'éviter les émissions, la mise en place d'un coût interne ou d'un budget carbone permet d'encourager les investissements permettant de réduire les émissions.

**Tableau 7.1** – Tableau récapitulatif des mécanismes de prix interne du carbone

| Type de mécanisme | Définition | Influence sur la stratégie d'entreprise | Fréquence d'application |
|---|---|---|---|
| Taxe ou marché interne | Pour chaque tonne de carbone émise par l'entreprise, une certaine somme d'argent (correspondant au prix fixé par l'entreprise d'une tonne de carbone) est effectivement transférée en interne et ensuite investie pour réduire les émissions. | ++++ | Taxe : ++<br>Marché : + |
| Prix fictif | Aucun fonds n'est transféré en interne, mais un prix fictif permet d'évaluer un risque, notamment réglementaire, et anticiper l'éventuelle mise en place d'un prix du carbone. | + | +++++ |
| Prix implicite | Prix attribué rétrospectivement et calculé sur la base du montant des investissements passés ayant permis de diminuer les émissions ou ayant été nécessaires afin de satisfaire une régulation sur les émissions. | +++ | +++ |
| Crédits carbone (offset) | Mécanisme impliquant l'achat de crédits à des tiers. Si leur achat peut permettre à l'entreprise d'avoir conscience d'un prix du carbone, d'autres mécanismes doivent être préférés et les crédits doivent être utilisés seulement si une compensation est nécessaire. | + | ++ |
| Approches hybrides | Approches associant différents mécanismes (taxes internes, prix fictif et crédits carbone). | ++ | ++ |

Source : N. Bullard, « Not every carbon price actually makes you pay », Bloomberg Green, Sparklines, 15 sept. 2022. Consulté en ligne le 23 avril 2023.

## Réduire

### *Efficacité énergétique*

Pour diminuer les émissions qui ne peuvent pas être évitées, l'un des leviers les plus importants et les plus utilisés est l'amélioration de l'efficacité énergétique. Il est en général facilement applicable grâce à des technologies déjà éprouvées et est rentable pour les entreprises grâce à la réduction de consommation énergétique associée, malgré des périodes de remboursement parfois assez longues. Par exemple, son application dans le domaine du textile pourrait permettre une réduction de la quantité d'énergie et d'émissions de 15 % par unité produite sur l'ensemble de la chaîne de transformation. La première étape est de réaliser un **audit énergétique** des activités de l'entreprise, afin de déterminer les opportunités d'amélioration d'efficacité. Une fois ce diagnostic effectué, de nombreuses possibilités existent, en fonction des spécificités de l'entreprise. Par exemple, dans l'industrie, il est possible de limiter le surdimensionnement des machines, ou d'investir dans des moteurs à rendements plus élevés. Ainsi, si l'ensemble des moteurs électriques utilisés dans des procédés industriels étaient remplacés par des moteurs bien dimensionnés et à rendement énergétique élevé, 10 % de la consommation électrique mondiale pourrait être économisée. Des entreprises peuvent aussi développer leurs propres technologies. Par exemple, Sony a développé des nouvelles LED économisant 20 % d'énergie par rapport aux anciens modèles sans perdre de qualité d'image pour ses télévisions.

L'amélioration de l'efficacité énergétique est souvent liée à l'adoption du **numérique**, tout comme pour les villes devenant des **smart cities** (*cf.* 4.3). En effet, alors que les transitions digitales et environnementales sont souvent considérées comme allant de pair, le numérique peut être considéré comme un **facilitateur technologique**, contribuant au développement d'autres innovations. L'utilisation de l'**intelligence artificielle** (IA) (*cf.* 9.3) pour la gestion des locaux, par exemple afin d'ajuster au mieux les températures en fonction de l'utilisation des bâtiments est un premier moyen d'améliorer l'efficacité énergétique grâce au numérique. Les actifs physiques utilisés par un procédé industriel peuvent aussi être connectés entre eux grâce à l'**internet des objets** (IoT) (*cf.* 9.3) afin de repérer les pertes d'énergie dans le système en suivant les flux. Ces deux exemples combinés peuvent permettre d'économiser jusqu'à près de 25 % de la consommation d'énergie d'une entreprise.

### *Efficacité des ressources*

Un deuxième levier permettant de réduire les émissions est l'amélioration de l'efficacité des ressources, afin de diminuer la quantité de ressources primaires nécessaires à la production de biens.

D'une part, il est possible, grâce à de nouvelles technologies ou procédés, d'améliorer l'efficacité des ressources en diminuant la production de déchets et/ou en intégrant des **matériaux recyclés** (*cf.* 5.3). Dans le secteur du textile, une modification du design des produits ou des méthodes de production sont des solutions pour diminuer la quantité de matière jetée en rendant possible sa **réutilisation** dans le processus de production. Cela permet de diminuer les besoins en matière brute pour produire la même quantité de produit fini, et donc les émissions de GES. Dans le secteur de la céramique, c'est 85 % de la demande en matière première qui pourrait être remplacée grâce au recyclage des déchets issus du procédé de production, sous réserve que ce procédé soit modifié pour prendre en compte les caractéristiques différentes des matériaux issus de déchets. Un autre exemple est celui de Sony qui a développé son propre plastique fait à 99 % de matière recyclée, permettant d'économiser 72 % des émissions de $CO_2$ par rapport à la production d'un plastique vierge ignifuge pour le même usage.

D'autre part, ce levier peut être activé par le recours aux mécanismes de l'**écologie industrielle et territoriale** (EIT). La mise en place de **synergies de substitution** permettant la réutilisation des co-produits d'une industrie par une autre permet de diminuer la demande de matière brute à l'échelle d'un groupement d'entreprises et donc de diminuer leurs émissions de GES (*cf.* 4.3).

#### *Capture, utilisation et stockage du carbone*

Un troisième levier est le recours aux technologies de **CCUS** (*Carbon Capture Utilization and Storage*) afin de réduire les émissions du processus de production. Afin d'assurer que ces technologies permettent effectivement de réduire les émissions, des critères doivent être respectés, comme la sûreté du stockage. Ce levier s'applique surtout aux **industries lourdes** (ciment, acier, chimie) qui font face à des défis particuliers pour décarboner leurs activités comme cela sera détaillé par la suite.

### Substituer

#### *Substitution des sources d'énergie*

S'il n'est pas possible d'éliminer ou de réduire les émissions, il est possible de substituer les sources d'énergie utilisées par des sources décarbonées. Il s'agit du deuxième levier le plus utilisé par les entreprises. Ce passage aux énergies renouvelables (EnR) a été rendu possible grâce à la diffusion des technologies de production (éoliennes ou panneaux solaires), avec des coûts de plus en plus bas. Une première solution disponible pour les entreprises souhaitant décarboner leur consommation d'électricité est le recours à des corporate **PPA (*Power Purchase Agreements*)** d'EnR, des contrats d'achat direct entre des entreprises et des producteurs d'EnR, sans recours à des fournisseurs et contournant les marchés de gros. Ce système devrait se développer et devenir le premier facteur de développement des EnR en Europe. Par exemple, SNCF Énergie vise à atteindre 20 à 25 % de sa consommation d'électricité fournie par des PPA EnR, avec des prix fixes sur le long terme, permettant une stabilité financière. Ces contrats sont particulièrement intéressants pour les entreprises dans les pays où le prix du marché de l'électricité est comparable au prix minimal de vente de l'électricité renouvelable pour que les projets soient rentables, ou ceux où le mix électrique est particulièrement carboné. Les entreprises peuvent aussi choisir de produire elles-mêmes, sur site, leur énergie décarbonée, par exemple en utilisant de la géothermie, comme sur le site de l'aéroport d'Orly.

#### *Changement des technologies utilisées*

Pour certaines applications, il est d'abord nécessaire de transformer le type d'énergie utilisée pour la décarboner, c'est-à-dire avoir recours à de l'**électrification**, ou à l'utilisation de **bioénergie** (biomasse ou biogaz). Ces deux vecteurs alternatifs sont suffisants pour décarboner la plupart des usages des entreprises.

L'électrification est considérée comme l'un des vecteurs principaux de la décarbonation. Elle représente 30 % de la réduction des émissions en 2070 dans le **scénario** principal de l'AIE pour atteindre la neutralité carbone du secteur de l'énergie. Ainsi, la part d'électricité dans la consommation d'énergie du secteur industriel est projetée à 45 % en 2050, contre environ 30 % aujourd'hui. Une première possibilité d'électrification, pour l'ensemble des entreprises, est d'investir dans une flotte de **véhicules électriques**, une technologie de plus en plus accessible. S'ils demeurent encore plus chers à l'achat que les véhicules thermiques, leurs coûts d'exploitation peuvent être jusqu'à 60 % moins élevés. Dans le secteur industriel, l'électrification concerne surtout la production de **chaleur basse température** grâce à des **pompes à chaleur** industrielles, permettant aussi des gains d'efficacité.

Les bioénergies peuvent être utilisées pour produire de l'électricité décarbonée mais aussi de la chaleur. Un de leurs avantages est qu'elles sont compatibles avec les technologies basées sur la combustion d'énergies fossiles, et peuvent donc être utilisées là où l'électrification est difficile, comme dans le secteur de la **chimie** et du **transport longue distance** hors ferroviaire. En outre, dans ce type d'industries et les industries lourdes en général, l'hydrogène peut être utilisé comme source d'énergie de substitution comme cela sera détaillé dans la suite.

### Compenser

#### *Les enjeux*

Une entreprise peut **compenser** ses émissions en investissant dans des projets de décarbonation, directement ou en achetant des **crédits carbone**. Les projets de décarbonation sont de deux types. Il peut s'agir de réduire et/ou éviter des émissions hors de la chaîne de valeur de l'entreprise, ou de retirer du $CO_2$ de l'atmosphère. L'importance de l'utilisation de ces mécanismes dans les stratégies de décarbonation est un des critères majeurs de leur crédibilité. Alors que la compensation est la dernière action à entreprendre d'après la hiérarchie des mesures (Figure 7.1), un des risques est que les entreprises y aient massivement recours si compenser est moins coûteux que réduire leurs émissions. Pour l'éviter, la SBTi ne considère pas la compensation comme une mesure acceptable pour atteindre les SBT. Cependant, la compensation a un rôle important à jouer, car les entreprises ont une responsabilité à aller au-delà de leurs SBT et de contribuer à l'objectif « Net Zero » global. En effet, la neutralité carbone mondiale ne pourra être atteinte qu'avec une majorité d'acteurs neutres voire négatifs. De plus, investir dans des **crédits**

**carbone de haute qualité** permet à des projets bas carbone engendrant des co-bénéfices environnementaux ou sociaux de voir le jour, à des innovations technologiques d'être mises à l'échelle et à diriger du capital vers les pays en voie de développement.

## Échanger des crédits carbone

### Crédits carbone

Les crédits carbone sont des certificats assurant qu'une certaine quantité de GES n'a pas été émise grâce au(x) projet(s) financé(s) par les crédits ou qu'elle a été retirée de l'atmosphère. Ils peuvent être échangés soit sur des marchés carbone régulés, comme les **systèmes d'échanges de quotas d'émissions** (*cf.* 3.2) californien ou européen, afin que les entreprises puissent atteindre leurs obligations, ou sur des **marchés carbone volontaires (MCV)**. Des crédits carbone de haute qualité doivent notamment être :

- Additionnels : ils doivent financer des projets qui n'auraient pas eu lieu sans les financements des crédits.
- Permanents : ils doivent financer des projets qui réduisent ou enlèvent de l'atmosphère des émissions de manière permanente (sinon cela doit être pris en compte).
- Uniques : il ne doit pas y avoir de double-compte des émissions évitées ou enlevées de l'atmosphère grâce au crédit (elles ne doivent pas être revendiquées par un autre crédit).
- En accord avec les SDGs (*Sustainable Development Goals*).

### Marchés carbone régulés

Les crédits carbone échangés sur les marchés régulés sont encadrés. En Europe, les crédits carbone internationaux acceptés étaient ceux générés par les mécanismes définis par le **protocole de Kyoto**, avec des restrictions de types de projets et de quantité d'émissions couvertes par le système. Depuis 2020 les crédits internationaux ne sont même plus acceptés, car l'Europe a défini une cible domestique. En Californie, les crédits carbone doivent être validés par une entité indépendante, et peuvent être utilisés pour compenser au plus 8 % des émissions des entreprises soumises au système.

### Marchés carbone volontaires

Les MCV se développent rapidement depuis quelques années. Par exemple, la quantité totale évitée ou retirée de l'atmosphère grâce aux crédits carbone échangés sur ces marchés a doublé entre 2017 et 2020 jusqu'à 95 millions de $tCO_2$-e. Cette demande pourrait être multipliée par 100 d'ici 2050. Contrairement aux marchés régulés, les MCV sont assez divers, tant du côté de la demande avec des acheteurs ayant des attentes différentes, que du côté de l'offre avec une variété de programmes de certification proposant des crédits carbone. Le marché est dominé par des programmes indépendants, notamment le « *Verified Carbon Standard* » qui représente 62 % des parts de marché. Malgré les efforts des MCV pour plus d'intégrité et de transparence, et de nouvelles règles instaurées par l'article 6 de l'Accord de Paris, les MCV sont soumis à peu d'obligations et des défis structurels restent à relever. Ainsi, chaque mécanisme de certification utilise sa propre méthodologie, rendant la qualité des crédits difficile à estimer, d'autant qu'il arrive que des projets ne soient financés que partiellement par des crédits mais que la totalité des émissions évitées ou retirées de l'atmosphère par le projet leur soit attribuée, ce qui surestime l'action des acheteurs. Des institutions se développent pour encadrer ces marchés. La « **Taskforce on Scaling Voluntary Carbon Markets** » (TSVCM) a mis en place un corps indépendant pour s'assurer de l'intégrité des marchés, le « **Integrity Council for the Voluntary Carbon Market** » (IC-VCM) définit des standards à respecter pour assurer des crédits carbone de haute qualité tandis que le « **Carbon Credit Quality Initiative** » (CCQI) ne définit pas des standards mais des méthodes pour évaluer la qualité des crédits.

### *Réduire ou éviter les émissions hors de la chaîne de valeur*

Une des premières solutions de compensation est le financement de projets de décarbonation hors de la chaîne de valeur de l'entreprise. Afin d'assurer la transparence de la démarche de l'entreprise, les émissions évitées et le montant investi par l'entreprise doivent être communiqués. Il peut s'agir par exemple du financement de projets d'efficacité énergétique ou de développement d'EnR (hors de la consommation de l'entreprise) ou de projets de **conservation** des écosystèmes, un type de projets faisant partie des **solutions basées sur la nature (SBN)**. Pour la SBTi, ce sont ces derniers projets que les entreprises doivent privilégier, afin d'éviter les émissions provenant de leur dégradation. En effet, une défaillance de protection des écosystèmes rendrait impossible l'atteinte des objectifs climatiques de l'Accord de Paris, alors que la restauration est souvent moins efficace. Par exemple, la reforestation stocke, par an, seulement 3 % de la quantité totale de carbone stockée par une forêt mature.

**Solutions basées sur la nature (SBN), Nature-based Solution (NBS)**

Les SBN regroupent les actions permettant de protéger, gérer durablement ou restaurer des écosystèmes tout en générant des co-bénéfices en termes de bien-être, de biodiversité et d'adaptation au changement climatique. Environ un tiers des réductions des émissions nécessaires pour atteindre l'objectif des 1,5 °C pourrait être fourni par ces solutions de manière efficiente. Afin de garantir la qualité des SBN et assurer la fourniture de co-bénéfices, différents standards ont été développés, comme le REDD + (Réduction des Émissions issues de la Déforestation et Dégradation des forêts) négocié sous la CCUNCC pour encadrer les SBN forestières.

### *Retirer du $CO_2$ de l'atmosphère*

La deuxième solution consiste à investir dans des projets permettant de retirer directement des GES de l'atmosphère, et c'est celle-ci que les entreprises devraient progressivement privilégier afin d'assurer l'atteinte de la neutralité carbone. S'il n'y a pas de consensus sur la quantité d'émissions qu'une entreprise devrait retirer de l'atmosphère, la SBTi propose qu'elle soit égale aux émissions restantes de l'entreprise une fois ses

SBT atteintes. Un autre exemple est **Microsoft**, qui souhaite, outre la réduction ambitieuse de ses émissions, retirer l'intégralité de ses émissions historiques de l'atmosphère.

Ces projets de capture des GES peuvent être de deux types. Il peut d'abord s'agir de SBN visant à restaurer des écosystèmes stockant du carbone, par exemple grâce à de la **reforestation** ou **afforestation** (plantation d'arbres dans des zones historiquement non forestières). Cependant, comme indiqué précédemment, ces projets ne doivent pas être la priorité des entreprises souhaitant investir dans des SBN, d'autant qu'ils peuvent être **temporaires**. Cet enjeu doit être pris en compte, par exemple en appliquant un coefficient reflétant la probabilité de la permanence du stockage.

Ensuite, les entreprises peuvent investir dans des technologies retirant **artificiellement** du $CO_2$ de l'atmosphère. C'est la solution encouragée par la SBTi car il est critique de mettre ces technologies à l'échelle, d'autant que le $CO_2$ peut ensuite être stocké à long terme dans des réservoirs géologiques. Les deux principales technologies de capture du $CO_2$, qui pourraient représenter les deux tiers des émissions retirées de l'atmosphère d'ici 2070 d'après l'AIE sont : les **DACCS** (*Direct Air Carbon Capture and Storage*), les **BECSC** (Bioénergie avec captage et stockage de dioxyde de carbone) permettant de produire de l'énergie et des biocarburants grâce à de la biomasse tout en capturant le carbone que cette dernière a stocké lors de sa croissance. Ces technologies ont cependant des inconvénients. Ainsi, les BECSC nécessitent une importante production agricole dédiée, en compétition avec d'autres usages. En outre, ces technologies ne sont pas encore matures et la faisabilité de leur déploiement à grande échelle reste à évaluer. Même si ces technologies sont nécessaires à l'atteinte des objectifs climatiques, leur développement doit concerner uniquement les émissions résiduelles.

## 1.3 Les enjeux spécifiques de l'industrie lourde

### Quelles particularités ?

La décarbonation des **industries lourdes** est clé pour parvenir à celle de l'industrie en général mais ce secteur est aussi l'un des plus durs à décarboner. Il représente, à l'échelle mondiale, 70 % des émissions de l'industrie et si l'industrie manufacturière émet peu en comparaison, elle utilise les produits issus de ce secteur. La réduction des émissions des industries lourdes est donc vitale pour la décarbonation des autres secteurs industriels ainsi que pour la production bas carbone des technologies indispensables à la transformation de l'économie, des panneaux solaires aux trains, d'autant que, vraisemblablement, la demande mondiale augmentera afin de construire les infrastructures nécessaires à l'atteinte des **SDGs** (*cf.* 3.3).

Cependant, les industries lourdes font face à des défis particuliers. Elles doivent composer avec des cycles d'investissements particulièrement longs, et une **intensité capitalistique** élevée. De plus, ce secteur est fortement hétérogène, et particulièrement exposé à la **compétition internationale**. Si des efforts importants d'amélioration de l'efficacité énergétique ont été déployés, comme en France où ce secteur est celui ayant le plus décarboné depuis les années 1990, ils restent insuffisants pour atteindre la neutralité carbone d'ici 2050. L'enjeu est d'autant plus important que la fenêtre d'action se réduit. Les moyens de production devront être neutres en carbone dès 2030 puisque la durée de vie des installations est d'au moins 20 ans. Par exemple, chez Arcelor Mittal (un des leaders mondiaux de la production d'acier) les investissements lancés en 2025-2030 sont dédiés à des infrastructures qui seront toujours en fonctionnement en 2050. La décarbonation des industries lourdes repose sur l'accélération des efforts d'efficacité et, surtout, sur des **technologies de rupture** : une transformation profonde est nécessaire.

## Des innovations spécifiques

### *Une décarbonisation qui repose sur des technologies non matures*

Le seul recours à des technologies déjà **matures** n'est pas suffisant pour que les entreprises puissent atteindre leurs objectifs de décarbonation et cela est particulièrement le cas pour les industries lourdes et le transport longue distance. D'après le **scénario** principal de l'AIE, un peu plus d'un tiers de la réduction des émissions projetée devrait être atteinte par des technologies non matures actuellement. Cette part monte à presque **60 %** si seuls les secteurs de l'industrie lourde et du transport longue distance sont considérés. Par exemple, pour la sidérurgie, seules 30 % des émissions sont potentiellement couvertes par des technologies disponibles commercialement. Ces nouvelles innovations reposent principalement sur l'intégration d'une proportion plus importante de **matériaux recyclés**, sur l'utilisation de l'**hydrogène** lorsque l'électrification n'est pas possible et le recours aux **CCUS** pour les procédés utilisant toujours des énergies fossiles. La dépendance à des technologies non matures est porteuse de différents **risques**. Un premier est technique : la faisabilité de ces technologies à grande échelle n'est pas encore prouvée. Un second est financier : leur adoption entraînera une augmentation des coûts de production dont l'importance est incertaine, dépendant notamment des coûts de l'électricité décarbonée. Par exemple, l'augmentation des coûts pour une production décarbonée est estimée entre 60 et 155 % dans le domaine du ciment d'ici 2050.

### *Des innovations afin de modifier les matières premières utilisées*

La production à partir de matière recyclée demande considérablement moins d'énergie et est beaucoup moins émettrice de $CO_2$. En sidérurgie, 32 % de la production est déjà issue d'acier recyclé, grâce aux **fours à arc électrique** (EAFs). Pour augmenter ce taux, la collecte d'acier usagé devra être améliorée et le recours aux EAFs intensifié. Les EAFs fonctionnant à l'électricité, cela permettra aussi d'augmenter le taux d'électrification du secteur. Cependant, pour la production d'aciers de haute qualité, ce processus ne peut pas être utilisé comme tel au-delà de 30 % d'acier usagé, du fait des impuretés qu'il contient. Des innovations seront donc nécessaires. Dans le domaine de la chimie, le recyclage pourrait permettre de réduire de 15 % les émissions d'ici 2070, mais de même, cela implique de nouvelles technologies. Certaines sont en cours de démonstration et de premières commercialisations.

Dans l'industrie cimentière, si des technologies de recyclage du ciment et du béton sont développées, elles ne représentent pas un pilier majeur de la décarbonation du secteur. Cette dernière repose plutôt sur une modification de la composition du ciment. En effet, les deux tiers de ses émissions sont issues de la calcination, procédé de fabrication du **clinker** et une première solution est de réduire le taux de clinker dans les ciments. Cela pourrait représenter 14 % des réductions d'émissions cumulées du secteur d'ici 2070. Cependant, cela a des conséquences sur la tenue finale du béton et les technologies ne sont qu'en début de développement. Une autre solution est d'utiliser, à la place du clinker, des coproduits des centrales à charbon et de l'industrie sidérurgique grâce à des **synergies de substitution** (*cf.* 4.3). Par exemple, installé à Dunkerque depuis 2018, ECOCEM produit un ciment bas carbone innovant en utilisant un co-produit issu des hauts fourneaux d'ArcelorMittal situés à proximité. En outre, d'autres technologies, utilisant d'autres matériaux que les co-produits sidérurgiques, sont actuellement développées à différents états d'avancement. Elles permettraient de remédier au tarissement de ces co-produits alors que la production d'acier sera décarbonée et l'usage du charbon réduit.

### *Au-delà de l'électrification : l'hydrogène*

Si l'électrification permet de décarboner certaines applications, les industries lourdes ont besoin d'autres sources d'énergie, notamment d'hydrogène. Pour la sidérurgie, les hauts fourneaux utilisant du charbon peuvent être remplacés par des unités de **réduction directe du fer** (DRI), une technologie prometteuse pouvant fonctionner soit avec 100 % d'hydrogène soit en le mélangeant avec du gaz naturel, l'énergie actuellement utilisée pour la DRI. Le recours à la DRI basée sur l'hydrogène n'est pas encore mature, mais des industriels investissent dans le domaine, comme ArcelorMittal, avec des projets de création d'usines utilisant cette technologie d'ici 2030.

Dans le domaine de la chimie, la production d'ammoniac (composé permettant de produire des engrais) à partir d'hydrogène est une technologie qui a déjà été utilisée dans le passé, mais non compétitive actuellement. La production de méthanol (permettant de produire des plastiques) par hydrogène est aussi une technologie prometteuse, et différents projets pilotes sont développés, comme le Carbon2Chem en Allemagne depuis 2018.

Cependant, alors qu'actuellement l'hydrogène est quasi-exclusivement produit à partir d'énergies fossiles non associées à des CCUS, une filière de production d'**hydrogène vert** (produit à partir d'électricité renouvelable, par électrolyseurs) doit être créée. En 2021, seul environ 1 % de la demande a été fournie par de l'hydrogène bas carbone (soit 1 million de tonnes, Mt), majoritairement produit par des moyens conventionnels équipés de CCUS. D'ici 2030, si tous les projets planifiés sont réalisés, la production d'hydrogène par électrolyse pourrait atteindre 9 à 14 Mt et par moyens conventionnels équipés de CCUS 7 à 10 Mt. Cependant, cela permettrait à peine de fournir la hausse de demande attendue. La réalisation des projets d'électrolyseurs permettrait tout de même de passer cette technologie à l'échelle et de diminuer leur prix de 70 % d'ici 2030, ce qui pourrait accélérer ensuite leur adoption. Il y a donc un vrai enjeu autour de l'hydrogène, et c'est le développement de ces filières bas carbone qui freine son adoption dans la chimie.

Dans l'industrie cimentière, le passage à l'hydrogène est plus compliqué, et il devrait jouer un rôle mineur. Au-delà de son utilisation pour décarboner l'industrie, l'hydrogène peut être utilisé comme vecteur énergétique permettant de stocker de l'électricité pendant des jours ou même mois, et ainsi d'amortir les variations de la production des énergies renouvelables alors que la part de ces dernières dans le mix énergétique est amenée à augmenter.

#### *Le rôle clé des CCUS*

Pour les industries lourdes, le recours à des CCUS à l'intérieur de la chaîne de valeur fait partie intégrante de l'ensemble des stratégies de décarbonation. D'abord, dans le secteur du béton et du ciment, l'AIE estime que les CCUS pourraient représenter 60 % de la réduction cumulée des émissions d'ici 2070. D'après la feuille de route de la GCCA, les CCUS seront utilisés pour réduire les émissions de 36 % en 2050. Ensuite, dans le domaine de la chimie, 50 % de la production devrait être réalisée en utilisant des CCUS. Les CCU (*Carbon Capure and Utilization*) peuvent aussi permettre de décarboner la chimie en lui fournissant du carbone alors que le passage à des sources d'énergies renouvelables prive ce secteur du $CO_2$ nécessaire. En effet, certains composés nécessitent du $CO_2$, comme la production d'urée (un des engrais les plus utilisés au monde) à partir d'ammoniac, ou la production de méthanol. Par exemple, le projet Carbon2Chem utilise du $CO_2$ provenant d'une usine sidérurgique voisine, selon les principes des **synergies de substitution**. Enfin, dans la sidérurgie, les CCUS devront jouer un rôle moindre, et ne représenter que 15 % de la réduction des émissions de production d'ici 2050.

Les applications des CCUS dans l'industrie lourde sont diverses, que ce soit en termes de procédés technologiques ou de processus industriels auxquels ils peuvent être couplés. Si à court et moyen termes ils devraient surtout être utilisés pour réadapter les technologies existantes, à long terme la majorité du carbone capturé proviendra d'installations directement équipées de CCUS. Cependant, la plupart des technologies ne sont pas encore matures, et certaines demandent des modifications profondes des processus. Si les CCUS sont souvent considérés comme trop coûteux par rapport notamment à l'électricité solaire ou éolienne, il s'agit tout de même pour certaines applications d'une des technologies les moins chères et les plus avancées. C'est notamment le cas pour la chimie, avec des flux de $CO_2$ à forte concentration et dont la capture coûte entre 15 et 25 USD/t$CO_2$. Pour des flux plus dilués comme dans le secteur du ciment, le coût est actuellement compris entre 40 et 120 USD/t$CO_2$.

## 1.4 Les difficultés de mise en pratique

Si des méthodologies existent pour encadrer et faciliter la mise en place d'une stratégie de décarbonation, cela reste particulièrement complexe à mettre en œuvre. Le tableau suivant énumère les principales difficultés.

**Tableau 7.2** – Tableau récapitulatif des difficultés de la mise en place d'une stratégie de décarbonation

| Difficulté | Analyse | Chapitre(s) de référence |
|---|---|---|
| Montant des investissements :<br>– $9,2 mille milliards d'investissements en actifs physiques nécessaires en moyenne par an ($5,7 actuellement).<br>– Investissements en R&D aussi nécessaires alors que de nombreuses technologies bas carbone ne sont pas encore matures.<br>– Investissements entrepris par une minorité d'entreprises. | – Nouvelles solutions de finance clés.<br>– Soutien des pouvoirs publics indispensable. | – 6.3.<br>– Celui-ci, dernière partie. |
| Rentabilité : Le RoI (Retour sur Investissements) des actions de décarbonation est long. | – Enjeux liés au changement climatique à ériger en priorité.<br>– Nouvelles solutions financières nécessaires. | – 6.1.<br>– 6.2 / 6.3. |
| Décarbonation de la chaîne de valeur : le scope 3 est source majeure d'émissions pour la plupart des entreprises. | – Collaborations indispensables.<br>– Possibilité de recours à des mécanismes de sanction des fournisseurs. | – 7.2. |
| Décarbonation du transport et/ou diminution des distances entre production et consommation. | – Restructuration de la chaîne de production.<br>– Report modal. | – 8.1. |

## 1.5 Le rôle des pouvoirs publics

### Catalyseurs de projet

#### *Définir une stratégie claire*

Si les entreprises définissent leurs propres stratégies de décarbonation, celles-ci sont en interaction avec les stratégies nationales, étant à la fois influencées par ces stratégies et influençant leur réalisation. Suite à l'Accord de Paris, les Parties ont été encouragées à formuler des **stratégies de long terme** pour atteindre la neutralité carbone (*cf.* 2.3). Ces stratégies doivent fixer des objectifs quantitatifs et informer l'ensemble des acteurs des transformations économiques, technologiques et sociales à venir, afin, notamment, d'indiquer la direction que doivent prendre les investissements. Ce dernier aspect est essentiel pour les industries lourdes en permettant de réduire les incertitudes. Par exemple, en France, la **SNBC (Stratégie nationale bas carbone)** (*cf.* 5.1) fixe, entre autres, un objectif d'émissions à ne pas dépasser pour les industries. En outre, les stratégies doivent prioriser certains secteurs technologiques clés. L'Europe, dans le cadre du ***Green New Deal*** a ainsi identifié des innovations primordiales pour les industries lourdes. Des stratégies secteur par secteur doivent aussi être définies, en collaboration avec les acteurs du domaine, car les besoins vers la neutralité carbone sont différents. C'est ce qu'a mis en place l'ADEME avec les **plans de transition sectoriels**. Une fois ces stratégies définies, des politiques adaptées, dépendantes des particularités nationales, doivent être mises en place afin d'assurer l'attractivité et compétitivité des innovations bas carbone. Le rôle des pouvoirs publics est central car même si les stratégies de long terme permettent d'assurer les investisseurs de la pertinence de ces innovations, les coûts et risques associés étant importants elles ne se développeront pas assez rapidement sans leur intervention.

### *Financement de la recherche – mesures Push*

Une première politique à mettre en place est le soutien de l'offre afin de limiter les risques pour les investisseurs, notamment en finançant des activités de R&D. En Europe, le fonds **Horizon Europe** finance des activités de R&D, que ce soit à des étapes de premiers développements ou de début de commercialisation. Par exemple, il finance le projet « 3D » porté par ArcelorMittal et réunissant un consortium de onze acteurs européens afin de développer une technologie innovante de captage de $CO_2$ provenant de la production d'acier. Le fonds **Innovation** est un autre fonds européen dédié au soutien de l'innovation. Il est financé par les revenus du marché carbone européen (issus de la mise aux enchères des quotas) et se concentre sur quatre secteurs principaux : les industries à forte intensité énergétique, les énergies renouvelables, le stockage de l'électricité et les CCUS. Une fois les technologies commercialisables, les financements peuvent aussi permettre de diminuer leurs coûts et améliorer leurs performances plus rapidement.

### *Créer un marché – mesures Pull*

Les pouvoirs publics ont plusieurs possibilités pour encourager la création d'un marché pour les technologies bas carbone matures mais qui restent plus chères que les technologies conventionnelles. D'abord, ils peuvent mettre en place des labellisations, ou certifications. Ainsi, l'UE a mis en place un système de garantie d'origine (GO) permettant de délivrer des certificats de la source utilisée pour produire de l'électricité ou de l'hydrogène. Ensuite, la commande publique peut être utilisée afin de créer un marché différencié pour les technologies bas carbone. Par exemple, en Suède, des exigences de réduction des émissions par rapport à une donnée de référence sont exigées par l'agence suédoise du transport depuis 2016 dans ses appels d'offres, avec des cibles de plus en plus élevées. Enfin, des **contrats carbone pour différence** peuvent être proposés pour les premières applications d'une technologie, afin de réduire les incertitudes sur le prix du carbone et les revenus du projet, et donc d'encourager l'innovation.

**Contrats carbone pour différence (CCfD : *Carbon Contract for Difference*)**

Le gouvernement et un producteur s'accordent sur un prix du carbone. Ensuite, si le producteur est soumis à un marché de droits, et si le prix du marché est inférieur, le gouvernement verse la différence entre le prix carbone du marché et le prix convenu. Quand le prix du marché est supérieur au prix convenu, c'est le producteur qui verse la différence au gouvernement.

### *Partenariats publics/privés*

Ces partenariats peuvent être utiles pour deux aspects : soutenir la R&D et le développement d'infrastructures nécessaires aux innovations impliquant des changements systémiques, comme les CCUS ou l'hydrogène. D'abord, les partenariats publics/privés en R&D permettent une coordination plus large des acteurs. Un exemple est **SPIRE**, un des partenariats public/privé de R&D les plus importants en Europe. Dans le cadre du programme Horizon Europe, il rassemble des entreprises, universités et autres parties prenantes des industries de process (chimie, sidérurgie, gestion de l'eau ou encore céramique) afin de démontrer et valider des innovations bas carbone ainsi que d'encourager les **coopérations** et **synergies de substitution**. L'objectif est de réduire de 40 % les émissions des secteurs concernés grâce à des gains d'efficacité énergétique et de ressources. Une réduction de 29 % a déjà été atteinte depuis la création de SPIRE en 2013. Ensuite, les gouvernements doivent assurer la coordination des acteurs et accompagner les technologies systémiques. Par exemple, pour le développement des camions roulant à l'hydrogène, des infrastructures de recharge sont nécessaires mais elles ne sont actuellement pas financées par manque de demande initiale. Les pouvoirs publics peuvent alors fournir une partie, voire la totalité du besoin de financement initial pour des projets de développement de telles infrastructures. Un exemple est celui de la première infrastructure de transport de $CO_2$ financée par le CEF (*Connection Europe Facility*), à hauteur de 100 millions d'euros.

## Régulation

### *Réglementations et subventions*

Pour encourager les entreprises à s'engager dans la transition, des mécanismes de régulation classiques peuvent être utilisés. Des réglementations peuvent être appliquées pour exiger une réduction des émissions afin d'accélérer la diffusion de technologies bas carbone. Ainsi, en 2022 ont été adoptées en Europe des normes environnementales plus strictes afin de diminuer l'impact de la production de métaux ferreux. Établies sur la meilleure technologie disponible, ces normes exigent une réduction des rejets dans l'environnement. Un autre exemple de réglementation européenne est le projet d'interdiction de la vente de voitures thermiques à partir de 2035. En France, le Dispositif Eco Efficacité Tertiaire (DEET) ou « décret tertiaire » impose des économies d'énergie progressives aux bâtiments tertiaires. Les mécanismes de régulation peuvent s'accompagner de subventions. En France, celles-ci sont disponibles pour accompagner les entreprises dans leur démarche de décarbonation, que ce soit en amont pour la définir ou ensuite pour financer les investissements nécessaires.

### *Tarification carbone*

Si l'ensemble des mesures précédentes ont un rôle non négligeable à jouer pour accompagner la transition des entreprises, la mise en place d'une tarification carbone est l'instrument le plus efficace. Actuellement, 68 tarifications carbone (taxes et marchés de droits à polluer) sont en fonctionnement dans le monde, couvrant 23 % des émissions totales de GES. Le **SEQE**, créé en 2005, est par exemple le marché de droits à polluer le plus ancien (*cf.* 3.2). Si les prix du carbone ont atteint des records dans plusieurs régions, notamment en Europe, seules 4 % des émissions mondiales sont couvertes par un prix suffisant pour atteindre les objectifs de l'Accord de Paris. Notamment, les industries lourdes ont été relativement exemptées de tels mécanismes, afin d'éviter les **fuites de carbone** (*cf.* 2.3). Ainsi, en Europe, des allocations gratuites ont d'abord été accordées aux industries les plus à risques dans le cadre du SEQE. Cependant, pour atteindre des objectifs de réduction d'émissions plus ambitieux, ces allocations vont progressivement être supprimées. En contrepartie l'UE a décidé de mettre en place un MACF (*cf.* 2.3, 3.2). Au-delà des mécanismes d'allocation et du niveau de prix, la stabilité du SEQE est clé pour réduire les incertitudes des entreprises et donner les bonnes indications. Ainsi, l'UE a développé de nouveaux mécanismes, comme la **réserve de stabilisation du marché** (*cf.* 3.2).

# 2 Produire efficacement

## 2.1 La chasse au gaspillage

### Des méthodes historiquement tournées vers la réduction des coûts

#### *Lean Manufacturing & Lean Management*

Depuis l'**organisation scientifique du travail** (OST) de Taylor particulièrement tournée vers le secteur automobile, les méthodes d'efficacité opérationnelles se sont largement développées dans toute l'industrie . Parmi ces nouvelles méthodes, le ***lean manufacturing*** s'est imposé comme une référence et a été historiquement guidé par la réduction des coûts et l'amélioration de la qualité. Cette méthode s'est ensuite progressivement étendue de l'industrie aux services avant de se constituer en véritable paradigme de gestion (***lean management***), au prix d'une certaine confusion sur ses frontières exactes avec d'autres concepts de management.

Les origines de la pensée Lean se trouvent dans les ateliers des fabricants japonais et, en particulier, les innovations de Toyota Motor Corporation dans les années 1980. Ces innovations, qui résultent d'une pénurie de ressources et d'une concurrence intérieure intense sur le marché japonais de l'automobile, comprenaient le système de production **juste à temps** (JIT), la **méthode kanban** de production en flux tendu, et le niveau élevé de résolution des problèmes par les employés.

Concrètement, le lean management est une pratique qui aide les entreprises à identifier et à éliminer les gaspillages par l'amélioration continue grâce à un panel d'outils. Le Lean identifie en effet sept types de déchets : la surproduction, l'attente, le transport, les défauts, le traitement inapproprié, les stocks inutiles et les mouvements inutiles. L'élimination de ces types de gaspillage a pour but d'accroître l'efficacité, de réduire les coûts, d'améliorer le temps de réponse aux clients et de contribuer à l'amélioration de la qualité, de la rentabilité et de l'image publique. Plus généralement, ce modèle représente donc une alternative au modèle de production en masse, intensif en capital, aux gammes très larges et aux actifs dédiés, qui entraîne des « coûts cachés » (coûts des contrôles, des rebuts, des réclamations...).

### *Le Six Sigma & le Lean Six Sigma (LSS)*

En parallèle, la fin du XXe siècle a vu d'autres méthodes d'efficacité opérationnelle se développer comme le **Six Sigma**. Le Six Sigma est une méthode de gestion de la qualité qui vise à éliminer les erreurs et les défauts dans les processus de production. Tous les éléments issus d'un processus doivent ainsi être compris dans un intervalle s'éloignant au maximum de six sigma (« écart-type ») par rapport à la moyenne générale des éléments issus de ce processus. La méthode se fonde ainsi sur cinq étapes qui se contractent dans l'acronyme « DMAIC » pour « *Define, Measure, Analyze, Improve, Control* ». Elle trouve ses racines chez Motorola dans les années 1980, puis s'est répandue chez Allied Signal au début des années 1990 et est devenue réellement populaire depuis son adoption par General Electric en 1995.

Depuis la création du Lean et de Six Sigma (deux méthodes d'**amélioration continue**), le nombre d'organisations qui ont adopté Lean et Six Sigma au cours des vingt dernières années du XXe siècle a significativement augmenté. Ces organisations ont globalement connu des améliorations dans leurs modes de fonctionnement qui ont débouché sur des effets positifs pour la performance de l'entreprise.

Ces deux méthodes, très complémentaires dès l'origine, ont désormais fusionné pour constituer le **Lean six sigma (LSS)**, fusion qui a fait ses preuves dans les PME comme dans de grands groupes industriels tels que Safran ou Michelin en France.

### *L'Agile*

Dernièrement, le Lean a aussi trouvé beaucoup de résonance dans les **méthodes agiles**. L'approche Agile apparaît dans les années 1990 et se concrétise en 2001 avec la rédaction du manifeste Agile et ses douze principes sous-jacents (dont les boucles d'itérations rapides, le dialogue direct, l'auto-organisation des équipes...). Initialement tournés vers le développement logiciel, ses principes ont ensuite été repris et adaptés à des environnements industriels.

Le paradigme Agile cherche à détecter et à répondre rapidement et en temps utile à une demande très volatile et imprévisible ou à l'incertitude du client. Ainsi une *supply chain* agile s'attache à répondre aux changements imprévisibles du marché et à en tirer parti grâce à une livraison rapide et à une flexibilité des délais. Par exemple, IBM a mis en place une *supply chain* Agile dans les années 2000 à travers plusieurs partenariats stratégiques avec Hitachi (pour le stockage de disques durs) et UPS (pour le réseau de distribution). Cela lui a permis d'accroître la visibilité en temps réel de sa chaîne d'approvisionnement, grâce à un réplica virtuel de l'organisation, mais aussi d'améliorer la gestion des stocks et de concevoir et développer des systèmes de stockage qui répondent aux besoins de divers segments de marché, facilement et rapidement grâce à une gestion avancée des prévisions de demande et du planning.

Grâce à une conception réfléchie, la gestion agile et la gestion lean peuvent constituer une combinaison efficace pour les entreprises à la recherche d'une amélioration durable des performances. Aussi, les principales technologies de l'**industrie 4.0** n'ont pas été sans conséquences sur les pratiques lean et agiles. Typiquement, les flux importants de données liés au *big data* permettent aux chaînes d'approvisionnement de fonctionner simultanément avec des stocks réduits et une réponse rapide aux clients.

**Industrie 4.0**

L'Industrie 4.0, aussi appelée « industrie du futur » ou « quatrième révolution industrielle », désigne un ensemble de technologies et de concepts d'organisation de la chaîne de valeur. Au sein des usines intelligentes à structure modulaire de l'Industrie 4.0, des systèmes de contrôle et d'acquisition de données en temps réel (SCADA) surveillent les processus physiques, créent une copie virtuelle du monde physique et prennent des décisions décentralisées. Grâce à l'Internet des Objets (IoT), les SCADA communiquent et coopèrent entre eux et avec les humains en temps réel. Via l'Internet des Services (IoS), des services internes et interorganisationnels sont proposés et utilisés par les participants de la chaîne de valeur.

## Des méthodes qui s'intègrent à la réflexion autour du management de la chaîne d'approvisionnement (*supply chain*)

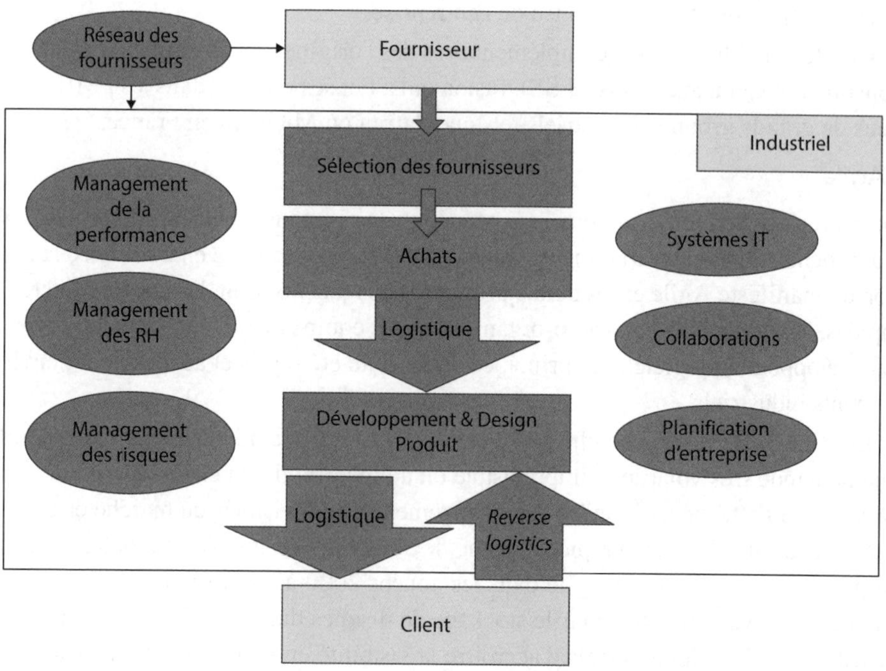


**Figure 7.2** – Schéma simplifié des différentes composantes d'une chaîne d'approvisionnement

Source : Auteurs.

Plus généralement, les méthodes d'efficacité opérationnelles s'intègrent dans une réflexion plus vaste autour des chaînes d'approvisionnement (*supply chain*). La gestion de ces chaînes d'approvisionnement (*supply chain management*) est une discipline qui s'est vue bouleversée par la mondialisation et le commerce international avant d'intégrer progressivement les différents enjeux ESG en son sein.

#### *Le management de la supply chain (SCM)*

D'après le Council of Supply Chain Management Professionals, le ***supply chain management* (SCM)** « englobe la planification et la gestion de toutes les activités liées au sourçage et à l'approvisionnement, à la conversion et à toutes les activités de gestion logistique. Elle comprend également la coordination et la collaboration avec les partenaires de la chaîne, qui peuvent être des fournisseurs, des intermédiaires, des prestataires de services tiers et des clients. En substance, la gestion de la chaîne d'approvisionnement intègre la gestion de l'offre et de la demande au sein des entreprises et entre les entreprises ». (traduction des auteurs)

En ce sens il englobe mais ne se confond pas avec le ***logistics management***, qui est pour sa part « la partie de la gestion de la chaîne d'approvisionnement qui planifie, met en œuvre et contrôle le flux et le stockage efficaces et effectifs, en amont et en aval, de biens, de services et d'informations connexes entre le point d'origine et le point de consommation, afin de répondre aux exigences des clients. » (traduction des auteurs)

Le SCM s'est progressivement constitué en tant que champ académique à partir de la publication de l'article des consultants américains Oliver et Webber en 1982 '*Supply-chain management: logistics catches up with strategy*'. De nos jours, la recherche en SCM est en passe de se constituer en tant que champ consolidé, et les méthodes Lean et Agiles ont à ce titre très vite créé des cadres conceptuels dans lesquels catégoriser les différentes méthodes de gestion de la *supply chain*.

#### *La mondialisation des supply chains*

La **mondialisation des chaînes d'approvisionnement** en marche depuis les années 1970 a entraîné la délocalisation de la production, des stocks, des fournisseurs et des clients, et des différences d'économies, d'infrastructures, de cultures et de politiques dans l'environnement concurrentiel. Les entreprises ont saisi cette opportunité pour augmenter la génération de revenus par l'entrée sur de nouveaux marchés et avoir accès à des fournisseurs plus efficaces que les sources nationales dans leurs livraisons de matériaux et d'intrants. Elles ont eu également de plus en plus tendance à déplacer leurs opérations du pays d'accueil vers des géographies à moindre coût afin de réduire les coûts de fabrication.

### Un rapprochement naturel entre le SCM et les enjeux ESG

#### *Une convergence vérifiée sur le terrain...*

L'application des procédés **Lean**, **Six Sigma** et **Agile** dans les procédés industriels répond à des enjeux de performance en même temps que de réduire les ressources consommées par ces processus. De nombreux auteurs ont donc très tôt suggéré que leur adoption avait aussi des répercussions positives sur le bien commun. Dans cette logique, ces pratiques efficientes de limitation des gaspillages avaient des effets bénéfiques sur la réduction des déchets et il était possible de conclure que « *lean is green* ».

Dans les faits, les résultats de l'application de ces méthodes dans quatre organisations de tailles différentes et opérant dans une gamme variée d'industries montrent que l'intégration des méthodes Lean Six Sigma a aidé les organisations à réduire en moyenne leur consommation de ressources de 20 à 40 % et à minimiser le coût des flux d'énergie de 7 à 12 %.

De la même manière, une analyse empirique de la performance environnementale de 17 499 établissements manufacturiers américains au cours de la période 1991-1996 montre des preuves solides que les établissements qui minimisent les stocks et adoptent des normes de qualité sont plus susceptibles d'avoir des émissions plus faibles de produits chimiques toxiques, et ces établissements réduisent les émissions par la prévention de la pollution plutôt que par le traitement des déchets en bout de chaîne.

En retour, intégrer des pratiques respectueuses de l'environnement dans la *supply chain*, depuis l'approvisionnement jusqu'à la distribution, ne se fait pas au détriment de la performance économique, et des chercheurs ont identifié une cinquantaine de cas en Asie-Pacifique dans lesquels cette intégration débouche au contraire sur plus de compétitivité et de performance.

### *... avant de se constituer en véritable champ de recherche*

Carters & Rogers[1] (2008) ont été les premiers à introduire de manière systématique le concept de soutenabilité à la littérature sur la logistique (la soutenabilité étant entendue comme l'intégration de critères ESG qui permet aux organisations d'atteindre la viabilité de long terme). L'étude des complémentarités entre la soutenabilité et le SCM est depuis la prochaine étape critique de la recherche dans ce domaine. D'aucuns affirment même que l'intégration de la variable environnementale dans la science des opérations constitue la dernière révolution en date de la discipline, après la **révolution de la qualité** dans les années 1980 et la ***supply chain revolution*** des années 1990.

Dans cette approche, les chaînes d'approvisionnement doivent donc être explicitement étendues pour inclure les sous-produits de la chaîne d'approvisionnement, pour considérer l'ensemble du **cycle de vie du produit**, et pour optimiser le produit non seulement du point de vue du coût effectif mais aussi du point de vue du **coût total** (TCO). Le coût total doit inclure les effets de l'épuisement des ressources et la génération de sous-produits qui ne sont ni capturés ni utilisés (polluants et déchets).

1. Craig R. Carter, Dale S. Rogers, University of Nevada, College of Business Administration, Reno, Nevada, USA.

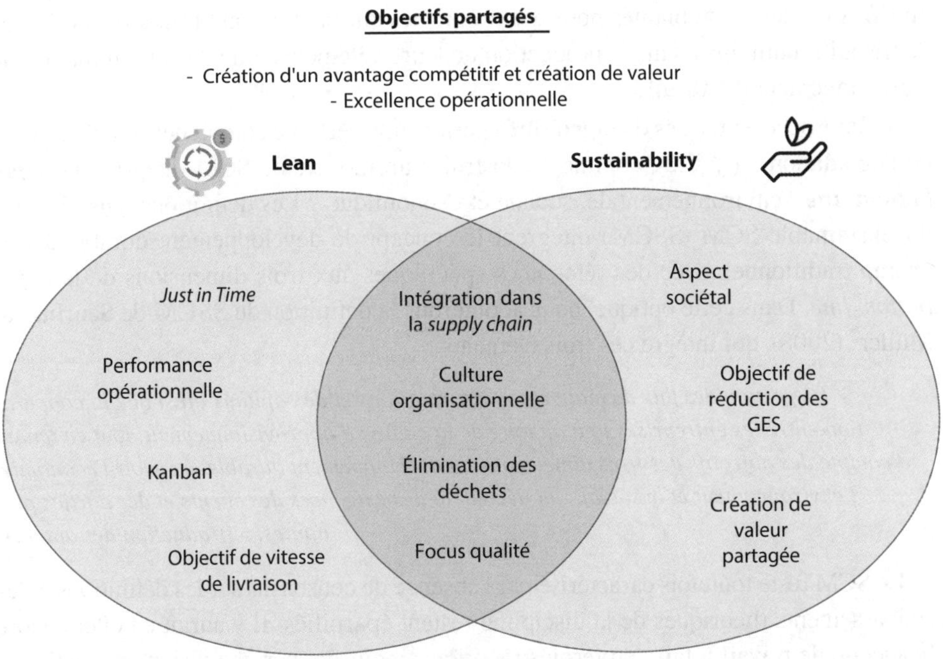


**Figure 7.3** – Synergies et divergences entre l'approche lean et la soutenabilité

Source : Auteurs.

L'environnement a finalement pris une importance exponentielle dans la discipline du *supply chain management* depuis vingt ans. Cette évolution s'explique aussi par le fait que la réduction des émissions dans la chaîne d'approvisionnement est devenue un impératif stratégique pour toutes les organisations et se trouve au centre des pressions exercées par les **parties prenantes**.

## 2.2 L'ESG dans la gestion de la *supply chain*

La focale que nous adopterons dans cette partie est la suivante : le champ du Sustainable SCM abordera d'abord l'intégration des problématiques de la « ***triple bottom line*** » dans la SCM – donc d'enjeux sociaux et environnementaux. Le Green SCM se focalisera ensuite sur l'aspect environnemental et enfin le Low Carbon SCM abordera l'enjeu spécifique de la réduction des GES dans le SCM.

### Le Sustainable SCM (SSCM) : l'intégration de la *triple bottom line* dans le SCM

#### *La formalisation conceptuelle du rapprochement entre SCM et ESG*

Le scandale de l'effondrement du Rana Plaza en 2013 au Bangladesh, un bâtiment qui abritait plusieurs ateliers de confection de vêtements, a soulevé le problème des conditions de travail d'employés des fournisseurs de grandes marques de textile comme Mango ou Primark. Dans le même ordre d'idée, Disney, Lévi Strauss, Benetton, Adidas ou C&A ont aussi été blâmés pour des problèmes similaires ayant trait aux conditions de travail inhumaines dans la production de leurs vêtements ou à la contamination de l'environnement de travail.

Si l'approche en termes d'**externalités** permet une certaine compréhension de ce type de dégradations (*cf.* 3.2), comment construire un modèle de SCM intégrant la ***triple bottom line*** : environnementale, sociale et économique ? Les définitions plus récentes du Sustainable SCM (SSCM) intègrent le concept de développement durable à leur champ traditionnel, avec des références spécifiques aux trois dimensions de la *triple bottom line*. Dans cette optique, nous adopterons la définition du **SSCM** de Seuring[1] & Müller[2] (2008), qui intègre ces trois éléments :

> *« La gestion des flux de matières, d'informations et de capitaux ainsi que la coopération entre les entreprises tout au long de la chaîne d'approvisionnement, tout en tenant compte des objectifs des trois dimensions du développement durable, à savoir l'économie, l'environnement et le social, qui découlent des exigences des clients et des parties prenantes. » (traduction des auteurs)*

Le SCM reste toutefois caractérisé par l'absence de consensus sur les définitions et les soubassements théoriques de la discipline restent éparpillés. Il y aurait en effet encore beaucoup de travail à faire en termes théoriques pour donner une vision exhaustive et cohérente du sujet.

### *De nombreux cas d'usages en entreprise*

De plus en plus, les multinationales s'engagent à se procurer les matériaux et les services dont elles ont besoin auprès d'entreprises qui s'engagent à respecter des pratiques de travail équitables et à protéger l'environnement. La réalité est cependant que leurs fournisseurs – en particulier ceux qui se trouvent aux niveaux inférieurs de la chaîne – peuvent violer les normes de durabilité, exposant ainsi les multinationales à de graves risques financiers, sociaux et réputationnels. Certaines bonnes pratiques ont toutefois pu être identifiées pour promouvoir cette durabilité parmi les fournisseurs :

- Établir des objectifs de durabilité de long terme.
- Demander à ses fournisseurs de premier rang d'établir leurs propres objectifs de durabilité.
- Auditer régulièrement ses fournisseurs sur la base de la norme ISO 14001 (*cf.* 5.1).
- Inclure les fournisseurs de rang inférieur dans la stratégie globale de durabilité.
- Charger une personne de référence au sein du personnel d'étendre le programme de durabilité de l'entreprise aux fournisseurs de premier et de second rang.

---

1. Department of International Management, Faculty of Organic Agricultural Sciences, University of Kassel, 37213 Witzenhausen, Germany.
2. Department of Business Administration, Carl von Ossietzky-University of Oldenburg, 26129 Oldenburg, Germany.

Un premier cas d'usage du SSCM concerne l'industrie de la *fast fashion*. Une étude de 2022 compare les rapports de durabilité de H&M et Everlane, des leaders de l'industrie textile avec un fort message de durabilité : cette comparaison révèle que la *fast fashion* n'a pas réussi à impliquer suffisamment les parties prenantes en amont et en aval dans leurs stratégies de SSCM. Il s'agit dès lors pour ces entreprises de *fast fashion* d'encourager la collaboration vers des politiques de SSCM plus exhaustives tout au long de leur chaîne d'approvisionnement. Pour réduire de manière significative leur impact, les marques devraient investir dans la décarbonation de long terme et des infrastructures de production d'énergie, s'engager auprès des fournisseurs et des consommateurs, et réévaluer les normes de conception des produits.

Les résultats d'une deuxième étude de 2017 sur le cas d'IKEA révèlent à l'inverse que les pratiques de durabilité peuvent être mises en œuvre avec succès dans l'ensemble de la chaîne d'approvisionnement d'une organisation, y compris chez les fournisseurs de deuxième et troisième rangs, afin d'obtenir des impacts environnementaux et sociaux positifs tout en favorisant un résultat économique solide. En effet les standards « IWAY » issus du **code de conduite** d'IKEA (*cf.* 8.3) imposent aux fournisseurs de premier rang d'implémenter ces standards à ceux de second rang et au-delà. Ils contiennent des mesures allant des interdictions du travail forcé (article 1.) à la mesure systématique des consommations énergétiques (article 3.). Du côté de la distribution, d'autres pratiques vont de l'innovation autour du packaging et de la **logistique inversée** (*cf.* 5.3) au changement du papier de leur catalogue (fréquemment désigné comme une des publications les plus lues du monde).

Enfin, une étude de 2012 s'est penchée sur l'intégration progressive de la ***triple bottom line*** dans la chaîne d'approvisionnement de British Aerospace (BAe) Systems. Entre 2000 et 2010, l'entreprise a lancé diverses initiatives de durabilité sociale impliquant ses employés, son lieu de travail, sa communauté, ses clients et la société en général. BAe Systems a par exemple établi un ***Code of Conduct*** et un comité chargé d'évaluer la pertinence des nouveaux investissements vis-à-vis de ce code, l'obtention de la norme ISO 14001 relative au management de l'empreinte environnementale et au calcul de l'empreinte carbone dans l'ensemble de l'organisation. BAe a enfin réduit ses émissions de GES en réalisant des économies d'énergie et en investissant dans des projets de recherche et de développement de nouveaux systèmes de gestion de l'énergie, régulés par l'**ISO 50001**. Certains des sites de BAe participent au **système européen d'échange de quotas d'émission** (EU ETS, *cf.* 3.2), qui fixe des limites en matière de carbone. Une autre mesure caractéristique du contrôle des émissions de GES a été la réduction des voyages d'affaires, qui représentaient 10 % de la production globale de GES de l'entreprise en 2008, et leur remplacement par des conférences visio-phoniques.

### *Une approche encore trop focalisée sur l'industrie et l'enjeu environnemental*

Néanmoins, le champ de la Sustainable SCM est encore trop restreint au secteur industriel uniquement, et les services ne reçoivent qu'une attention limitée de la part des chercheurs. Certains d'entre eux appellent toutefois à développer cette facette de la théorie de manière urgente.

La seconde limite est que les premières définitions et les premières recherches autour d'une *supply chain* soutenable se sont surtout intéressées au traitement de l'enjeu environnemental plus qu'à l'aspect social ou à la gouvernance. La plupart des articles sur les chaînes d'approvisionnement durables se concentrent en effet uniquement sur la durabilité environnementale (le « E » de ESG), tandis que certains sont largement orientés uniquement vers les aspects sociaux. Pourtant, un champ de recherche s'est spécialisé dans la prise en compte de la variable environnementale dans le SCM : le Green SCM (GSCM). Les domaines du SSCM et du Green SCM se chevauchent donc et les frontières qui les séparent sont très minces et il est aussi possible d'appréhender le GSCM comme une composante du SSCM.

## Green SCM (GSCM) : la focalisation sur l'intégration de la variable environnementale

### *Origines de la discipline*

Dans un article de référence, Samir K. Srivastava[1] (2007) définit le GSCM comme suit : « l'intégration de la réflexion environnementale dans la gestion de la chaîne d'approvisionnement, y compris la conception du produit, l'approvisionnement et la sélection des matériaux, les processus de fabrication, la livraison du produit final aux consommateurs ainsi que la gestion de la fin de vie du produit après sa durée de vie utile ». (traduction des auteurs). Il est ensuite possible de diviser cette littérature en plusieurs sous-domaines, chacun s'intéressant à une étape particulière de la *supply chain*.

Le GSCM se subdivise donc en deux « sous-disciplines » :

- Green Design (ACV & Eco Conception, *cf.* 8.3).
- Green Operations (Green Manufacturing, Reverse Logistics, Waste Management).

### *Des conséquences notoires sur la performance opérationnelle des entreprises*

En général, l'adoption de pratiques GSCM par les organisations industrielles conduit à une amélioration des performances environnementales et économiques, qui, à leur tour, ont des conséquences positives sur les performances opérationnelles. Les données collectées auprès de 159 managers de l'industrie manufacturière dans une étude de 2012 ont ainsi permis de conclure qu'une fois la durabilité devenue un axe stratégique et que les systèmes d'information ont été modifiés pour suivre les efforts déployés en la matière, les fabricants peuvent commencer à mettre en œuvre des pratiques de durabilité avec un certain degré de confiance dans le fait que ces pratiques permettront non seulement d'améliorer la performance environnementale et économique, mais aussi opérationnelle.

1. Samir K. Srivastava, Management Development Institute, Sukhrali, India.

Dans une étude de cas sur le secteur automobile, des chercheurs ont constaté que le type de pratiques GSCM adoptées influence la performance de la SC. Ils identifient les pratiques essentielles pour qu'une SC soit considérée comme verte : la **logistique inverse** (*cf.* 5.3), la réduction des déchets et la **norme ISO 14001**. En parallèle, les mesures de performance considérées comme les plus importantes pour refléter l'influence des pratiques vertes sur la performance de la SC sont le coût environnemental, l'efficacité et la qualité.

### *Limite et écart entre la théorie et pratique*

Le GSCM souffre de la même limite que le SSCM : le champ est encore trop axé sur les industries des pays développés et particulièrement l'automobile. Les cas d'usages restent peu nombreux et peu d'entreprises ont réellement implémenté de manière extensive des programmes de GSCM. Pourtant, ces entreprises communiquent régulièrement sur cet aspect et ont connaissance des bénéfices privés qu'elles pourraient en tirer : réduction des coûts, meilleure gestion du risque réputationnel, amélioration de la qualité… Dès lors, comment expliquer cet écart entre la théorie et la pratique ? On peut identifier plusieurs types de freins pour expliquer cet écart :

- Tout d'abord, certains types d'initiatives GSCM présentent plus de potentiel de bénéfices privés immédiats que d'autres.
- Deuxièmement, les mesures GSCM sont étroitement corrélées avec la stratégie environnementale de long terme de l'entreprise, ce qui peut laisser moins de marge de manœuvre.
- Troisièmement, la localisation des bénéfices privés des mesures de GSCM était différente selon le niveau d'importance stratégique de la fonction achat dans l'entreprise concernée (*cf.* 8.3).

En définitive, le GSCM peut donc présenter des avantages sociaux, mais ils ne seront obtenus que si les chefs d'entreprise peuvent être persuadés des bénéfices privés induits par ces mesures. Le défi, tant pour les chercheurs que pour les praticiens, consiste donc à rechercher d'abord les avantages privés du GSCM, afin que les avantages sociaux puissent suivre.

## Low Carbon SCM (LC SCM) : une approche restrictive aux seules émissions de la *supply chain*

D'après le BCG et le Forum économique mondial, huit *supply chains* sont responsables de plus de 50 % des émissions de GES au niveau mondial en 2022 : l'alimentation, la construction, la mode, les biens de consommation rapide, l'électronique, l'automobile, les services professionnels (voyages d'affaires, bureaux) et les autres usages du fret.

### *Un champ encore naissant*

Une approche plus restrictive encore que le SSCM et le GSCM consiste à se focaliser sur les émissions associées à sa chaîne d'approvisionnement. C'est l'objet de la **Low Carbon SCM** (LC SCM), champ de recherche encore naissant mais qui connaît un développement constant depuis 2010. Ce regain d'intérêt s'explique par le fait que la réglementation autour des sujets environnementaux s'articule autour des émissions de GES, cette méthode se révèle donc plus proche des préoccupations opérationnelles des entreprises. Il nécessite toutefois une redéfinition de chaque activité.

En effet, le Low Carbon SCM s'intéresse à tous les aspects du SCM :

- Opérations : choix des fournisseurs, gestion de l'inventaire et logistique.
- Design : design des réseaux (localisation des sites, allocation de ressource) et coordination des fournisseurs.
- Carbone : mesure de l'empreinte carbone des activités.

### Une boîte à outils spécialisée dans la mesure et la réduction des émissions le long de la *supply chain*

Les chercheurs ont étudié plusieurs facettes de la réduction des émissions de GES dans les chaînes d'approvisionnement. Benjaafar[1] *et al.* (2013) ont d'abord tenté d'intégrer les préoccupations relatives aux émissions de GES dans les modèles traditionnels utilisés pour la prise de décisions concernant l'approvisionnement, la production, la gestion de stock. Ainsi, l'utilisation de modèles d'optimisation et la collaboration entre les différents membres de la *supply chain* peuvent déjà suffire à réduire significativement les émissions, ce qui peut constituer une première alternative au recours à des investissements coûteux pour décarboner sa *supply chain* tels que le passage à des sources d'énergie plus propres. Sundarakani[2] (2021) a ensuite tenté de modéliser les empreintes carbone associées au choix de relocalisation des usines dans les *supply chains* globales modernes. Le modèle ROMILP (*Robust Optimization and Mixed Integer Linear Programming)* permettrait ainsi au manager de SC de tester les arbitrages coûts bénéfices de l'implantation d'usines relocalisées ainsi que les coûts associés en termes de SC dans des situations d'incertitude.

À titre d'exemple, plusieurs politiques peuvent être pratiquées du côté de la logistique comme :

- Le **report modal** du transport aérien au transport maritime (*cf.* 9.3).
- L'électrification des véhicules de livraison.
- Livraison de nuit – pour briser le cercle vicieux « plus d'embouteillages, plus d'émissions ».
- Prise en charge des clients dans des points de livraison partagés tels que les magasins et les casiers.

1. Engineering Systems Design, Singapore University of Technology and Design, Singapore.
2. University of Wollongong, Dubai.

## 2.3 Exploration de modèles efficients et responsables

### La résilience, une perspective renouvelée par un contexte géopolitique troublé

La **résilience** est un nouveau critère essentiel pour un SCM efficace. En effet, ce sont souvent les événements qui répondent au schéma du « **cygne noir** » (*cf.* 2.1), c'est-à-dire des risques qui n'ont pas figuré sur la liste des sources de risque parce qu'ils ont tout simplement été négligés, qui causent le plus de dommages dans la chaîne d'approvisionnement. L'éruption de l'Eyjafjallajökull en 2010 ou la pandémie de Covid-19 pourraient être décrites comme des exemples de tels risques dans l'histoire récente de la chaîne d'approvisionnement. En 2022, les perturbations de la chaîne d'approvisionnement qui duraient un mois ou plus se produisent désormais tous les 3,7 ans en moyenne. Typiquement, lorsque les blocages liés au Covid-19 se sont atténués en 2021, Maersk North America, une division du géant danois du transport maritime et de la logistique, s'est retrouvée dans l'œil du cyclone. Ses ports, terminaux, entrepôts et centres de distribution devenaient des points d'étranglement mondiaux, et la pénurie de main-d'œuvre aggravait la situation. Maersk a alors réagi en redéployant ses navires des routes les moins fréquentées vers les voies commerciales transpacifiques, en augmentant les heures d'ouverture de ses installations, en améliorant ses systèmes de suivi et en ouvrant de nouveaux sites d'entreposage et de distribution.

Holling[1] (1996) a établi une distinction entre ce qu'il appelle la **résilience technique** et la **résilience écologique**. Il suggère que la première est liée à la conception *fail-safe*, telle que celle nécessaire pour protéger un système technique d'une défaillance (par exemple, une centrale nucléaire ou un avion), et la seconde à la conception *safe-fail*, qui s'appuie sur la capacité d'un organisme à persister et à s'adapter en présence de contraintes environnementales accrues. Un exemple mêlant les deux notions est celui d'Ericsson, un des plus grands fournisseurs de systèmes de télécommunications mobiles au monde. L'entreprise a subi un incendie chez un fournisseur de second rang en 2000 à Albuquerque, qui a entraîné des pertes estimées à 200 millions de dollars de l'époque. À la suite de cet accident, une nouvelle organisation de la *supply chain* a été mise en place, ainsi que de nouveaux processus et outils pour le SC Risk Management. En particulier, Ericsson a développé des outils pour identifier et évaluer les fournisseurs critiques et les sites à prioriser dans les futures évaluations de risques. Ces risques sont ensuite traduits en termes de « *business recovery time* » et en pertes monétaires potentielles.

### Une *supply chain* Lean, Agile, Résiliente et Verte ?

D'après une étude McKinsey de 2022, il faudrait désormais ajouter trois nouvelles dimensions au Supply Chain Management, à côté des objectifs traditionnels de la fonction que sont les coûts/capitaux, la qualité et le service. Ces trois nouvelles dimensions sont la **résilience**, l'agilité et la soutenabilité.

1. Emeritus Eminent Scholar and Professor in Ecological Sciences, University of Florida.

De fait, le champ du SCM est encore très fragmenté et plusieurs initiatives concurrentes existent pour caractériser les innovations terrain spécifiques. Les quatre paradigmes Lean, Agile, Résilient et Vert ont la même finalité globale : satisfaire les besoins du client, au coût le plus bas possible pour tous les membres de la chaîne d'approvisionnement. La principale différence entre les paradigmes est le moyen : la chaîne d'approvisionnement lean cherche à limiter les déchets ; l'agile se concentre sur la réponse rapide aux changements du marché ; la chaîne d'approvisionnement résiliente comme la capacité de répondre efficacement aux perturbations ; et la chaîne d'approvisionnement verte prétend minimiser les impacts environnementaux.

**Tableau 7.3** – Comparaison des différents paradigmes de SCM

| | Paradigmes de SCM | | | |
|---|---|---|---|---|
| | **Lean** | **Agile** | **Résilient** | **Vert** |
| Objectif | Réduire les coûts & assurer la flexibilité pour les produits existants, à travers la réduction continue des déchets et des activités à faible valeur ajoutée le long de la SC. | Comprendre les besoins clients en s'interfacant avec eux et le marché et être adaptable aux futurs changements. | Favoriser la capacité d'un système à revenir à son état initial ou un meilleur état après une perturbation. | Réduire l'empreinte environnementale d'une activité industrielle. |
| Focus industriel | Encourager le haut niveau d'utilisation des machines, système de production JIT pour produire à partir de la demande (flux « tirés » ). | Répondre rapidement à des besoins fluctuants de la part des clients et du marché. | Fonder le planning industriel sur une connaissance partagée. | Encourager l'efficacité, la réduction des déchets et l'intégration de systèmes de recyclage et de matériaux plus durables. |
| Alliances | Traditionnelles : partenariats & joints ventures pour des besoins opérationnels. | Alliances dynamiques à travers les « organisations virtuelles » pour le développement produit. | Les partenaires de la SC se rejoignent dans des réseaux pour développer les pratiques de sécurité et partager la connaissance. | Coopération inter organisationnelle impliquant transfert de connaissance sur les pratiques vertes. |

| | | | | |
|---|---|---|---|---|
| Structure organisationnelle | Créer des organisations avec peu de strates hiérarchiques. | Créer des organisations virtuelles avec des partenaires et des offres changeantes. | Créer une culture du management des risques de la SC. | Créer un système interne de management du risque environnemental. |
| Approche pour choisir les fournisseurs | Coûts, Qualité. | Vitesse, Flexibilité, Qualité. | Flexibilité. | Achats verts (*cf.* 8.3). |

Source : Carvalho *et al.* (2011).

Plusieurs combinaisons entre ces initiatives sont possibles :

- Lean and Green : les pratiques Lean et Green sont synergiques dans leurs approches : le Lean mène souvent au Green et inversement. Dans un contexte d'**Industrie 4.0** ces synergies sont encore renforcées.
- Green et Résilience : les deux concepts sont très interdépendants dans la mesure où l'enjeu écologique fait à la fois peser un **risque physique** et un **risque de transition** (*cf.* 2.1) sur la *supply chain*.
- Agilité et Résilience : l'approche historique de la résilience des *supply chains* a surtout consisté à ajouter des capacités supplémentaires aux inventaires pour faire face aux catastrophes ; à l'avenir, les approches numériques et les nouvelles capacités agiles permettent une meilleure résilience, avec une charge financière moindre.

## Des arbitrages nécessaires entre ces différentes caractéristiques

Il faut cependant réaliser des arbitrages entre ces différentes orientations stratégiques. Par exemple, les stratégies Lean qui utilisent la livraison **juste-à-temps** (JIT) de lots de petite taille peuvent nécessiter une augmentation du transport, de l'emballage et de la manutention, ce qui peut aller à l'encontre d'une approche Green. De la même manière, mettre l'accent sur la résilience n'est peut-être pas la méthode la moins chère, mais les SC qui en découlent sont plus à même de faire face à l'environnement commercial incertain. Finalement, les synergies et divergences identifiables peuvent se résumer ainsi :

| | Paradigmes du SCM | | | | |
|---|---|---|---|---|---|
| **Attributs** | **Lean** | **Agile** | **Résilient** | **Vert** | |
| Fréquence des informations | + | + | + | / | **Synergies** |
| Niveau d'intégration | + | + | + | + | |
| Temps de production | - | - | - | - | |
| Temps de transport | - | - | - | - | |
| Surplus de capacité | - | + | + | - | **Divergences** |
| Niveau d'inventaire | - | - | + | - | |
| Fréquence des réapprovisionnements | + | + | + | - | |

**Notes:** (+) augmentation, (–) diminution, (/) sans conséquences

**Figure 7.4** – Lean, agile, résilient et vert : divergences et synergies

Source : Carvalho *et al.* (2011).

# 3 Des services pour allonger la durée de vie des produits

## 3.1 Allonger la durée de vie des produits

### Quels enjeux derrière la durabilité ?

#### *Durabilité et profits*

Les choix de production des entreprises fabriquant des **biens durables** (biens pérennes, comme les meubles ou les vêtements) doivent prendre en compte différents facteurs.

Une entreprise peut d'abord avoir intérêt à diminuer la durabilité de ses produits avec une mauvaise qualité de conception ou de matériaux pour qu'ils se cassent ou se détériorent de manière anticipée (**obsolescence intégrée**) ou à introduire sans cesse de nouveaux produits pour rendre les anciens obsolètes et le prochain nouveau produit plus rentable. Ces pratiques peuvent être qualifiées d'**obsolescence programmée**. Les entreprises ont d'autant plus intérêt à diminuer la durabilité de leurs produits lorsqu'un **marché de l'occasion** est fonctionnel. Cela permet en effet de diminuer la valeur des biens d'occasion par rapport aux neufs et donc d'éviter qu'ils leur fassent concurrence. Ainsi, une des raisons pour laquelle les éditeurs de livres académiques publient des nouvelles éditions tous les ans est de limiter la valeur des livres d'occasion. De même, une entreprise peut avoir intérêt à ne pas faire des produits modulables afin de conserver l'attrait de la nouveauté.

Si ces arguments tendent à montrer que les entreprises ont intérêt à diminuer la durée de vie des produits, d'autres facteurs doivent être pris en compte.

D'abord, les marchés de l'occasion peuvent parfois être bénéfiques pour les entreprises. Un effet de réallocation peut se mettre en place, où les acheteurs de produits neufs peuvent revendre leur bien sur le marché de l'occasion à des personnes accordant moins de valeur au bien. Plus les prix de vente sur ce marché seront élevés, plus les acheteurs de neuf seront prêts à dépenser pour obtenir un bien. Dans ces conditions, un marché de seconde main pourrait même permettre d'augmenter la demande pour les nouveaux biens. Les entreprises ont alors intérêt à augmenter la durabilité (intrinsèque) de leur produit.

Ensuite, un autre facteur découle du fait que les décisions futures d'un producteur ont des conséquences sur la valeur future des produits vendus aujourd'hui. Afin de garder les futurs prix des biens actuels élevés, et donc d'assurer des profits à long terme, une entreprise a intérêt à diminuer les quantités futures et à ne pas proposer de nouveaux produits qui viendraient diminuer la valeur des biens déjà présents sur le marché (**effet rareté**). Cependant, cet effet qui tend à diminuer l'attrait de la commercialisation incessante de nouveaux produits est contrebalancé par le phénomène d'**inconsistance**

**temporelle** : pour augmenter ses profits à l'instant t, une entreprise aura plutôt tendance à augmenter sa production ou commercialiser de nouveaux produits car cela lui permet d'augmenter ses profits à court terme, malgré la diminution des profits de long terme.

Le poids de ces différents facteurs dans le choix de durabilité de l'entreprise varie, notamment en fonction du degré de compétition auquel elle est soumise, mais aussi des préférences des **consommateurs** et des politiques mises en place par les **autorités publiques**, et la question reste ouverte dans la littérature.

Au-delà de ces considérations économiques, l'augmentation de la longévité des produits est clé afin d'atteindre la neutralité carbone. Elle permet de diminuer la fréquence de remplacement des produits et donc de diminuer directement la consommation de matière et d'énergie. L'enjeu est alors d'assurer la rentabilité de modèles d'affaires durables.

### *Le rôle des consommateurs*

Les producteurs ne sont pas les seuls responsables de la durabilité des produits. Au-delà des choix des entreprises, les consommateurs, via leur comportement, en sont aussi responsables. Par exemple, les consommateurs attendent différentes durées de vie selon les produits, et les producteurs ont intérêt à s'aligner sur ces attentes plutôt que de maximiser la durabilité. En outre, les consommateurs ont un rôle central vis-à-vis de l'entretien des biens qui est, avec la durabilité intrinsèque, le deuxième facteur décisif pour allonger la durée de vie.

Un premier obstacle pour les entreprises souhaitant améliorer la durabilité de leurs produits est donc que le **comportement** des consommateurs soit en adéquation, par exemple en faisant en sorte qu'ils développent un certain attachement aux produits afin qu'ils les gardent plus longtemps et les entretiennent mieux. Cela inclut des aspects divers, de l'inclusion du consommateur dans le procédé de production au choix de matériaux qui conservent leur esthétique avec le temps.

Un deuxième obstacle est lié à l'**asymétrie d'information** inhérente à la relation consommateurs/entreprises : les biens plus durables ont tendance à être plus chers, or les consommateurs ne peuvent juger de la qualité effective du produit par son prix car la relation n'est pas linéaire, et ils n'ont pas forcément d'informations fiables sur sa durée de vie réelle hors des arguments de l'entreprise. Ils tendent donc à ne pas se diriger vers ces biens plus chers, et ce d'autant plus si auparavant l'entreprise vendait des biens peu durables. Cette asymétrie peut expliquer que certains producteurs ne se préoccupent pas de la durée de vie.

Le dernier obstacle majeur à la durabilité des produits est le **changement**, qu'il soit juridique (évolution des normes), technique (innovations) ou culturel (changement de mode). Une solution possible peut être de faire des produits **modulaires** (*cf.* 5.3), mais cette modification doit, encore une fois, être acceptée par les consommateurs.

### *Rôle des gouvernements*

Au-delà des consommateurs et producteurs, les autorités publiques ont un rôle important pour favoriser la durabilité des produits. Elles peuvent développer des méthodes afin d'informer les consommateurs de la durée de vie qu'ils peuvent espérer d'un bien, notamment grâce à des labels. Ces mesures sont nécessaires pour lutter contre l'**asymétrie d'information**.

Les autorités publiques peuvent aussi mettre en place des régulations afin d'imposer une durée de vie minimum. Au niveau européen, ces mesures ont par exemple été appliquées pour les éclairages par le schéma « **Ecodesign** ».

**Schéma Ecodesign**

Le schéma Ecodesign, défini à l'échelle européenne, est pour l'instant uniquement appliqué aux produits liés à l'énergie (appareils électroménagers, luminaires ou encore téléviseurs). Il est composé de deux volets : un premier relatif à l'écoconception des produits et à leur efficacité énergétique, fixant des niveaux de performances minimales et un deuxième définissant les exigences en termes de labellisation des produits. Depuis sa mise en place en 2009, ce schéma a permis de diminuer de 10 % la consommation énergétique annuelle des produits concernés. En 2022, la Commission a adopté un projet de règlement afin de rendre ce schéma plus ambitieux : non seulement le champ des produits concernés sera élargi mais aussi celui du type d'exigences (avec certaines concernant l'empreinte carbone, la présence de substances chimiques ou encore le taux de matière recyclée). Il s'agit aussi d'instaurer un passeport de produit numérique informant les consommateurs des caractéristiques environnementales du produit et facilitant les contrôles. Ce projet devrait être définitivement adopté en 2023.

À l'échelle nationale, des initiatives existent aussi. Par exemple, en 2015, la France a été le premier pays à interdire l'obsolescence intégrée. Toujours en France, la loi AGEC (loi anti-gaspillage pour une économie circulaire, 2020) a rendu obligatoire pour certains produits (comme les ordinateurs, téléviseurs ou encore lave-vaisselles et aspirateurs) l'affichage d'un **indice de réparabilité** (*cf.* 9.3) afin de mieux informer les consommateurs sur les possibilités de réparation selon les produits. En Allemagne, un écolabel a été mis en place par le gouvernement fédéral depuis plus de 40 ans afin d'identifier les produits respectueux de l'environnement, et notamment les produits durables. D'autres mesures peuvent être prises pour faciliter l'entretien, par exemple en autorisant des réparateurs indépendants et en encourageant la modularité.

## Des modèles innovants et probants

### *Améliorer la qualité*

Le premier moyen pour allonger la durée de vie des produits est d'en améliorer la qualité intrinsèque. Les entreprises engagées dans cette démarche peuvent être divisées en deux types : celles du secteur du luxe, comme Rolex ou Louis Vuitton, et celles produisant des biens de grande consommation, comme Patagonia, Miele (producteur d'appareils électroménagers) ou Apple.

Pour assurer la qualité et allonger la durée de vie des produits, il est possible d'adopter les principes de l'**éco-conception**, comme Patagonia (*cf.* 5.2) ou encore de proposer des garanties. C'est par exemple le cas de Miele, qui propose des garanties de vingt ans sur ses machines à laver, alors que ce type d'appareil est en moyenne utilisé dix ans. Outre une conception assurant la longévité de ses machines sur une telle période, Miele produit des machines évolutives (avec possibilité d'amélioration du logiciel) afin d'éviter une **obsolescence fonctionnelle** (*cf.* 5.3). Ces différents exemples montrent qu'un modèle d'affaires fondé sur la vente de produits intrinsèquement durables peut fonctionner. Ainsi, Miele a connu la plus importante croissance en termes de ventes de son histoire (+ 12,2 %) en 2022 malgré un contexte de demande globale déclinante, notamment grâce à sa réputation de marque produisant des biens de qualité et durables.

#### *Développer le marché de la seconde main*

Une autre manière d'allonger la durée de vie des produits pour les entreprises est de faciliter leur **réutilisation** ou **réemploi** (*cf.* 5.3). En parallèle de l'amélioration de la durabilité des produits, cela peut aussi permettre aux entreprises d'être elles-mêmes actrices du marché de l'occasion, de recapturer une partie du chiffre d'affaires réalisé sur ces marchés et donc de limiter les éventuelles pertes associées à leur développement. De plus en plus d'entreprises, comme Apple ou Mercedes-Benz ont notamment recours à des **systèmes de reprise** des biens : en échange du retour de biens (de la marque ou non) usagés, l'entreprise offre des bons pour l'achat de biens neufs. Il s'agit donc ici d'une **incitation financière** pour encourager les consommateurs à retourner leurs biens usagés (*cf.* 5.3). D'autres entreprises peuvent développer le marché de seconde main en diminuant les **coûts de transaction**, c'est-à-dire en facilitant les échanges, notamment entre particuliers grâce aux plateformes internet. Il peut s'agir de revendeurs, comme Amazon, où de plateformes dédiées aux échanges entre particuliers, comme Leboncoin.

Cependant, ces mécanismes peuvent aussi introduire des effets pervers. Par exemple, un fournisseur de téléphonie mobile en Autriche avait mis en place un contrat de forfait téléphonique dans lequel était inclus le remplacement annuel du téléphone des clients. Il justifiait son action d'un point de vue environnemental par la mise en place d'un système de retour des téléphones et un partenariat avec une entreprise de gestion des déchets chargée de recycler les appareils cassés ou de revendre ceux en bon état. Cet exemple montre que le concept d'**économie circulaire** peut aussi servir à promouvoir un modèle d'affaires basé sur le renouvellement encore plus rapide des biens et aboutir à une empreinte environnementale dégradée. Le développement du recyclage et du réemploi doit donc s'accompagner d'un changement de la culture de l'entreprise, qui doit promouvoir une durée de vie plus longue des produits auprès de ses clients. Si l'obsolescence intégrée et la durabilité physique des biens sont un enjeu, celui de l'obsolescence liée au marketing des entreprises ne doit pas non plus être sous-estimé.

Un autre effet pervers apparaît lorsque les marchés de l'occasion entraînent une augmentation de la consommation. Leur développement peut alors être néfaste pour l'environnement. Tout d'abord, ces marchés peuvent entraîner un **effet rebond** : la revente de biens ou l'achat en seconde main de biens moins chers permet aux consommateurs d'augmenter leur pouvoir d'achat, et donc éventuellement d'acheter plus de biens. En outre, l'achat de biens sur les marchés de seconde main peut favoriser une surconsommation ou des achats impulsifs, notamment pour les consommateurs avec une certaine conscience environnementale, puisque pour eux l'achat de seconde main permet de réduire leur empreinte. Ainsi, l'achat de biens d'occasion n'est pas forcément associé à une consommation sobre, mais peut mener à une forme de surconsommation.

### *Maintenance et réparabilité*

Face aux limites des marchés de l'occasion, des services de maintenance et de réparation peuvent être préférés pour allonger la durée de vie des produits et des entreprises ont effectivement développé de tels services. Si la **conception** est essentielle pour permettre la maintenance et réparation (*cf.* 5.3), le manque d'implication des consommateurs dans l'entretien peut entraîner une réduction de la durée de vie des produits. Les entreprises doivent donc faire en sorte de faciliter l'entretien pour le consommateur, en mettant en place différents services. Cette démarche est souvent associée à la proposition de produits avec une qualité intrinsèque élevée, compensant ainsi grâce à une durée de vie plus longue leur coût initialement plus élevé. En reprenant son exemple, c'est ce qu'a mis en place Apple avec des centres de réparation et des espaces de conseil dans ses magasins.

## Focus : secteur de l'habillement

Le secteur de l'habillement, notamment celui de la fast-fashion est caractérisé par des produits à prix bas, renouvelés très rapidement, avec donc des durées de vie particulièrement courtes, encourageant la surconsommation. Ce modèle a des conséquences environnementales mais aussi sociales importantes comme la surconsommation de ressources ou l'exploitation des travailleurs. Malgré de nombreuses initiatives pour développer des modèles alternatifs, un des freins principaux reste le comportement des consommateurs.

### S'orienter vers la production durable

Dans ce secteur, les entreprises s'engagent vers des modèles durables pour différentes raisons. Une première est liée à la pression de la société civile, qui dénonce les méthodes de la fast fashion. Une deuxième est liée à l'évolution du contexte législatif, en Europe mais aussi à l'échelle nationale. Par exemple, en France, la loi AGEC interdit la destruction des invendus, qui devront être donnés ou réemployés et ses décrets applicatifs seront structurants pour la filière. Une troisième raison est liée au contexte économique. Face à la concurrence de l'« ultra-fast fashion », fondée sur la vente de produits à prix très bas renouvelés très rapidement, les marques traditionnelles du textile (hors luxe) doivent se réinventer. Le développement de produits plus durables ou responsables, l'intégration de la vente de produits de seconde main ou la création de services de réparation sont autant de manières de se démarquer et de compenser une diminution des volumes vendus.

### Exemples d'initiatives

Les exemples d'initiatives sont nombreux. Comme citée précédemment, Patagonia est particulièrement impliquée dans la durabilité de ses produits. L'entreprise encourage la réparation et la réutilisation. Par exemple, elle a mis en place un partenariat avec eBay pour promouvoir l'achat de vêtements de seconde main. Des marques proposent le rachat de vêtements usagés et mettent en place des comptoirs de seconde main au sein de leurs magasins, comme Kiabi. D'autres, comme Des Marques & Vous à travers son service RedLab propose des services de réparation, d'**upcycling** afin de transformer les vêtements en de nouveaux et de rachat de vêtements usagés. Enfin, des entreprises proposent des services de pré-commandes, comme Promode pour un manteau d'hiver, permettant de ne pas sur-produire, d'ajuster le produit aux clients et donc de les impliquer dans le processus de production. Ces initiatives sont autant d'exemples illustrant comment les entreprises peuvent créer de la valeur supplémentaire en développant de nouveaux services ou en proposant de nouveaux produits tout en rallongeant la durée de vie des vêtements.

### L'obstacle du comportement du consommateur

Le manque d'attachement des consommateurs au produit et une demande importante de renouvellement entraînent une sous-utilisation des vêtements par rapport à leur durabilité intrinsèque. Le jugement de la valeur des vêtements de seconde main est un autre obstacle à l'allongement de la durée de vie des produits. Des études montrent que si des consommateurs sont prêts à acheter des vêtements neufs produits de manière responsable à un prix plus élevé car associés à une meilleure qualité, les vêtements de seconde main sont considérés d'une qualité moindre et sujette à des préoccupations d'hygiène. Les consommateurs se tournent moins vers ce dernier type de biens. Enfin, les entreprises font face à un manque de confiance des consommateurs vis-à-vis de leurs initiatives. Ainsi, une enquête IPSOS montre que 25 % des clients n'ont pas confiance en une marque qui se dit engagée pour l'environnement. L'enjeu de **l'asymétrie d'information** est donc particulièrement fort, et les marques ont du mal à communiquer leurs initiatives aux consommateurs.

Proposer des services de maintenance associés à l'achat du produit peut être assimilé à la mise en place d'un **Système Produit-Service** (SPS) orienté produit. De manière générale, les SPS ou l'**économie de (la) fonctionnalité** sont des modèles d'affaires permettant aux entreprises d'avoir un intérêt économique à augmenter la durabilité de leurs produits.

## 3.2 Développer l'économie de la fonctionnalité

### Qu'est-ce que l'économie de la fonctionnalité ?

*Définition*

**L'économie de (la) fonctionnalité** est classiquement définie comme un modèle économique basé sur la vente de l'usage d'un produit à la place du produit lui-même.

Ce concept est l'équivalent français de la notion anglo-saxonne des **SPS** ou **PSS** (*Product-Service Systems*) qui se déclinent en trois catégories, selon la proximité avec une création de valeur purement matérielle ou purement servicielle :

- **Services orientés produit** : proposition d'un service en complément de la vente d'un bien. Le client reste propriétaire du bien. Il peut s'agir d'un service de réparation, ou de maintenance comme décrit plus haut.
- **Services orientés usage** : vente de l'utilisation d'un bien, et non du bien lui-même dans le cadre d'une location ou de partage. En France, Michelin propose par exemple la vente de l'usage de pneumatiques (facturé au kilomètre parcouru).
- **Services orientés résultats** : vente d'un ensemble de moyens assurant la réponse au besoin du bénéficiaire et non des biens en eux-mêmes. Par exemple, l'entreprise française SIGNIFY vend à ses clients un service de lumière associé à un engagement sur la consommation énergétique. Sa rémunération est fonction de l'atteinte d'indicateurs de performance (comme l'intensité lumineuse).

À l'exception du premier type « orienté produit », les deux autres PSS peuvent être effectivement assimilés à différents modèles d'Économie de la Fonctionnalité (EF). Le PSS orienté usage correspond à une EF « classique », tandis que le PSS orienté résultat trouve son équivalent français dans une EF intégrant une **logique servicielle**, dite **Économie de la fonctionnalité et de la coopération** (EFC) selon la terminologie d'ATEMIS[1] et dans laquelle la vente de la performance d'usage prévaut sur la simple vente d'usage.

### *Caractéristiques générales*

L'EF présente des avantages économiques significatifs pour les entreprises qui la mettent en place. Elle permet d'accéder à de nouveaux marchés, assure un avantage compétitif en créant une valeur ajoutée ou facilite l'accès à des données sur l'usage des produits permettant ensuite de les optimiser. Réciproquement, le bénéficiaire a aussi des avantages à adopter ce modèle. Il peut avoir accès à des offres plus personnalisées, de meilleure qualité, répondant mieux à ses besoins tandis que la responsabilité de **gestion de la fin de vie** est transférée à l'entreprise.

Du point de vue des relations client/entreprise, l'EF représente une transformation importante, les rendant plus durables : celles-ci ne se limitent plus au simple achat d'un produit mais se développent dans le temps avec des contrats de long terme. La mise en place d'une telle relation représente un des défis principaux de l'adoption de ce modèle.

### *Les limites de l'EF « classique »*

D'un point de vue environnemental, l'EF est souvent considérée comme bénéfique par rapport au modèle traditionnel d'achat/vente. Dans la mesure où l'entreprise reste propriétaire du bien dont elle vend l'usage, elle a intérêt, plutôt que de vendre toujours

1. ATEMIS (Analyse du travail et des mutations dans l'industrie et les services), créé en 2001, est un laboratoire de recherche et d'intervention (accompagnement d'entreprises et de territoires vers de nouveaux modèles économiques).

plus de produits, d'en allonger la durée de vie et de maximiser leur taux d'utilisation. Cependant, deux limites doivent ici être introduites.

D'abord, l'EF, en elle-même, ne peut garantir la durabilité des activités de l'entreprise et la minimisation de son empreinte environnementale. En reprenant l'exemple de Michelin, la durée de vie des pneumatiques est effectivement allongée grâce à de la maintenance. Cependant, leur conception n'a pas forcément eu besoin d'être modifiée et la maintenance est réalisée en Chine, où la main-d'œuvre est moins chère, engendrant des émissions importantes de GES liées au transport. Parfois, la mise en place de l'EF nécessite une modification de conception, comme dans le cas de Vélib' à Paris, afin d'améliorer la durabilité du produit. Les vélos ont dû être adaptés afin de satisfaire un usage beaucoup plus intensif que pour un vélo individuel classique. Cependant, si la durabilité est améliorée, l'application de l'ensemble des principes de l'**éco-conception** (*cf.* 5.2) n'est pas nécessaire. Notamment, en tant que tel, le passage à l'économie de la fonctionnalité n'exige pas de penser la **fin de vie** des produits (*cf.* 5.3) dans une démarche d'**économie circulaire**.

Ensuite, si elle est orientée « usage », l'EF ne fait que transposer la logique de volume de vente du produit à l'usage et les entreprises ont intérêt à intensifier l'usage de leurs produits. Par exemple, dans le cas d'une location de vélo ou de voiture, l'entreprise a intérêt à maximiser l'usage de son bien (par rapport à un nombre de kilomètres parcourus ou de temps de location), ce qui peut résulter en une empreinte environnementale dégradée. En outre, l'EF « classique » peut engendrer des effets indésirables similaires à ceux du réemploi, comme un effet rebond lorsque les clients consomment plus grâce à l'argent économisé par l'achat du service au lieu du produit, ou lorsqu'ils sont incités, par une location de courte durée, à rechercher les technologies ou tendances plus récentes. Ainsi, l'EF « classique » n'est pas intrinsèquement bénéfique pour l'environnement et peut être adoptée pour ses seuls avantages économiques.

## Faire de l'économie de la fonctionnalité une stratégie de développement durable

### *Introduire la notion de circularité*

L'EF peut être pensée selon une **logique « cycle de vie »**. Il s'agit alors d'optimiser l'usage des ressources en considérant l'ensemble du cycle de vie, dans une démarche d'**économie circulaire**.

Il s'agit d'innover afin d'**éco-concevoir** les produits et développer une logistique permettant d'assurer un bouclage des flux. En termes logistiques, il est d'abord nécessaire de planifier les intervalles de maintenance et de mettre en place des procédures de contrôle afin d'optimiser d'éventuelles réparations et de diminuer la consommation de ressources et les coûts pour l'entreprise propriétaire des biens. C'est ce qu'a mis en place une entreprise brésilienne d'électroménager qui loue des purificateurs d'eau à d'autres entreprises et des particuliers. La maintenance est réalisée tous les six mois, et les composés de l'appareil ne sont changés que si les tests de contrôle ne sont pas satisfaits. Ce contact régulier avec les clients permet en outre de renforcer la relation.

Ensuite, il est nécessaire d'intégrer des solutions pour **valoriser la fin de vie** des produits, ce qui implique une organisation afin de collecter et traiter ces produits. Par exemple, le groupe français ERAM a adopté l'EF dans le cadre d'un programme de transformation des activités de l'entreprise pour minimiser l'usage des ressources. Une offre de location de chaussures pour femme sur abonnement a été mise en place par l'atelier BOCAGE (une marque du groupe). Afin de satisfaire au mieux les besoins des clientes, il est possible de disposer d'une nouvelle paire tous les deux mois. Unc fois les chaussures louées une fois (avec un objectif de deux fois), elles sont dirigées vers une usine du groupe et reconditionnées avant d'être revendues en seconde main dans les boutiques de l'atelier BOCAGE. En parallèle de l'offre, une **logistique inversée** (*cf.* 5.3) a été mise en place et des innovations développées pour l'hygiénisation et la remise en forme des chaussures. L'offre d'ERAM montre qu'une des difficultés de la gestion de la vie des produits est d'estimer quand les clients souhaiteront en changer alors même que le produit est toujours fonctionnel. Si les entreprises ne peuvent pas gérer le reconditionnement ou le recyclage seules, elles peuvent coopérer avec des acteurs du domaine, et c'est ce qu'a choisi l'entreprise d'électroménager.

### *Étendre la sphère d'action*

L'adoption de l'EF nécessite pour certaines entreprises de développer des partenariats pour des aspects spécifiques de leur offre, mais d'autres vont plus loin et innovent en élargissant leur offre et en mettant en place une démarche systémique dans une **logique « servicielle »**. Cette logique consiste à développer un service assurant une performance d'usage par la création d'une **solution intégrée**, composée d'un ensemble de services (et de biens) dont l'intégration permet de répondre au mieux aux besoins du client. Par exemple, un maraîcher proposant une offre de produits bio peut élargir son champ d'action afin de promouvoir un « bien vivre alimentaire » et y intégrer des services tels que des formations ou conseils en cuisine. Il s'agit d'appréhender le besoin derrière l'achat de produits bio, de développer une offre permettant d'y répondre et de créer de la valeur servicielle.

D'un point de vue environnemental, la logique servicielle permet de dématérialiser la création de valeur et de créer un « **effet ciseau** », c'est-à-dire de diminuer la consommation de ressources non renouvelables tout en augmentant la valeur servicielle de l'offre. La vente de la **performance d'usage** n'est en effet plus corrélée à la notion de volume de vente. Un tel modèle économique repose donc avant tout sur des ressources immatérielles : les compétences mises à disposition par l'entreprise, la pertinence de la construction de la solution, la santé des salariés (maillon indispensable de l'offre alors que le service devient essentiel) et la confiance entre acteurs, nécessaire pour créer un engagement en interne et externe. Il ne s'agit plus pour un maraîcher de vendre un volume de produit mais de proposer un abonnement engageant les bénéficiaires au long terme.

### *Mettre en place un « écosystème coopératif »*

La logique « servicielle » peut être qualifiée d'EFC car l'élargissement de son offre nécessite, pour l'entreprise, d'élargir aussi son réseau d'acteurs, où la confiance va effectivement jouer un rôle clé. D'un côté, une **coopération** est nécessaire avec le bénéficiaire pour co-construire la solution la plus adaptée, sur le long terme. Cette coopération est clé car la tenue de la performance d'usage repose aussi sur l'engagement du bénéficiaire. Par exemple, SIGNIFY s'engage à réaliser des économies d'énergie, mais si les bénéficiaires ne s'engagent pas vers une certaine sobriété cette performance ne peut être tenue. En outre, la mise en place d'une offre servicielle nécessite la collaboration entre différents acteurs de spécialités différentes (l'exemple du maraîchage peut impliquer des acteurs de la formation, nutrition, ou logistique), soit la création d'un « **écosystème coopératif** » dédié à la satisfaction du besoin identifié. Cette coopération doit être distinguée d'une simple coordination, déjà employée par exemple entre les différents acteurs d'une chaîne de valeur.

**Coopération et coordination**

La coordination est le mode de relation actuellement dominant dans les relations de travail : chaque acteur doit mettre en œuvre ce qui est attendu de lui, les acteurs ayant décrit au préalable le cadre dans lequel leurs relations s'inscrivent au service d'un objectif commun. La coopération invite à comprendre et prendre en compte dans son propre travail les contraintes, enjeux de travail des autres acteurs. Cela exige un effort supplémentaire, qui ne peut pas être imposé aux personnes, mais permet, entre autres, d'améliorer la productivité en créant de la confiance et de renforcer la pertinence de la proposition de valeur, permettant la création d'une solution intégrée.

Ces écosystèmes coopératifs se créent à l'échelle du **territoire**. Ainsi, le territoire est le cadre qui permet le développement de l'EFC, comme un espace de ressources immatérielles où la création de relations de confiance et de coopération est rendue possible. La proximité géographique est en effet un premier ingrédient pour développer des collaborations (*cf.* 4.3). Le territoire est aussi une source de ressources matérielles qui peuvent être mobilisées par la conception de produits fabriqués à partir de matériaux locaux, minimisant l'empreinte environnementale. Une démarche d'EFC se doit aussi d'internaliser les **externalités** (*cf.* 3.2), positives ou négatives, générées par la solution intégrée. Notamment, la valeur créée dans une démarche d'EFC peut avoir des effets positifs (environnementaux et sociaux) sur des acteurs tiers, qui ont alors intérêt à participer à la création de valeur. Leur contribution, financière ou en nature au développement des activités de l'écosystème coopératif permet alors d'internaliser l'externalité positive créée. De ce point de vue, l'EFC crée non seulement de la valeur économique mais aussi de la valeur pour la société, c'est-à-dire de la **valeur partagée** (*cf.* 4.2).

Envergure Architectes est un exemple d'entreprise engagée dans l'EFC. Elle propose une offre fondée sur une compréhension fine des besoins du bénéficiaire ainsi que du territoire. D'abord, l'offre de l'entreprise repose sur l'implémentation d'une coopération entre le maître d'ouvrage, le maître d'œuvre, les futurs occupants ainsi que les acteurs locaux. Cette coopération permet de construire un projet répondant au mieux aux besoins, dans une logique de performance d'usage (pour le bénéficiaire) et de multifonctionnalité (pour le territoire). Ainsi, à rebours d'une construction « en volume », encouragée par une rémunération en pourcentage des travaux ou à l'heure, Envergure Architectes suit le principe de la « non-construction », et cherche à limiter la construction de bâtiments, afin de réduire les externalités négatives que cela génère (conséquences énergétiques et environnementales liées à l'usage de ressources ou l'artificialisation des sols) grâce à la mutualisation. La mutualisation crée donc à l'inverse des externalités positives. Imaginer une école qui soit occupée en dehors du temps scolaire est un exemple de mutualisation. Cette démarche innovante rencontre cependant des obstacles. L'une des difficultés est de rémunérer les externalités positives générées par Envergure Architectes.

## La mise en place de l'économie de la fonctionnalité

### *Transformation de l'entreprise*

L'adoption de l'économie de la fonctionnalité implique la transformation de la culture de l'entreprise, de son modèle d'affaires ainsi que de ses **compétences** (*cf.* 10.2). Il ne faut donc pas sous-estimer le temps nécessaire (3 à 5 ans) avant d'arriver à des résultats significatifs.

De nouvelles compétences sont nécessaires dans divers domaines : marketing et relation client, gestion de la fin de vie (comme vu plus haut), ou encore conception selon une logique de réponse à un besoin et non plus une logique de produit. Plus l'entreprise s'engage vers une logique servicielle, plus les changements sont conséquents. En termes de marketing, l'entreprise doit développer une stratégie de communication afin d'informer les bénéficiaires de sa valeur ajoutée par rapport aux concurrents. Cette communication est d'autant plus importante que le modèle d'EF reste innovant par rapport au modèle classique, et les entreprises doivent s'employer à le rendre acceptable et compréhensible pour les bénéficiaires. Elles doivent aussi s'adapter à des interactions plus fréquentes avec leurs clients, sur le long terme. Par exemple, chez ERAM, le métier de vendeuse a évolué vers celui de conseillère de style pour les clientes abonnées.

Le passage à une logique « servicielle » entraîne aussi une remise en cause de certains principes industriels. Notamment, il ne s'agit plus de produire à grande échelle et de manière centralisée mais de comprendre le besoin et d'adapter l'offre à chaque bénéficiaire, ce qui exige une flexibilité importante et une certaine proximité géographique afin de co-construire l'offre. La notion de coopération et d'engagement à long terme implique en outre un éloignement du principe de mise en concurrence des acteurs. Cela peut cependant permettre d'améliorer la productivité : grâce à sa connaissance du bénéficiaire et de ses besoins l'entreprise peut gagner du temps et être plus pertinente.

Par exemple, chez SIGNIFY, la création de valeur en EF ne repose plus en majorité sur la production mais sur l'accompagnement du client et le traitement de données pour assurer la performance, ce qui a exigé de l'entreprise un effort considérable de **formation** afin de faire évoluer les compétences en interne (*cf.* 10.2).

En termes de modèle d'affaires, l'une des difficultés réside dans la capture de la valeur à travers la **contractualisation**. Ces contrats sont beaucoup plus complexes que pour une vente. Il y a d'abord un enjeu juridique et assurantiel qui doit être considéré par les entreprises car les contrats définissent les responsabilités des deux parties, et donc la répartition des risques.

Ensuite, un autre enjeu est celui de la rémunération de la valeur, enjeu d'autant plus important que l'offre devient servicielle : la valeur créée par l'offre pour le bénéficiaire doit être évaluée, avant de fixer le prix qu'il est prêt à payer pour cette valeur. Afin d'évaluer la valeur créée, il est possible de développer en amont de nouveaux dispositifs d'évaluation, par exemple basés sur des critères de performance techniques et mesurables. C'est ce qui a été mis en place par SIGNIFY (puissance d'éclairage utile, diminution de la demande énergétique) mais l'identification de la valeur par le bénéficiaire n'est pas encore bien ajustée, nécessitant pour SIGNIFY d'accompagner une évolution des compétences aussi du côté de la **demande** (*cf.* 10.2). Une autre possibilité est d'innover en termes contractuels, et non plus de proposer un **contrat** mais une **convention**, coconstruite par les acteurs.

### *Transformation de son écosystème*

L'adoption de l'EF et de nouvelles méthodes de contractualisation nécessite aussi une évolution de l'ensemble de l'écosystème de l'entreprise afin de mettre en place les collaborations nécessaires.

D'abord, les logiques d'achat des bénéficiaires doivent évoluer, en modifiant le rapport à la propriété (matériel) pour mettre en avant la valeur créée par le service (immatériel). Ce changement doit être accompagné d'une évolution de la conception de la valeur pour le bénéficiaire et la transformation des modes de rédaction des contrats vers plus de coopération, effaçant les frontières décideur/exécutant.

Ensuite, l'entreprise doit définir avec quels acteurs elle a besoin de collaborer, définir l'intensité de la collaboration puis coordonner son réseau. Un aspect clé afin d'instaurer une collaboration durable est de définir un cadre pour répartir la valeur créée, valoriser l'engagement de chaque acteur et, en fonction, établir ses responsabilités afin d'éviter toute incompréhension. Il s'agit aussi d'aller plus loin dans les coopérations et de développer des systèmes permettant d'intégrer et valoriser la création d'externalités positives. Cela implique que les entreprises élargissent leur périmètre de valeur pour inclure l'ensemble des acteurs concernés dans leurs écosystèmes de coopération. Cela n'est pas sans difficultés, comme l'illustre l'exemple d'Envergure Architectes.

Enfin, des changements institutionnels sont nécessaires pour permettre le développement de l'EF, notamment au niveau des politiques territoriales ou de la commande publique.

Plus largement, face aux difficultés de mise en œuvre de l'EF, de nombreux acteurs sont mobilisés en France pour accompagner son adoption : des agences de l'État, comme l'ADEME, des services régionaux, des organismes de formation, des clubs spécialisés en EF(C) ou encore des acteurs académiques. Par exemple ATEMIS accompagne les entreprises afin de les aider à développer de nouvelles façons de travailler, et notamment à intégrer les enjeux de la coopération. Malgré l'ampleur des transformations nécessaires, ce modèle peut fonctionner et permettre de créer de la **valeur partagée** (*cf.* 4.2) comme les différents exemples l'ont montré.

# Chapitre 8 Les chaînes logistiques

Alors que les entreprises évoluent dans une économie mondialisée, les enjeux liés à la diminution de l'empreinte carbone des chaînes logistiques ne peuvent être sous-estimés, et ces chaînes doivent aussi être réinventées.

- Les enjeux liés à la décarbonation de la chaîne de valeur seront présentés, qu'il s'agisse de sa simplification, de sa relocalisation ou, quand les deux premières options ne sont pas envisageables, du report modal.
- Les solutions pour diminuer l'empreinte environnementale des achats de l'entreprise seront explorées et la nécessité de transformer le rôle de la fonction Achat soulignée.

## 1 Produire au plus près

### 1.1 Les indispensables chaînes logistiques

Toute entreprise est confrontée à la question des **chaînes logistiques**, que ce soit dans son processus productif à proprement parler, pour gérer la distribution de ses produits ou simplement pour s'approvisionner en bureautique.

« On définit la chaîne logistique d'un produit fini comme l'ensemble des entreprises interdépendantes (les maillons de la chaîne) qui gèrent ce produit fini pendant l'ensemble de son cycle de vie. Les étapes principales, mais non exhaustives, sont les achats depuis le premier fournisseur, la gestion des stocks, le transport, et la manutention jusqu'au client final. La chaîne logistique se résume à trois flux principaux : le flux physique, le flux d'informations, le flux financier. » Cette définition de la chaîne logistique permet d'en dessiner rapidement les enjeux. Son rôle n'est pas la création de valeur via la transformation des ressources ou des produits mais l'acheminement de ces ressources ou produits d'étape en étape du **cycle de vie** (*cf.* 5.2) du produit fini, de l'extraction des matières premières au consommateur final.

#### De l'extraction des ressources au consommateur final

##### *Chaîne de valeur et localisation*

Une des questions primordiales dans la gestion des chaînes logistiques est la localisation des différents éléments de la **chaîne de valeur**, que ces éléments appartiennent et soient directement opérés par l'entreprise ou qu'ils soient externes à celle-ci.

**Le concept de chaîne de valeur**

Michael Porter[1] définit en 1985 le concept de chaîne de valeur comme un enchaînement d'activités dans un secteur donné. Chaque activité consiste en la transformation d'un élément en entrée (matières premières, produit semi-fini, information…) en élément de sortie, ce dernier ayant acquis une valeur supplémentaire via la transformation. La chaîne de valeur ne se limite pas aux bornes de l'entreprise mais prend aussi en compte les acteurs externes, notamment les fournisseurs et les clients.

La localisation des éléments de la chaîne de valeur constitue un champ de recherche théorique en soi. Ainsi l'American Mathematical Society a même créé des codes de référencement spécifiques pour ce type de problème (90B80 et 90B85). Quel que soit le produit fini étudié, ces problèmes doivent prendre en compte les données d'entrée suivantes : (1) où sont les matières premières ? (2) où se trouvent les compétences et les talents pour les transformer ? (3) où se trouvent les marchés ? Ce sont ces paramètres qui permettent de déterminer des configurations de localisations possibles, configurations qui sont ensuite traitées par la recherche dans le cadre de problèmes nommés ***location-routing problems*** **(LRP)** afin de déterminer l'optimum en termes de coûts et de délais.

### *L'inégale répartition des ressources naturelles*

La répartition des matières premières autour du globe est une des problématiques centrales de l'économie et plus généralement de la géopolitique. L'exemple de l'approvisionnement en hydrocarbure est à ce titre parlant : soulevée en France dès la fin de la première guerre mondiale, la question de la souveraineté énergétique, et notamment en hydrocarbures, a été structurante dans l'élaboration des politiques énergétiques et économiques françaises. Les chocs pétroliers de 1973 et de 1978, ainsi que la guerre en Ukraine débutée en février 2022, ont confirmé la dépendance des économies du monde entier aux hydrocarbures. Ces événements ont aussi montré que l'inégale répartition de ceux-ci autour du globe pose de sérieuses questions, non seulement économiques, mais aussi de souveraineté. Face à ce dernier enjeu, une commission d'enquête parlementaire sur la souveraineté énergétique de la France a été créée le 11 octobre 2022, dont le rapport pointe la forte dépendance de la France à des pays étrangers pour ses approvisionnements en matières premières énergétiques. Les principaux pays exportateurs de matières premières fossiles (charbon, gaz naturel, pétrole) étaient en 2021 :

- Charbon : Chine 50 %, Inde 10 %, Indonésie 8 %, États-Unis 6 %, Australie 5 %, Russie 5 %, Afrique du Sud 3 % et Allemagne 2 %.
- Gaz naturel : États-Unis 23 %, Russie 17 %, Iran 6 %, Chine 5 %, Qatar 4 % et Canada 4 %.
- Pétrole : États-Unis 17 %, Russie 13 %, Arabie saoudite 12 %, Canada 6 %, Irak 5 % et Chine 5 %.

1. Michael Porter est un professeur de stratégie d'entreprise à l'université d'Harvard.

Les matières premières fossiles ne sont évidemment pas les seules dont l'inégale répartition autour du globe soulève des problématiques d'approvisionnement. Le recours croissant de tous les pays, et notamment des pays développés, à des métaux et à des minéraux utilisés pour assurer leurs transitions énergétiques, via l'électrification ou les batteries, risque d'engendrer des tensions sur des ressources qui sont très concentrées géographiquement. C'est d'ailleurs ce dont l'Union européenne cherche à se protéger via le dépôt du *European Critical Raw Materials Act* devant le parlement et la commission en mars 2021. Les réserves mondiales de minéraux critiques sont réparties comme suit :

- Cuivre : Chili 28 %, Pérou 12 %, Chine 8 %, reste du monde 52 %.
- Nickel : Indonésie 33 %, Chili 12 %, Russie 11 %, reste du monde 44 %.
- Cobalt : République démocratique du Congo 69 %, Australie 4 %, Russie 4 %, reste du monde 23 %.
- Terres rares : Chine 60 %, Russie 13 %, Birmanie 11 %, reste du monde 16 %.
- Lithium : Australie 52 %, Chili 22 %, Chine 13 %, reste du monde 13 %.

Enfin, les matières premières agricoles sont elles aussi inégalement réparties autour du globe, leur distribution dépendant de conditions climatiques ainsi que de choix de développement des pays.

#### *L'inégale répartition des compétences*

Les matières premières sont, par définition, amenées à être transformées dans le processus de chaîne de valeur. Or, si la répartition de leurs zones de production ou d'extraction autour du globe dépend principalement de phénomènes physiques ou géologiques (le second moteur étant le choix des sociétés humaines présentes sur place d'exploiter ces ressources), la répartition des foyers de transformation dépend essentiellement de considérations économiques, voire politiques.

Par exemple, le traitement des minéraux exposés dans la partie précédente est pour l'essentiel effectué en Chine (40 % du traitement du cuivre, 35 % de celui du nickel, 65 % de celui du cobalt, 87 % de celui des terres rares et 58 % de celui du lithium).

Plusieurs facteurs peuvent expliquer cet état de fait, au premier rang desquels se trouve la **Division internationale du travail** (DIT).

### La division internationale du travail et ses effets

Théorisée dès 1817 par la théorie libérale classique de Ricardo[1], la Division internationale du travail « correspond à la répartition mondiale des productions en fonction des avantages comparatifs de chaque espace producteur. »

**Les avantages comparatifs** exposés dans cette définition peuvent être de multiples natures : compétences d'un pays ou d'une région dans un domaine donné

1. David Ricardo est un économiste anglais considéré comme l'un des chefs de file de l'économie classique.

(l'aéronautique à Toulouse par exemple), coûts de main-d'œuvre plus faibles, fiscalité plus avantageuse, stabilité politique et économique...
Ces différents facteurs sont le résultat de choix stratégiques et de politiques volontaristes de la part d'États afin de se créer de tels avantages comparatifs ou de capitaliser sur ceux existants, afin d'en faire bénéficier leurs entreprises. L'exemple le plus clair d'une telle politique est l'entrée de la Chine dans l'OMC en 2001, qui lui a permis en une vingtaine d'années de devenir « l'usine du monde » et de devenir une puissance suffisamment importante pour qu'un ralentissement de son développement ait un impact direct sur les performances économiques des grands pays développés.

#### *L'inégale répartition des marchés*

Tout comme les lieux de production autour du globe, les marchés de consommation de biens manufacturés dépendent des choix stratégiques des entreprises mais aussi de la volonté étatique de s'insérer dans l'économie mondialisée. Là encore, l'exemple de la Chine est marquant puisque sa politique productiviste s'est accompagnée du développement d'un marché intérieur considérable de plus de 400 millions de consommateurs de revenu moyen, qui, en 2021 a abouti à un volume de ventes au détail de biens de consommation de 6 970 milliards de dollars.

Si la Chine en est un très bon exemple, les grands marchés de consommation ne sont pas nouveaux. En 1985, Kenichi Ohmae[1] définissait le concept de **triade économique**, voyant dans le trio constitué des États-Unis, de la Communauté économique européenne (CEE) et du Japon, les trois pôles économiques majeurs du monde et, *a fortiori*, les trois grands marchés de consommation. Si ce concept n'est plus tout à fait à jour à cause de l'émergence de nouveaux acteurs et de nouveaux pôles de consommation tout autour du monde, il reflète bien l'idée selon laquelle des biens manufacturés produits dans un pôle de la triade, et plus largement, dans une région du monde, n'ont pas, *a priori*, vocation à être transformés ou consommés sur place mais, au contraire, seront probablement envoyés à l'autre bout de la planète.

Bien sûr, si l'essentiel des raisonnements de cette partie ont été menés à une échelle internationale, les questions directrices exposées en introduction (1) où sont les matières premières ? (2) où se trouvent les compétences et les talents ? (3) où se trouvent les marchés ?, restent valables à une échelle nationale voire infranationale.

### Les émissions liées au transport de marchandises

#### *Le système Hubs & Spokes et les infrastructures nécessaires au transport des marchandises*

Les contraintes de localisations possibles des pôles de production et de consommation posées, le problème d'optimisation du réseau de transport de marchandises doit prendre

1. Kenichi Ohmae est un théoricien des organisations japonais et ancien professeur et doyen de la UCLA Luskin School of Public Affairs.

en compte les contraintes concernant le maillage de la chaîne logistique, à savoir les façons de relier entre elles les différentes parties de la chaîne de valeur.

Pour répondre à ce problème de connexion des pôles le secteur du fret a développé plusieurs outils et pratiques adoptés à l'échelle mondiale parmi lesquels se trouve le système **Hub & Spokes**.

Un des facteurs de réussite du système de Hub & Spokes est la standardisation des modes de transport de marchandise, notamment le recours aux **conteneurs**. Les caractéristiques techniques de ceux-ci sont définies par des normes ISO, notamment la norme ISO 668, qui sont respectées dans le monde entier et permettent une utilisation des conteneurs sur tout mode de transport (porte-conteneurs, trains, camions, barges) l'aviation exceptée. De cette standardisation est né l'**équivalent vingt pieds (EVP)** qui propose une comparaison des capacités des porte-conteneurs entre eux via la dimension du conteneur le plus répandu. Les plus grands porte-conteneurs ont une capacité dépassant les 20 000 EVP.

**Le système Hubs & Spokes**

Le système Hubs & Spokes, ou système en étoile, est un système de transport de marchandise organisé autour d'un nœud, le hub, qui sert de centre de tri et d'aiguillage, vers lequel convergent et duquel partent des rayons, les spokes. D'abord employée dans le transport aérien, l'entreprise de transport de colis FedEx a été l'une des premières à appliquer cette technique au transport de marchandises. Aujourd'hui, ce système est utilisé dans l'essentiel des chaînes logistiques car il assure une meilleure gestion des flux que les systèmes où tous les nœuds du réseau sont reliés entre eux.

La multitude d'usages du conteneur a nécessité le développement de plateformes multimodales. Les plateformes multimodales sont des hubs qui permettent de faire le lien entre des spokes ayant des propriétés différentes : un porte-conteneurs permet de transporter plus de marchandises sur de longues distances mais avec un nombre réduit de destinations, uniquement des ports, alors qu'un camion peut transporter peu de marchandises sur des courtes à moyennes distances mais avec un nombre de destinations très élevé. Les zones industrialo-portuaires (ZIP) françaises de Dunkerque, du Havre ou de Fos-sur-Mer en sont le parfait exemple. Les porte-conteneurs venant du monde entier y sont chargés et déchargés en quelques heures et les conteneurs sont ensuite installés sur des camions ou des trains.

### *Les différents modes de transport, arbitrage entre volume et précision*

Le secteur du fret est l'un des plus gros pôles d'émissions de GES. À ce titre, l'Agence internationale de l'énergie (AIE) estime que le secteur du transport représente 37 % des émissions de $CO_2$. Selon le Forum international du transport (FIT), le transport de fret représentait en 2015 30 % des émissions de $CO_2$ du secteur.

Pour comprendre précisément les enjeux des émissions de $CO_2$ du fret, il est nécessaire de préciser les caractéristiques de chacun des modes de transport et de les comparer en fonction d'indicateurs pertinents. Les principaux indicateurs sont :

- Les émissions de $CO_2$ eq. par tonne de marchandise transportée et par kilomètre parcouru (kg $CO_2$-eq/tonne.km).
- La distance pertinente d'utilisation (transporter un conteneur du Havre à Dunkerque en bateau n'est pas pertinent alors que l'option en 3 heures en camion est possible).
- Les volumes transportés.
- La finesse du maillage offert (un train ne dessert que des gares alors qu'un camion peut desservir des entrepôts, il possède donc un maillage plus fin).
- La vitesse du mode de transport.

Ces critères montrent qu'un arbitrage entre les différents modes de transport ne peut pas s'effectuer que sur la base de leurs émissions. Une comparaison des modes de transport principaux utilisant ces critères et s'appuyant sur les données de la base carbone de l'ADEME est proposée dans le tableau ci-dessous :

**Tableau 8.1** – Tableau de comparaison des différents modes de transport

| Mode de transport | Type de machine | Distance pertinente | Vitesse de croisière | Maillage | Charge | Émission en kg $CO_2$ eq./ tonnes*km |
|---|---|---|---|---|---|---|
| Transport routier | Camion articulé GNC | Centaines à millier de kilomètres | 80 à 100 km/h | Précis | 34 à 40 tonnes | 0,0798 |
| Transport maritime | Porte-conteneurs | Milliers de kilomètres | 40 km/h | Peu précis | 18 000 EVP | 0,00554 |
| Transport ferroviaire | Train-traction diesel | Centaines à millier de kilomètres | 80 à 100 km/h | Moyennement précis | 15 000 tonnes | 0,031 |
| Transport aérien | Avion-cargo | Milliers de kilomètres | 800 km/h | Moyennement précis | 100 tonnes | 1,9 |
| Transport fluvial | Bateau automoteur | Centaines à millier de kilomètres | 15 km/h | Peu précis | 400 tonnes | 0,096 |

Source : Données de l'ADEME : représentation auteurs.

Il en ressort que le choix d'un mode de transport vis-à-vis d'un autre est une question d'arbitrage en fonction des contraintes et des préférences de l'entreprise. Même si le transport maritime est le mode de transport le moins émissif par tonne transportée et par kilomètre parcouru, son manque de flexibilité structurelle et sa lenteur le desservent.

En conclusion, cette première partie a montré que les chaînes logistiques longues sont la résultante de la répartition des ressources, des forces de travail et des marchés de consommateurs finaux. Elles répondent à ce besoin d'interconnexion par des infrastructures spécifiques, comme les plateformes multimodales et des moyens de transport plus ou moins polluants, résultant en une augmentation de leurs empreintes carbone (*cf.* 5.1). Lors de leur conception, les entreprises doivent réaliser de nombreux arbitrages.

## 1.2 Les facteurs d'allongement des chaînes logistiques

Pour répondre au besoin de décarbonation des chaînes logistiques, une première approche pourrait être leur raccourcissement et leur simplification. Or, de nombreuses contraintes économiques, stratégiques ou opérationnelles poussent justement à leur rallongement ou à leur complexification. Ces contraintes peuvent découler des choix stratégiques de l'entreprise ou des caractéristiques de ses produits et être donc « choisies ». Elles peuvent aussi être subies lorsqu'elles sont le fruit de considérations politiques ou commerciales que l'entreprise ne contrôle pas.

### Facteurs internes

#### *La recherche permanente d'économie sur les stocks et les coûts*

La chaîne logistique est généralement considérée, selon la **théorie des centres de responsabilité**, comme un centre de coûts. Son objectif premier est l'efficacité, c'est-à-dire la recherche de la configuration optimale des lieux de production et des modes de transport entre ces lieux qui permet de minimiser les coûts et les délais. Cette recherche est motivée par les avantages financiers qui en découlent.

**La théorie des centres de responsabilité**

En contrôle de gestion, les différentes entités de l'entreprise (les *business units*) n'ont pas les mêmes responsabilités en fonction de leurs propriétés. Une *business unit* peut être : un centre de coût qui doit réaliser sa mission au moindre coût, avec la meilleure qualité possible et ce dans un temps imparti ; un centre de recettes qui doit maximiser le chiffre d'affaires par ses ventes ; ou un centre de profit qui doit maximiser la marge entre ses coûts et ses recettes. En fonction du type de centre de responsabilité, les attentes et les indicateurs de performance sont différents.

Les coûts engendrés par les chaînes logistiques ne découlent pas uniquement du transport. La gestion des stocks est une question fondamentale car stocker coûte cher. Les entreprises doivent arbitrer constamment entre réduire les stocks pour réduire les coûts et conserver un stock minimal en tout lieu de la chaîne de valeur pour garantir une opérabilité constante. La détermination de ce stock minimal est une question hautement stratégique dans le cadre du **Supply Chain Management** (*cf.* 7.2) (SCM).

L'exemple de Toyota, et le concept de **Toyotisme** qui en découle, montre un positionnement très fort sur ces questions. Afin de réduire au maximum ses coûts et de maximiser son efficacité, et donc sa rentabilité, l'entreprise a développé une stratégie de production et de distribution fondée sur l'absence de stocks et sur une production en flux tendu, en petite quantité et en « **juste à temps** » (produire uniquement quand une commande est passée). Cette stratégie s'est traduite par une réduction drastique des stocks de produits intermédiaires et de produits finis et repose sur une externalisation des tâches via une internationalisation des sous-traitants. Si cette stratégie a permis à Toyota de dépasser General Motors et Volkswagen, devenant le plus gros constructeur automobile en 2013, elle nécessite une très forte réactivité des moyens de transport et une augmentation des flux.

L'enjeu de la décarbonation des chaînes logistiques est donc le suivant : concilier des exigences de coût et d'efficacité avec une diminution des émissions. Si une telle conciliation n'est pas possible, il faut alors repenser le système de responsabilité et de performance des chaînes logistiques, ce qui ne peut se produire qu'au prix d'une modification de la stratégie de l'entreprise.

### *Le rôle de la stratégie d'entreprise*

Comme le montre l'exemple de Toyota, l'implantation des maillons de la chaîne de valeur et la gestion des flux entre ces maillons sont une déclinaison directe de la stratégie de l'entreprise via les exigences qui sont imposées à la chaîne logistique. La vision classique de la stratégie d'entreprise est le développement de l'activité via la croissance du chiffre d'affaires et la conquête de nouveaux marchés. Or, conquérir de nouveaux marchés implique de créer *a minima* des canaux de distribution de ses produits jusqu'au client final, et ce même si le lieu de vente n'est pas physiquement le lieu de distribution, comme c'est le cas pour la vente en ligne par exemple.

Le secteur du luxe est un bon exemple de ce phénomène. En 2019, le marché asiatique représentait 28 % des ventes du groupe LVMH, juste derrière l'Europe. Or, dans cette industrie plus qu'une autre, la provenance des produits est fondamentale car les clients recherchent dans le produit la qualité et l'expression du savoir-faire d'un territoire. Ce volume de vente de marchandises nécessairement produites en Europe pour être vendues en Asie, représente donc un volume considérable de marchandises à acheminer. Cet acheminement ne peut se réduire qu'au prix d'une production au plus proche des marchés de consommation finaux, ce qui va à l'encontre du principe de production selon un savoir-faire propre à un territoire donné qui fait la valeur des produits.

La stratégie de McDonald's est différente. Il s'agit d'une entreprise implantée mondialement mais qui recherche une production locale pour une vente locale. La chaîne de restaurants propose les mêmes produits tout autour du monde, ce qui a d'ailleurs mené le journal *The Economist* à produire l'indice Big Mac en 1986, un indicateur de comparaison des monnaies. Cependant, l'entreprise fait le choix de développer une *supply chain* locale, cherchant à se fournir au plus proche des restaurants. Selon la déclaration de provenance produite par McDonald's France le 13 avril 2023, les matières premières (hors poisson) proviennent de Suisse, de Hongrie, d'Autriche, d'Allemagne, des Pays-Bas et de France. Les émissions par tonne de matière rapportées à la distance parcourue sont donc réduites par rapport à l'exemple de LVMH. Pour autant, étant donné le cœur de métier de l'entreprise, fondé sur des volumes de vente quotidiens massifs, les émissions de $CO_2$ éq. de l'entreprise, intégrées sur les distances et sur les volumes transportés, restent non négligeables via un phénomène d'**effet rebond** (*cf.* 1.2).

Ces deux exemples montrent comment la stratégie de l'entreprise, notamment le choix des marchés sur lesquels elle se positionne et la façon dont elle construit ses canaux de vente sur ces marchés, dirige et contraint la chaîne logistique. Cela rend impossible certaines solutions de réduction des émissions liées au transport sans une remise en cause profonde de cette stratégie.

#### *Complexification des produits*

Si, comme le montrent les exemples précédents, la stratégie et le marketing peuvent être responsables de l'augmentation des émissions liées à la complexification et au rallongement des chaînes logistiques d'une entreprise, la nature et la **nomenclature** des produits peuvent aussi amplifier ce phénomène.

L'industrie automobile est ainsi touchée par l'inflation du nombre de pièces et la complexification des composants des voitures. Selon l'Argus, une voiture est composée de près de 30 000 pièces. Au fur et à mesure que les exigences réglementaires (généralisation de l'ABS par exemple) et que les demandes des clients (généralisation de la climatisation ou des ordinateurs de bord par exemple) croissent, les voitures doivent s'adapter. À leur fonction primaire, transporter des personnes, s'ajoute de nombreuses fonctions annexes. Chacune de ces fonctions annexes devient rapidement une fonctionnalité attendue par les clients ou, au moins, une option proposée. Or, un produit fini comportant plus de pièces et proposant plus d'options entraîne nécessairement une complexification de la gamme de fabrication, comme l'illustre le cas de Toyota.

L'industrie automobile est aussi particulièrement tributaire des composants électroniques. Le perfectionnement des moteurs, via notamment le recours à des calculateurs ou à des sondes, et l'amélioration du confort des passagers via l'électronique embarquée, aboutit à une dépendance accrue aux semi-conducteurs. Or, comme montré en début de chapitre, ces matériaux sont très concentrés géographiquement. Accroître l'utilisation de l'électronique embarqué c'est donc accroître la dépendance à des fournisseurs très concentrés géographiquement et donc imposer un recours indispensable à des chaînes logistiques longues pour sourcer ces matériaux.

### Facteurs externes

Si l'entreprise possède un certain degré de libertés sur les paramètres exposés précédemment qui la contraignent à rallonger sa chaîne logistique, de nombreux autres paramètres indépendants de sa volonté peuvent aussi favoriser ce rallongement.

#### *La distance parfois préférable à la proximité*

Paradoxalement, du point de vue des émissions de $CO_2$-eq. d'un produit, il est parfois plus intéressant de choisir un produit ayant parcouru le plus de distance plutôt qu'un produit issu d'une production locale. Cela résulte des autres composantes de l'**empreinte**

**carbone** du produit. En effet, même si un produit est produit et consommé localement, si sa production est génératrice d'émissions carbone plus importantes que celles issues de la production et du transport d'un produit équivalent venant de l'autre bout du monde, alors il est plus intéressant d'un point de vue de réduction des émissions de choisir le second.

Le secteur agricole est un bon exemple de cet état de fait. Les possibilités offertes par l'agriculture productiviste de produire des fruits et des légumes hors-saison, grâce au recours à des dispositifs énergivores tels que les engrais ou les serres, résultent en des produits agricoles dont les **émissions de scope 3** (*cf.* 5.1) énergétiques sont beaucoup plus importantes que celles de Scope 3 liées au transport. La Fourche, entreprise spécialisée dans la vente de produits bio, a développé un catalogue des émissions de ses produits en s'appuyant sur les données de la base carbone de l'ADEME. Selon leurs estimations, une tomate d'origine française qui aura poussé hors-saison sous une serre chauffée présentera une empreinte carbone presque 10 fois supérieure à une tomate d'origine espagnole.

De plus, le **facteur de charge**, à savoir la quantité de marchandise effectivement transportée par rapport à la capacité du mode de transport, peut aussi jouer en faveur de la distance. Par exemple, le Kenya est un gros exportateur de haricots verts à destination, entre autres, de la France. La distance entre le port de Mombasa et le port du Havre par voie maritime est de 12 500 kilomètres. Selon les données de l'ADEME, présentées dans le tableau 8.1, 10 tonnes de haricots verts transportées sur cette distance par un porte-conteneurs chargé au maximum (soit 18 000 EVP) émettront 0,69 tonne de $CO_2$ eq. pour leur transport. Des haricots produits en France dans la région d'Orléans doivent parcourir 300 kilomètres pour atteindre Le Havre. Selon les données du tableau 8.1, un camion articulé GNC dont la capacité est de 40 tonnes mais chargé uniquement de 10 tonnes de haricots verts émettra 0,3192 kg $CO_2$ eq. par tonne de marchandise et par kilomètre parcouru. En effet, une réduction du facteur de charge d'un mode de transport induit une augmentation de ses émissions par tonne et par kilomètre parcouru. Ainsi, 10 tonnes de haricots verts parcourant les 300 kilomètres séparant Orléans du Havre dans ce camion émettront 0,95 tonne de $CO_2$ eq. pour leur transport. Toutes choses égales par ailleurs, il est préférable pour un consommateur havrais de choisir les haricots en provenance du Kenya. Or, si le camion transporte 30 tonnes de marchandises en plus des 10 tonnes de haricots verts, selon la même logique, les émissions liées au transport desdites 10 tonnes de haricots verts sont alors de 0,2375 tonne de $CO_2$ eq. La prise en compte du facteur de charge lors de la comparaison entre plusieurs modes de transport est donc fondamentale.

### *La métropolisation et les processus de concentration*

**La métropolisation**, et plus généralement la concentration des activités humaines et des marchés dans des périmètres géographiques restreints, induit une forte dépendance des populations qui y vivent vis-à-vis de l'extérieur. Par exemple du seul point de vue de la nourriture, en 2017 les 100 plus grandes aires urbaines françaises présentaient un degré d'autonomie alimentaire de seulement 2 %. Plus une ville est grande et plus ses besoins sont importants et plus elle doit faire venir des ressources lointaines pour subsister. La distance moyenne parcourue par les aliments consommés à Paris est par exemple de 660 km. De ce fait, selon le C40 Cities Climate Leadership Group, 4 milliards d'êtres humains vivent aujourd'hui en ville et celles-ci sont responsables de 70 % des émissions de $CO_2$ équivalent, dont une part non négligeable découle de ces dépendances.

Les phénomènes de concentration sont portés par les entreprises et par les villes. Les entreprises cherchent à placer leurs différentes activités dans les métropoles afin de placer leurs pôles de vente au cœur des marchés les plus larges préexistants, de profiter des effets de **cluster** (*cf.* 4.3) liés au voisinage d'autres entreprises du même secteur tel que celui des systèmes embarqués à Toulouse et pour avoir accès à un plus large panel de potentiels employés ; une ville cherchera quant à elle à attirer des entreprises pour accroître son attractivité aux yeux des habitants.

*La division internationale du travail*

**La division internationale du travail**, déjà exposée dans ce chapitre, met en compétition les territoires et les États en fonction de leurs compétences, de la disponibilité de leur main-d'œuvre et de leur législation. Grâce aux progrès dans les modes de transport et dans les technologies de communication, il est aujourd'hui possible de mettre en compétition des fournisseurs répartis aux quatre coins de la Terre.

L'industrie aéronautique, portée notamment par Airbus et Boeing, s'est tournée vers une chaîne de valeur très externalisée, qui repose fortement sur des fournisseurs plus nombreux, plus intégrés et qui prennent plus de responsabilités dans la conception du processus de production. La sélection desdits fournisseurs est alors particulièrement stricte. Parmi les critères de sélection sont essentiellement prises en compte la qualité du travail fourni et la confiance que l'entreprise accorde au fournisseur. La distance aux autres lieux de production n'est plus un critère majeur dans la sélection. Si une entreprise comme Airbus possède de nombreuses usines et de nombreux fournisseurs concentrés en Europe, cela est plus dû à la concentration historique de compétences dans le domaine aéronautique en Europe. L'application des principes de la DIT revient à mettre en concurrence ces différents territoires, quitte à aboutir à une chaîne de valeur éclatée sur tout un continent et qui génère des transports de produits intermédiaires plus nombreux et plus longs.

## 1.3 Les leviers d'action de l'entreprise

Les chaînes logistiques, sous l'influence des différents facteurs exposés plus haut, ont eu tendance à se rallonger et à se complexifier. Pour ce faire, le secteur du transport repose essentiellement sur des modes de propulsion aux hydrocarbures qui sont émetteurs de gaz à effet de serre. Or, sous l'effet cumulé du **pic pétrolier** (*cf.* 1.2) et de la nécessaire réduction des émissions pour ralentir le réchauffement climatique, un changement des modes de transport s'impose.

### La mobilisation du secteur pour prévenir et lutter contre les dysfonctionnements liés au changement climatique

L'efficacité et la minimisation des coûts sont les maîtres mots des chaînes logistiques. Or, une modification de leur fonctionnement s'accompagne nécessairement d'investissements et de coûts supplémentaires dus à la perte d'efficacité des modes de transport. Il faut donc montrer qu'il y a des avantages économiques et stratégiques avérés qui justifient cette transformation.

#### *La gestion des vulnérabilités*

En premier lieu, bien que, comme discuté plus haut, le raccourcissement et la simplification des chaînes logistiques soient difficiles à mettre en place sans des remises en question du fonctionnement des entreprises, ils représentent tout de même des moyens de réduire la vulnérabilité de l'entreprise et de développer sa résilience face aux risques liés au changement climatique.

Le risque principal qui menace les chaînes logistiques est la rupture d'approvisionnement, notamment la rupture d'approvisionnement en matières premières. Carbone 4 identifie 17 perturbations majeures de chaînes d'approvisionnement en matières premières survenues entre 2010 et 2022 liées au changement climatique, dont 9 entre les seules années 2021 et 2022. Elles se répercutent ensuite sur l'ensemble de la chaîne de valeur. La sécheresse survenue à Taïwan en 2021 a par exemple conduit TSMC, leader mondial de la fabrication des puces électroniques avec 60 % de parts de marché, à réduire sa production, ce qui a résulté en des perturbations et des retards sur toutes les chaînes logistiques en aval. L'industrie automobile, qui, comme présenté plus haut, est très dépendante de ce type de composés électroniques, a été très perturbée par cette crise, la contraignant parfois à suspendre sa production.

Les perturbations des chaînes de valeur liées au changement climatique ne sont pas circonscrites à la gestion des matières premières. Les impacts du changement climatique sur les êtres humains induisent des baisses de productivité, voire des incapacités de travailler. Les pertes de productivité liées aux vagues de chaleur sont estimées entre 280 et 311 milliards de dollars par an. La délocalisation des chaînes de valeur dans des territoires très exposés à ces risques de vague de chaleur constitue donc un risque de perte de productivité.

Enfin, à terme, le **pic pétrolier** (*cf.* 1.2) expose les chaînes logistiques au risque de ne plus pouvoir remplir leur fonction faute de ressources énergétiques. Plus la chaîne logistique d'une entreprise est longue, complexe et dépendante de modes de transport fonctionnant aux hydrocarbures, plus elle s'expose au risque de rupture d'approvisionnement à cause du pic pétrolier. Cela est d'autant plus vrai pour une entreprise qui applique la stratégie Toyotiste du flux tendu et de la réduction des stocks.

Ainsi, la construction d'une chaîne logistique fondée exclusivement sur les principes de la DIT, sur la recherche de l'efficacité et sur la réduction des coûts expose l'entreprise à des vulnérabilités aux effets du changement climatique qui peuvent aller jusqu'à des mises à l'arrêt de son activité.

### *Les réglementations et politiques favorables*

La difficulté principale d'une entreprise qui cherche à décarboner sa chaîne logistique en vue de minimiser ses vulnérabilités est que les coûts supplémentaires et les pertes d'efficacité la mettent en porte-à-faux vis-à-vis de ses concurrents.

Pour lutter contre cette inertie du système économique, un alignement des acteurs étatiques et institutionnels mais aussi des entreprises du secteur logistique est en cours. L'Union européenne a décidé la mise en place du **mécanisme d'ajustement carbone aux frontières** (MACF) (*cf.* 3.2), dont le principe est de taxer les importations de carbone. L'objectif de ce mécanisme est d'équilibrer la concurrence entre les entreprises européennes qui sont soumises au système d'échange de quotas d'émission (SEQE) (*cf.* 3.2) et les entreprises non européennes qui n'y sont pas soumises.

Les entreprises de logistique peuvent aussi profiter des politiques volontaristes de l'État en faveur de la décarbonation des chaînes logistiques. Ces politiques se déclinent aux échelles nationales et locales. À l'échelle nationale, l'État a développé le comité interministériel de la logistique (CILOG) qui se réunit tous les ans autour du Premier ministre et dont la première édition a abouti à un plan d'actions de 1,7 milliard d'euros en 16 mesures autour de 3 priorités : le soutien à la décarbonation du transport de marchandise et l'accompagnement de la reprise d'activité des entreprises de la filière logistique ; le renforcement de l'attractivité du territoire français pour la construction d'entrepôts logistiques compétitifs et efficaces sur le plan environnemental ; la fluidification des points d'entrée et de sortie du territoire des marchandises.

À l'échelle locale, le gouvernement souhaite traiter la question de la logistique urbaine, qui correspond à la question du **dernier kilomètre** des chaînes logistiques. Dans ce cadre a été créée la « mission logistique urbaine durable ». Le rapport remis en 2021 fait plusieurs propositions pour réduire l'empreinte carbone de la logistique urbaine et améliorer son efficacité. Ces propositions reposent notamment sur un renforcement du lien entre collectivité publique locale et acteurs de la logistique, une meilleure intégration de la logistique dans l'élaboration des politiques d'urbanisme et un soutien à la transition vers des flottes de véhicules électriques.

Enfin, les entreprises du secteur de la logistique se structurent dans des associations professionnelles telles que France Logistique, qui a déposé en 2022 un rapport au gouvernement pour l'amélioration des chaînes logistiques. Ce rapport propose quatre axes, dont les deux premiers sont un renforcement de la gouvernance politique de la filière et une augmentation de la contribution de la filière à la transition écologique. Les recommandations portées par cette association sont prises en compte dans les CILOG, illustrant le lien entre secteur public et secteur privé sur la question.

### Les stratégies proactives pour se préparer et se différencier

Les entreprises sont soumises au **devoir de vigilance** qui, inscrit dans le droit français, leur impose « d'identifier les risques et de prévenir les atteintes graves envers [...] l'environnement ». À ce titre, l'entreprise est entendue comme responsable de l'élaboration de sa chaîne de valeur, notamment de ses choix d'approvisionnement (*cf.* 8.2), et de la chaîne logistique qui en découle. Plusieurs options sont à disposition des entreprises pour effectuer ces choix.

### *Les circuits courts et la consommation locale*

Bien que la solution du raccourcissement des chaînes logistiques ne soit pas toujours possible et soit même contre-productive d'un point de vue des émissions de $CO_2$eq, dans certains cas (l'exemple des tomates françaises et espagnoles), à **bilan carbone** (*cf.* 5.1) équivalent toutes choses égales par ailleurs, il est préférable de privilégier l'approvisionnement qui raccourcit la chaîne logistique. Dans le domaine agro-alimentaire, ce principe trouve une déclinaison dans la notion de **circuits courts**. Ceux-ci se définissent comme un mode de vente limitant le nombre d'intermédiaires au minimum. La définition ne précise pas de limites kilométriques mais ses applications prennent la forme de points de vente très locaux. Parmi ses applications se trouvent : la vente directe, les consommateurs achètent directement au producteur ; les points de vente collectifs ou magasins de producteurs, regroupant plusieurs exploitants agricoles en un seul point de vente ; ou les associations pour le maintien d'une agriculture paysanne (AMAP), issues d'une démarche entre un groupe de consommateurs et un groupe d'exploitants.

En novembre 2020, les acteurs majeurs de la grande distribution française ont signé, sous le haut patronage du ministre de l'Agriculture et de l'Alimentation, la Charte d'engagements de mise en avant des produits frais agricoles, aquatiques et des produits locaux en grande distribution. La question de l'empreinte carbone de la production dudit produit frais n'est pas traitée mais la mise en place d'une telle charte, et la mise en avant de la consommation locale qui en découle, est un signal fort en faveur du raccourcissement des chaînes logistiques alimentaires.

### *La question du report modal*

Parmi les choix à disposition des entreprises lors de l'élaboration de leur chaîne logistique se trouve le choix du mode de transport. Sur la base des critères de comparaison explicités plus haut, et selon sa stratégie, une entreprise peut faire le choix du **report modal**. Celui-ci se définit comme le report d'une partie des flux d'un mode de transport vers un autre (utiliser le transport ferroviaire au lieu du transport routier, par exemple). Il représente un formidable outil de réduction des émissions du fret. Le transport de 10 tonnes de marchandises de l'Asie jusqu'à l'Europe utilisant le couple de modes de transport Aérien-Routier émet 50 fois plus de $CO_2$ eq. que le transport des 10 mêmes tonnes de marchandise par le couple Maritime-Routier.

Pour autant, un report modal n'est pertinent que si les alternatives envisagées sont réalistes et si une **analyse de cycle de vie** complète est menée pour déterminer toutes les nuisances de chaque alternative. Dans le chapitre 5.2, une comparaison des ACV d'une voiture électrique neuve et d'une voiture thermique neuve est présentée et montre que l'option de la voiture électrique ne devient pertinente que si les véhicules roulent plus de 50 000 kilomètres et que la source d'électricité est décarbonée. L'entreprise Chronopost a décidé en 2020 de convertir l'essentiel de sa flotte de livraison urbaine en véhicules électriques. L'alternative est pertinente puisqu'un véhicule de livraison urbaine électrique propose les mêmes niveaux de service que son homologue thermique, mais le report modal ne sera réussi que si les véhicules électriques roulent suffisamment pour compenser les émissions dues à leur fabrication.

La stratégie nationale portuaire, adoptée par le comité interministériel de la mer en novembre 2021, se donne pour ambition d'accroître de 30 % la part des transports massifiés (ferroviaire et fluvial notamment) dans les acheminements pré- et post-acheminement portuaires à l'horizon 2030. Ce report modal est pertinent, puisque le déchargement de N conteneurs mobilise N semi-remorques là où il pourrait ne mobiliser qu'un nombre restreint de trains, mais le problème de la rigidité du maillage du train subsiste.

L'entreprise Grain de Sail, qui vend du chocolat et du café, s'est construite sur un report modal : sa stratégie consiste à transporter ses matières premières produites en Amérique latine à l'aide d'un bateau à voile. Toute la stratégie de communication et la culture de l'entreprise se sont construites autour du transport décarboné des marchandises. Cependant, cette stratégie a l'inconvénient intrinsèque qu'une boucle transatlantique dure 6 mois environ, les approvisionnements sont donc rares et contraignent les volumes de production.

# 2 Acheter de manière responsable

## 2.1 L'importance stratégique des achats

### Une fonction historiquement orientée vers la réduction des coûts

Longtemps considérée comme une fonction « support » rattachée à la fonction de production et mobilisant un savoir-faire administratif, la fonction achats a tardé à prendre une importance majeure dans le management des entreprises industrielles. Il y a tout juste un siècle, Henri Fayol, l'un des pères fondateurs du management, n'hésitait pas à en parler comme d'une « sous-fonction de la fonction commerciale ». En 1945, la CDAF, Compagnie des dirigeants et acheteurs de France, voit le jour ; mais cette reconnaissance institutionnelle ne dure pas. En effet, après la seconde guerre mondiale, Henderson[1] (1964) souligne que la fonction Achats est considérée comme « une fonction négative : elle peut handicaper l'entreprise si elle n'est pas bien réalisée, mais elle ne peut apporter de réelle contribution ». Elle demeure donc essentiellement « au service des usines » et « orientée prix » selon les terminologies de Keough[2] (1993). De la même manière,

1. Fondateur du Boston Consulting Group (BCG).

2. Donald Raymond Keough est un homme d'affaires irlandais-américain, connu pour son poste de directeur de l'exploitation (COO) de la Coca-Cola Company de 1981 à 1993.

Ammer[1] (1989) note qu'avant le choc pétrolier de 1973-1974, le top management la voyait comme ayant un rôle exclusivement passif dans la conduite des affaires. Pour finir, l'économiste M. Porter présentait dans sa « **chaîne de valeur** » (1986, *cf.* 8.1) les achats comme une simple « fonction support », dont l'objectif principal est de réduire les coûts.

Ainsi, Patricia E. Moody[2] pouvait titrer, en 2001, que « le terme d'**achats stratégiques** reste un oxymore », dans le compte rendu d'une étude auprès de 236 grandes entreprises canadiennes et américaines, opérant dans différents secteurs de l'industrie et des services. L'étude soulignait un écart significatif entre ce que les dirigeants achats considéraient comme des actions « stratégiques » (contribuer aux décisions de type « faire ou faire faire », participer au développement de nouveaux systèmes d'offre et à l'innovation, etc.) et les actions concrètes réalisées par leur département. Force était de reconnaître que les pratiques d'achat restaient indéniablement orientées vers des actions de court terme visant à optimiser le triptyque coût-temps-distance.

## Une fonction progressivement devenue stratégique dans l'entreprise

En France, P. Barreyre[3] (1976) tente très tôt de valoriser l'image d'une fonction achats « moderne » en précisant sa contribution à l'élaboration et à la mise en œuvre de la stratégie globale. Il soulignait à la suite des **crises pétrolières** la métamorphose que connaissait la fonction, particulièrement dans des secteurs précurseurs comme l'automobile ou la construction électrique.

À l'échelle mondiale, l'un des indicateurs de l'émergence de cette discipline au sein des sciences de gestion est l'essor de l'International Purchasing and Supply Education and Research Association (IPSERA), créée en 1990 pour stimuler et valoriser les démarches de plusieurs centaines de chercheurs œuvrant en la matière et exercer un rôle d'école doctorale internationale. Ainsi, pour A. Hatchuel[4] « avec la mondialisation, le travail des acheteurs va bien au-delà de l'achat… Pris entre les exigences de la production et la nécessité de maintenir de bons prestataires en concurrence, ils sont devenus les architectes des échanges industriels, avec les risques que comporte un tel rôle stratégique ».

Les années 1990 ont donc été marquées par une attention accrue accordée au rôle stratégique des achats. De surcroît, des théories de management qui ont fait florès depuis comme la **dépendance aux ressources** ou les approches fondées sur les **compétences clés** ou encore les ***dynamic capabilities***, se sont avérées particulièrement éclairantes pour la compréhension des missions actuelles et à venir de la fonction achats.

1. Research Professor and Director, Bureau of Business and Economic Research, Northeastern University.
2. Consultante, MIT Sloan.
3. Professeur émérite, Université de Grenoble.
4. Professeur et chercheur en science de gestion, Mines Paris-Tech.

Dans les faits, les directions achats ne parviennent que progressivement à intégrer dans leur démarche une dimension véritablement stratégique, dimension dans laquelle elles privilégieraient des actions visant à modifier en profondeur les ressources externes qu'elles mobilisent pour protéger, voire construire l'avantage concurrentiel plutôt que simplement chercher à réduire les coûts. Pour atteindre ce rôle stratégique auquel elle prétend, la fonction achats se doit donc d'agir au-delà de ses prérogatives classiques : l'achat « pur » comme interface entre les besoins de l'entreprise et le marché fournisseur n'a en effet que peu de chances de conférer à l'entreprise un avantage concurrentiel.

Les orientations à suivre pour donner une ambition « stratégique » aux décisions prises par les managers de la fonction achats sont donc, d'après Cox[1] (1996), de deux ordres : fuir le repli sur soi, et rechercher l'alignement stratégique. Les travaux de Hunt[2] *et al.* (2008) évoquent plus tard trois autres conseils : identifier et développer des fournisseurs inaccessibles aux concurrents, verrouiller l'accès à des ressources procurant un avantage concurrentiel durable et enfin acheter d'une façon difficilement imitable. À ce titre, le cas de l'entreprise Salomon semble emblématique du rôle que peut jouer une fonction achats dans la construction d'un « **réseau stratégique** ». Pendant près de cinquante ans, Salomon a en effet développé une compétence spécifique dans le pilotage d'entreprises sous-traitantes, d'abord locales et proches (Haute-Savoie, Savoie et Monts du Lyonnais), puis européennes et géographiquement distantes (Italie, Roumanie en particulier). On peut exprimer de la façon suivante la compétence relationnelle développée par la fonction achats : de par son histoire, Salomon a acquis une capacité spécifique dans le déploiement de processus qui vont être utilisés par d'autres, et avant tout par ses fournisseurs. Cette compétence se traduit par une grande rigueur dans la définition des processus opératoires, dans la surveillance de la qualité et dans la coordination avec les ressources externes.

## Un rôle d'exemplarité et d'entraînement sur le reste des parties prenantes

La fonction achat est à l'interface avec un type particulier de **parties prenantes** (*cf.* 4.2) que sont les fournisseurs. Cependant, la littérature suggère que les entreprises doivent aussi faire face à une pression accrue de la part d'autres groupes de parties prenantes concernant leurs pratiques de gestion des approvisionnements. Dans le contexte actuel d'externalisation mondiale, leurs attentes ont augmenté, exerçant ainsi une pression externe sur les organisations et amenant les responsables de l'approvisionnement à être tenus responsables non seulement de leurs propres actions, mais aussi de celles de leurs fournisseurs. Ces pressions peuvent être exercées par des parties prenantes réglementaires (voir par exemple le **devoir de vigilance** en France, qui vise à prévenir les atteintes aux droits humains), communautaires (avec les ONG par exemple),

1. The Center for Strategic Procurement Management, University of Birmingham.
2. Théoricien des organisations, Texas Tech University.

médiatiques ou organisationnelles (clients, employés…). En retour, la mise en place de pratiques durables et responsables d'un point de vue social génère des externalités positives sur tout cet écosystème de partie prenante.

L'importance vitale pour les entreprises d'être conscientes des pratiques sociales de leurs partenaires de la chaîne d'approvisionnement est prégnante, étant donné les dommages réputationnels pour la marque et les pertes commerciales qui peuvent être causés lorsque des pratiques commerciales considérées comme non éthiques apparaissent dans les médias. Cela a été démontré, par exemple, dans les cas de Primark en 2008 et de British Home Stores (BHS) en 2012, au Royaume-Uni, où le recours au travail des enfants par des fournisseurs indiens a été allégué ; et les tragédies plus récentes avec de nombreux travailleurs tués ou blessés dans des usines du Bangladesh fournissant des vêtements à Walmart, Sears et Inditex en 2013.

Cependant l'intégration de critères RSE dans les achats entre en conflit avec les objectifs traditionnels de minimisation des coûts. Dès lors, il existe un arbitrage entre le coût et la prévalence de la durabilité dans la sélection des fournisseurs. Les responsables achats se trouvent finalement dans ce que la théorie économique décrit comme une **relation de principal-agent** avec leurs fournisseurs, et l'enjeu est pour eux d'éviter les cas d'**aléa moral** : si le fournisseur s'engage à accomplir une action alors que le résultat final de cette action dépend d'un paramètre connu seulement de lui, il bénéficie d'une rente informationnelle au détriment du principal. Il est donc possible pour l'entreprise d'entrer dans un rapport de force avec ses fournisseurs, ce qui permettra d'évaluer la pression exercée sur eux, mais au risque de tendre les relations.

**Problème du principal-agent**

Le principe du principal-agent est le cœur de la théorie de l'agence, une des théories de l'économie industrielle. Il désigne un ensemble de problèmes rencontrés lorsque l'action d'un acteur économique, désigné comme étant le « principal », dépend de l'action ou de la nature d'un autre acteur, « l'agent », sur lequel le principal est imparfaitement informé. Il s'agit donc d'étudier les conséquences d'une asymétrie d'information.

Pour limiter cette asymétrie, une logique de coopération avec ses fournisseurs est aussi possible. À ce titre, le cas du ***keiretsu* japonais** (conglomérat d'entreprises) est riche d'enseignement : par rapport aux trajectoires de General Motors et Renault Nissan en termes de relation fournisseur, le modèle Toyota témoigne par exemple d'un fort contraste. Au lieu d'une traditionnelle mise en concurrence des fournisseurs, ce modèle prône la stabilité des relations (l'appartenance au *keiretsu*), et à l'intérieur de cette zone de stabilité, la mise en place d'un système d'apprentissage et de solidarité. C'est l'organisation du *kyohokai* (associations de fournisseurs) dans lequel Toyota et ses fournisseurs investissent et mutualisent des savoirs et savoir-faire (*cf.* 10.2). L'idée est d'obtenir un avantage concurrentiel en bénéficiant avant les concurrents des progrès réalisés au sein du réseau de fournisseurs.

La fonction achats a donc désormais un rôle central dans l'accomplissement de la politique RSE de l'entreprise. Aujourd'hui, les politiques d'achats responsables ne sont pourtant une réalité que dans 60 % des entreprises en France, selon l'Observatoire de la fonction achats du cabinet Michael Page. L'une des raisons à cela est que l'on associe encore trop souvent « politique d'achats responsables » et entreprises industrielles ou multinationales. Or, ces politiques doivent aussi se diffuser largement auprès et au sein des entreprises de taille moyenne et des entreprises de services, qui sont au cœur des écosystèmes économiques.

## 2.2 L'ESG dans la gestion des achats

### Les premiers engagements éthiques dans la politique d'achat des entreprises au XX^e^ siècle

Les premiers engagements éthiques ainsi que les travaux universitaires sur le sujet concernaient surtout la corruption et l'éthique dans une acception très large, incluant des questions telles que les pots-de-vin, la corruption et le comportement général du personnel chargé des achats.

Ces engagements éthiques ont pu ensuite être classifiés en différentes catégories :

- Droits de l'homme : emphase sur les conditions de travail telles que le travail des enfants et le travail forcé, la discipline, les heures de travail et la liberté d'association.
- Sécurité : mise à disposition par les fournisseurs d'environnements de travail sûrs et la formation régulière des employés en matière de santé et de sécurité.
- Communauté : initiatives caritatives, comme le don des cadeaux reçus des fournisseurs, ou le développement économique, comme le recours à des fournisseurs locaux.
- Diversité : achat auprès d'entreprises appartenant à des minorités ou à des femmes.
- Éthique : comportement éthique dans les décisions d'approvisionnement, y compris l'achat par le biais du mouvement du commerce équitable, qui soutient les stratégies de prix permettant aux fournisseurs d'éviter la pauvreté et de maintenir la longévité de l'entreprise.
- Bien-être des animaux.
- Impact social sur les clients, par exemple lorsque des fournisseurs utilisent de la peinture dangereuse sur des jouets, avec des conséquences pour le consommateur.

Néanmoins, les revues de littérature existantes ont montré que l'étude des politiques d'achats responsables d'un point de vue social et environnemental s'est principalement développée au XXI^e^ siècle.

### L'inclusion des enjeux environnementaux dans les politiques d'achats au XXIe siècle

Le potentiel des achats à influencer l'empreinte environnementale des entreprises a été identifié très tôt par des auteurs comme Taylor[1] (1975) qui ont attiré l'attention sur ce lien. Toutefois, à cette époque, ces réflexions s'inscrivaient majoritairement dans le contexte de la récente crise pétrolière et autour de la nécessité de diminuer ou de remplacer les dépendances des entreprises.

L'exploration de ce lien a ensuite connu un regain d'intérêt depuis le début du XXIe siècle, notamment du fait de la mondialisation, de la fragmentation des chaînes de valeur, et de la pression exercée par les parties prenantes. L'approvisionnement écologique ayant gagné en importance, les chercheurs se sont engagés dans l'étude des facteurs qui peuvent motiver les entreprises à mettre en œuvre de telles pratiques d'approvisionnement. Ces facteurs peuvent être externes : la réglementation, les clients, la concurrence et la société, ou internes s'ils sont poussés par des équipes impliquées et suffisamment influentes au niveau de l'organisation.

Plusieurs résultats se dessinent dans les recherches à ce sujet. D'abord, l'orientation actionnariale affecte négativement la prévalence de la durabilité dans la sélection des fournisseurs. De plus, les clients industriels, en tant que groupe de parties prenantes, ne sont pas systématiquement sensibilisés aux enjeux sociaux et environnementaux dans les décisions de sélection des fournisseurs. En revanche, le fait que le client soit un organisme public affecte positivement la prévalence de la durabilité dans la sélection des fournisseurs. Les études s'accordent enfin pour dire qu'une culture éthique formalisée (à travers, par exemple, un **code de conduite**) est un moyen efficace de favoriser le comportement souhaité dans la fonction achats, notamment dans les décisions de sélection des fournisseurs.

## Les achats responsables : faits stylisés

Une première étude anglaise de 1996 fondée sur une étude approfondie de six grandes sociétés opérant au Royaume-Uni ainsi que neuf de leurs fournisseurs avait permis d'identifier quelques faits stylisés. Tout d'abord, des progrès en matière d'achats responsables ne sont pas systématiquement constatés dans des entreprises qui ont pourtant des programmes environnementaux développés dans d'autres domaines. Ensuite, les entreprises qui maîtrisent déjà bien les approches formelles de la sélection et de l'évaluation des fournisseurs (par le biais de systèmes tels que le *Vendor Performance Review* et le *Supplier Quality Assessment*) ont tendance à être celles qui trouvent le plus facile d'intégrer les facteurs environnementaux à ces reportings. Toutefois, si les entreprises peuvent être capables de diffuser des pratiques écologiques à travers leur base d'approvisionnement par ces programmes d'achats responsables, cela ne garantit pas qu'elles seront

1. Assistant professor of marketing, California State University, Fullerton.

capables de collaborer avec leurs partenaires commerciaux sur des initiatives environnementales spécifiques.

Les résultats d'une étude de 2001 sur un panel de 500 entreprises américaines, dont l'objectif était d'identifier les variables qui favorisent ou entravent la mise en œuvre réussie des achats verts et d'évaluer leurs effets sur la sélection des fournisseurs de l'entreprise (la gestion des déchets, l'emballage et la conformité réglementaire) ont permis de tirer des conclusions complémentaires. Premièrement, une entreprise acheteuse ayant un volume d'achat important est plus impliquée dans les pratiques d'achats écologiques (en particulier le recyclage) qu'une entreprise ayant un petit volume d'achat. Deuxièmement, les entreprises acheteuses les plus soucieuses du respect de la réglementation environnementale ont tendance à s'impliquer plus activement dans les pratiques d'achats écologiques que les autres. Enfin, reflétant les préoccupations croissantes en matière de coûts, les entreprises acheteuses ont cité l'investissement économique requis pour les programmes d'achats écologiques comme l'obstacle le plus important à la mise en œuvre réussie de ces programmes.

Ce cheminement de l'ESG dans les achats s'est finalement formalisé de manière institutionnelle en 2017 à travers une norme internationale. Publiée en 2017 par l'Organisation internationale de normalisation **(ISO)**, la **norme 20400** – plus communément connue sous le nom de « Norme Achats responsables » – est une réglementation internationale relative aux achats responsables. Elle fournit les lignes directrices de la politique à mettre en œuvre, afin d'intégrer les principes de la RSE et le développement durable aux pratiques d'achat des organisations. La norme 20400 vient enrichir la réglementation **ISO 26000** en évoquant plus spécifiquement la problématique des achats responsables.

## Les stratégies d'implémentations de politiques d'achats durables et responsables

L'entreprise dispose d'un panel des stratégies d'implications des parties prenantes (*cf.* 4.1) pour l'implémentation des achats responsables. Si l'on considère uniquement le spectre des stratégies proactives vis-à-vis de ses fournisseurs, Ciliberti[1] *et al.* (2008) ont identifié deux options principales pour transférer un comportement socialement responsable à travers la chaîne d'approvisionnement, aux fournisseurs de rang 1, 2 et suivant (*de rang N*) : la conformité aux exigences (d'abord en établissant des exigences écrites avec les fournisseurs, conformément à leurs obligations locales et internationales, puis en surveillant régulièrement cette mise à la norme à travers des questionnaires et des audits) et le renforcement des capacités (en fournissant des formations et en communiquant régulièrement sur les enjeux RSE et les objectifs climats de l'organisation).

De même, les entreprises ont intérêt à travailler main dans la main avec les fournisseurs pour réduire leurs émissions (*cf.* 7.2). Certains fournisseurs en amont peuvent

1. Department of Environmental Engineering and Sustainable Development, Polytechnic of Bari, Italy.

en effet ne pas avoir les connaissances nécessaires pour réduire les émissions, d'où l'importance pour les entreprises de les aider à renforcer leurs compétences. De plus, lorsque les fournisseurs de rang N ont du mal à faire face à l'aspect économique de la mise à niveau des actifs à long terme, les entreprises peuvent les aider en co-investissant ou en s'engageant à effectuer des commandes à plus long terme. En parallèle, la mise en place de mesures d'émissions et de normes d'approvisionnement pour les fournisseurs est l'un des moyens directs les plus efficaces pour lutter contre les émissions en amont. Des normes solides permettent de lier les pratiques aux décisions d'achat, par exemple en imposant une part et une qualité spécifiques d'énergie renouvelable, des niveaux requis d'efficacité des processus ou une part requise de matériaux recyclés. Enfin, les avantages commerciaux d'une collaboration étroite avec les fournisseurs en tant que partenaires stratégiques sont largement documentés. Les entreprises qui collaborent avec des fournisseurs pour résoudre des problèmes environnementaux bénéficieront en général d'une amélioration de la communication, de l'intégration des systèmes, de la planification et de la recherche.

Dans les faits, les **codes de conduite et charte des achats responsables** sont de loin les moyens les plus courants de mettre en œuvre, de garantir et d'étendre les pratiques de RSE dans la relation acheteur-fournisseur. Les codes de conduite répondent à l'objectif de garantir que les fournisseurs d'une entreprise adhèrent à des normes élevées en matière de conditions de travail, de traitement équitable et respectueux des employés et de pratiques éthiques. Un code de conduite des fournisseurs comprend ainsi des éléments tels que les pratiques et normes de travail, la politique environnementale, l'éthique et la politique d'examen et de documentation. Dans le cas d'H&M, par exemple, la politique d'achats responsables repose sur un « *Code of Ethics* » en vigueur depuis 2003, qui mentionne une tolérance zéro vis-à-vis de la corruption et des pots-de-vin. Des travaux soulignent néanmoins la complexité de l'élaboration de codes de conduite appropriés : ceux-ci sont souvent majoritairement axés sur les politiques à mener mais n'accordent que peu d'attention aux efforts de contrôle et de sanction, pourtant essentiels.

Un examen des pratiques d'entreprises en matière d'achats environnementaux fondé sur 68 rapports de durabilité d'entreprise de 2012 révèle que les organisations étudiées en sont encore à des stades relativement précoces en matière d'achats environnementaux et de gestion des fournisseurs, et que les pratiques varient selon les secteurs, principalement en raison de la pression externe. Le secteur des technologies semblait en pointe sur cet échantillon, tandis que le secteur financier avait encore des progrès à faire. Plus généralement, d'après le baromètre ESG et direction achats réalisé par le cabinet Mazars en 2021, plus de la moitié des directions Achats françaises ne font pas d'audits ESG réguliers de leurs fournisseurs.

Si les axes prioritaires de leurs programmes ESG semblent bien définis (évaluation RSE des fournisseurs, mesure et réduction du bilan carbone, mesure du « coût complet » ou **TCO pour** « ***Total Cost of Ownership*** »), les décideurs Achats se heurtent cependant à plusieurs freins, dont deux émergent particulièrement : le manque de données et le manque d'outils facilitant le déploiement de nouveaux process intégrant la dimension

ESG. Par extension et de façon liée, le manque de compétences ainsi que le manque d'appui de la direction générale sont aussi largement évoqués. D'après ce baromètre, les actions prioritaires à mener pour accélérer le verdissement des directions achats sont d'investir pour :

- Former les équipes (*cf.* 10.2).
- Sécuriser la collecte et le traitement des données.
- Adjoindre des experts RSE aux équipes achats (consultants).

## *Total Cost of Ownership* (TCO)

Le coût total de possession (CTP) ou le *Total Cost of Ownership* (TCO) est le coût d'achat d'un bien additionné du coût de son exploitation pendant sa durée de vie utile. L'idée est de prendre en considération le coût total qu'une entreprise devra supporter pour exploiter un actif, et pas seulement le coût d'acquisition initial. Cet indicateur est une estimation financière destinée à aider les acheteurs et les propriétaires à déterminer les coûts directs et indirects d'un produit ou d'un service.

Le coût d'exploitation comprend la maintenance, l'installation, la mise en œuvre, les temps d'arrêt pendant l'installation/la mise en œuvre, la formation nécessaire à l'utilisation de l'actif, la mise au rebut, les licences et les mises à jour. Lors du calcul du coût d'exploitation, il est important d'ajuster les coûts futurs à la valeur d'aujourd'hui, en tenant compte de la valeur de l'argent et du calendrier des coûts. Il convient également de soustraire la valeur de récupération à la fin de la durée de vie de l'actif.

L'investissement dans un nouveau système informatique est un exemple d'investissement commercial qui nécessite une analyse approfondie du coût total de possession. Le système informatique a un prix d'achat initial. Les coûts supplémentaires comprennent souvent les nouveaux logiciels, l'installation, les coûts de transition, la formation du personnel, les coûts de sécurité, la planification de la reprise après sinistre, l'assistance continue et les futures mises à niveau. À partir de ces calculs, l'entreprise compare les avantages et les inconvénients de l'achat du système informatique, ainsi que les avantages globaux pour l'entreprise à long terme.

Pour les directions achats soucieuses d'intégrer la variable environnementale à leurs décisions, une recommandation est d'aller vers un modèle de coût complet durable où le modèle TCO est étendu à l'ensemble du cycle de vie du produit, en incluant notamment la valorisation des risques et la contribution à la marque.

Une focalisation sur le triptyque coût - qualité - délai empêche qui plus est d'envisager des possibilités comme le **report modal** du transport de fret de l'aérien vers le maritime pour la logistique (*cf.* 8.1). Pourtant, ses effets sont considérables et représenteraient une division par 50 des émissions de $CO_2$eq du « *puits à la roue* » (c'est-à-dire en prenant en compte les émissions de production de l'énergie ainsi que sa combustion lors du transport) sur un import Asie-Europe de dix tonnes. Il faut enfin considérer des démarches holistiques pour construire un approvisionnement résilient (*cf.* 9.1) consistant à évaluer les risques que représentent les fournisseurs, établir des plans de secours si l'un d'entre eux rencontre des problèmes, et enfin évaluer l'épuisement des ressources liées au produit ainsi que les alternatives disponibles.

Il reste que ces politiques concrètes doivent être poussées en interne par des acteurs spécifiques, et incarnées au niveau de l'organisation par des postes dédiés. Plusieurs études ont en effet souligné le rôle crucial de la direction dans l'impulsion de ces changements structurels relatifs à la fonction achats.

## 2.3 L'implémentation au sein de l'organisation

### Intégrer les achats dans la gouvernance de l'entreprise

Parmi les facteurs internes de l'organisation, le rôle de la direction générale est crucial. En particulier, le soutien de la direction générale a été considéré comme un facteur clé pour la réussite de la pratique des achats écologiques par de nombreuses recherches. Or, l'intégration (ou *a minima* l'exposition) des directions Achats au top management reste à confirmer : selon une enquête conduite auprès de grandes entreprises françaises (représentatives du SBF 120), moins de 25 % des directeurs des achats sont membres du comité exécutif contre 95 % des directeurs des ressources humaines par exemple.

En termes de profil de directeur Achats, le baromètre Achats & ESG de Mazars révèle de grandes ambivalences avec deux profils de directions Achats bien distincts : les organisations Achats « visionnaires » pour qui les enjeux ESG sont une réelle opportunité de transformation, et celles plus suiveuses, influencées avant tout par une mise en conformité aux normes européennes et standards métier.

Cette intuition est vérifiée dans les firmes multinationales, où ce rôle est traditionnellement incarné par le **Chief Purchasing Officer (CPO)**. D'après une étude McKinsey de 2021, les CPO se disaient conscients de l'importance de leur fonction, mais la plupart des entreprises ont encore du mal à transformer cette compréhension en une vision claire ou une stratégie de durabilité pour les achats. Aussi, dans une enquête menée auprès de 20 directeurs des achats de grandes entreprises européennes, 60 % savaient les objectifs qu'ils souhaitaient atteindre, mais n'avaient pas de stratégie de développement durable alignée. Enfin, seuls 20 % d'entre eux ont déclaré que leur organisation utilisait des mesures de durabilité comme critères principaux dans les décisions d'approvisionnement ou les évaluations des fournisseurs.

### Miser sur des acteurs nouveaux : les achats-innovation

La fonction achat est souvent décriée et pointée comme un obstacle à l'innovation. Pourtant, c'est aussi un acteur qui joue un rôle crucial dans la mise en relation entre interne et externe, notamment dans les logiques d'***Open Innovation*** (*cf.* 4.2). Aussi, pour implémenter des politiques achats plus respectueuses de l'environnement, il pourra être judicieux de compter sur de nouveaux acteurs : les **achats-innovation**. D'après

Ben Mahmoud Jouini[1] *et al.* (2019), contrairement à l'acheteur traditionnel, l'acheteur-innovation a pour objectif de rechercher parmi les nouveaux partenaires d'innovation au-delà du panel des fournisseurs existant, voire dans d'autres secteurs. En parallèle, l'achat-innovation oriente les opportunités identifiées en externe vers les personnes adaptées en interne. Plus généralement, l'achat-innovation porte une nouvelle approche de la relation acheteurs-fournisseurs, où domine l'exploration de nouveaux domaines de connaissance plutôt que l'utilisation optimale de l'existant.

L'implication croissante des achats dans l'innovation conduit donc à une évolution de la fonction. De nouveaux profils d'acheteurs apparaissent et sont désormais producteurs de connaissance, managers de ressources et de compétences, éclaireurs sur leur marché, innovants, utilisateurs avancés de technologies... Ces acheteurs interviennent majoritairement sur des projets transverses, et sont capables de piloter des initiatives stratégiques qui allient amont et aval de la *supply chain*.

Néanmoins, l'observatoire de la fonction achat de Kedge en 2022 notait que ni l'innovation ni l'environnement n'apparaissaient dans les premières priorités des organisations Achats auditées. Celles-ci, par degré d'importance, étaient l'optimisation des coûts financiers, la gestion des relations fournisseurs, la continuité des approvisionnements, la gestion des risques liés aux fournisseurs, et enfin le respect de la réglementation et des procédures d'achat.

## Étude de cas

Les nombreux appels d'offres publics donnent aux acheteurs publics un rôle d'entraînement et d'exemplarité notoire, notamment sur les questions relatives à l'ESG. À l'échelle d'une administration locale, un cas d'usage intéressant est la ville de Belfast, où le conseil municipal a adopté une stratégie d'achat écologique à travers notamment l'adoption d'une charte qui formalise son engagement mais détaille aussi les critères environnementaux utilisés dans l'évaluation des fournisseurs. Le cas démontre une approche intégrée pour atteindre les objectifs relatifs au développement économique local, à l'environnement et aux achats. À l'échelle d'un pays, le cas du gouvernement néerlandais montre, d'un point de vue organisationnel, que le soutien de la haute direction, l'expertise métier sur les sujets ESG et l'engagement (y compris affectif) des fonctionnaires influencent le degré de durabilité dans les projets d'approvisionnement. Le gouvernement néerlandais souhaitait utiliser ses dépenses annuelles de 2005 de plus de 10 milliards d'euros pour stimuler le marché des biens et services durables et ainsi servir de modèle ; cela s'est notamment traduit concrètement dans les choix d'achat d'une large flotte de véhicules pour le ministère de la Défense ou bien l'achat de biens immobiliers pour ce même ministère.

Du côté des entreprises, la direction Achats de Saint-Gobain se réfère par exemple à la norme **ISO 20400** pour expliquer le passage d'une stratégie uniquement concentrée sur le triptyque coût-qualité-délais à l'ajout des variables environnement-éthique-

1. Professeur associé, Management des Opérations et des Systèmes d'Information, HEC Paris.

économie. Ils insistent sur l'importance de convaincre le management de l'intérêt de ces actions et préparent un code de conduite pour clarifier ses exigences en des termes clairs, une cartographie des risques avec une attention particulière aux fournisseurs ayant un niveau bas d'engagement ESG. Ils procèdent ensuite aux audits réglementaires de ces fournisseurs. Dans l'exemple de leur approvisionnement en sable, les éléments de langage sont les suivants : « nous utilisons du sable pour la fabrication du verre, de la laine de verre et du mortier. Actuellement, plus de 90 % du sable que nous achetons provient de carrières à ciel ouvert. Au-dessus de ces carrières plane une épée de Damoclès : la raréfaction des ressources. La Direction de la Recherche et du Développement de Saint-Gobain s'est donc rapprochée de la Direction des Achats pour trouver une idée géniale : s'approvisionner ailleurs, bien sûr, mais d'une manière radicalement différente. L'une des usines de production de mortier de Saint-Gobain au Portugal est située à côté d'une papeterie, qui utilise ses déchets de papier pour chauffer ses bâtiments. Seul problème : la chaudière produit des cendres de papier. Et en grande quantité. Saint-Gobain a donc trouvé la solution qu'il cherchait en récupérant ces cendres et en les utilisant à la place du sable fraîchement excavé. ». Il s'agit d'un exemple où l'innovation en termes d'achats rejoint des notions d'économie circulaire et notamment d'écologie industrielle et territoriale (EIT) (*cf.* 4.3).

Enfin, en 2018, le groupe BEL décide de faire évoluer sa façon d'acheter le lait à ses 900 producteurs laitiers français, représentant 400 millions de tonnes de lait annuel. Les décisions sont désormais prises sur la base d'une réflexion de plus long terme concernant les conditions d'approvisionnement dans dix ans. En lien étroit avec son partenaire APBO (Association des producteurs de lait Bel Ouest), le groupe a quitté un mode d'achat transactionnel basé sur le seul critère du prix du lait, à fréquence quasi mensuelle et largement lié aux fluctuations de marché. Il passe à un contrat sur trois critères (définition d'un prix annuel fixe, le volume, et des services liés à la transition agricole). Le prix est désormais indexé sur une analyse partagée des coûts de production (intrants, énergie...) et les services à des recommandations d'évolution de pratiques agricoles, techniques et sociales (alimentation sans OGM des animaux, plus de pâturages...). Ceci a eu plusieurs répercussions positives : la revitalisation du lien avec les partenaires, des négociations moins tendues, la projection sur plusieurs années, et le développement de nouvelles compétences chez les acheteurs en matière de pratiques agricoles durables.

# Chapitre 9 Les fonctions supports

La réinvention de l'entreprise ne doit pas se limiter à la production et à sa chaîne logistique, et pour une transformation d'ampleur les fonctions supports doivent aussi être mobilisées.

- Tout d'abord, le marketing et la communication doivent se réinventer pour servir les objectifs environnementaux de l'entreprise et éviter le *greenwashing*.
- Ensuite, les ressources humaines sont un levier indispensable à la fois pour gérer les conséquences humaines et en matière de santé et sécurité au travail du changement climatique et pour gérer les enjeux de gestion de l'emploi et des parcours professionnels.
- Enfin, les enjeux liés au numérique seront présentés. Si le numérique peut permettre de réduire l'empreinte environnementale de l'entreprise, sa propre empreinte ne doit pas être sous-estimée. Des solutions pour minimiser cette dernière seront présentées.

## 1 Le marketing et la communication

En tant que lien essentiel entre les organisations et les marchés, les métiers du marketing et de la communication sont l'une des clés de voûte de l'évolution des entreprises vers une réorientation en profondeur autour des enjeux **RSE**. Aussi, ces départements doivent répondre à un défi régulièrement identifié par les dirigeants : décider comment traduire la valeur des innovations vertes auprès des consommateurs. Cependant, ces métiers sont actuellement aux prises avec deux injonctions contradictoires : comment concilier leur mission historique de développement du chiffre d'affaires avec les enjeux de sobriété et de « verdissement » des produits ? Nous reviendrons tout d'abord sur l'écueil principal à éviter, le *greenwashing*, puis sur ses implications en termes métiers et enfin nous présenterons des bonnes pratiques accompagnées d'études de cas.

### 1.1 Le *greenwashing* ou l'écoblanchiment

#### Une pratique récente et problématique, en expansion rapide

Le terme de ***greenwashing*** ou « **écoblanchiment** » a été utilisé pour la première fois en 1986 par l'activiste Jay Westerveld dans un essai. Il s'insurgeait alors contre l'industrie hôtelière, lorsque certains établissements ont commencé à demander à leurs clients de réutiliser les serviettes, affirmant qu'il s'agissait d'une stratégie de conservation de l'eau de l'entreprise, alors que leur motivation principale était, d'après l'auteur, d'économiser de l'argent.

Le terme « *greenwashing* » est donc un néologisme, formé à partir de la combinaison de deux mots : *green* et *brainwashing*, qui désigne « l'acte de tromper les consommateurs sur les pratiques environnementales d'une entreprise ou sur les bénéfices environnementaux d'un produit ou d'un service » d'après le cabinet Terrachoice (2010). D'autres définitions sont valables, comme celle de Furlow[1] (2009) : « L'écoblanchiment est la diffusion d'informations fausses ou incomplètes par une organisation afin de présenter une image publique respectueuse de l'environnement. » De fait, selon Lyon[2] et Montgomery[3] (2015), il n'existe pas de définition rigide de l'écoblanchiment en raison de sa nature protéiforme.

En tendance, l'écoblanchiment est en forte hausse et est apparu comme un effet secondaire de la **publicité verte**. Les critères les plus tangibles pour définir la publicité verte ont été déterminés par Banerjee[4] *et al.* (1995) : « 1. Traite explicitement ou implicitement de la relation entre un produit/service et l'environnement biophysique. 2. Promeut un mode de vie écologique en mettant ou non en évidence un produit/service. 3. Présente une image d'entreprise responsable sur le plan environnemental. » L'écoblanchiment aurait ainsi presque décuplé entre 1990 et 2010 d'après Terrachoice. Une étude de la Commission européenne de 2020 montrait par exemple que 53,3 % des allégations environnementales examinées dans l'UE étaient vagues, trompeuses ou infondées et que 40 % n'étaient pas étayées. En France, entre 2006 et 2009, la proportion de visuels publicitaires liés à l'environnement a été multipliée par 5,5 pour atteindre 6 %. Entre 2012 et 2019, les chiffres du bilan « Publicité & Environnement » de l'ADEME et de l'ARPP sont les suivants :

| | 2019 | 2017 | 2015 | 2013 | 2012 |
|---|---|---|---|---|---|
| < Visuels visionnés | 26 120 | 24 947 | 23 569 | 13 964 | 11 297 |
| < Visuels liés à l'environnement* | 833 | 736 | 722 | 468 | 405 |
| < Part des visuels liés à l'environnement | 3 % | 3 % | 3 % | 3 % | 3 % |
| < Manquements | 54 | 37 | 36 | 25 | 21 |
| < Réserves | 43 | 10 | 12 | 9 | 13 |
| < Conformité | 736 | 689 | 674 | 434 | 371 |
| < Taux de conformité | 88,4 % | 94 % | 93 % | 93 % | 92 % |
| < Taux de réserves | 5,1 % | 1 % | 2 % | 2 % | 3 % |
| < Taux de manquements | 6,5 % | 5 % | 5 % | 5 % | 5 % |

*Total des visuels utilisant un argument environnemental et/ou représentant une pratique possiblement contraire aux principes de protection de l'environnement.

**Figure 9.1** – Bilan 2019 « Publicité et Environnement »

Source : ADEME et ARPP.

1. Nancy E. Furlow, Marymount University.
2. University of Michigan, Ann Arbor, MI, USA.
3. Queen's University, Kingston, ON, Canada.
4. Lecturer in Marketing, University of Wollongong, Australia.

Cette croissance exponentielle du *greenwashing* pose de nombreux problèmes et revêt une importance majeure compte tenu de son imbrication dans les questions de **consommation durable** et de sa portée mondiale. Le problème du *greenwashing* n'est en effet pas seulement d'induire les consommateurs en erreur, mais aussi de ralentir le mouvement vers une consommation durable. D'abord en décourageant les entreprises sincères de faire des efforts supplémentaires lorsque d'autres se contentent d'une communication de façade, provoquant ainsi un cas d'**asymétrie d'information** et de **sélection adverse** classique (*cf.* 3.1), la mauvaise pratique chassant la bonne, et ensuite en orientant les consommateurs réellement volontaires vers des choix non optimaux. Dans cette perspective, l'émergence de nombreux **labels** sert justement à réduire cette asymétrie et à mieux informer le consommateur (*cf.* 7.3).

À l'échelle de l'entreprise, le *greenwashing* a aussi des effets pervers. Des études constatent par exemple que les actions substantielles en matière d'environnement (*green walk*) n'ont pas de répercussions majeures sur le plan financier, mais que les actions purement symboliques (*green talk*) sont négativement liées à la performance financière. Ces études constatent également que l'écoblanchiment (l'écart entre le *talk* et le *walk*) a un effet négatif sur les performances financières.

### Les différentes formes de *greenwashing* au niveau du produit

#### La communication d'une entreprise

L'entreprise communique à différents niveaux. Aussi, il est usuel de distinguer la communication « corporate » ou institutionnelle de la communication produit et de la communication employeur. Chacun de ces canaux s'adresse en effet à différentes parties prenantes.

- **La communication institutionnelle** s'adresse au régulateur, aux investisseurs, aux médias et dans une moindre mesure aux consommateurs. Elle englobe notamment la communication investisseur et extra-financière. Celle-ci est discutée dans le chapitre 3.3.
- **La communication produit** s'adresse principalement au consommateur et se place au niveau du bien ou service proposé par l'entreprise. C'est dans ce cadre que l'on peut parler de « publicité verte ».
- **La communication employeur** s'adresse enfin aux employés et futurs employés de l'entreprise. Elle sera traitée dans le chapitre 10.1

Le *greenwashing* peut donc s'exercer à différents niveaux : au niveau de la firme et au niveau du produit. À chacun de ces niveaux, il faut ensuite distinguer les **allégations écologiques** (les « *claims* », c'est-à-dire les propriétés vantées) du produit de l'**exécution marketing**. L'exécution dans la publicité d'un produit fait référence à « *la manière dont les messages publicitaires sont présentés* » et comprend des éléments tels que la couleur, le type de visuel ou la qualité de l'image. Dans le cas spécifique de la communication environnementale, les éléments d'exécution peuvent être choisis pour communiquer le caractère écologique du produit ou de la marque par le biais d'arrière-plans représentant des paysages naturels (montagnes, forêts…) ou des images symbolisant des animaux menacés (pandas, dauphins…) ou encore des sources d'énergie renouvelables (vent, chutes d'eau…).

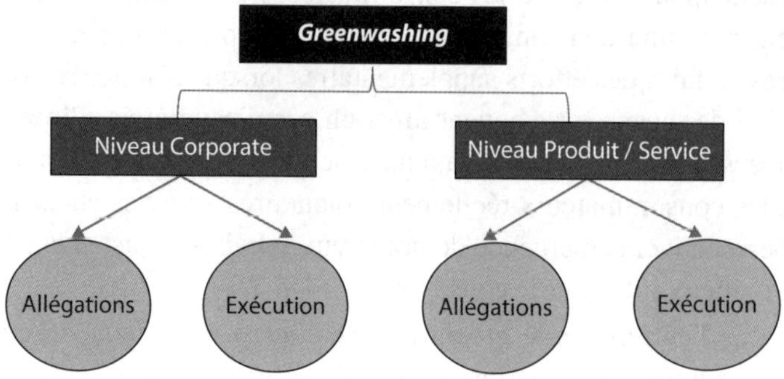


**Figure 9.2** – Les différentes formes de *greenwashing*

Source : « Concepts and forms of *greenwashing* : a systematic review », Sobral *et al.* (2020) Représentation : Auteurs.

Au niveau corporate, il faut distinguer trois niveaux dans l'utilisation d'arguments écologiques en publicité. À un premier niveau, très général, les entreprises communiquent qu'elles opèrent dans le respect de l'environnement pour asseoir leur légitimité au sein de l'espace social. À un second niveau, elles dépassent le respect de l'environnement pour afficher une démarche proactive qui vise l'excellence en matière de responsabilité environnementale. Enfin, à un troisième niveau, les entreprises mobilisent des arguments écologiques comme principal levier de différenciation pour le positionnement de leurs produits ou de leurs services (par exemple, le cas de la marque The Body Shop, étudiée plus bas).

Nous nous placerons dans la suite de ce chapitre au niveau du produit. Les premières classifications académiques sur le sujet datent de Carlson[1] *et al.* (1993) : elles distinguaient trois catégories de publicité sujettes au *greenwashing* : celles qui emploient de fausses allégations, celles qui oublient de mentionner des informations importantes susceptibles d'aider à évaluer la sincérité de l'allégation environnementale et enfin celles qui emploient des termes vagues ou ambigus. Il est possible de les résumer comme suit : mensonge, mensonge par omission ou mensonge par manque de clarté.

Dans le cadre de l'ESG, McKinsey distingue six types d'allégations relatives au produit : celles relatives au bien-être animal (*cage free, cruelty free*), à la soutenabilité environnementale (*eco friendly*, « compostable »), positionnement bio, *plant-based*, responsabilité sociale (*fair wage, ethical*) et packaging durable (*plastic free*, « biodégradable »). Il est donc à noter que le *greenwashing* trouve une déclinaison naturelle dans le S de ESG, à savoir le ***social washing***. Au niveau du produit, les allégations écologiques peuvent donc finalement être de plusieurs types, et conséquemment engendrer plusieurs déceptions chez le consommateur trompé.

1. Les Carlson, Clemson University, Associate Professor of Marketing, University of Nebraska.

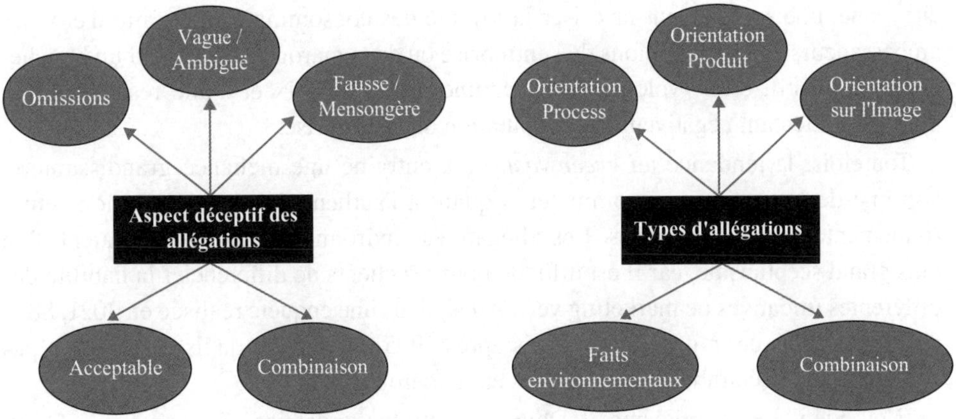


**Figure 9.3** – Les types d'allégations environnementales et les déceptions associées

Source : « Concepts and forms of *greenwashing* : a systematic review », Sobral *et al.* (2020) Représentation : Auteurs.

Il faut enfin souligner la nécessaire cohérence entre la communication institutionnelle ou corporate de l'entreprise et la communication produit qu'elle commercialise, mais aussi la cohérence interne entre les différents produits d'une entreprise et enfin avec les causes soutenues. En marketing éthique, l'**adéquation** (le « fit ») est définie comme le lien perçu entre la cause défendue, la ligne de produits, l'image de marque, la position et/ou le marché cible de l'entreprise.

## Les réactions des consommateurs au *greenwashing*

Tout d'abord, il est indéniable qu'il existe une vraie demande pour des produits respectueux de l'environnement. Une étude Nielsen Media Research montrait par exemple en 2015 que 66 % des consommateurs mondiaux étaient prêts à payer plus cher pour des produits respectueux de l'environnement. Lorsque ces clients perçoivent les entreprises comme socialement responsables, ils peuvent être plus enclins à acheter les produits de ces entreprises à un prix plus élevé. De la même manière, une étude McKinsey montrait que les produits avec des allégations liées à l'ESG ont connu une croissance cumulée moyenne de 28 % entre 2015 et 2020, contre 20 % pour les produits ne faisant pas de telles déclarations. Il faut cependant nuancer ces sondages qui peuvent masquer le fait que les consommateurs ont des réactions très hétérogènes vis-à-vis de ces allégations environnementales.

De fait, le *greenwashing* peut fonctionner : trois expériences avec des consommateurs français révèlent par exemple que l'évocation de la nature induit les consommateurs en erreur dans leur évaluation de l'image écologique d'une marque, surtout s'ils ont une faible connaissance des questions environnementales. En conséquence, les entreprises peuvent tirer des avantages commerciaux substantiels de la communication sur leur démarche RSE auprès des consommateurs. En étant identifiée comme une entreprise citoyenne, une société peut favoriser la loyauté des consommateurs et faire d'eux des ambassadeurs et des champions de l'entreprise ou de la marque à l'origine d'un bouche-à-oreille positif, d'une volonté de payer une prime de prix et d'une résistance aux nouvelles affectant négativement la réputation de l'entreprise.

Toutefois, la tendance au *greenwashing* a entraîné une méfiance grandissante et légitime de la part des consommateurs quant à l'authenticité des déclarations environnementales des entreprises. Les allégations environnementales souffriraient d'un plus grand scepticisme, car il est difficile pour les clients de différencier la fiabilité des différentes initiatives de marketing vert. Ainsi, dans une enquête réalisée en 2021, 88 % des Américains de la génération Z nés après 1995 ont déclaré qu'ils ne faisaient pas confiance aux déclarations des marques en matière d'ESG.

D'où vient ce scepticisme ? Dans une étude fondatrice, Sankar Sen[1], C. B. Bhattacharya[2] (2001) ont montré que si les consommateurs ont tendance à avoir une perception positive des entreprises engagées, cette perception peut être modérée par plusieurs facteurs tels que la crédibilité de l'entreprise, la pertinence de la cause soutenue, la qualité du produit ou du service proposé, et le niveau d'engagement personnel du consommateur dans la cause. Aussi, d'autres études viennent préciser que les mensonges et les mensonges par omissions ont quasiment les mêmes effets négatifs sur la réputation, et le fait de s'attribuer le mérite d'avoir respecté des obligations légales n'aurait pas d'effet majeur. Dans l'ensemble, seules des initiatives ESG cohérentes auraient les effets positifs escomptés sur la réputation. Enfin, le scepticisme peut provenir d'un manque d'**adéquation** (de fit) : les consommateurs appréhendent en effet l'aspect « proactif » ou « réactif » de l'initiative mise en avant comme un indice d'information, et seules les initiatives proactives à forte adéquation entre la cause soutenue et la réputation de l'entreprise ont conduit à une amélioration des croyances, des attitudes et des intentions des consommateurs.

## 1.2 L'injonction à la responsabilité dans la communication

### Historique de la prise en compte des enjeux ESG dans le marketing

L'objectif historique et traditionnellement associé au marketing et à la communication produit est l'augmentation des ventes, à en juger par les définitions données par l'American Marketing Association entre 1945 et 1985. À ce titre, le *greenwashing* peut se comprendre comme un calcul rationnel de la part de ces services : comme toute opération de communication environnementale, elle vise à modifier favorablement les attitudes et les comportements des consommateurs à l'égard de l'entreprise. Lorsqu'elle y parvient elle s'attire leur bienveillance pour, *in fine*, augmenter les ventes.

1. Associate Professor of Marketing, Zicklin School of Business, Baruch College, CUNY.
2. Associate Professor of Marketing, School of Management, Boston University.

Cependant, à rebours de ces objectifs traditionnels, certains courants alternatifs de la discipline et un nombre croissant de recherches se sont progressivement intéressés aux implications sociétales des activités de marketing, confirmant l'intuition de Lazer[1] (1969) selon laquelle :

> *« Le marketing n'est pas une fin en soi. Il ne relève pas exclusivement de la gestion d'entreprise. Le marketing doit servir non seulement l'entreprise, mais aussi les objectifs sociétaux. Il doit agir de concert avec l'intérêt général. Étant donné que le marketing ne s'arrête pas aux transactions achat-vente, ses responsabilités vont bien au-delà de la réalisation de bénéfices. » (Traduction des auteurs)*

Le champ du **marketing social** est donc apparu au milieu des années 1990 et s'est spécialisé dans la contribution des activités de marketing aux comportements et objectifs socialement souhaitables. Néanmoins, dans un premier temps, les spécialistes ont eu tendance à se concentrer sur des dimensions très limitées de ce concept. Par exemple, le marketing social a développé une expertise sur le marketing lié à une cause ou le marketing environnemental, mais peu de liens ont été établis entre ces deux domaines de recherche.

C'est seulement ensuite, avec l'émergence de la notion de RSE, que des premiers cadres théoriques globaux ont été posés. Ceux-ci suggéraient que les spécialistes du marketing pouvaient contribuer aux politiques RSE en élargissant leur champ d'action au-delà des consommateurs pour y inclure les intérêts d'autres parties prenantes et en regroupant diverses initiatives de responsabilité sociale. Avec cette logique, le rôle du marketing s'élargit : il s'agit aussi de tisser un réseau de relations pour fournir des compétences et des connaissances à toutes les parties prenantes (*cf.* 4.1).

Aujourd'hui, les conceptualisations les plus exhaustives du marketing social prennent en compte (a) différents types d'initiatives de responsabilité sociale (par exemple, les pratiques environnementales, le soutien aux organisations caritatives, l'éthique) ; (b) différents groupes de parties prenantes ; et (c) les dimensions normatives, managériale et instrumentale de la RSE. Les entreprises ne peuvent donc espérer bénéficier des avantages concrets de la RSE que si elles communiquent intelligemment leurs initiatives aux parties prenantes concernées.

### Une vigilance grandissante de la part des parties prenantes

Si la politique d'entreprises vertueuses a parfois pu se résumer dans la formule « *Do good and let others talk about it* », l'aggravation des problèmes environnementaux et, par conséquent, de la sensibilisation du public, a poussé de nombreuses parties prenantes à encourager les entreprises à prendre les devants. Au cours de la dernière décennie, les investisseurs, les consommateurs, les gouvernements et les entreprises clientes ont ainsi exercé de concert une pression croissante sur les entreprises pour qu'elles publient des informations sur leurs performances environnementales et pour qu'elles proposent des produits respectueux de l'environnement. La littérature reconnaît aussi l'importance particulière des ONG et des groupes d'activistes dans la détection du *greenwashing*.

1. Graduate School of Business, Michigan State University.

Les valeurs et les normes des parties prenantes s'appliquent à toute une série de questions de marketing telles que les pratiques de vente, les droits des consommateurs, la protection de l'environnement, la sécurité des produits et la divulgation d'informations adéquates. La recherche suggère que plus les entreprises exposent leurs ambitions éthiques et sociales, plus elles sont susceptibles d'attirer l'attention critique des parties prenantes, d'où la réaction inverse : certaines entreprises peuvent divulguer moins d'informations sur leur RSE par crainte d'être accusées de *greenwashing*.

En outre, le nombre de classements et d'institutions de surveillance de la RSE augmente. L'attention des parties prenantes ne se limite pas aux décisions et aux actions d'une entreprise, mais se concentre également sur les décisions et les actions des fournisseurs, des consommateurs et des politiciens, qui peuvent susciter des critiques à l'égard d'une entreprise. En ce sens, l'engagement des entreprises en matière de RSE exige aujourd'hui une sensibilisation plus exhaustive et continue des parties prenantes et nécessite des stratégies de communication en matière de RSE plus sophistiquées qu'auparavant.

En parallèle, l'avènement du **Web 2.0** et des réseaux sociaux font que les parties prenantes peuvent exercer de nouvelles formes d'interaction et de partage d'informations par le biais d'internet. Les communications sur la RSE par le biais des réseaux sociaux ont par exemple une incidence positive sur la fidélité des consommateurs. Les pages d'entreprise en ligne ou les blogs, les sites wiki et les sites de pétition, et en particulier les réseaux sociaux tels que Twitter et Facebook redéfinissent les interactions et les communications entre les entreprises et leurs parties prenantes. L'influence de ces réseaux sociaux est vue par certains auteurs comme une opportunité de réduire l'incidence de l'écoblanchiment des entreprises : les communications environnementales des entreprises peuvent rapidement se retourner contre elles si les citoyens et les activistes estiment qu'une entreprise se livre à une autopromotion excessive. Enfin, la perception de l'écoblanchiment est liée non seulement aux perceptions de l'environnement et des produits, mais aussi de la satisfaction des consommateurs lorsqu'ils interagissent avec le site web.

## L'encadrement réglementaire du *greenwashing* au niveau produit

La réglementation est considérée comme l'un des principaux moteurs externes permettant d'exercer des pressions sur les publicitaires ou d'accroître indirectement la disponibilité et la fiabilité des informations environnementales, et partant, de diffuser des connaissances sur l'écoblanchiment. La réglementation sur l'écoblanchiment fait appel à différents types d'instruments politiques que nous pouvons classer selon la typologie de Wolff et Schönherr[1] (2011) :

- Les normes obligatoires, interdictions et prohibitions. Par exemple, la Norvège a interdit la promotion de voitures avec des allégations vertes ou en Australie, les allégations trompeuses sont interdites et sujettes à des pénalités allant jusqu'à 1,1 million de dollars australiens.

1. Öko-Institut e.V., Berlin, Germany.

- Les instruments économiques tels que les subventions, les taxes et les permis négociables ; ce type de réglementation du *greenwashing* n'est pas encore appliqué, mais plusieurs mesures pourraient être proposées : la mise en place d'une taxe de 1 % sur les dépenses publicitaires pour financer un organisme indépendant chargé du contrôle de la publicité, ou une taxe pour financer des campagnes d'éducation des consommateurs sur le *greenwashing* par exemple.
- Les instruments de communication ou d'information, y compris l'étiquetage des produits, l'éducation des consommateurs au travers des campagnes de conseil et des notations environnementales, émises par des tierces parties – vues comme autant de signaux de marché susceptibles de diminuer les **asymétries d'information**. Par exemple, la directive européenne 1999/94/CE exigeant des constructeurs automobiles européens qu'ils affichent les émissions de carbone de leurs véhicules de manière visible dans tous les documents promotionnels imprimés.
- Les instruments de procédure tels que les accords volontaires (de producteurs concernant l'efficacité énergétique, par exemple) et la mise à disposition d'infrastructures (de recyclage, par exemple).

Le panorama mondial de la régulation de l'écoblanchiment est très inégalitaire : dans les pays développés, où la sensibilisation à l'environnement est plus importante, la réglementation est plus développée que dans les pays en développement. Cependant, certaines exceptions sont notables : aux États-Unis, la réglementation sur l'écoblanchiment est extrêmement limitée et son application incertaine.

En Europe, la Commission européenne a adopté des mesures visant à lutter contre les allégations environnementales trompeuses émanant d'entreprises. Retardée plusieurs fois, la « proposition de directive sur les allégations écologiques » de mars 2023 définit de nouvelles règles à respecter par les entreprises, pour leurs opérations de marketing et de communication. Bruxelles avait déjà interdit en mars 2022 les allégations environnementales génériques et vagues du type « produit vert », « éco responsable ». La proposition de directive de 2023 va plus loin en exigeant que toute affirmation soit vérifiable. Comme le texte est une directive, il doit être transposé en droit national par les États membres – après approbation du Parlement et du Conseil européen, ce qui pourrait réduire ou modifier sa portée. Des sanctions sont prévues pour les contrevenants, avec, notamment, la confiscation de recettes lorsque certains bénéfices ont été engrangés grâce à ces allégations trompeuses, ou encore des mesures d'exclusion provisoire des marchés publics et de l'accès aux financements publics, pour une période maximale de douze mois.

En France, depuis le 1er janvier 2023, en application de l'article 12 de la loi Climat Résilience de 2021, il n'est plus possible pour les sociétés de mettre en avant la neutralité carbone d'un produit sans prouver que la démarche pour l'estimer est rigoureuse, transparente et sincère. Cette mesure est issue des débats de la Convention citoyenne pour le Climat, et vise spécifiquement à limiter les pratiques de *greenwashing*. Grâce à cette loi, le *greenwashing* a aussi été officiellement reconnu par le code de la consommation comme une pratique commerciale trompeuse. En effet, en dehors des cas où une réglementation spécifique existe, c'est le cadre des pratiques commerciales trompeuses qui s'applique. Les peines prévues en cas de manquement sont un emprisonnement de deux ans et une amende de 300 000 euros pouvant être portée, de manière proportionnée aux avantages tirés du délit, à 10 % du chiffre d'affaires moyen annuel (calculé sur les trois derniers chiffres d'affaires annuels connus à la date des faits), ou à 50 % des dépenses engagées pour la réalisation de la publicité ou de la pratique constituant ce délit.

## 1.3 Les bonnes pratiques

### Les bonnes pratiques du green marketing dans l'exécution

L'objectif du **marketing vert** est de mettre en évidence l'adoption par une entreprise de pratiques écologiques ou durables dans l'ensemble de ses produits et de ses activités commerciales sans tomber dans le *greenwashing*. Le marketing vert peut améliorer la crédibilité et la visibilité auprès des consommateurs conscients, distinguer une marque de ses concurrents et, en fin de compte, permettre des économies grâce à l'adoption de pratiques commerciales moins dispendieuses. Les mesures traditionnelles du marketing vert sur l'aspect « exécution » sont les suivantes :

- Renoncer autant que possible aux documents imprimés au profit du marketing électronique.
- Utilisation de papier et d'encres respectueux de l'environnement pour les documents marketing imprimés restants.
- Utiliser des matériaux écologiques ou recyclés pour l'emballage des produits.
- Chercher à obtenir des certifications officielles en matière de développement durable.
- Utiliser des méthodes d'emballage et d'expédition efficaces.

### Les bonnes pratiques du green marketing concernant les allégations écologiques

Concernant les allégations environnementales, l'idée générale est que les entreprises qui pratiquent la RSE doivent tenir compte du scepticisme potentiel des consommateurs et veiller à communiquer de manière transparente et crédible sur leurs pratiques écologiques pour gagner leur confiance. Il faut encourager la mise à disposition, auprès des consommateurs, d'une information synthétique, claire et accessible sur les efforts conduits par les entreprises en matière de développement durable.

Il s'agit notamment de savoir quoi communiquer (c'est-à-dire le contenu du message), où communiquer (c'est-à-dire le canal du message), ainsi que de comprendre les facteurs propres à l'entreprise et aux parties prenantes qui influencent l'efficacité de la communication sur la RSE. La communication interne est également un canal sous-utilisé et potentiellement puissant pour renforcer la réputation de responsabilité d'une entreprise auprès de ses principales parties prenantes.

Implémenter la RSE dans le marketing implique donc plusieurs étapes successives :

1. Circonscrire les normes et valeurs organisationnelles.
2. Identifier les parties prenantes.
3. Identifier les problèmes des parties prenantes.
4. Déterminer une définition commune de la RSE.
5. Auditer les pratiques actuelles.
6. Implémenter des initiatives RSE.
7. Promouvoir la RSE.
8. Récolter les feedbacks des parties prenantes sur les initiatives mises en place.

De surcroît, l'attitude à l'égard d'une marque, qui correspond à l'évaluation globale qu'en fait le consommateur, est souvent influencée par l'introduction de nouveaux produits. L'introduction de nouveaux produits écologiques peut-elle donc modifier l'attitude à l'égard de la marque ? En se focalisant sur les introductions de nouveaux produits de 75 marques sur une période de quatre ans (2009-2012), une étude constate que les introductions de nouveaux produits verts peuvent effectivement améliorer l'attitude des consommateurs vis-à-vis d'une marque sous certaines conditions. Il faut prendre en compte plusieurs facteurs pour que cette introduction ait les effets escomptés : la longévité de la marque, son positionnement (low cost, milieu de gamme, luxe…) ainsi que celui de la catégorie du produit (traditionnellement associés à des comportements « vertueux » ou au « vice »). Enfin, lorsque les responsables des marques s'efforcent d'informer les consommateurs sur les nouveaux produits écologiques de leur marque, la question est souvent de déterminer la quantité et la prévalence des messages afin de mettre en place une stratégie de communication efficace. Aussi, la quantité de messages peut être écrasante et donc diminuer l'effet des nouveaux produits verts sur le changement d'attitude. Finalement, il est possible de résumer les recommandations managériales induites par cette étude dans le tableau suivant :

**Tableau 9.1**

| **Profil de marque** | | **Recommandations pour améliorer l'image de marque** |
|---|---|---|
| Longévité de la marque | Type de produit | *Nouveaux produits verts et allégations environnementales* |
| Nouvelle | "Vice" | Introduire un nombre conséquent de nouveaux produits verts, mais limiter la quantité d'allégations environnementales associées. Si peu de nouveaux produits sont introduits, l'image de marque en patira. |
| Nouvelle | "Vertu" | Introduire des nouveaux produits et la quantité associée d'allégations environnementales n'aura qu'un effet négligeable sur l'image de marque. |

| Profil de marque | | Recommandations pour améliorer l'image de marque |
|---|---|---|
| Ancienne | "Vice" | Introduire un nombre conséquent de nouveaux produits verts, mais limiter la quantité d'allégations environnementales. Si plus d'allégations environnementales sont affichées sur un plus grand nombre de produits, l'image de marque en pâtira. |
| Ancienne | "Vertu" | Introduire un plus grand nombre de produits verts n'aide que marginalement, mais il est important de limiter le nombre d'allégations vertes. |

Source : « Green claims and Message Frames: How green new products change brand attitude » MC Olsen *et al.* (2014). Représentation : Auteurs.

## Étude de cas

Fondée par Yvon Chouinard en 1972, la marque Patagonia s'est forgée une réputation pour ses vêtements haut de gamme et ses initiatives respectueuses de l'environnement. Patagonia a commencé comme une micro-entreprise qui fabriquait des outils pour les alpinistes, avant de se diversifier aujourd'hui dans d'autres sports outdoor (surf, montagne, etc). La permanence de ses engagements renforce sa réputation et donc sa crédibilité. Ses clients deviennent des militants et des promoteurs de la marque. Patagonia se targue de ne jamais avoir cédé aux sirènes du marketing agressif : des promotions plutôt rares, une politique de prix élevés, une absence remarquable sur le terrain publicitaire tout en étant hyperactive sur ses propres médias (sites internet et réseaux sociaux). L'une des rares expressions publiques de la marque lui vaudra une couverture médiatique considérable : le 25 novembre 2011, un Black Friday – jour qui, aux États-Unis, ouvre la traditionnelle période des achats de Noël et qui se traduit souvent par des promotions considérables. Patagonia avait alors décidé d'acheter une pleine page du *New York Times*. La société a voulu faire passer un message de retenue lors de cette journée de consommation effrénée, en montrant la photo d'un de ses produits avec comme titre : « *N'achetez pas cette veste* ».

**Figure 9.4** – Le 25 novembre 2011, la campagne publicitaire de Patagonia appelle à la déconsommation

Dans le but d'impliquer les clients dans une démarche de création de valeur, le recours au **marketing participatif** se développe au sein de nombreuses organisations. Divard[1] (2011) définit le marketing participatif comme un « ensemble de techniques marketing visant à impliquer les consommateurs dans la définition et la diffusion de l'offre de l'entreprise ». Dans une dynamique d'*empowerment*, Nicolas Chabanne et Laurent Pasquier – cofondateurs de la marque C'est qui le patron ? ! – placent ainsi les consommateurs au cœur de la stratégie de création de valeur. Via les **TIC**, sont externalisés vers les « consom'acteurs » des pans entiers des décisions et actions marketing traditionnellement supportées par une marque. C'est ainsi à l'appui d'une démarche de **crowdmarketing** que naissent et évoluent les différents produits de la marque. Alors qu'elle ne dispose pas de commerciaux dans les magasins et n'investit pas en communication publicitaire sur les grands médias traditionnels, « C'est qui le patron ? ! » surprend par sa réussite commerciale.

Enfin, l'entrée sur le marché et la conquête d'une position dominante sans publicité est une stratégie possible, sinon largement adoptée. Elle nécessite une vision forte et des valeurs d'entreprise claires à mettre en œuvre dans l'ensemble de l'organisation, mais c'est une approche adoptée avec succès non seulement par The Body Shop mais aussi Veja, Starbucks et Ben & Jerry's. Concernant The Body Shop, le design a joué un rôle central dans la marque en soutenant les activités éthiques de l'entreprise. Le « **Store as design** », qui combine de manière holistique la conception des intérieurs et des extérieurs, est devenu une partie intégrante de sa stratégie. L'environnement de vente au détail a été un canal de communication particulièrement important pour The Body Shop, car, dès le départ, l'entreprise s'est appuyée sur l'activité des points de vente et les vitrines plutôt que sur la publicité. Le logo, les emballages, la conception des magasins devaient démontrer la conformité du design avec les valeurs de l'organisation. L'absence de changements majeurs dans le design devait refléter l'immuabilité des valeurs fondamentales. À bien des égards, The Body Shop est donc représentatif de l'évolution de la conception du commerce de détail depuis les années 1970.

## 2 Les ressources humaines à l'épreuve du changement climatique

Les ressources humaines sont rarement évoquées en premier lieu quand les questions de transition environnementale sont abordées. Pourtant, parce qu'elles doivent à la fois gérer les conséquences du changement climatique sur les salariés de l'entreprise et préparer les mutations de l'avenir, tout en assurant la résilience de l'organisation, elles sont au cœur des enjeux opérationnels. Elles occupent une place transverse dans l'entreprise et sont directement aux prises avec son écosystème, ce qui oblige à une approche décloisonnée du risque, mais également des opportunités apportées par la transition environnementale.

1. Maître de conférences en sciences de gestion et marketing, Université Bretagne Occidentale.

## 2.1 Des conséquences négatives à mitiger

### Une réduction de la disponibilité des employés

Une des conséquences immédiates de la crise environnementale est de réduire la disponibilité des salariés. Plusieurs facteurs contribuent à ce phénomène. Les **risques catastrophiques** peuvent menacer les biens, la santé ou même la vie des salariés ou de leurs proches, les rendant momentanément ou durablement indisponibles. Les inondations, tempêtes, feux de forêts sont des exemples de ces phénomènes dont l'ampleur et la fréquence augmentent (*cf.* 1.1). Ils ont également des conséquences de long terme, réduisant l'espérance de vie en bonne santé, l'accès à l'éducation et augmentant les inégalités économiques, de genre et d'inclusion.

Les **risques chroniques** ont quant à eux un impact moins immédiatement visible mais pourtant fortement significatif. L'Organisation internationale du travail estime ainsi que d'ici 2030 les pics de **chaleur** résulteront en une perte de 2,2 % des heures de travail à l'échelle mondiale, soit l'équivalent de 80 millions d'emplois à temps plein. Si le problème de la chaleur est clairement identifié, de même que ses conséquences directes, ses conséquences indirectes sont peu documentées (vigilances, processus cognitifs). La chaleur n'est d'ailleurs pas la seule à avoir des conséquences importantes sur la disponibilité des travailleuses et des travailleurs : les épidémies et la dégradation de la santé humaine du fait de la détérioration de l'environnement jouent également un rôle immédiat. Tous ces effets sont d'ailleurs au moins partiellement liés entre eux, la chaleur pouvant par exemple entraîner la prolifération de moustiques, vecteurs de maladies infectieuses.

La **dégradation de la santé humaine** résulte d'une combinaison complexe de changements démographiques (équilibres démographiques et migrations), socio-économiques et écologiques. Ces trois dimensions sont complémentaires et s'affectent mutuellement, avec des effets négatifs comme positifs. Par exemple, la pollution liée au trafic automobile dégrade l'environnement, génère des maladies respiratoires et contribue au changement climatique. Pourtant ce sont également les transports qui permettent d'accéder plus rapidement et efficacement aux offres de soin. Ces effets se traduisent directement en termes de disponibilités des travailleuses et des travailleurs (**arrêts de travail**, **employabilité réduite**, **affections chroniques**...) et en termes de pénibilité et fatigue de long terme, réduisant l'employabilité en fin de carrière. Nous n'abordons ici ces questions que sous l'angle de la transformation environnementale de l'entreprise, mais il y a également un sujet de fond transverse aux mondes du travail, de la santé publique et de la Sécurité sociale (notamment pour les branches Accidents du travail-Maladies professionnelles et Retraite) autour de cette question.

### Santé et sécurité au travail

Au-delà de la question de la disponibilité des employés, la question du changement climatique dans l'entreprise est également un enjeu de **santé et sécurité au travail** (SST). En application de l'article L4121-1 et suivants du code du travail, les employeurs ont en effet l'obligation de prendre « les mesures nécessaires pour assurer la sécurité et protéger la santé physique et mentale des travailleurs ». Ils doivent en outre adapter leur dispositif SST en fonction de l'évolution des conditions de travail.

Or l'ANSES (Agence nationale de sécurité sanitaire des aliments, de l'environnement et du travail) a clairement identifié trois biais par lesquels le changement climatique augmentait les risques professionnels : « *la hausse des températures, l'évolution de l'environnement biologique et chimique, la modification de la fréquence et de l'intensité de certains aléas climatiques* ». Il n'existe pour autant pas de règle générale, ces facteurs ne pouvant être considérés comme transverses à l'économie française. C'est la notion de **circonstance d'exposition** au risque climatique qui est dès lors pertinente. Un égoutier n'encourt par exemple pas le même risque du fait de la canicule suivant l'emplacement de son lieu de travail en France. Cette approche a permis à l'ANSES de répertorier une série de situations de travail avec des facteurs de risques liés au changement climatique, d'identifier les process menant à la conséquence en termes de santé, et de cartographier les conséquences secondaires aggravantes. Il y a donc de nouveaux facteurs de risques et une augmentation des risques habituels. Dès lors, il relève de la responsabilité de l'employeur d'identifier les risques de son activité, de les prévenir, d'informer et former ses employés et de mettre en place une organisation et des moyens adaptés.

**Le DUERP et le changement climatique**

Le **Document unique d'évaluation des risques professionnels** (DUERP) résulte d'une obligation légale (L4121-3-1 du code du travail). Il retrace l'ensemble des risques et retrace les expositions dans le cadre de l'entreprise ; il identifie les actions de prévention et de protection des salariés. Sous la responsabilité de l'employeur, de nombreux acteurs peuvent concourir à son élaboration, comme les salariés et leurs représentants, des experts, etc.

Dans les faits, de nombreuses entreprises ne sont pas en règle sur la rédaction ou la mise à jour de leur DUERP et le Conseil économique social et environnemental (CESE) recommande vivement à la fois de développer des campagnes d'information des entreprises, notamment autour des recommandations de l'ANSES, et de les intégrer au DUERP, de prendre en compte la **santé physique et mentale** dans ce travail, ainsi que les dimensions de **genre** et les catégories socio-professionnelles.

Il est important de souligner que les risques professionnels et plus largement les risques liés à la santé humaine ne sont pas répartis de manière équitable dans la population générale. Des facteurs comme le milieu social, l'éducation, le genre et l'inclusion sociale ont des conséquences importantes en termes d'exposition au risque.

### L'enjeu de la prévention

L'Organisation mondiale de la santé (OMS) a défini la prévention selon une gradation en trois niveaux : la **prévention primaire** se concentre sur les facteurs de risques et cherche à éviter leur matérialisation, la prévention secondaire s'occupe de réduire l'occurrence du risque et la prévention tertiaire vise à minimiser les conséquences de la matérialisation du risque et sa récidive. Concernant les accidents du travail et les maladies professionnelles, il est donc essentiel de focaliser les efforts sur la prévention primaire.

Dans le cadre du risque climat-environnement, cela passe notamment par le renforcement de l'**approche territoriale de l'entreprise** (*cf.* 4.3) afin de bénéficier des effets de réseau avec notamment les acteurs de la santé publique et de l'expérience des entreprises déjà engagées dans la démarche. Cela permet également de gagner une meilleure compréhension des enjeux du territoire en la matière, le risque étant fortement influencé par la géographie, tout en dégageant des pistes potentielles d'économies en mutualisant les moyens (rénovation thermique des bâtiments, réseaux communs de froid, développement de solutions logistiques et organisationnelles pour les horaires décalés…).

### Attractivité et rétention

Sundar Pichai, le PDG de Google, constatait récemment qu'il ne voyait pas les jeunes générations « *travailler pour une entreprise dont ils estiment qu'elle pollue le monde* ». Les études empiriques confirment cette intuition. Ainsi jusqu'à 86 % des employés préfèrent soutenir ou travailler pour une entreprise se préoccupant des mêmes problèmes qu'eux et 84 % sont plus susceptibles de travailler pour une entreprise qui s'investit sur les questions environnementales.

Face à ce constat, la posture environnementale, et plus généralement la posture RSE, des entreprises est devenue une composante importante de leur **proposition de valeur** à destination des candidats et des salariés. Celle-ci intègre le poste et ses responsabilités, la rémunération, le cadre de travail et autres avantages en nature mais également l'alignement entre les valeurs du salarié et les pratiques de l'entreprise. Afin d'attirer les meilleurs talents et de les conserver, leur fournir des éléments tangibles allant dans le sens de cet alignement est un facteur de différenciation croissant et participe de la **communication employeur** (*cf.* 9.1). Cependant, quatre défis doivent être relevés pour construire une proposition de valeur efficace sur le volet RSE :

- Impliquer les salariés dans la démarche RSE pour qu'elle ne soit pas trop focalisée sur les parties prenantes externes mais qu'elle se nourrisse des initiatives personnelles des salariés.
- Valoriser la diversité des attentes en matière RSE, tous les salariés n'ayant pas la même appétence, ni les mêmes besoins – cela est particulièrement vrai dans les entreprises avec de nombreuses implantations géographiques distantes pour lesquelles les initiatives environnementales peuvent apparaître déconnectées du quotidien car centrées sur les principaux sites.
- Clarifier le lien existant pour les salariés entre l'implication dans les programmes RSE et les résultats attendus en termes de bien-être psychologique, d'implication au travail et d'attachement à l'entreprise.
- Construire une démarche horizontale où les initiatives RSE sont portées par les salariés et non dictées par la direction de l'entreprise.

Une posture environnementale forte est également un marqueur d'attractivité fort pour l'entreprise quand celle-ci est analysée du point de vue de la **théorie du signal** de Michael Spence. Les candidats ne disposent en effet que d'une information parcellaire sur les conditions de travail de l'entreprise et, face à cette **asymétrie d'information**, doivent interpréter les signaux divers envoyés par l'entreprise. La politique en matière de soutenabilité est alors un vecteur d'information important pour l'orientation des candidats, à même d'influer sur leurs choix. Dans la compétition mondiale pour les talents, la différenciation résultant de la posture environnementale peut alors devenir un avantage concurrentiel.

## 2.2 La gestion des RH, levier de la transition

### La grande réallocation des emplois

Une transformation radicale de l'appareil productif est nécessaire pour atteindre la neutralité carbone en 2050. Deux mouvements complémentaires vont devoir prendre place en parallèle. D'une part, dans un scénario de transition ordonnée, les secteurs d'activité les plus polluants seront progressivement fermés, au fur et à mesure que des alternatives propres seront développées. L'industrie automobile reposant sur les moteurs à explosion est ici particulièrement concernée, ainsi que ses innombrables sous-traitants spécialisés sur ces moteurs. À l'échelle mondiale, ce sont 185 millions d'emplois qui seraient ainsi menacés à horizon 2050. Du point de vue de la gestion des ressources humaines (GRH), il y a là un enjeu sociétal fort avec la nécessité d'un accompagnement en termes de politiques publiques, dans une logique territoriale affirmée (*cf.* 10.3).

En parallèle, le développement des nouvelles industries vertes, avec en priorité les énergies renouvelables, les batteries et les véhicules électriques, mais aussi d'une agriculture plus durable, devraient permettre la création de 200 millions d'emplois au même horizon.

La combinaison de ces deux mouvements nécessite une **gestion des emplois et des parcours professionnels (GEPP)** à la hauteur des enjeux. En effet, des problématiques d'**appariement** lourdes apparaissent avec d'une part des travailleuses et travailleurs aux compétences obsolètes sur le marché du travail et d'autre part des entreprises ayant des besoins de compétences qui n'existent pas encore ou pour lesquelles aucun cursus de formation existant n'est capable de fournir le flux régulier de diplômés nécessaire à leur expansion. Dans le secteur des batteries ou de l'hydrogène, la problématique est tellement criante que des entreprises concernées se sont réunies pour mettre sur pied et financer les centres de formation nécessaires au développement de la filière. Par exemple, Verkor, entreprise spécialisée dans la production de batterie qui construit une *gigafactory* en France, a créé en 2022 l'École de la Batterie en réunissant tout un écosystème public et privé pour construire une filière industrielle d'avenir.

**La GEPP et la transition écologique**

La loi Climat et Résilience du 22 août 2021 a inclus les enjeux de la transition écologique parmi les thèmes figurant obligatoirement dans les négociations triennales de la GEPP (art. L2242-20 du code du travail).
Ces négociations sont obligatoires pour les entreprises de plus de 300 salariés et se concentrent notamment sur les mesures d'accompagnement pour les salariés, en particulier en termes de formation et de mobilité professionnelle et géographique.

## Mobilisation et fédération

Dans ce contexte, les équipes RH devront assurer la transition des activités « brunes » vers les activités « vertes » en évitant le double écueil d'une crise sociale et d'une pénurie de main-d'œuvre. Elles devront le faire tout en maintenant la mobilisation des équipes en vue de l'accomplissement d'objectifs ambitieux, dans un contexte de plus en plus complexe au fur et à mesure que les conditions opérationnelles seront affectées par la crise environnementale.

Elles devront surtout faire face à de nombreuses oppositions internes et à la nécessité de déployer des efforts importants pour faire évoluer la culture d'entreprise. Un travail important sur la **culture d'entreprise** sera donc nécessaire pour la transformer et emporter l'adhésion des parties prenantes internes (*cf.* 10.1). Cela passe par une redéfinition de l'**identité de l'entreprise** (changement de nom, de logo, de raison sociale, adoption du statut d'entreprise à mission) qui va ancrer et alimenter l'évolution de la culture interne. La visibilité de cette redéfinition génère alors les conditions nécessaires à la confiance, sur laquelle le changement peut s'appuyer, de même que la capacité à innover. Cette évolution progressive de la culture interne de l'entreprise aidera ensuite à solidifier la nouvelle identité, dont il deviendra progressivement évident qu'elle repose sur une évolution profonde. Ce cadre méthodologique identité – culture est particulièrement utile pour les entreprises venant d'activités polluantes et souhaitant se réorienter progressivement vers des activités vertes.

Les ressources humaines contribuent à cette transition en assurant son inscription dans le fonctionnement de l'entreprise de manière **irréversible**. Au niveau le plus élevé, cela passe par la mise à jour des documents-cadres tels que la **charte des valeurs** de l'entreprise ou son **code de bonne conduite** pour les documents accessibles à tous, ou encore de sa **politique RH**. En la matière, les **grilles d'évaluation et de rémunération** des salariés sont un outil important de mobilisation des forces vives de l'entreprise. La déclinaison à l'échelle individuelle ou d'une équipe des objectifs globaux de l'entreprise en matière de durabilité permet de définir des trajectoires de progression avec des indicateurs de performance et des évolutions de rémunération à la clé. Ces indicateurs peuvent être liés à la performance générale de l'entreprise et/ou relever d'un périmètre de responsabilité spécifique. Ils doivent faire le lien avec les systèmes de reporting environnementaux mis en place par l'entreprise et avec sa comptabilité extra-financière (*cf.* 5.1), comme les **normes GRI** ou le bilan des émissions de gaz à effet de serre. Cette démarche permet d'assurer une attribution de la responsabilité des efforts en l'inscrivant dans la transition globale de l'entreprise.

#### Le rôle des syndicats

Dans leurs efforts, les équipes en charge de la GRH vont devoir travailler étroitement avec les représentants élus du personnel et les syndicats. D'une manière générale, ceux-ci sont favorablement orientés quant aux questions environnementales, avec une expertise historique sur les questions de santé et de sécurité au travail liées à l'environnement, mais ils peuvent présenter des dissensions internes importantes suivant que les conséquences sont positives ou négatives pour l'emploi de leurs membres. Les positionner en partenaires de la transition est alors indispensable pour générer de l'adhésion et accompagner les aspects des transformations pouvant être négatifs.

**Le Comité social et économique (CSE) et le changement climatique**

Le CSE est composé des représentants élus des salariés, syndiqués ou non. Il est directement concerné par les questions environnementales puisque figurent parmi ses missions la promotion de la santé, la sécurité et les conditions de travail. Il a également à connaître des actions de prévention et de protection contenues dans le DUERP.

En outre, la loi Climat et Résilience du 22 août 2021 (2021-1104) a profondément fait évoluer les compétences du CSE en matière environnementale en ajoutant une obligation d'information du CSE sur les conséquences environnementales de l'activité de l'entreprise (art. L2312-17 du code du travail).

## 3 La révolution verte du numérique

### 3.1 Les bénéfices écologiques permis par le numérique

Au cours des dernières décennies, la diffusion rapide des technologies numériques a permis l'accroissement de la productivité et l'amélioration des conditions de vie. Ainsi, le numérique a joué un rôle primordial dans la croissance : en France, entre 1980 et 2008, 25,9 % du taux de croissance peut s'expliquer grâce au déploiement du numérique. Aux États-Unis, cette part atteint même 37 %. Pour les entreprises, le passage à l'utilisation d'outils numériques fait l'objet d'une réelle transition. L'objectif de ce chapitre est d'étudier ce croisement entre la transition numérique et la transition écologique.

## La dématérialisation

À première vue, le poste de réduction d'empreinte environnementale permis par le numérique le plus évident semble être la **dématérialisation**. Ce terme recouvre le remplacement de biens physiques par des substituts numériques : par exemple la disparition des documents au format papier au profit des fichiers numériques. En théorie, ce processus permet des économies de matières premières. Ainsi la numérisation des entreprises a entraîné une chute de la consommation de papier de 18 % en France entre 2011 et 2020. Cette tendance à la dématérialisation se retrouve dans l'industrie multimédia, le streaming remplaçant DVD et CD, mais ce schéma est difficilement applicable aux secteurs les plus polluants comme l'énergie, les transports ou l'agriculture.

Dans les faits, la plupart des industries reposent irrémédiablement sur des biens physiques irremplaçables. Le numérique ne permettrait donc pas une réelle dématérialisation, mais plutôt un gain d'efficacité qui peut tout de même diminuer la consommation de ressources. Il permet aussi de renforcer l'automatisation et la gestion en flux tendu dans une approche **Just in Time** ou **Lean** (*cf.* 7.2). Enfin, comme nous le verrons plus bas, les usages numériques nécessitent aussi des infrastructures physiques et il n'est pas évident que la digitalisation soit très pertinente dans une démarche de réduction d'empreinte environnementale.

## Travailler différemment

### *Le télétravail*

Le numérique offre aussi des opportunités de changer fondamentalement notre manière de travailler. La crise sanitaire du Covid-19 a permis l'essor d'une tendance déjà naissante : le **télétravail**. En 2017, seuls 3,2 % des salariés télétravaillaient régulièrement alors qu'en mai 2021 26 % des salariés ont été au moins un jour en télétravail dans l'année. Dans un monde post-covid, le télétravail peut rester pertinent pour les entreprises y voyant un moyen d'économiser sur leur deuxième poste de dépenses à savoir l'immobilier. Ainsi, en s'organisant autour de postes de télétravail, la surface des bureaux peut être diminuée de 15 % à 35 %. Le télétravail est donc une opportunité de réduire le bilan carbone de l'entreprise en réduisant la taille des infrastructures ainsi que la quantité de matériel de travail (*cf.* 5.1). Il permet aussi d'éviter des trajets domicile-travail, ce qui est d'autant plus bénéfique que ces trajets sont de plus en plus longs. Le télétravail peut aussi être un vecteur d'autonomie, de gain en efficacité et en flexibilité pour les salariés et ainsi conduire à un gain en productivité de l'entreprise.

Malheureusement, tous les emplois ne sont pas « télétravaillables » : il est estimé que seuls 7 % des emplois en Europe sont concernés et cette part diffère fortement d'un secteur à l'autre. Aux deux extrêmes, la finance est le secteur le plus télétravaillable avec 76 % des tâches pouvant être effectuées à distance contre seulement 7 % dans l'agriculture. La part d'actifs concernés reste néanmoins significative et les entreprises doivent encore innover dans leur organisation pour développer le plein potentiel de ces nouvelles méthodes de travail. Mais cette transformation est bien en cours, car le nombre de salariés télétravaillant et le nombre de jours moyen en télétravail sont en augmentation.

Le symbole de cette évolution est l'arrivée de postes totalement à distance dans les domaines du développement, du design, du marketing ou de la création de contenu. Le salarié n'a plus de bureau en entreprise et travaille à distance de n'importe où dans le monde, c'est le *work from anywhere*. Cette manière de travailler exacerbe les avantages du télétravail en supprimant bureau et trajet quotidien, mais elle permet un nouveau mode de vie : le **nomadisme digital** (« *digital nomad* »), c'est-à-dire voyager fréquemment en travaillant à distance. Encouragé par les réseaux sociaux et certains influenceurs, ce mode vie est rarement compatible avec une empreinte carbone raisonnable : du fait principalement de trajets long-courriers en avion.

Par contraste, des *digital nomads* veulent construire un mode de vie conscient et engagé. C'est par exemple la conviction du « Hub nomade », avec ses espaces de « *colivings* » où les travailleurs vivent dans un lieu éco-conçu et s'engagent à participer à des projets associatifs. Toutes ces nouvelles formes de travail posent des questions de ressources humaines importantes surtout dues à rupture de temps, de lieu et d'action. En effet, dans ces nouveaux modes, les travailleurs sont éloignés physiquement et psychologiquement de leur environnement de travail mais aussi des horaires et des activités traditionnels. Le manque de visibilité remet en question les modes managériaux classiques, les relations de contrôle doivent ainsi être remodelées pour trouver le bon équilibre entre contrôle et autonomie.

### *Les outils numériques*

Ces nouvelles formes de travail ont été rendues possibles grâce au développement d'outils numériques. D'abord, concernant les outils de communication, les mails restent incontournables, mais de plus en plus d'entreprises se dotent de messageries instantanées pour accélérer les échanges d'informations au sein d'une équipe ou avec le client. Le succès d'une entreprise comme Slack qui s'est spécialisée dans la discussion instantanée professionnelle prouve le besoin de tels outils. Le second outil s'immisçant de plus en plus dans les entreprises est la visioconférence. Réelle alternative à la réunion en présentiel, elle permet de communiquer avec ses collègues, mais aussi avec un client qui n'a plus à se déplacer. Des applications comme Zoom, Google Meet, Microsoft Teams ou kMeet se répandent dans les entreprises et entament une transformation dans les habitudes.

En plus de faciliter le télétravail, l'utilisation de la visioconférence permet de réduire le nombre de voyages d'affaires et particulièrement ceux en avion. Ces voyages justifient 20 % du trafic aérien. Ce secteur a été fortement touché par la crise du Covid-19, le marché s'étant contracté jusqu'à 80 % sur l'année. Aujourd'hui, la demande est plus lente à repartir que pour les voyages « loisirs », témoignant de l'évolution des pratiques au sein des entreprises. Même si la volonté de substituer les voyages d'affaires à la visioconférence est ancienne pour réduire les coûts, la crise sanitaire a réellement accéléré cette transformation. Pour autant, la tendance n'est pas au remplacement de la totalité des vols d'affaires. Les entreprises ont plus souvent recours à la visioconférence pour des réunions impliquant seulement des parties prenantes internes (entre 56 % et 65 %) plutôt qu'avec des parties externes (de 40 % à 52 %). Au final, à long terme, il est estimé que 40 % des déplacements professionnels aériens ne seront pas rétablis.

Les outils numériques contribuent donc à une évolution vers des pratiques moins polluantes, mais leur adoption à grande échelle est limitée par la peur de perdre en productivité due à une forme de **technostress**, c'est-à-dire la difficulté des collaborateurs à s'adapter aux nouvelles technologies. Il s'agit d'un réel frein à la transition numérique, qui limite les avantages possibles du numérique. Il est alors nécessaire d'accompagner et de former les parties prenantes pour ne pas en faire une pratique isolante (*cf.* 4.1).

### *Les bénéfices de l'IA*

L'intérêt du numérique est aussi de permettre l'essor de nouvelles technologies capables d'optimiser les activités des entreprises par le recours à l'**intelligence artificielle** (IA).

## Les disciplines de l'intelligence artificielle

L'IA peut être définie comme un domaine scientifique regroupant des outils effectuant une ou plusieurs tâches de manière autonome. Les différents outils sont souvent classés par « niveau d'intelligence » : au plus bas niveau, se trouve l'**algorithmie**, c'est-à-dire les codes décrivant seulement une succession d'étapes logiques que la machine va suivre. Cette discipline n'est pas toujours associée à l'IA.

À un niveau intermédiaire, se trouvent les **approches statistiques** et les **recherches d'optimisations** qui sont liées à la Data Science, c'est-à-dire l'extraction d'informations exploitables par l'étude d'un grand nombre de données brutes. Le terme « **big data** » est ensuite apparu pour décrire le traitement et l'analyse se fait sur une vaste quantité de données provenant de différentes sources et de différents types, qui dépassent la capacité de traitement des systèmes traditionnels.

À haut niveau, se trouve tout ce qui est lié à l'**apprentissage automatique** (*machine learning*), c'est-à-dire les méthodes où la machine va « apprendre » à partir de données pour construire elle-même son enchaînement d'étapes logiques. Ce type de méthode permet d'aller beaucoup plus loin que l'algorithmie simple et a ouvert la porte à de nouveaux usages : reconnaissance faciale, maintenance prédictive, diagnostic santé, voiture autonome, etc.

Au plus haut niveau, est placé le **deep learning**, c'est un type d'apprentissage automatique qui utilise un grand nombre de données complexes et organisées sous forme de réseaux neuronaux. La particularité des outils de deep learning est qu'ils n'ont pas besoin de règles définies au préalable, ils identifient eux-mêmes des motifs à partir des données seulement.

Pour les entreprises, il s'agit d'un levier de croissance potentiel, mais aussi d'un levier puissant de réduction de l'empreinte écologique. En effet, l'IA peut permettre d'optimiser de nombreux procédés et ainsi de produire avec moins de ressources. Par exemple, en utilisant des algorithmes d'apprentissage automatique et des modèles de prédiction, les entreprises peuvent analyser les données de leurs processus de production et d'approvisionnement pour identifier les inefficacités et les goulots d'étranglement. Cela peut leur permettre d'optimiser leurs processus et de réduire les coûts de production. Un autre exemple du potentiel de ces nouveaux outils est la **maintenance prédictive**, qui permet de prévoir les défaillances probables avant qu'elles n'aient lieu afin de planifier les opérations de maintenance. L'intérêt est double, d'abord cela permet d'éviter d'attendre la défaillance d'une pièce qui pourrait mettre à l'arrêt la machine voire toute une chaîne de production. Ensuite, cela permet de réduire le nombre d'heures de maintenance en la planifiant au juste besoin. Cette pratique repose sur l'exploitation de données de nombreux capteurs à partir desquelles des méthodes probabilistes permettent d'anticiper les états futurs. Souvent ces analyses sont agrégées dans une réplique numérique de la machine appelée un **jumeau numérique** (*digital twin*). Un exemple de gain obtenu grâce à l'utilisation de l'IA est l'implémentation d'un jumeau numérique du réseau d'eau de la ville de Carson City aux États-Unis. En effet, la ville était sujette à des coupures d'eau durant les périodes de pic mais l'utilisation du jumeau a permis de réduire les temps d'opération de 15 % et de fortement limiter les risques de coupure.

L'IA se révèle particulièrement pertinente dans des secteurs critiques comme l'énergie ou les transports. Par exemple, elle peut aider au déploiement d'énergies renouvelables en fournissant de meilleures prédictions de demande et d'offre d'énergie notamment grâce à des modèles météorologiques précis. L'optimisation des flux d'énergie au sein d'un réseau peut être un moyen de compenser les instabilités de production d'énergie de l'éolien ou du solaire. La maintenance prédictive permettra aussi d'améliorer le rendement de ces systèmes. Rien que pour ce secteur, le numérique pourrait permettre de réduire les émissions mondiales annuelles de 1,3 Gt $CO_2e$. Pour le transport, le numérique peut permettre des réductions d'émissions significatives. D'abord, les outils d'IA peuvent permettre le développement d'aide à l'éco conduite, de service de partage de véhicule voire de la voiture autonome avec conduite optimisée. L'IA peut aussi permettre de réduire la pollution due aux embouteillages en optimisant le trafic en temps réel et en appliquant des tarifications intelligentes au péage s'adaptant au nombre de passagers, l'heure de passage et l'efficacité du véhicule. Les émissions de GES annuelles de ce secteur pourraient être réduites de 1,0 Gt $CO_2$, mais ce chiffre reste incertain, car très dépendant de l'avancement de la transition vers la motorisation électrique.

À l'image de ces deux secteurs, beaucoup d'industries peuvent bénéficier de l'IA pour optimiser leurs processus et réduire leur empreinte environnementale : le tri des déchets, le traitement des sols… Mais les innovations peuvent aussi permettre de réduire les coûts et ainsi risquent d'induire un **effet rebond** (*cf.* 1.2).

Finalement, toutes ces applications du numérique peuvent permettre de gagner en efficacité, de réduire les ressources utilisées et les émissions de GES. Cependant le développement de ces usages a aussi un coût environnemental. L'enjeu est alors d'augmenter les gains tout en réduisant l'empreinte du numérique.

## 3.2 L'empreinte écologique du numérique

### La tendance actuelle

Aujourd'hui, malgré les opportunités que peut offrir le numérique, son essor a plus tendance à aggraver la situation qu'à l'améliorer. De 2015 à 2020 la consommation énergétique du numérique dans le monde a augmenté de 9 % par an, ce qui suit dangereusement le scénario « *worst case* » d'une étude de 2015. Ce taux de croissance correspond à un doublement de la consommation en 8 ans et il risque de continuer à augmenter sans changement des pratiques de production et de consommation. Au total, le numérique représente 3,3 % de la consommation énergétique totale en 2020 et ce ratio pourrait atteindre entre 4,5 % et 6 % en 2025. Cette forte consommation d'énergie s'accompagne nécessairement d'importantes émissions de $CO_2$. En 2020 le numérique a ainsi émis autant de $CO_2$ que l'Inde en 2015. Le numérique risque ainsi de devenir un des secteurs les plus émetteurs : déjà, entre 2013 et 2020 sa part d'émission est passée de 2,5 % à 3,7 % du total des émissions mondiales. Si aucune politique de sobriété n'est menée, cette tendance va continuer à s'aggraver. En 2040, le numérique pourrait alors représenter 6,7 % de l'empreinte carbone mondiale. Pour rappel, l'aérien civil représente 2 % des émissions et les véhicules légers en représentent 8 %.

Cette tendance s'explique d'abord par la croissance importante de la demande en terminaux. Les pays en voie de développement s'équipent pendant que les pays développés continuent de consommer de nouveaux périphériques. En effet, le monde de l'informatique évolue rapidement et en quelques années la performance des nouveaux terminaux augmente tant que cela pousse au renouvellement. Ce phénomène est représenté par la loi de Moore proposée en 1965 par le cofondateur d'Intel. Celle-ci stipule que tous les deux ans, le nombre de transistors dans les microprocesseurs double. Cette loi s'est confirmée depuis son énonciation jusqu'en 2022, mais il est possible qu'elle trouve une fin cette décennie du fait de limites physiques.

S'ajoute à cela l'arrivée de nouveaux usages et de nouveaux objets numériques : montres connectées, enceintes Bluetooth, équipements de maison connectés qui aggrave l'empreinte du numérique. Ainsi, entre 2017 et 2022 le nombre d'équipements numériques moyen par personne est passé de 2,4 à 3,6. Les entreprises suivent le même schéma avec le déploiement par exemple de machines industrielles dotées de capteurs et reliées au Cloud, c'est-à-dire à des serveurs à distance reliés par internet. Ces nouveaux usages regroupés dans l'appellation Internet of Things (IoT) risquent de contribuer de plus en plus à l'empreinte du numérique. En 2010, ils représentaient 1 % de la part d'émission du numérique, mais d'ici 2025, ils pourraient dépasser les 20 % avec plus de 40 milliards d'objets connectés. Cette multiplication des usages entraîne nécessairement l'augmentation du trafic de données à l'image des connexions 4G passant de 400 millions en 2013 à 2,5 milliards en 2020. Ce trafic est permis par des infrastructures (antennes, data center, câbles de fibres optiques, etc.) qui ont forcément un coût environnemental lors de leur installation et de leur utilisation. Les répercussions du numérique sont donc multiples comme l'illustre la distribution de la consommation d'énergie du numérique :

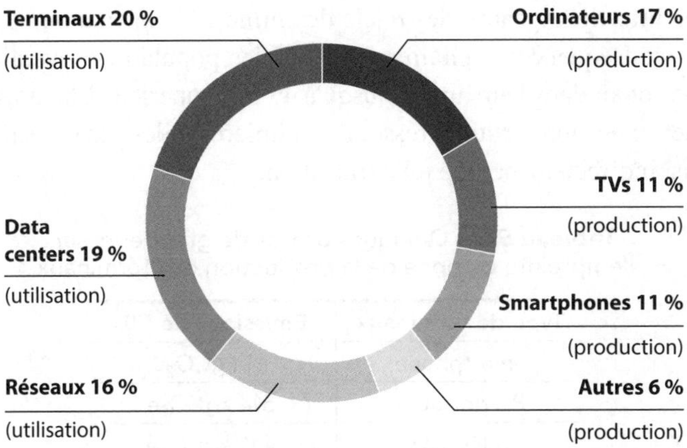


**Figure 9.5** – Distribution de la consommation d'énergie finale du numérique par poste pour la production (45 %) et l'utilisation (55 %) en 2017

Source : The Shift project 2018.

## La production des terminaux

Le numérique permet certes une forme de dématérialisation, mais il s'appuie toujours sur l'usage d'objets physiques comme les infrastructures réseaux, les câbles sous-marins, les data centers et surtout les terminaux (ordinateurs, smartphones et télévision). À l'utilisation, le seul impact ressenti est celui découlant de l'énergie nécessaire à la charge ou à la mise en tension. Cette empreinte étant faible, il donne aux usages numériques une fausse apparence « verte » : mais c'est oublier plusieurs répercussions beaucoup plus conséquentes comme la production de ces objets numériques. En effet, la production d'un smartphone engendre des émissions 400 fois plus lourdes que son usage. De plus, l'empreinte carbone des smartphones n'a cessé d'augmenter entre chaque génération, ainsi entre l'Iphone 4 et l'Iphone X, l'empreinte carbone est passée de 45 kg$CO_2$eq à 79 kg$CO_2$eq.

Cette empreinte importante est d'abord expliquée par le grand nombre de métaux présents dans ces objets. Pour un ordinateur portable, il faut en moyenne 170 g de cuivre, 12 g de cobalt, 500 mg de tantale, 20 mg d'indium et d'autres en plus faible quantité. Le numérique est alors un des premiers secteurs consommateurs de ces métaux, puisque 10 % de la production de cobalt mondiale est utilisée uniquement pour la production de smartphones et 50 % de celle d'indium sert exclusivement à la fabrication de téléviseurs. Extraire et traiter ces métaux nécessitent beaucoup d'énergie, pour produire « un gramme » de smartphone, il faut 80 fois plus d'énergie que pour produire « un gramme » de voiture. Mais les répercussions de la consommation des métaux ne se limitent pas à l'empreinte carbone et énergétique, en moyenne pour produire un équipement numérique, il faut perturber des écosystèmes sur un volume 40 fois plus important que l'équipement. Cette empreinte au sol peut aussi avoir des répercussions sociales, comme en Chine ou des villages entiers ont dû quitter leur terre car les rizières sont devenues infertiles à cause des rejets des mines. L'exploitation du cobalt a aussi d'importantes conséquences sanitaires, en RDC les populations riveraines des mines ont un taux de cobalt dans leurs urines jusqu'à 43 fois supérieur à la moyenne. Enfin, le numérique met en tension certaines ressources minières utiles à la transition énergétique et ralentit ainsi indirectement, une telle transition.

**Tableau 9.2** – Quelques ordres de grandeurs sur l'empreinte carbone de la production des terminaux

| Type de terminaux | Émissions de $CO_2$ |
|---|---|
| Smartphone | 61 kg$CO_2$e |
| PC portable | 514 kg$CO_2$e |
| Télévision | 441 kg$CO_2$e |

Sources : A. Andrae et M. Vaija 2014 & Shift Project 2018.

## L'usage

L'autre poste participant à l'empreinte du numérique découle de l'usage des objets numériques, et surtout de leurs répercussions indirectes liées au réseau et au stockage de données. Pour un smartphone, ces répercussions indirectes représentent la moitié de l'énergie consommée au cours du cycle de vie total. En pratique l'empreinte à l'usage dépend beaucoup des pratiques, le visionnage de vidéo en ligne étant particulièrement énergivore. Sa consommation énergétique est environ 1 500 fois plus importante que la simple consommation électrique du smartphone lui-même. La différence que l'on observe entre ces deux consommations permet de comprendre l'importance de l'empreinte du réseau et du stockage de données dans l'empreinte totale du numérique.

### *Le réseau*

Un réseau est un groupe d'ordinateurs connectés qui sont capables de s'envoyer des données. Internet est ainsi un vaste ensemble de réseaux qui se connectent les uns aux autres à travers le monde. Cette connexion est assurée par des fils, des câbles sous-marins, des ondes radios, des antennes 4G ou 5G, etc. Les réseaux télécoms sont constitués d'éléments centraux appelés « cœur de réseau » et d'éléments capillaires appelés « réseau d'accès ». Les réseaux d'accès peuvent être soit des réseaux fixes composés des réseaux filaires (cuivre, fibre optique) complétés par les réseaux wifi et Ethernet, soit des réseaux mobiles composés des technologies 2G à 5G.

Toutes ces infrastructures réseaux ont besoin d'énergie et de ressources pour être fabriquées et utilisées, c'est ce qui justifie que le réseau représente 16 % de consommation énergétique du numérique et 10 % des gaz à effets de serre du numérique français (5 % à la fabrication et 5 % à l'utilisation). En pratique, ce sont les réseaux d'accès qui concentrent 80 % de la consommation d'énergie. C'est donc sur ces réseaux d'accès que les opérateurs font beaucoup d'efforts pour optimiser leur fonctionnement et réduire leur dépense énergétique. Que ce soit sur les réseaux fixes avec le passage du cuivre à l'ADSL puis à la fibre ou sur les réseaux mobiles de la 2G à la 5G aujourd'hui, chaque passage à une génération suivante s'accompagne d'un gain en efficacité. Par exemple, la fibre optique consomme en moyenne 0,5 watt par ligne soit trois fois moins que l'ADSL (1,8 W). Pour le passage de la 4G à la 5G, le gain en efficacité est moins évident car une antenne 5G peut consommer jusqu'à 3,5 fois plus d'énergie qu'une antenne 4G mais elle permet d'échanger bien plus de données. Ainsi pour un même volume de données la 5G pourrait consommer jusqu'à quatre fois moins d'énergie que sa prédécesseuse. Malgré ce constat encourageant, il reste un risque important d'**effet rebond**. En effet, le passage à la 5G permet de multiplier par 20 le débit des réseaux mobiles, ce qui va encourager l'apparition de nouveaux usages énergivores comme le streaming HD, le cloud gaming ou la réalité virtuelle. Les réseaux mobiles risquent alors d'être favorisés face aux réseaux fixes alors que ces derniers consomment bien moins d'énergie, par exemple en moyenne la fibre optique demande dix fois moins d'électricité que la 4G.

### *Le stockage de données*

Le dernier aspect significatif est celui dû au stockage des données. Ces données sont autant des protocoles réseau que des documents, des applications, des fichiers multimédias, des préférences utilisateurs, des données de calcul pour l'intelligence artificielle, etc. Presque toutes les actions faites sur un objet numérique génèrent des données qu'il faut stocker. Ce stockage peut se faire directement dans le disque du terminal, mais la majorité des données est en réalité stockée à distance, soit accessible en réseau (NAS : *Network Attached Storage*) soit en passant par internet, c'est le Cloud. Dans les deux cas, les données finissent stockées sur des serveurs souvent organisés en data center. Ces infrastructures sont composées de réseaux d'ordinateurs, d'espaces de stockage physique, de routeurs et de commutateurs permettant la distribution et le stockage de données.

Malheureusement, ces data centers consomment de grandes quantités d'énergie, d'abord pour alimenter tous les composants, mais aussi pour refroidir les installations. En effet, durant leur utilisation, les composants des data centers ont tendance à dégager beaucoup de chaleur et il ne faut pas laisser les installations grimper en température au risque de perdre en performance voire de tomber en panne. Ainsi, en 2017, à l'échelle mondiale, les data centers ont consommé 350 TWh, en comparaison, cette année-là, la France a consommé 482 TWh d'électricité tous usages confondus. De plus avec l'essor de l'IA, de l'IoT, du machine learning et du big data, les besoins en stockage de données vont continuer à croître pour atteindre 175 zettaoctets (1 021 octets) en 2025, soit 5,3 fois plus qu'en 2018. En effet, l'entraînement des algorithmes de deep learning peut avoir une empreinte carbone particulièrement importante. Il a été calculé que l'entraînement d'algorithme de traitement du langage naturel (*Natural Language Processing,* NPL) émet cinq fois plus qu'une voiture durant toute sa phase d'utilisation.

Ce résultat reste à nuancer, car la consommation future des data centers dépendra de l'évolution des usages et du gain en efficacité des centres. Une autre étude donne ainsi un intervalle de confiance à 95 % entre 343 TWh et 1 031 TWh. Dans le meilleur des cas, la consommation se stabilise et dans le pire, elle triple.

**Tableau 9.3** – Quelques ordres de grandeurs sur l'empreinte carbone des usages du numérique

| Type d'usage | Émissions de $CO_2$ |
|---|---|
| 1 km en voiture thermique | 200 $gCO_2e$ |
| Envoyer un mail | De 0,2g à 17 $gCO_2e$ |
| Regarder 1Go de vidéo en ligne | 291 $gCO_2e$ |
| Data center | 5 500 $kgCO_2e$/j |
| Entraîner un NPL | 284 000 $kgCO_2e$ |

Sources : M. Beners-Lee, 2022 et Shift Project, 2019.

## 3.3 Rendre le numérique durable

### Dans toutes les entreprises

#### *Des leviers pratiques*

Aujourd'hui, la quasi-totalité des entreprises utilisent de près ou de loin des outils numériques. Elles peuvent donc toutes participer à la transition verte du numérique. Pour cela, quatre leviers existent pour réduire leur empreinte numérique. Le premier levier s'attaque à réduire l'achat de terminaux neufs en allongeant leur durée de vie. En effet, dans la plupart des entreprises, un ordinateur est renouvelé tous les trois ans. Ce rythme est imposé par l'obsolescence et les besoins en productivité de l'entreprise. Cependant repousser la durée de vie des ordinateurs portables de trois à cinq ans peut permettre de réduire de 37 % les émissions de GES dues au parc des terminaux.

Dans ce même objectif de réduire le nombre de nouveaux terminaux, le second levier propose de démocratiser les smartphones à deux cartes SIM pour remplacer les téléphones professionnels. Par exemple, si une entreprise passe de 20 % à 70 % de smartphone « pro-perso », la diminution des émissions de GES peut atteindre 37 % des émissions annuelles du parc de terminaux. Ce levier peut néanmoins amener des difficultés opérationnelles, notamment pour gérer la confidentialité et la cyber-sécurité.

Le levier suivant a pour objectif de réduire les flux de données en remplaçant l'échange de fichiers par mail par le partage via une plateforme sur serveur partagé type Dropbox, Sharepoint ou OneDrive. Si la moitié des échanges de documents se fait par ce biais-là, 40 % des émissions dues au stockage peuvent être économisées. Ce levier joue sur deux contributions, celle de l'envoi de mails, mais aussi celle du stockage des multiples exemplaires. En plus, ce levier est simple à mettre en place et ne présente pas de risque pour les performances.

Le dernier levier est transversal et consiste à définir une manière d'inclure la sobriété numérique dans le processus de décision. Cela peut prendre la forme d'une métrique standardisée pour donner des ordres de grandeur et des indicateurs d'empreinte écologique. Il est difficile d'évaluer les réductions potentielles pour ce levier, mais il paraît indispensable pour déployer la sobriété numérique.

### *Systématiser un processus de décision*

Pour entamer une réelle démarche de sobriété, tous les choix concernant le numérique doivent être pris après une étude des besoins. Sans ce questionnement, les entreprises finissent souvent par se suréquiper en terminaux, mais surtout en logiciels. En effet, elles vont avoir tendance à acquérir des licences complètes nécessitant des capacités de calcul importantes alors qu'elles n'utilisent que quelques fonctionnalités. Cela va aussi encourager l'obsolescence des terminaux qui seront vite dépassés par la capacité de calculs nécessaires pour les nouveaux logiciels et donc réduire leur durée d'utilisation. Évaluer précisément ses besoins et sélectionner seulement les fonctionnalités nécessaires peut alors permettre de limiter la puissance de calcul nécessaire et donc d'utiliser des machines moins performantes pendant plus longtemps. Malheureusement, la plupart des éditeurs de logiciel ne permettent pas de limiter le nombre de fonctions incluses dans le logiciel. Reste alors aux entreprises clientes d'exprimer leur besoin de modularité pour encourager les éditeurs à changer leurs pratiques.

Pour mettre en place un processus de décision efficace, il est aussi nécessaire d'inclure une mesure des répercussions écologiques des différentes alternatives. Ainsi, il faut disposer d'outils de mesure d'empreinte pour piloter la sobriété quantitativement en considérant même le **scope 3**. Quelques outils d'évaluation existent déjà comme le référentiel environnemental du numérique (REN) du Shift project ou les outils fournis par EcoIndex ou Greenspector ou encore le référentiel Product Category Rules inclus dans l'outil Base Empreinte® de l'ADEME. Les répercussions du numérique sont aussi progressivement ajoutées aux normes comme les normes ISO 14. L'utilisation de ces outils doit se faire en amont de tout projet pour évaluer la pertinence des choix, remettre en question le tout numérique, aiguiller le choix du matériel, favoriser les applications économes, gérer rigoureusement les données et choisir les solutions techniques les plus durables.

### *La culture de la sobriété numérique*

Pour finir, la sobriété numérique d'une entreprise passe aussi par la remise en question de sa culture du numérique. C'est un effort qui nécessite l'appui de la direction et d'un sponsor fort. Aussi, cet engagement doit se faire tout au long de la chaîne de valeur en encourageant les fournisseurs et les partenaires à suivre la même philosophie. Pour convaincre tous ces acteurs, il faut alors créer un sentiment d'urgence, informer et adapter la culture d'entreprise.

En pratique, la première étape est de se fixer des objectifs ambitieux pour que toute l'entreprise soit alignée sur un même but. Les ***Science Based Targets initiatives*** **(SBTi)** (*cf.* 5.1, 7.1) sont l'exemple de directives ambitieuses portées par de nombreuses entreprises dans l'objectif de s'aligner sur des trajectoires de réchauffement inférieures à 1,5 °C. Ce cadre se concentre sur les émissions de GES et propose aux entreprises de commencer par évaluer leurs émissions dans les trois scopes pour ensuite se fixer un objectif de réduction d'émissions en fonction de leur secteur. Par exemple, les cibles par secteurs pour 2030 sont des réductions de 53 % pour les opérateurs de datacenters, de 45 % pour les opérateurs mobiles et 45 % pour le secteur informatique en entier.

Ensuite, il est important de mettre en place des formations pour les collaborateurs et pas seulement dans le service IT. Par exemple, en 2019, une banque française a lancé son initiative « *Clean Numeric* » pour sensibiliser et former ses collaborateurs aux enjeux écologiques du numérique, cette initiative a ensuite été inscrite dans les engagements de l'entreprise et est à la base de travaux de réflexion à l'échelle du groupe.

Ainsi, adapter la culture de l'entreprise, former les collaborateurs et installer une démarche de suivi des répercussions écologiques permet de plus facilement inclure les enjeux écologiques dans le management des projets (*cf.* 4.2). L'appui sur les premiers leviers en est facilité et l'entreprise peut déployer des actions de plus en plus fortes. Elle peut par exemple imposer des contraintes sur le volume de données, les applications choisies, les terminaux utilisés ou limiter les usages à forte empreinte. Elle peut enfin choisir ses fournisseurs de terminaux et d'infrastructure numérique selon des critères de durabilité et ainsi pousser les entreprises spécialisées à évoluer. Les critères environnementaux peuvent alors être inclus dans des contrats comme l'a fait le Groupe d'achat de matériel informatique pour l'enseignement supérieur et la recherche avec le marché « matinfo ». Les clauses peuvent exiger des fournisseurs d'être transparents sur leurs impacts, que leurs produits soient réparables sur 20 ans et possèdent un éco-label, etc.

### Dans les entreprises du numérique

Face à ces nouvelles exigences, les entreprises du numérique se doivent d'évoluer vers des modes de production plus durables.

#### *Mieux produire les terminaux*

La conception des terminaux doit inclure les bonnes pratiques d'éco-conception (*cf.* 5.2). Cela commence par le choix des matières premières, avec pour objectif de réduire la teneur en métaux critiques des terminaux. Comme Apple, il est aussi possible de faire le choix d'utiliser des métaux recyclés. Cela permet de réduire l'empreinte écologique, mais aussi de relâcher la pression mise sur certaines ressources.

Dans la suite du cycle de vie, l'autre poste important d'émissions est le transport. Un smartphone fait en moyenne quatre fois le tour du monde avant d'arriver chez le client. Il faudrait alors repenser ce processus en rapprochant les lieux des différentes étapes (extraction et traitement des matières premières, fabrication des composants, assemblage, distribution).

La phase d'utilisation est finalement la phase la moins polluante, l'enjeu est alors de la faire durer le plus longtemps possible. Cela passe par une conception plus robuste, un suivi de mise à jour dans la durée, mais aussi des terminaux faciles à réparer. Malheureusement, les leaders du marché ont plus tendance à limiter la réparabilité pour encourager les achats de neuf. Pour limiter cet effet, l'**indice de réparabilité** a été mis en place en France. Cet indice sanctionne les produits pour lesquels il est assez difficile de se procurer des pièces détachées et pour lesquels la réparation n'est pas facilitée par la marque. Aujourd'hui, la majorité des smartphones gardent un indice de réparabilité en dessous de 8. À l'inverse, Fairphone fonde son identité sur la réparabilité et la capacité d'évolution de leur produit. Ces produits, encore minoritaires sur le marché, durent plus longtemps et sont aussi moins sensibles à l'obsolescence, car il est possible de ne changer qu'un seul composant clef.

### L'indice de réparabilité

L'indice de réparabilité a pour but d'évaluer la facilité à réparer les objets électroniques. C'est une note sur dix obtenue comme moyenne de cinq critères :

- Documentation : évalue l'engagement du producteur à fournir facilement et gratuitement des documents techniques pour aider la réparation.
- Démontabilité : score représentant la facilité à démonter le produit ainsi que les outils nécessaires pour le faire.
- Disponibilité des pièces détachées : ce critère témoigne de l'engagement du producteur à fournir facilement, rapidement et longtemps des pièces détachées (batterie, écran…).
- Le prix de ces pièces est aussi considéré, car les consommateurs réparent rarement leur produit si le prix de la réparation dépasse 30 % du prix du neuf.
- Spécifique : critère englobant les aspects spécifiques à chaque produit. Pour un smartphone, il représente la possibilité de réinitialiser les logiciels, la facilité à suivre les mises à jour et l'existence d'une téléassistance gratuite.

En 2021, son affichage est devenu obligatoire en France sur les smartphones, ordinateurs et téléviseurs. Il a pour objectif d'informer les consommateurs et encourager les constructeurs à concevoir des produits plus réparables. Il deviendra en 2024 un indice de durabilité avec l'ajout de nouveaux critères.

Le cycle de vie se termine par la fin de vie. Dans l'absolu, tous les systèmes électroniques sont recyclables, mais en pratique seul 17,4 % des déchets électroniques européens sont recyclés. Cela s'explique principalement par la multiplicité des matériaux présents dans les terminaux. Aujourd'hui, un smartphone peut contenir jusqu'à 70 matériaux différents. Or plus les métaux sont mélangés dans les terminaux, plus ils sont difficiles à isoler pour être recyclés ensuite. Réduire la diversité des matières premières est donc un enjeu important. Il est aussi nécessaire d'encourager les clients à ramener leurs produits en fin de vie pour que ceux-ci soient recyclés ou reconditionnés.

### *Mieux stocker les données*

Les entreprises de stockage de données gérant des data centers ont aussi leur rôle à jouer. Optimiser la consommation d'énergie est un enjeu majeur pour ces infrastructures. Cela peut passer par un code de conduite comme celui proposé en Europe. Celui-ci encourage les efforts d'optimisation de la distribution d'énergie, et de gains en efficacité sur les systèmes informatiques et les systèmes de refroidissement. Il s'appuie aussi sur des métriques d'efficacité des data centers comme la *Power Usage Effectiveness (PUE)* ou la *Data Center Efficiency (DCE)*. Il est aussi indispensable que les data centers soient alimentés par des énergies peu carbonées. Il est par exemple possible d'utiliser des panneaux solaires en alignant la charge de travail des centres avec les phases de production maximale des panneaux solaires. Cela permet d'utiliser seulement des énergies renouvelables malgré leur variabilité.

Une autre piste est de valoriser la **chaleur fatale** informatique dégagée par les data centers. En effet, il est possible de récupérer cette chaleur pour, par exemple, chauffer des bâtiments ou de l'eau. Il s'agit d'une source de chauffage pertinente avec une puissance plus faible que les systèmes de chauffage classiques, mais tout de même suffisante pour des bâtiments isolés correctement. La combinaison du profil de charge du trafic, du trafic de secours et de la consommation d'énergie est bien répartie dans la journée, ce qui permet à cette source de chaleur d'être fiable. Une telle utilisation est bénéficiable pour les entreprises de chauffage qui peuvent économiser jusqu'à 7,3 % sur leurs coûts opérationnels. Mais aussi pour les entreprises possédant les data centers, car cela rend leurs centres plus efficaces et donc plus compétitifs dans un marché où la durabilité des infrastructures rentre en compte dans les demandes des clients et des institutions. Pour l'instant, les pays nordiques sont les plus avancés dans cette démarche, mais en France des entreprises comme Qarnot développent des clusters de calculs utilisés comme source de chauffage : l'entreprise a développé une chaudière numérique, capable de chauffer de l'eau jusqu'à 65° grâce aux microprocesseurs embarqués, leur permettant ainsi de valoriser la chaleur fatale informatique dans des réseaux de chaleur ou des piscines municipales par exemple.

### Exemples de bonnes pratiques dans les entreprises

Progressivement de plus en plus d'entreprises prennent des directives pour lancer une transition verte du numérique. Orange est un exemple d'entreprise qui a inscrit ces enjeux au centre de sa raison d'être. Ainsi, elle donne des exemples des initiatives comme le lancement du *Manifest Green Act* en 2020, un programme de réduction de l'empreinte du numérique autour de six axes :

- Utiliser plus d'énergies renouvelables et assurer l'efficacité énergétique des infrastructures. Entre 2019 et 2020, Orange a réduit de 10 % la consommation de ses data centers.
- Inclure l'éco-conception dans la confection des principaux produits et suivre leur empreinte carbone.
- Développer une politique d'économie circulaire avec leur programme OSCAR qui encourage le réemploi des équipements.
- Informer et former les collaborateurs aux enjeux environnementaux avec notamment leur coach Koala qui valorise les attitudes éco-responsables des salariés.
- Investir dans différents projets de réduction d'empreinte et offrir des services de conseil en green IT pour leurs clients.
- Construire un écosystème pour développer l'innovation et partager les bonnes pratiques avec les fournisseurs et les partenaires. Par exemple dans leur partenariat avec Cisco, Orange a développé un SD-WAN (un type de réseau étendu) en incluant les dimensions environnementales dans toutes les étapes du projet.

La Poste est aussi un acteur qui intègre des enjeux de responsabilité numérique dans sa politique. Elle est d'abord co-fondatrice de l'Institut du numérique responsable, un lieu de réflexion sur les enjeux clés du numérique responsable. Puis en matière d'empreinte environnementale, l'entreprise s'engage à mesurer l'empreinte carbone du parc informatique, à allonger la durée d'utilisation des équipements informatiques, à passer au 100 % renouvelable et à installer un cahier des charges écoresponsable pour tout achat.

Le CIGREF, une association de grandes entreprises du numérique a inclus les enjeux écologiques dans son rapport d'orientation stratégique à l'horizon 2035. Cela se traduit par deux messages clés : les entreprises doivent réduire leur besoin en matière première et gérer efficacement leurs données. Il est aussi recommandé de « *pondérer leurs choix d'investissements technologiques avec des critères tant environnementaux que de maîtrise des dépendances stratégiques* ».

L'État français commence aussi à prendre conscience de l'empreinte du numérique et a promulgué en 2021 la **loi REEN** (Réduire l'empreinte environnementale du numérique). Son premier objectif est d'encourager la prise de conscience sur les répercussions écologiques du numérique. Pour cela sont prévus des modules de formation et de sensibilisation à destination des établissements d'enseignement. Le second objectif est de limiter le renouvellement des appareils numériques notamment en interdisant les pratiques d'obsolescence, y compris logicielle. Aussi, elle encourage le réemploi en obligeant les distributeurs à communiquer sur des offres de reconditionnés et en prévoyant des opérations nationales de récupération des stocks dormants de terminaux (entre 54 et 113 millions de téléphones dorment dans les tiroirs des Français). Ensuite, la loi donne un référentiel général d'éco-conception adapté aux objets numériques. Enfin, elle valorise les mesures de réutilisation de la chaleur fatale et de limitation de la consommation d'eau des centres de données en conditionnant l'obtention de tarif réduit de certaines taxes selon des critères environnementaux.

# Chapitre 10 Conduire la transition vers la neutralité carbone

Dans ce dernier chapitre, il s'agit de présenter des solutions pour une conduite du changement robuste afin d'assurer l'adhésion de l'ensemble des parties prenantes au changement.

- D'abord, l'importance de l'adhésion du personnel à la stratégie de l'entreprise sera soulignée et des outils pour mobiliser l'entreprise seront présentés.
- Ensuite, les enjeux liés à la formation des parties prenantes de l'entreprise afin d'atteindre ses objectifs environnementaux seront explorés. Un développement important sera consacré à la nécessité de transformer la stratégie de formation de l'entreprise pour s'adapter à un contexte incertain.
- Enfin, alors que la transformation de l'économie vers la neutralité carbone aura des conséquences négatives pour certains acteurs, les solutions pour mettre en place une transition juste seront détaillées.

## 1 Mobiliser l'entreprise

Ce chapitre traitera de la question de l'engagement au travail, de la crise que celui-ci traverse à la suite de l'épidémie de Covid-19 et des répercussions économiques et managériales que cette crise entraîne. Il s'agira ensuite de présenter les théories de la culture d'entreprise et de la motivation humaine et de montrer comment les décliner afin de mobiliser l'entreprise dans la lutte contre le changement climatique.

### 1.1 La crise de l'engagement au travail

#### Les Bullshit Jobs

David Graeber[1] définit les **Bullshit Jobs** comme des emplois vides de sens, aliénants et fondamentalement inutiles à la société. Il s'appuie sur les travaux de John Mayanard Keynes[2] qui avait prédit en 1930 que l'augmentation de la productivité du travail et le

1. David Graeber est un anthropologue américain, théoricien de la pensée libertaire.
2. John Maynard Keynes est un économiste majeur du XX^e^ siècle dont les travaux sont à l'origine de la macroéconomie moderne.

recours aux technologies de production permettraient à terme de réduire le temps de travail hebdomadaire à 15 heures par semaine. Or, cette semaine de 15 heures ne s'est pas matérialisée. Selon Graeber, la technologie n'a pas permis de libérer les employés du travail mais au contraire de trouver des moyens de les faire travailler plus.

Graeber propose les 5 catégories suivantes de Bullshit Jobs :

- « Les larbins » qui servent de faire-valoir à la clientèle ou à la hiérarchie.
- « Les porte-flingue » dont le poste est créé par l'entreprise uniquement pour être le pendant du poste équivalent créé dans une entreprise concurrente.
- « Les rafistoleurs » qui sont chargés de réparer des dysfonctionnements qui ne devraient pas exister dans l'entreprise ou pour réparer les erreurs de collègues.
- « Les cocheurs de case » qui permettent à l'entreprise de prétendre traiter des problèmes alors même qu'elle ne souhaite pas s'en charger.
- « Les petits chefs » dont la seule fonction est de surveiller le travail de personnes qui sont parfaitement autonomes.

Il propose un moyen simple de déterminer si un emploi est effectivement un Bullshit Job. Il suffit de se projeter dans un monde où le métier en question n'existe pas et d'estimer si cette absence présente un inconvénient pour la société. Il s'appuie sur les résultats d'un sondage réalisé par l'institut YouGov en 2015 qui estime que 37 % des employés britanniques considèrent que leur métier n'apporte pas une contribution significative au monde.

Le problème fondamental que posent les Bullshit Jobs aux employés eux-mêmes est la dissonance cognitive, c'est-à-dire la tension interne découlant de la distance entre le système de pensée ou de croyances d'un individu et ses actions, qui résulte de l'exercice d'une telle profession. En effet, dans sa définition, Graeber déclare que « même le salarié ne parvient pas à justifier l'existence [de son travail], bien qu'il se sente obligé de faire croire le contraire. » Exercer un tel métier implique donc de devoir mentir aux autres et à soi-même sur l'estime que l'on a de son travail.

### Le quiet quitting

Le concept du **quiet quitting** a émergé à la suite de la diffusion en juillet 2022 d'une vidéo sur TikTok qui a cumulé des millions de vues. L'utilisateur y prône l'abandon du surinvestissement au travail et le fait que la valeur d'un individu n'est pas définie par son travail et par sa productivité. Le quiet quitting consiste en un refus de faire plus que ce qui est décrit sur une fiche de poste et en un rejet de la culture de la performance absolue, considérant que ce refus n'aura pas de conséquences significatives sur la carrière.

Ce concept ne consiste pas uniquement en une tendance sur les réseaux sociaux mais sa diffusion massive a permis de le mettre en lumière. Il se manifeste sous la forme d'une perte d'engagement réelle des employés. Ainsi l'entreprise Gallup, spécialisée dans la recherche sur le management et les ressources humaines, estimait via leur sondage $Q^{12}$ réalisé en 2021 sur plus de 50 000 employés aux États-Unis que la part de salariés engagés dans leur entreprise déclinait pour la première fois depuis 2011, pour se fixer à 34 %. Ce sondage révèle aussi qu'en septembre 2021, au cœur de la crise sanitaire, 50 % des salariés américains étaient des quiet quitters. De même, en novembre 2022 l'entreprise de logiciels Qualtrics a effectué un sondage auprès de 3 000 employés et managers. 36 % des répondants déclaraient que leurs ambitions de carrière avaient diminué au cours des trois années précédentes et 40 % déclaraient que le travail prenait moins de place dans leur vie.

**L'engagement au travail**

La notion de l'engagement au travail est difficile à définir précisément. Interviewé sur la question par la revue *Question(s) de management*, Philippe Pozzo di Borgo donne la réponse suivante : « Lorsque vous avez été engagé par l'entreprise, vous en faites désormais partie. L'engagement dans l'entreprise dépasse cependant la simple appartenance. Il y a un aspect d'investissement, d'implication, voire d'affrontement. »

Cette citation dessine les contours de ce qu'est l'engagement, un dépassement du simple cadre contractuel dans la relation à l'entreprise, tout en montrant que celui-ci ne va pas de soi, qu'il nécessite des efforts voire des sacrifices. Le flou de la notion peut conduire des employés à considérer comme normal de répondre à des sollicitations professionnelles en congés ou, de façon plus extrême, de faire des semaines de 95 heures dans le secteur des banques d'affaires.

### La grande démission

Un autre phénomène concomitant au quiet quitting et prenant aussi sa source aux États-Unis en 2021 est la **grande démission** (*Great Resignation*). Au début de cette année, 40 % des salariés de ce pays envisageaient de changer de travail et entre les mois d'avril et de septembre, un nombre record de 24 millions d'Américains ont effectivement quitté leur emploi.

Bien qu'étant une terminologie anglaise désignant un phénomène originaire des États-Unis, la grande démission ne s'est pas cantonnée à ce pays. Ainsi, le marché du travail français a aussi été affecté par ces démissions. La Direction de l'Animation de la Recherche, des Études et des Statistiques (DARES) estime ainsi à 520 000 le nombre de démissions, dont 470 000 de CDI, entre le dernier semestre de 2021 et le premier semestre de 2022. Il s'agit encore de record, dépassant les chiffres atteints au premier trimestre 2008, le précédent record, où le nombre de démissions s'établissait à 510 000.

### L'économie de l'engagement

S'il peut être difficile à définir exactement, l'engagement au travail a des effets concrets sur les performances économiques des entreprises. Ainsi, dans son rapport *The state of the Global Workplace 2022,* construit sur l'analyse de plus de cent mille entreprises réparties dans 96 pays, Gallup estime le coût du faible engagement des employés à

7 800 milliards de dollars ce qui équivaut à 11 % du PIB mondial. La perte d'engagement, prenant la forme du quiet quitting, a résulté aux États-Unis en une chute de la productivité de 5,4 % au premier trimestre de 2022 et de 4,1 % au second.

En comparant les entreprises de leur base de données selon l'engagement de leurs employés, Gallup a déterminé les différences de performance sur dix indicateurs présentés ci-dessous, entre le premier et le dernier quartile.

**Tableau 10.1** – Tableau des différences de performance des entreprises du premier et du dernier quartile sur dix indicateurs

| | **Absentéisme** | **Renouvellement de la masse salariale des entreprises à haut turnover annuel** | **Renouvellement de la masse salariale des entreprises à faible turnover annuel** | **Vol** | **Accidents de travail** |
|---|---|---|---|---|---|
| Différence entre le premier et le dernier quartile | –81 % | –18 % | –43 % | –28 % | –64 % |

| | **Sécurité des patients (Mortalité et chutes)** | **Défauts de qualité** | **Loyauté et engagement des clients** | **Ventes** | **Rentabilité** |
|---|---|---|---|---|---|
| Différence entre le premier et le dernier quartile | –58 % | –41 % | +10 % | +18 % | +23 % |

Source : Données Gallup, représentation auteurs.

Ainsi, la perte d'engagement au travail affecte l'intégralité des performances de l'entreprise, de la qualité de ses produits à sa relation client en passant par sa rentabilité. S'y ajoute, dans le cas de la grande démission, la perte des talents formés au fonctionnement de l'entreprise. Il apparaît nécessaire de créer et fédérer l'engagement des talents. Cet engagement est influencé par plusieurs facteurs.

## 1.2 Créer l'engagement au sein de l'entreprise

### Les apports de la sociologie et de la psychologie pour comprendre les causes de la perte d'engagement

Les coûts et inconvénients du quiet quitting et de la grande démission pour l'entreprise sont importants et résultent en des pertes du point de vue opérationnel et de celui de la rentabilité.

Les causes de ces phénomènes sont multiples mais la **culture d'entreprise** est l'un des facteurs déterminants, parfois même plus que le salaire lui-même. Ainsi, entre avril et septembre 2021, au cœur du phénomène de la grande démission, une étude menée sur les données de Glassdoor, une entreprise qui compile les avis anonymes des employés sur leur ancienne ou actuelle entreprise, et qui visait à déterminer les facteurs favorisant la démission obtenait les résultats suivants : le salaire ne se place qu'en 16e position dans la liste ; une culture d'entreprise considérée comme toxique, c'est-à-dire qui favorise l'apparition de comportements offensants ou nuisibles, a 10,4 fois plus d'importance que la rémunération.

## Définitions théoriques de la culture par Hall[1] et Schein[2]

En 1976, Edward T. Hall publie *Beyond Culture*, un ouvrage qui propose, via la métaphore de l'iceberg, d'expliquer comment la **culture** permet de garantir l'unité d'une société au moyen de valeurs et de croyances partagées mais invisibles au premier abord, qui se déclinent en des comportements qui sont eux visibles. La métaphore de l'iceberg illustre cette distinction entre les fondations profondes d'une culture, représentées par la partie immergée de l'iceberg, et les us et coutumes qui en découlent, représentés par la partie émergée de l'iceberg.

La partie immergée de l'iceberg, aussi appelée culture interne, est constituée des valeurs profondes, des priorités, des croyances, des présomptions et des perceptions du corps social. Cette partie immergée est inconsciemment et implicitement partagée par tous les membres du corps social et constitue le socle de la culture commune. Du fait de ses caractéristiques, cette culture interne est très difficile à changer, notamment à cause de son caractère unificateur.

La partie émergée de l'iceberg, aussi appelée culture externe, consiste en des comportements, des traditions, des coutumes ou des habitudes. Ceux-ci sont explicites et facilement identifiables par un observateur extérieur. Ces attributs sont appris de façon consciente et sont superficiels, tant par la faible part qu'ils prennent dans l'intégralité de la culture de la société que par la facilité qu'il y a à les changer.

En 1988, Edgard Schein propose un modèle similaire de culture des entreprises. Cette culture d'entreprise est construite sur des hypothèses fondatrices sur lesquelles sont construites les valeurs de l'entreprise, elles-mêmes à l'origine des méthodes et comportements adoptés par l'entreprise, que Schein appelle les **artefacts**. Tout comme dans le modèle de Hall, les artefacts sont visibles et facilement modifiables alors que les hypothèses fondatrices sont implicites et difficilement modifiables.

D'abord les artefacts peuvent être un code vestimentaire, un langage commun aux employés, une façon de construire le lieu de travail, une façon d'organiser les réunions ou encore des traditions d'entreprise. Leur modification est aisée et n'apportera des changements qu'à la marge dans la culture de l'entreprise.

Ensuite, les valeurs sont des indicateurs plus profonds et moins visibles de la culture de l'entreprise. Il peut s'agir de chartes d'entreprise ou de déclaration des valeurs et de la vision de l'entreprise. Ces valeurs constituent la façon dont l'entreprise

1. Edward T. Hall est un anthropologue américain spécialisé dans les études interculturelles.
2. Edgard Schein est un sociologue américain et l'un des membres fondateurs de la psychologie organisationnelle, connu pour avoir développé le concept de culture d'entreprise.

se voit et souhaite être perçue par la société. Elles sont formalisées et écrites par les plus hauts niveaux de management et doivent être incarnées par eux et par toutes les figures tutélaires afin de se matérialiser. Ainsi, des valeurs portées par un manager, même si elles sont contraires ou différentes de celles portées par une charte d'entreprise, auront plus de chance d'être adoptées par les subordonnés dudit manager.

Enfin les hypothèses de base sont profondément enracinées dans les esprits des employés. Elles dictent la façon dont les employés conduisent leurs relations entre eux et le rapport qu'ils entretiennent à leur travail. Elles ne sont pas écrites et ne font pas l'objet d'une discussion au sein de l'entreprise, alors même qu'elles jouent un rôle fondamental dans la façon dont l'organisation opère. Ces hypothèses sont difficilement identifiables avec un regard extérieur à l'entreprise, contrairement aux artefacts et aux valeurs, et sont très difficilement modifiables.

L'un des facteurs les plus importants aux yeux des employés est le fait de se sentir respecté et considéré par l'entreprise. Selon les données compilées par Glassdoor en septembre 2021 et qui rassemblent les réponses de 1,4 million d'employés, le fait de se sentir respecté au travail est un facteur presque 18 fois plus important que la moyenne de tous les autres facteurs aux yeux des employés. Ce résultat corrobore la thèse de Maslow : ne pas satisfaire les besoins de reconnaissance et d'estime de soi des employés au travail mène, via le mal-être qui en résulte, à une perte d'engagement de ceux-ci vis-à-vis des besoins d'accomplissement.

## La théorie de la motivation par Maslow[1]

En 1943 Abraham Maslow publie dans le journal *Psychological Review* un article traitant de la motivation humaine. Il y propose une **hiérarchie des besoins**. Selon lui, les besoins humains se décomposent en deux catégories : les besoins de carence (*Deficiency Needs ou D-needs*) sont les besoins les plus essentiels qui, s'ils ne sont pas satisfaits, entraîneront un mal-être chez l'individu caractérisé par de l'anxiété et de la tension ; les besoins d'être (*Being Needs ou B-needs*) consistent en un besoin d'accomplir son plein potentiel et de constamment s'améliorer.

La hiérarchie proposée par Maslow implique que les besoins de carence doivent être satisfaits avant de chercher à satisfaire les besoins d'être. Il propose le concept de **métamotivation** pour caractériser les individus qui ont dépassé la phase de satisfaction des besoins de carence et travaillent à réaliser leur plein potentiel, ce que Maslow définit comme l'accomplissement (*Self-actualization*). Les deux catégories sont elles-mêmes divisées en sous-catégories, détaillées ci-dessous, qui forment des paliers de la hiérarchie.

Les besoins de carence consistent en :

– Des besoins physiologiques : ce sont les besoins biologiques nécessaires à la survie humaine tels que l'alimentation, l'hydratation, le sommeil ou l'habillement.

1. Abraham Maslow est un psychologue américain. Il est un membre fondateur de l'approche humaniste en psychologie.

- Des besoins de sécurité : ce sont des besoins tels que la santé, la sécurité personnelle, émotionnelle et financière.
- Des besoins de reconnaissance : il s'agit ici pour l'individu de chercher à faire partie et à être reconnu au sein corps social. Il est donc question d'affection, de confiance, d'amitié ou de famille.
- Des besoins d'estime : l'estime se définit comme le respect et l'admiration d'un individu vis-à-vis d'un autre individu, mais aussi vis-à-vis de soi-même. Selon Maslow, il existe deux niveaux d'estime de soi : un niveau bas fondé sur le regard de l'autre et un niveau haut fondé sur le regard que l'individu porte sur lui-même.

Les besoins d'être consistent en des besoins cognitifs, des besoins esthétiques, d'accomplissement de soi et de transcendance. Il s'agit pour l'individu de réaliser son plein potentiel, ce que Maslow résume dans la phrase « ce qu'une personne peut être, elle doit l'être. »

Cette hiérarchie est le plus souvent représentée sous forme de pyramide. Il est cependant important de noter que les différents niveaux de la hiérarchie ne sont pas imperméables. Un individu peut ne pas avoir complètement satisfait ses besoins de carence supérieurs (le besoin de reconnaissance et le besoin d'estime) et tout de même se préoccuper de ses besoins d'être. Pour autant, il s'expose ainsi à une tension interne qui ne lui permettra pas de pleinement s'accomplir tant qu'il n'aura pas satisfait ses besoins inférieurs.

La perte d'engagement est aussi le fait d'un manque de réciprocité. En effet, les employés ne voient pas l'intérêt de s'impliquer plus que nécessaire dans leur travail, voire de faire des sacrifices pour celui-ci, si en retour l'entreprise ne tient pas ses engagements vis-à-vis d'eux et vis-à-vis de la société.

## Modifier la culture

Si la culture d'entreprise est aussi importante pour l'engagement des employés, il est nécessaire pour l'entreprise de pouvoir la maîtriser et s'assurer qu'elle serve bien ses objectifs. Cette transformation est d'autant plus cruciale afin de rendre l'entreprise plus durable.

Comme l'ont montré Schein et Tate, la culture est difficile à modifier à cause de la profondeur de son ancrage dans l'identité des organisations. Cependant, plusieurs modèles de transformation existent.

Kurt Lewin[1] propose un modèle en trois étapes pour conduire ce changement. La première étape consiste à « dégeler » (*Unfreeze*) l'organisation, c'est-à-dire à effectuer un travail de remise en question profonde des valeurs et des hypothèses fondatrices de cette culture, et de démontrer clairement à quel point leur changement est nécessaire. Cette étape implique une communication très importante et très claire avec toutes les parties impliquées dans la transformation afin que chacune puisse comprendre le besoin du changement et y adhère.

1. Kurt Lewin est un psychologue américain spécialisé dans la psychologie comportementaliste et sociale.

L'étape suivante du modèle est la conduite effective du changement. Durant cette phase, il est à nouveau nécessaire de communiquer constamment avec les parties prenantes touchées par le changement. Lewin prône une approche itérative du changement, plutôt que tout transformer en une fois. Il préconise ainsi de modifier étape par étape, de faire de chaque étape un objectif clair et atteignable pour motiver les équipes, et de leur laisser une forme d'autonomie pour qu'elles puissent s'approprier le changement.

Enfin, la dernière étape consiste à « geler » (« *Freeze* » en anglais) le changement. Selon la logique de la profondeur de la culture défendue par Hall et Schein, les valeurs et les hypothèses fondatrices de la culture d'entreprise qui ont été modifiées doivent devenir les nouvelles valeurs et hypothèses fondatrices de l'entreprise. Les outils à disposition de l'entreprise pour ce faire consistent, entre autres, en la mise en place de formations (*cf.* 10.2) ou de récompenses pour les employés qui adoptent en premier le changement.

Des étapes peuvent être rajoutées au modèle de Lewin. Notamment, une première étape peut être rajoutée, qui consiste à « créer l'urgence » pour faire sentir la nécessité du changement. Faire ressentir l'urgence est particulièrement crucial dans le cadre de la lutte contre le changement climatique car les sentiments sont un outil puissant pour motiver les individus à l'action. Dans cette logique de faire appel aux sentiments, il est important de susciter de l'espoir pour répondre à l'urgence. Il s'agit de montrer que face au besoin pressant de transformation de l'entreprise vis-à-vis du changement climatique, celle-ci peut, via les modifications apportées à sa culture, offrir des perspectives désirables aux employés.

### L'entreprise à mission

Un outil efficace permettant de geler les transformations de l'entreprise en vue de lutter contre le changement climatique est la qualification de l'entreprise en **entreprise à mission** (*cf.* 4.2). Cette qualification, issue de la loi PACTE de 2019, entraîne une modification des **statuts de l'entreprise**. Il s'agit d'une modification profonde de l'entreprise, qui oblige celle-ci à se donner une raison d'être. Celle-ci consiste en des engagements sociaux ou environnementaux qui, via leur inscription dans les statuts, doivent légalement se voir affecter des moyens de l'entreprise en vue de leur réalisation.

**Les statuts de l'entreprise**

Définis à l'article 1835 du Code civil, les statuts sont le contrat entre les associés qui constituent la société.

« Les statuts doivent être établis par écrit. Ils déterminent, outre les apports de chaque associé, la forme, l'objet, l'appellation, le siège social, le capital social, la durée de la société et les modalités de son fonctionnement. Les statuts peuvent préciser une raison d'être, constituée des principes dont la société se dote et pour le respect desquels elle entend affecter des moyens dans la réalisation de son activité. »

La force du statut d'entreprise à mission découle de son inscription dans les statuts. En effet, selon l'article 1836 du Code civil : « Les statuts [d'une société] ne peuvent être modifiés [...] que par accord unanime des associés. » L'objectif de cette inscription dans les statuts est donc de rendre le plus difficile possible un retour en arrière, notamment pour garantir que les engagements seront toujours respectés par l'entreprise même après le départ des employés ou des managers qui les ont pris. L'un des exemples les plus célèbres est l'adoption par Danone de ce statut d'entreprise à mission. En 2022, un an après le départ d'Emmanuel Faber, l'ancien président-directeur général de l'entreprise qui avait porté cette transformation, l'entreprise définissait sa mission dans ses statuts de la façon suivante « [...] Préserver la planète et renouveler ses ressources, en soutenant l'agriculture régénératrice, en protégeant le cycle de l'eau et en renforçant l'économie circulaire des emballages, sur l'ensemble de son écosystème, afin de contribuer à la lutte contre le changement climatique. »

## Attirer les talents

En plus de la conservation et de l'engagement des talents, le recrutement des talents est un enjeu essentiel pour les entreprises. Un des enjeux de ce recrutement est la capacité d'une entreprise à justifier d'une véritable **politique RSE**, intégrée dans sa culture et qui se décline concrètement dans ses actions.

L'entreprise TotalEnergies est confrontée à ce problème. Elle est la cible d'action de boycott des étudiants de plusieurs grandes écoles de commerce et d'ingénieur (HEC, Polytechnique, les Mines...) qui, en avril 2023, ont mené une action coordonnée sur leurs différents campus pour inciter les étudiants à ne pas postuler dans cette entreprise tant qu'elle continuera à porter des projets tels qu'EACOP, un pipeline chauffé traversant l'Afrique de l'Est, jugés « climaticides » par les étudiants.

Malgré le **rebranding** de Total en TotalEnergies, c'est-à-dire le changement de positionnement censé démontrer la volonté de l'entreprise de transformer son activité d'entreprise pétrolière à entreprise énergétique, les étudiants estiment que les pratiques de l'entreprise ne changent pas suffisamment vite de l'exploitation pétrolière aux énergies renouvelables. Ce décalage entre la façon dont l'entreprise se présente via son rebranding et la façon dont elle est perçue par de potentiels futurs employés peut à terme devenir préjudiciable pour la capacité de l'entreprise à recruter.

## Le rôle du manager

La figure du manager, et plus largement des dirigeants, est essentielle dans la construction d'un engagement des employés. Pour créer l'engagement, l'entreprise doit s'assurer que ses managers suivent les quatre recommandations suivantes : ils doivent être des soutiens des employés, s'occuper de leurs employés et répondre à leur demande ; ils doivent être exemplaires et incarner les valeurs de l'entreprise ; ils ne doivent pas se livrer à un style de management toxique ; ils doivent être éthiques. L'entreprise doit mettre en place un suivi de ses managers et s'ils ne suivent pas ces recommandations, elle doit prendre les dispositions nécessaires pour comprendre les raisons de leur manquement, leur offrir des formations pour éviter ces écueils (*cf.* 10.2), voire leur retirer leur position.

Dans la conduite du changement et la construction d'une stratégie de soutenabilité, le rôle du manager est aussi de construire les outils d'**alignement** entre la culture et les pratiques de l'entreprise. L'alignement consiste en la mise en phase des pratiques et de l'utilisation des ressources de l'entreprise avec la mission et la culture de celle-ci. Le manager doit donc faire en sorte que les différents outils managériaux, notamment les outils d'incitation ou de reconnaissance de la performance tels que les primes ou les promotions, soient construit de façon à encourager la réalisation de l'ambition écologique de l'entreprise.

# 2 Former les parties prenantes

## 2.1 La formation continue du personnel

### Développer les compétences pour transformer l'entreprise

#### *Formation et évolution des métiers*

Les métiers évoluent sous l'effet de deux facteurs : le premier est interne et lié aux évolutions de la stratégie de l'entreprise, le second est externe et lié aux évolutions de l'environnement. La transition environnementale joue sur ces deux facteurs : l'entreprise peut choisir de transformer son modèle d'affaires volontairement pour l'y intégrer, mais elle peut aussi subir l'évolution du marché et des réglementations. Dans tous les cas, adapter l'entreprise à la transition environnementale exige une transformation des métiers, avec l'intégration de nouvelles compétences environnementales.

Tous les métiers sont concernés par cette transformation, que ce soit le marketing (*cf.* 9.1), les ressources humaines (*cf.* 9.2) mais aussi l'ingénierie, qui doit prendre en compte de nouvelles exigences de conception, et la finance alors que de nouveaux outils et indicateurs se développent (*cf.* 6.3). Les entreprises peuvent préférer faire appel à des cabinets externes pour des projets liés aux enjeux environnementaux. Cependant, au-delà du coût élevé de cette solution alors que ces enjeux vont prendre de l'importance, négliger la montée en compétences en interne sur ces sujets limite la capacité des entreprises à appréhender la complexité des enjeux et à prendre les décisions stratégiques adaptées.

Un autre facteur externe met à mal les capacités d'adaptation des entreprises : les évolutions technologiques. Ainsi, 85 % des métiers de 2030 pourraient ne pas encore exister du fait des transformations liées à l'automatisation et l'IA (intelligence artificielle) et 87 % des personnes interrogées par une étude de McKinsey indiquent qu'elles font face ou vont le faire dans les prochaines années à un manque de compétences adaptées au sein de leur entreprise. Si actuellement les entreprises recourent davantage à l'embauche, celles qui mettent en place des plans de formation jugent ces actions plus efficaces et s'estiment mieux préparées.

La **formation continue** a toujours été un enjeu important pour les entreprises, mais elle est amenée à prendre de l'ampleur dans ce contexte de transformation. Elle permet aux entreprises de rester compétitives en assurant que leurs collaborateurs possèdent les compétences nécessaires à l'atteinte de leurs objectifs. Auparavant, il était suffisant de former un nombre relativement limité de collaborateurs, et leurs compétences restaient à jour pendant un certain temps. Aujourd'hui, l'ensemble des salariés est concerné par la formation continue, et les besoins évoluent en permanence avec une obsolescence accélérée des compétences. Dans le cadre de la transition environnementale par exemple, les collaborateurs du département RSE possèdent certaines compétences liées au sujet, mais pour qu'une entreprise puisse réellement s'adapter à cette transition, ces compétences doivent se diffuser à l'ensemble des salariés. Ces évolutions impliquent que d'ici 2050 les actifs consacreront 10 % de leur temps de travail à la formation continue, soit plus du double qu'actuellement.

**Compétence et connaissance**

Si la connaissance relève de la théorie, la compétence, elle, a une dimension pratique. La connaissance devient donc compétence lorsqu'elle est appliquée à une situation donnée.

### *Mettre en place un plan de développement des compétences*

Dans cet environnement en évolution, la mise en place d'un **plan de développement** des compétences est indispensable pour qu'une entreprise reste performante et que les compétences de ses collaborateurs puissent être en adéquation avec ses besoins. Ce plan correspond à l'ensemble des formations suivies par les salariés dans le cadre professionnel. Il s'agit de l'application opérationnelle, au minimum sur une année, des besoins en formation identifiés au préalable.

L'étape clé avant de déterminer ce plan de développement est la définition d'une **GPEC** (Gestion prévisionnelle des emplois et des compétences), qui correspond à une vision prospective de l'évolution des compétences dans l'entreprise. La réalisation d'une GPEC nécessite d'analyser les compétences à l'instant t des collaborateurs (grâce à des entretiens avec les managers ou des auto-évaluations). En parallèle, les compétences nécessaires pour atteindre les objectifs de l'entreprise doivent être identifiées. Ces analyses permettent ensuite de définir une feuille de route de formation permettant d'assurer l'adéquation entre besoins et compétences, sur laquelle s'appuiera le plan de développement. Ce dernier doit ensuite permettre de décliner les objectifs de la GPEC de manière efficace.

## Concilier attentes des salariés et objectifs de l'entreprise

### *Former pour susciter l'adhésion*

La formation ne permet pas seulement de faire monter en compétences les salariés selon des objectifs stratégiques, mais aussi de diffuser une **culture d'entreprise**. Cette dernière permet de définir un cadre de pratiques communes afin de fédérer autour des objectifs de l'entreprise.

Ainsi, la première étape pour une entreprise souhaitant se transformer pour intégrer les enjeux environnementaux est de susciter l'adhésion des salariés. La formation sur le sujet du changement climatique permet d'abord de donner un socle commun à l'ensemble des collaborateurs afin qu'ils comprennent pourquoi ils doivent changer leur manière de travailler. Des initiatives existent pour former à ce sujet, comme la **Fresque du Climat**. Ensuite, ces enjeux doivent être déclinés à l'échelle de l'entreprise afin de montrer concrètement leurs conséquences sur ses activités. Enfin, les collaborateurs doivent être formés à l'adoption de solutions pratiques, comme les **bilans carbone** (*cf.* 5.1) ou les **ACV** (*cf.* 5.2) afin qu'ils puissent transformer leur métier et prendre en compte ces nouvelles données environnementales.

**La Fresque du Climat**

Projet porté depuis 2018 par l'association éponyme, la Fresque du Climat a pour but d'accélérer la formation aux enjeux climatiques au sein des organisations et auprès des individus. Basé sur les rapports du GIEC, cet outil se veut pédagogique et accessible. Implanté dans de nombreux pays, il a permis de former près d'un million de participants. Il a notamment été utilisé par le groupe EDF pour former ses 165 000 collaborateurs et est mobilisé par l'État français pour former l'ensemble des hauts fonctionnaires.

### *Former en considérant les aspirations personnelles des salariés*

Si le plan de développement des compétences a avant tout pour but de satisfaire ses propres besoins stratégiques, l'entreprise doit aussi prendre en compte les évolutions de carrières individuelles et les aspirations personnelles des salariés. Les actifs changent de plus en plus de travail, et les entreprises se doivent de les accompagner dans leur évolution professionnelle. Prendre en compte les aspirations des salariés en termes de formation permet en outre de les mobiliser et fidéliser vis-à-vis de l'entreprise. L'opportunité d'élargir leur portefeuille de compétences est en effet un élément particulièrement attractif pour les salariés, et montre l'attention que porte l'entreprise à leur développement.

En ce qui concerne la transition environnementale, la formation sur ce sujet peut être ambivalente par rapport aux aspirations des salariés.

D'un côté, une part importante des collaborateurs s'y intéresse et des offres de formation sur ce sujet peuvent permettre de répondre à une demande pour plus de cohérence entre valeurs personnelles et métier. Par exemple, 78 % des répondants au Royaume-Uni de tout âge considéraient en 2020 qu'il était important de participer à l'atteinte de la neutralité carbone. Des initiatives de formation aux enjeux environnementaux peuvent même être portées hors du cadre traditionnel de la formation, par des collaborateurs ou le département RSE. Cependant, si ces démarches ne sont pas encouragées par la direction, elles ne pourront aboutir à un réel changement car les collaborateurs seront toujours confrontés aux injonctions contradictoires de la stratégie d'entreprise.

De l'autre, certains collaborateurs ne sont pas sensibles au sujet et de telles formations peuvent ne pas correspondre à leurs envies. C'est par exemple le cas pour la Fresque du Climat, où ce sont généralement ceux qui sont les plus avertis sur le sujet qui souhaitent se former. Dans ce contexte, il est difficile d'imposer la formation, car cela peut être considéré comme coercitif, et donc contre-productif. Un des aspects clés pour encourager les collaborateurs à se former est que les directeurs et cadres supérieurs soient fortement impliqués et qu'ils aillent eux-mêmes se former sur ces enjeux climatiques. Cette implication de la direction et l'intégration des aspirations des salariés sont des caractéristiques clés définissant une **entreprise apprenante**.

## Innover pour former

### *Devenir une entreprise apprenante ou comment inscrire la formation dans l'ADN de l'entreprise*

Alors que le système traditionnel de formation est mis à mal par la rapidité des transformations, de nouveaux modes d'organisation du travail doivent être adoptés afin que les entreprises puissent s'adapter en continu, demeurer innovantes et performantes. Pour cela, la formation doit devenir un pilier central, sur le modèle des **organisations apprenantes**. En leur sein, les individus sont encouragés à développer continuellement leurs compétences, participent aux prises de décision, et bénéficient d'une autonomie importante. En parallèle, les apprentissages collectifs sont favorisés, et leur combinaison avec les compétences individuelles permet de créer une intelligence collective rendant l'entreprise plus agile.

Devenir une organisation apprenante exige une transformation des entreprises. D'abord, leur culture doit être modifiée, afin que l'apprentissage devienne un élément fondateur. Il doit faire partie intégrante des activités des collaborateurs et non plus être limité au cadre des politiques formelles de formation. Ensuite, de nouvelles pratiques doivent être adoptées. Pour que les collaborateurs puissent participer aux décisions, ils doivent être informés des évolutions de l'environnement de l'entreprise. Pour qu'ils puissent être autonomes et prendre des initiatives, ils doivent être encouragés à expérimenter par leurs **managers**.

Pour que ces initiatives bénéficient au collectif, les principes de mutualisation des **connaissances**, ou d'apprentissage entre pairs doivent être ancrés dans les pratiques. Par exemple, des partages d'expérience réguliers sur les nouvelles pratiques et sur les évolutions des offres de l'entreprise sont nécessaires pour assurer l'engagement dans une démarche de transition environnementale. En outre, les collaborateurs doivent être soutenus dans leurs projets professionnels et avoir accès à de nombreuses opportunités de formation. Cette transformation peut parfois se heurter à la réalité de l'entreprise, où la formation et le partage de connaissances ne sont pas considérés comme des activités productives. Il peut donc être compliqué pour les collaborateurs d'y accorder le temps nécessaire. Un exemple pratique est celui de la Fresque du Climat. Malgré son intérêt pour la compréhension des enjeux environnementaux par les salariés, les trois heures nécessaires à la réalisation de l'atelier sont difficilement libérées.

**Former les managers**

Les managers ont la responsabilité de superviser l'évolution de l'entreprise, la réalisation de ses objectifs et l'adhésion à sa vision des salariés. Leur compréhension des enjeux et leur implication dans la conduite du changement doivent donc être plus élevées, et ils doivent bénéficier d'une formation adaptée. Par exemple, BNP Paribas et Saint-Gobain travaillent en partenariat avec le Cambridge Institute for Sustainable Leadership afin de développer des programmes adaptés pour leurs managers sur les enjeux de la transition environnementale. En outre, la transformation des modes d'organisation du travail au sein des entreprises entraîne une évolution de leur métier, pour laquelle ils doivent aussi être accompagnés.

Malgré l'ampleur de la transformation, de nombreuses entreprises, notamment européennes, ont déjà adopté ce modèle d'organisation apprenante. En France, en 2020, environ 43 % des salariés du privé travaillaient dans ce type d'entreprise. Les pays nordiques et les Pays-Bas font figure de modèles en la matière avec entre 54 et 62 % des salariés y travaillant. Si, dans les organisations apprenantes, les dirigeants ou les cadres sont surreprésentés, ce modèle peut être appliqué dans tous les domaines. Par exemple, Volvo, une des entreprises pionnières, a adopté les principes d'organisation apprenante pendant les années 1980 dans une de ses usines. Plusieurs niveaux hiérarchiques ont été abolis, et les équipes responsabilisées : elles décidaient collectivement des méthodes de travail, des objectifs de production et les différentes difficultés étaient résolues collectivement. Les individus étaient eux aussi responsabilisés, encouragés à faire preuve d'initiative afin d'accélérer les innovations et à travailler sur la résolution de problèmes complexes plutôt que sur des tâches monotones. Ce type d'organisation a permis d'améliorer les capacités d'apprentissage des salariés et leur vision transversale. Aujourd'hui, l'adoption des principes d'organisation apprenante et la responsabilisation des collaborateurs sont notamment permises par le recours aux **nouvelles technologies** et à l'**ingénierie multimodale**.

### *L'ingénierie multimodale ou comment le numérique révolutionne les méthodes de formation*

Si les nouvelles technologies sont en partie responsables de l'accélération de l'obsolescence des compétences, elles permettent aussi de transformer la formation continue. Ainsi, de nouveaux modes et canaux de formation se développent grâce au digital :

MOOCs (cours en ligne ouverts à tous), blended learning (formation réalisée mi en présentiel mi à distance), VR (réalité virtuelle), ou encore micro-learnings (contenus pédagogiques courts à suivre quotidiennement).

Cette diversification exige le développement d'une ingénierie multimodale permettant de créer des formations améliorées et personnalisées grâce au recours à des modes d'apprentissage complémentaires, hybridés. À certains types de savoir, certaines modalités pédagogiques sont plus adaptées. Par exemple, l'apprentissage en autoformation sur des modules en ligne ou grâce à des réseaux sociaux apprenants est adapté pour des savoirs et savoir-faire simples alors que la formation en situation de travail est pertinente pour les savoir-faire complexes. Si cette ingénierie permet de faciliter l'apprentissage, avec le multimodal et les outils d'autoformation l'apprenant est aussi responsabilisé et devient acteur de sa formation, cette dernière devenant moins verticale et libérée du cadre « formateur/non-sachant ». Par ce rôle différent de l'apprenant, ces nouveaux canaux de formation s'intègrent donc dans les principes de l'organisation apprenante.

Par exemple, des modules comme ceux de micro-learning peuvent être consultés à tout moment, n'importe où (y compris sur le terrain). Ils sont généralement courts, et donc adaptés aux emplois du temps souvent surchargés des collaborateurs qui peuvent les consulter à leur rythme. Ces dispositifs de formation doivent être bien dimensionnés afin de ne pas saturer l'individu avec trop d'informations. Les réseaux sociaux apprenants permettent eux de lier apprentissage individuel et collectif et facilitent la transmission des savoirs. L'IA pourrait aussi révolutionner la formation, notamment en permettant sa personnalisation fine (et donc une amélioration de son efficacité) en recueillant des données, par exemple grâce à des tests adaptatifs lors d'évaluations de connaissances. Un dernier exemple est celui de la VR, qui permettrait de former les collaborateurs à des situations de risques en toute sécurité. Dans tous les cas, pour que le numérique permette d'améliorer la formation, il doit être complété par l'accompagnement d'un tuteur. Cela est particulièrement vrai pour la formation liée à la transition environnementale où les **facteurs humains** jouent un rôle central.

## Facteurs humains et formation à la transition environnementale

### Prendre en compte les émotions

La volonté des individus d'agir pour lutter contre le changement climatique est fortement corrélée à leur réponse émotionnelle face à ses enjeux. Les émotions les plus répandues sont celles appartenant au registre de l'anxiété et de l'inquiétude : en 2016, 20 à 40 % des Européens se déclaraient inquiets ou très inquiets vis-à-vis du changement climatique. Si cette émotion peut dans une certaine mesure motiver les individus à agir, elle peut aussi être paralysante. Cet aspect émotionnel lors d'une formation sur la transition environnementale ne peut pas être négligé. Il est par exemple nécessaire de créer un cadre d'écoute afin que les individus puissent exprimer leurs émotions face à ce sujet. Surtout, les discours doivent être porteurs d'espoir, non culpabilisants et présenter des solutions pour donner aux individus des clés pour agir. Il s'agit de construire un nouveau récit engageant afin que les changements de comportements nécessaires ne soient pas subis.

#### Lutter contre les biais cognitifs

Afin de traiter les informations de notre environnement, notre cerveau utilise des mécanismes inconscients – des **biais cognitifs** (*cf.* 4.2) – qui nous permettent de prendre des décisions rapidement. Ces biais peuvent cependant induire des erreurs d'appréciation. Un exemple de biais est celui de confirmation : les individus tendent à remettre en question toute information contredisant leur représentation du monde et ne retenir que celles qui vont dans leur sens. Ce biais est souvent lié au fait que les individus ont, consciemment ou non, peur de remettre en question leurs pratiques quand une information n'est pas compatible avec ces dernières (cas de **dissonance cognitive**). Dépasser ces biais est un des enjeux de la formation aux enjeux environnementaux car ils peuvent empêcher les individus d'accepter certaines informations. Pour que ces derniers acceptent de remettre en question leurs croyances, construire un discours de solutions est là encore très important. Un autre exemple de biais est celui de la sur-confiance ou effet de Dunning-Kruger, caractérisant le fait que moins les individus connaissent un sujet, plus ils ont tendance à surestimer leurs capacités. Il s'agit aussi d'une autre difficulté que doit dépasser la formation à la transition environnementale : comme nous sommes constamment exposés à ce sujet, les individus peuvent penser qu'ils ont suffisamment de connaissances et qu'ils n'ont pas besoin d'y être formés.

### *Knowledge management ou comment faire circuler les connaissances*

Les **nouvelles technologies** ont aussi permis de faire émerger un ensemble de méthodologies visant à faire circuler le savoir au sein de l'entreprise : le **knowledge management (KM)**. Fondé sur l'utilisation d'outils digitaux de production et d'archivage des connaissances couplés à des applications de communication en direct, le KM permet de gérer le savoir que l'entreprise accumule grâce notamment à la création d'une base de connaissance. Pour qu'il fonctionne, il ne peut être uniquement fondé sur l'utilisation d'outils numériques, mais doit être, là encore, accompagné d'une évolution de la culture de l'entreprise vers le partage de la connaissance. Ainsi, la base de connaissance doit avant tout être conçue de manière à ce que le savoir soit réutilisé, non comme un stock. Les interactions entre collaborateurs doivent être encouragées, par exemple avec l'identification d'experts à solliciter pour chaque sujet. Comme pour l'organisation apprenante, le KM nécessite une redéfinition du rôle du manager qui doit conduire le changement. Par exemple, il doit impliquer les collaborateurs dans le projet, encourager leur participation, stimuler les échanges et valoriser leurs partages de connaissance.

Le KM a trois avantages majeurs pour les entreprises et il permet de mettre en place concrètement certains des principes de l'organisation apprenante :

- D'abord, il permet d'améliorer l'efficacité et la productivité en facilitant l'accès à la connaissance et la réutilisation des bonnes pratiques.

- Ensuite, il permet d'encourager le développement des connaissances des collaborateurs et de valoriser leur expertise. Le KM permet aussi d'éviter la perte de savoirs face au double enjeu d'une vitesse de renouvellement de plus en plus élevée au sein des entreprises et de la distorsion de la **pyramide des âges**.
- Enfin, il doit stimuler l'innovation en encourageant la transversalité de la connaissance entre différents domaines. L'adoption du KM dans le cadre de la transition environnementale est d'autant plus importante que la transformation des activités nécessite une coopération importante des collaborateurs, que ce soit pour mettre en commun des informations disséminées, ou partager les bonnes pratiques.

## En pratique : l'expérience française d'Alan (assurance santé)

### Le partage de la connaissance

En pratique, la première étape pour faire circuler le savoir d'une entreprise est de créer une **base de connaissance**, qui sera ensuite complétée et mise à jour régulièrement. Afin que les collaborateurs s'approprient cette base, ils doivent être inclus dans le processus de production des connaissances, en étant propriétaires de pages et formés à leur rédaction. La base doit être construite pour être la plus simple d'utilisation possible en optimisant la navigation et en instaurant des modèles types de pages.

### La construction de la connaissance

Une des difficultés principales du KM est d'identifier quand une simple donnée doit devenir information puis connaissance. Chez Alan, le processus est le suivant :

- Un sujet est discuté sur leur application de conversation en direct (donnée).
- Le sujet devient important et est transféré sur un outil permettant de structurer et archiver la donnée (information).
- Si la communauté le décide, une page sur le sujet est créée (connaissance).

Chez Alan, ce processus est rendu possible par la culture de l'écrit : tout est consigné. Par exemple, plutôt que de poser une question à l'oral, l'écrit est préféré. Cela permet à chacun de mieux formuler sa pensée et surtout d'alimenter le processus de construction des connaissances.

### *Universités d'entreprise, ou comment créer une offre de formation sur mesure*

Les universités d'entreprise permettent d'assurer la transmission des valeurs de l'entreprise ainsi que de valoriser la gestion du savoir et l'apprentissage. Elles facilitent donc la création d'une organisation apprenante et l'adoption du **knowledge management**.

Les universités d'entreprise peuvent être définies par trois caractéristiques. D'abord, elles doivent servir la stratégie de l'entreprise en dirigeant ses collaborateurs vers des objectifs communs et en accompagnant ses transformations. Cet accompagnement nécessite une collaboration avec la direction, l'établissement d'une veille pour recueillir des informations sur l'environnement extérieur (qui devront être transmises aux collaborateurs d'entreprises apprenantes) ou la création de laboratoires dédiés à l'innovation. Ensuite, elles ont une dimension formative et doivent assurer le développement des compétences des collaborateurs et du collectif, que ce soit des **compétences techniques** (*hard skills*), liées au métier ou **personnelles** (*soft skills*), en particulier celles indispensables à une organisation apprenante (apprendre à apprendre, résolution de problèmes complexes, etc.). Elles doivent notamment personnaliser les parcours de formation et accompagner les collaborateurs vers les plus adaptés afin de les encourager à se former. Enfin, elles doivent être le vecteur de l'identité de l'entreprise. La première université d'entreprise a été fondée en 1920 par General Motors et aujourd'hui une majorité des grandes entreprises ont créé leur université. La France, avec 320 universités d'entreprise, est le deuxième pays qui en possède le plus.

Un exemple d'université d'entreprise est celle du groupe Engie (« *Engie University* »), créée en 1999. Cet exemple montre que pour réaliser leurs missions et accompagner la transformation des entreprises, les universités d'entreprise doivent elles-mêmes évoluer. Ainsi, « Engie University » était initialement destinée à former uniquement les hauts dirigeants (2 000 personnes), mais à partir de 2016 elle s'est étendue à l'intégralité des cadres (30 000 personnes) afin d'accompagner la transition de l'entreprise vers les énergies renouvelables. Dans ce cadre, « Engie University » propose 32 programmes de formation, sur le leadership, la transformation des modèles d'affaires, la stratégie et culture d'entreprise et enfin les métiers. Cette variété d'offres de formation permet de personnaliser les parcours et de donner envie aux collaborateurs de se former.

### Former les salariés en fin de carrière

Les salariés âgés peuvent être délaissés au profit des salariés plus jeunes par les entreprises car considérés moins performants et moins de formations peuvent leur être proposées. Pourtant, alors que la durée d'activité s'allonge et que l'Europe fait face à un vieillissement démographique, la **pyramide des âges** se distord et l'enjeu de l'employabilité des salariés seniors devient central pour les entreprises. La formation continue est donc indispensable pour leur permettre de rester performants plus longtemps alors que leurs compétences deviennent rapidement obsolètes.

Les entreprises ont un autre intérêt à former leurs salariés âgés : favoriser la transmission intergénérationnelle des savoirs. En effet, les salariés âgés tendent moins à partager leur savoir avec leurs collègues s'ils n'ont pas été accompagnés par des formations leur permettant de s'adapter aux évolutions de leur métier. Pourtant, un manque de transmission est dommageable pour l'entreprise, obligeant les jeunes salariés à réapprendre par eux-mêmes alors qu'une partie du savoir des salariés âgés reste pertinente, même dans le cas d'évolutions importantes. L'importance de leur formation ne doit donc pas être sous-estimée. Par exemple, l'Oréal a lancé en 2022 le programme « L'Oréal for All Generations », avec pour but d'assurer l'employabilité de tous ses collaborateurs et de favoriser la collaboration intergénérationnelle.

## L'écosystème de la formation continue

### *Les organismes de formation*

Si les universités d'entreprise sont un exemple où les entreprises forment en interne, elles sont souvent accompagnées par des organismes de formation externes. Ces organismes sont souvent considérés comme centraux pour la réussite de la transition environnementale de par leur rôle de structuration et diffusion des compétences liées.

Les **Nouveaux Géants** est un exemple d'organisme de formation visant à former les collaborateurs afin qu'ils puissent intégrer les enjeux environnementaux au sein de leur métier, dans des professions aussi variées que celles de l'offre, de la finance, du marketing, des ressources humaines ou de l'informatique. Leurs formations conjuguent e-learning pour les parties théoriques et séances en présentiel en équipe pour appliquer ces connaissances à un cas concret et donc monter en compétences. Les Nouveaux Géants se positionnent comme des experts pédagogiques : il s'agit non seulement de faire en sorte que les méthodes de formation soient pertinentes et facilitent l'apprentissage, mais aussi de prendre en compte l'ensemble des facteurs humains, particulièrement importants pour le sujet de la transition environnementale. Les Nouveaux Géants font en outre appel à des experts externes selon les thématiques des formations afin de compléter leur expertise. La philosophie de ces formations est d'autonomiser les apprenants afin qu'ils puissent par la suite eux-mêmes se tenir informés, et donc pallier au problème d'obsolescence des compétences.

### *Les rôles des pouvoirs publics dans la formation continue*

Comme pour de nombreuses problématiques étudiées tout au long de ce livre, les entreprises ne sont pas les seuls acteurs impliqués dans la formation continue, et les pouvoirs publics ont un rôle important. Pour eux, la formation continue des salariés est liée à plusieurs enjeux.

D'un point de vue social, la formation continue est un des leviers permettant de lutter contre le chômage. Dans ce but, les institutions publiques veillent à ce que l'accès à la formation soit égalitaire, et ciblent davantage les salariés peu qualifiés. Par exemple, le **PIC** (Plan d'investissement des compétences) a été mis en place en 2018-2022 afin de renforcer les compétences des jeunes et demandeurs d'emplois, notamment celles liées aux transitions environnementale et digitale.

D'un point de vue économique, la formation continue permet de renforcer la compétitivité, et est donc à ce titre soutenue par l'État. Par exemple, en France, onze OPCO (opérateurs de compétences) sont chargés, entre autres, d'accompagner les petites et moyennes entreprises (TPE-PME) dans leur politique de formation et d'améliorer l'accès de leurs salariés à la formation. En effet, ces derniers sont moins formés dans les TPE-PME que dans les plus grandes entreprises. En outre, l'État peut soutenir la création de dispositifs de formation, comme cela a été le cas dans le secteur du bâtiment afin de former les artisans aux travaux d'économies d'énergie.

Les pouvoirs publics ont enfin intérêt à soutenir les innovations managériales des entreprises, notamment celles basées sur les principes de l'**organisation apprenante**.

Ce mode d'organisation du travail permet en effet de faciliter le développement d'innovations et permet d'améliorer le bien être au travail pour les salariés. Par exemple, des programmes de sensibilisation aux bénéfices de telles approches ont été lancés en Finlande et Norvège depuis des années. Il pourrait être souhaitable de créer d'autres actions, comme une aide au financement de tels projets, ou le développement d'une offre de formation professionnelle inscrite dans ces principes.

*Réglementation française sur la formation continue*

En France, les entreprises ont certaines obligations vis-à-vis de la formation continue. D'abord, les entreprises doivent participer à la formation de l'ensemble de la population active via des contributions obligatoires. Ces fonds sont ensuite répartis entre les différents acteurs (dont le PIC) par une autorité nationale de financement et de régulation de la formation professionnelle et de l'apprentissage créée en 2019 : **France compétences**.

Ensuite, les entreprises ont des obligations vis-à-vis de leurs salariés et doivent s'assurer que leurs compétences restent adaptées à leur emploi malgré ses évolutions. En cas de suppression d'emploi, elles doivent par exemple assurer la formation à un nouvel emploi. Cette obligation témoigne d'une évolution dans la loi depuis 2014, confirmée par la « Loi pour la liberté de choisir son avenir professionnel » de 2018 : certaines contraintes sur les modes de formation ont été levées, permettant aux entreprises de saisir les nouvelles opportunités numériques, au profit d'une importance plus grande accordée aux résultats, dont cette obligation d'employabilité. En outre, si les entreprises ont intérêt à prendre en compte les aspirations des salariés dans leur politique de formation, certaines obligations s'y rattachent. Elles doivent notamment organiser un entretien professionnel tous les deux ans avec chaque salarié au sujet de ses perspectives d'évolution, notamment en termes de compétences.

Hors de l'entreprise, le droit des salariés à se former selon leurs inspirations est inscrit dans la loi, notamment avec le **CPF** (Compte personnel de formation) qui leur permet de financer les formations qu'ils souhaitent dans une certaine limite d'heures. Les salariés peuvent également faire appel gratuitement à un Conseil en évolution professionnelle (**CEP**) afin de travailler leurs projets d'évolution de carrière. Ces deux dispositifs, ainsi que les OPCO sont financés par les contributions des entreprises. Enfin, les entreprises de plus de 300 salariés ont des obligations vis-à-vis de la **GPEC** et doivent négocier avec les partenaires sociaux des plans triennaux. Cette inscription de la GPEC dans la loi a permis d'ancrer la question de la prévision dans la politique de gestion des compétences des entreprises.

## 2.2 Former l'écosystème

### Former les fournisseurs

Impliquer les fournisseurs est indispensable pour les entreprises afin d'améliorer l'empreinte environnementale de leur **scope 3** (*cf.* 5.1, 7.2), or cela nécessite que les fournisseurs soient eux-mêmes formés aux enjeux environnementaux. Les entreprises peuvent alors choisir de les intégrer aux formations qu'elles proposent à leurs collaborateurs. Par exemple, des fournisseurs peuvent être inclus au sein des formations mises en place par Les Nouveaux Géants. En outre, les entreprises peuvent leur ouvrir leur université.

### Former les consommateurs

#### *Former pour accompagner les transformations des entreprises*

Certaines initiatives des entreprises visant à diminuer leur empreinte environnementale peuvent être mal comprises par les clients. Elles doivent donc les accompagner pour qu'ils comprennent et adhèrent à la démarche. Cet aspect est particulièrement bien illustré par les exemples de la durabilité des biens et de l'économie de la fonctionnalité où le consommateur a un rôle clé pour que les nouveaux modèles d'affaires proposés fonctionnent (*cf.* 7.3). L'enjeu est alors pour les entreprises de le sensibiliser à leurs actions sans tomber dans le *greenwashing*. Cela suppose une transformation de leur stratégie marketing (*cf.* 9.1). Elles peuvent aussi engager leurs **parties prenantes**, par exemple en partageant leurs données de manière transparente avec leurs clients (*cf.* 4.2). Ainsi, Intermarché a été la première entreprise de la grande distribution à partager toutes les données sur ses références à des applications mobiles d'information des consommateurs, dont la plus connue (Yuka).

Dans le cas particulier de l'économie de la fonctionnalité, il est possible de former et sensibiliser le client à la valeur servicielle créée par l'entreprise grâce au développement d'une relation de long terme (*cf.* 7.3). C'est ce que met en place une entreprise française de nettoyage, Sofraser Maintenance, qui propose à la fois des contrats de **performance d'usage** (associée à une atteinte de résultats) et une sensibilisation à ce nouveau mode de création de valeur avec lequel le client n'est pas familier et qui peut donc le freiner. Enfin, les entreprises peuvent accompagner leurs clients en les intégrant au sein de leur université d'entreprise. Il s'agit d'un des moyens permettant de leur transmettre leurs valeurs afin qu'ils perçoivent leur cohérence avec la stratégie d'entreprise.

#### *Former aux enjeux du changement climatique*

Certaines entreprises ont intérêt, plus globalement, à former leurs clients aux enjeux climatiques, notamment dans le secteur des assurances. D'un côté, les assureurs, de par leur activité, ont développé une expertise importante sur la question des conséquences du changement climatique et de la gestion des risques associés. De l'autre, ils ont intérêt à ce que leurs clients prennent en compte le risque climatique dans leurs décisions afin de diminuer le risque pour eux-mêmes. Un exemple d'entreprise particulièrement engagée sur le sujet est Axa, qui a créé une Climate School. Celle-ci propose une offre de formation sur les enjeux environnementaux non seulement à destination des collaborateurs d'Axa mais aussi de toutes les entreprises.

# 3 Accompagner les perdants

La transition des entreprises vers des activités plus durables et compatibles avec les limites planétaires est indispensable. Toutefois cette transformation ne bénéficiera pas de la même manière à tout le monde, et la peur de l'inégale répartition des conséquences sociales et économiques est un des freins majeurs à la transition. Il devient alors indispensable de penser à une stratégie d'accompagnement des perdants.

## 3.1 Qui sont les perdants ?

### Les métriques de prévision

#### *La menace*

Pour identifier les potentiels perdants de la transition écologique, il faut d'abord comprendre la nature des menaces pesant sur les entreprises. Le risque prend en réalité deux formes. Premièrement, les **risques physiques** sont les conséquences directes du changement climatique (*cf.* 1.1). Certains territoires et secteurs y sont particulièrement sensibles. Les zones menacées par la montée des eaux ou les entreprises agricoles sensibles aux changements de température et d'humidité doivent ainsi être accompagnées pour faire face à ces risques. Généralement leurs manifestations sont soit aiguës et dues à l'augmentation des événements climatiques exceptionnels, soit chroniques et découlant du changement d'équilibre climatique (*cf.* 4.1).

L'autre menace vient des **risques de transition** qui résultent de quatre sources : les réglementations imposées par les institutions publiques, les fortes évolutions de la demande, l'arrivée de nouvelles technologies moins polluantes mettant en péril les anciennes industries, et la réputation d'un secteur ou d'une entreprise qui peut se dégrader rapidement. Un exemple de risque de transition important est l'arrivée de la tarification du carbone qui entraînerait une perte en rentabilité non négligeable pour les activités à forte intensité en carbone (*cf.* 4.1).

#### *Les métriques*

Pour mesurer ces risques, il est nécessaire de se doter de métriques adaptées. La Banque européenne d'investissement a ainsi développé des **indices d'exposition** aux risques physiques et de transition. Par exemple, les critères utilisés pour évaluer les risques de transition sont :

- Les recettes liées à l'utilisation d'énergies fossiles et à des activités émettrices de GES.
- Les résultats des déploiements des énergies renouvelables et des politiques d'amélioration énergétique.
- La quantité de ressources allouées à la lutte contre le réchauffement climatique.

Ces indices ont permis de dresser deux cartes montrant la vulnérabilité des pays à ces deux types de risques, notamment les risques physiques menacent principalement l'Afrique, l'Inde, le Sud-Est de l'Asie et dans une certaine mesure l'Amérique du Sud. Ce sont principalement les pays dépendants de l'agriculture ou comportant des zones côtières à faible élévation. À l'inverse, les risques de transition vont menacer principalement l'Amérique du Nord, la Russie, la Chine, l'Australie, le Moyen-Orient et l'Europe. Les pays les plus menacés sont donc ceux dont le mix énergétique repose fortement sur les énergies fossiles et, plus généralement, les pays développés car ce sont eux qui consomment une grande partie des ressources mondiales et qui sont les principaux émetteurs de GES. La transition vers une économie moins émettrice de carbone y sera donc plus brutale. Toutefois, les pays en développement sont de plus en plus menacés car leur développement reste corrélé à une augmentation de la consommation de ressource et d'émission de GES. Les pays à plus faible revenu restent vulnérables aux risques de transition à cause de capacités d'adaptation moins importantes du fait des faibles investissements et du manque d'infrastructure.

L'analyse de sensibilité à ces deux types de risques grâce aux indices définis plus haut peut aussi se placer au niveau des secteurs d'activité. Au premier ordre, la part d'émissions de GES due au secteur est un bon indice de sa sensibilité aux risques de transition. Il ressort de cette analyse que les secteurs de l'exploitation minière, de l'électricité, et de l'industrie lourde sont les plus émetteurs et doivent donc se préparer à une transition de grande ampleur. Cependant, aucun secteur n'est neutre en carbone et tous doivent réaliser une transition.

À une échelle plus fine, il est intéressant d'utiliser des scénarios de transition et de quantifier les incidences induites sur les différents secteurs afin d'identifier les risques physiques et de transition. De cette manière, la Banque centrale européenne a développé un test de résilience en utilisant de nombreuses données internes (regroupant l'analyse de 4 millions d'entreprises et de 2 000 banques), et des modèles s'appuyant sur plusieurs scénarios inspirés du Network for Greening the Financial System (NGFS) (*cf.* 6.1) :

- Le scénario « ordonné » prévoit la mise en œuvre rapide et efficace de politiques climatiques qui parviennent à limiter le réchauffement de la planète.
- Le scénario « *hot house world* » prend en compte les conséquences de l'absence de nouvelles politiques climatiques et est associé à une augmentation très importante du risque physique à moyen et long terme.
- Le scénario « désordonné » étudie les répercussions d'une mise en œuvre tardive et brutale des politiques climatiques.

Les résultats de cette étude montrent également que les conséquences des risques climatiques diffèrent significativement d'un secteur à l'autre. Ainsi, dans les 30 prochaines années, les entreprises les plus vulnérables sont menacées par un risque jusqu'à quatre fois plus élevé que l'entreprise « moyenne ».

Une autre manière d'évaluer les risques de transition est d'étudier les créations et destructions d'emplois générées par cette transition (*cf.* 2.2). Cela permet de prévoir quels secteurs seront les plus menacés et pour lesquels un accompagnement sera d'autant plus nécessaire. En France, le *Shift Project* s'est appuyé sur cette métrique pour déduire que les secteurs du ciment, du béton et de l'automobile seront les plus vulnérables avec plus de 30 % de pertes d'emplois tandis que les secteurs des énergies renouvelables ou de la rénovation énergétique verront une hausse des emplois.

Enfin, dans un même secteur, toutes les entreprises ne sont pas également vulnérables. Typiquement, une start-up peut moins se permettre d'investir dans une transition par rapport à un grand groupe international, mais elle a une structure bien plus flexible (elle peut « pivoter » d'activité plus facilement). Les entreprises se différencient aussi par leur portefeuille d'activités qui peut contenir plus ou moins d'activités menacées par la transition. Cela peut transparaître à travers la part d'actif échoué (*stranded asset*) (*cf.* 2.2 et 3.3). Ces actifs sont l'image de la part d'activités « grises » de l'entreprise (en opposition avec les activités vertes), c'est-à-dire la part d'activités mises en péril par la transition. Notamment, les entreprises exploitant des énergies fossiles possèdent presque mille milliards d'actifs potentiellement échoués à l'échelle mondiale, ce qui montre bien la menace pesant sur elles. Ces actifs sont majoritairement des centrales thermiques ou des pipelines qui pourraient être déclassés dix à trente ans plus tôt que prévu.

## Les principaux perdants

Les métriques précédentes permettent d'identifier les grands perdants. Des secteurs sont même voués à disparaître tandis que d'autres devront subir une profonde transformation pour perdurer.

### *Les secteurs voués à disparaître*

Le secteur des énergies fossiles est en première ligne, car pour lui, toutes les métriques vues précédemment sont au rouge. En effet, il est impossible de concilier une croissance de l'extraction et de l'utilisation de ces énergies tout en restant dans les limites planétaires. Ainsi, de nombreuses institutions prennent des engagements pour réduire la part des énergies fossiles dans leur mix énergétique. L'Allemagne prévoit notamment de se passer du charbon à partir de 2030. La France a aussi encouragé l'abandon de cette énergie. Ces engagements ont conduit à la fermeture de plusieurs centrales à charbon comme la centrale du Havre ou de Gardanne en 2021.

La pression des entreprises s'engageant dans des démarches Net Zéro, et passant des Power Purchase Agreements (PPA, *cf.* 7.1) pour alimenter leurs sites en utilisant seulement des énergies renouvelables, encourage cette tendance. Ainsi, le secteur a de grandes chances d'entrer en décroissance économique voire, à terme, de disparaître. Cela affectera toutes les entreprises du secteur, leurs salariés, mais aussi toute leur chaîne de valeur. Pour reprendre l'exemple des centrales à charbon françaises : la fermeture de quatre centrales met en danger 738 emplois directs, mais aussi 706 emplois indirects liés aux sous-traitants ou aux sociétés portuaires qui dépendent fortement de l'activité des centrales. Finalement, ce sont même des territoires entiers qui sont fragilisés par l'abandon des énergies fossiles. Un des meilleurs exemples historiques est le bassin de la Ruhr en Allemagne qui a produit jusqu'à 123 millions de tonnes de houille par an. Cette activité a permis un fort développement de la région devenant alors la plus peuplée d'Allemagne. L'arrêt progressif de cette production a fragilisé tout ce territoire et a nécessité un accompagnement particulier.

*Les secteurs nécessitant une transformation*

L'acier, le ciment et le béton sont nécessaires pour réaliser la transition et seront toujours utilisés, mais leur production est particulièrement polluante. L'acier est notamment responsable de 7 % des émissions mondiales et le béton de 4 à 8 %. Ces secteurs vont devoir se transformer en profondeur afin que leur production réduise sa teneur en GES (*cf.* 7.1). Grâce notamment au développement de nouvelles technologies, les entreprises de ces secteurs ont un chemin possible pour s'adapter à la transition (*cf.* 7.1), mais elles devront gérer leurs actifs échoués (l'arrêt de hauts fourneaux par exemple), l'augmentation des coûts de production due à l'adoption de technologies plus chères ainsi que le transfert des compétences si ces technologies mobilisent des savoir-faire différents.

Le secteur des transports fait face à des problématiques identiques. En 2023 ce secteur est un des plus émetteurs, mais il existe des opportunités pour réduire significativement son empreinte écologique. Néanmoins, un transfert de la valeur est à prévoir. Le passage de la voiture thermique à la voiture électrique en est un bon exemple. En effet, les grands constructeurs risquent d'être fragilisés par la transition de la même manière que les secteurs de l'acier et du béton présentés plus haut, mais ces entreprises, elles aussi, ne sont pas vouées à disparaître. Leurs sous-traitants spécialisés dans des métiers en lien avec les moteurs thermiques risquent, eux, d'être encore plus durement frappés, c'est par exemple le cas des métiers de métallurgistes de précision. En revanche, les métiers de chimistes en lien avec les batteries vont continuer à se développer. Ce transfert de valeur doit alors être accompagné pour être le plus équitable possible et limiter les répercussions négatives. Les constructeurs automobiles risquent tout de même d'être affectés négativement du fait d'un besoin en maintenance moins intense pour les véhicules électriques et du développement des micromobilités comme le vélo. En France, le secteur automobile risque de perdre 35 % de ses emplois durant la transition. D'autres secteurs vont faire face à des transferts de valeur similaires : en France pour décarboner le secteur du logement, il faudrait développer les activités de rénovations (+100 000 emplois) tandis que les constructions neuves devraient diminuer (–190 000 emplois).

## 3.2 La place centrale du dialogue

Toute politique de transition forte s'accompagne de freins qui empêchent le déploiement de solutions d'accompagnement ambitieuses. Le dialogue est alors le meilleur outil pour limiter ces freins et embarquer un maximum d'acteurs dans la transition.

## Les freins

### *Traverser la courbe du deuil*

**Le modèle de Kubler-Ross ou la courbe du deuil**

Elisabeth Kubler-Ross est une psychiatre qui a théorisé le processus du deuil ressenti par les malades en phase terminale, elle décrit cinq étapes : le déni, la colère, le marchandage, la dépression et l'acceptation.

Cette grille de lecture a été adaptée au contexte managérial de la conduite du changement. Elle est souvent représentée sous la forme d'une courbe du deuil en conservant les cinq étapes du modèle de Kubler-Ross mais en rajoutant une phase d'intégration ou de nouveau départ. Elle correspond au moment où le changement a été intégré dans le quotidien et qu'il n'est plus du tout perçu comme négatif.

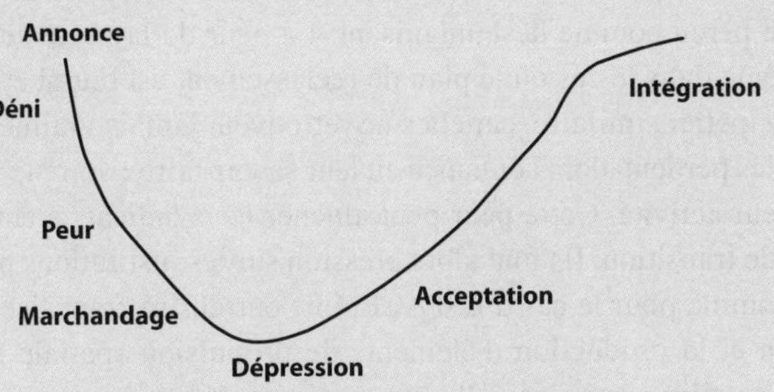


**Figure 10.1** – La courbe de deuil

Source : Auteurs, inspiré du modèle de Kubler-Ross.

Dans le contexte managérial, les phases de la courbe sont traversées à l'échelle de l'organisation et doivent être accompagnées de cette manière :

Reconnaître la perte et les conséquences pour les collaborateurs afin de dépasser la phase de deuil. Les impliquer dans les discussions et communiquer clairement et régulièrement pour dépasser la phase de peur et de marchandage puis offrir un soutien émotionnel pour tendre vers l'acceptation. Enfin la remontée s'accompagne en donnant des objectifs spécifiques, mesurables, atteignables, pertinents et limités dans le temps (SMART).

Le premier frein est le déni des entreprises, des syndicats, des employés voire des institutions. Ils n'acceptent pas que la transition puisse avoir lieu ou essayent de minimiser ses conséquences. C'est la première phase de la **courbe de deuil**.

Le cas de la centrale à charbon de la Gardanne illustre bien cela, les syndicats se sont opposés à la fermeture en proposant des solutions alternatives de « centrales thermiques propres ». D'importantes grèves ont eu lieu pour maintenir l'activité et l'emploi. À l'inverse, dans d'autres centrales à charbon comme à Saint-Avold, la fermeture a été prise comme la seule éventualité et a donc plus vite été acceptée.

L'âge influe aussi sur la capacité à accepter la situation. En effet, dans bien des situations, les employés âgés se projettent légitimement sur un site et dans un poste identique jusqu'à leur retraite ; leur imposer un changement brutal de situation peut être difficile à vivre. Cela est d'autant plus vrai si les personnes ont déjà vécu un bouleversement similaire dans leur carrière. C'est le cas de certains employés des centrales à charbon de Vitry et de la Maxe qui ont été déplacés dans les sites de Saint-Avold ou du Havre, sites eux aussi fermés dix ans plus tard alors que les employés s'attendaient à ce que ces sites restent ouverts jusqu'en 2026. Il est alors primordial de considérer ces personnes et de communiquer pour les aider à traverser ces phases.

Au niveau individuel, la peur est d'abord due au déracinement. En effet, une partie des salariés n'a pas l'habitude de changer régulièrement de travail. Ils sont parfois même attachés à un environnement de travail perçu comme « familial ». Le phénomène est accentué si les salariés sont déplacés d'une entreprise de petite taille à un grand groupe perçu comme déshumanisant. La peur de la perte de repères est ainsi très forte, même dans le cas où le plan de reclassement est réussi et où les personnes retrouvent un métier similaire, car elles ne retrouvent jamais vraiment le même cadre de travail. Elles perdent alors confiance en leur savoir-faire ; voire le sens qu'elles mettaient dans leur activité. Cette peur peut amener les syndicats à entrer en résistance face au plan de transition. Ils font alors pression sur les institutions pour repousser les fermetures comme pour le cas d'ESPACE, une entreprise française spécialisée dans la conception et la production d'éléments de propulsion spatiale et d'équipements destinés aux satellites qui a pris 20 ans pour être définitivement fermée suite à une restructuration qui prend fin en 2006.

### *Les verrous écosystémiques*

Les freins prennent souvent une envergure territoriale avec des réseaux d'entreprises, d'hommes politiques et de syndicats s'associant pour s'opposer à la transition. C'est ce qui a pénalisé la région de la Ruhr en Allemagne qui a alors eu des difficultés pour faire venir de nouvelles industries. Des relations entre les politiques et les entreprises étaient établies depuis des décennies, aussi les institutions se sont-elles en partie ralliées aux entreprises du charbon et ont ralenti la transition. Ce type de verrou nécessite d'inclure de nouvelles voix dans le paysage politique et de déstabiliser ces arrangements. Le verrouillage est aussi économique, avec des territoires qui sont fortement dépendants d'un type d'industrie comme le charbon et l'acier pour la Sarre et la Ruhr en Allemagne. Le dernier verrou est cognitif avec la croyance que la crise est cyclique et non structurelle, ce qui conduit à des tentatives de modernisation plutôt que de vraies transitions vers de nouvelles industries.

L'accompagnement tout au long de la courbe du deuil et la compréhension des verrous écosystémiques sont indispensables et représentent des enjeux de management majeurs lorsqu'une transition est amorcée. Les outils à déployer sont donc liés à la **conduite du changement** et cela passe d'abord par le dialogue.

## Engager les parties prenantes

### *Présenter un discours adapté*

Le discours déployé par les acteurs à l'origine de la transition est le premier moteur du dialogue. Il doit alors être finement préparé pour éviter les freins dès l'annonce du projet. Ainsi, le discours doit être conçu d'abord pour préciser clairement les étapes du projet et le futur des acteurs. De cette manière la suite est explicitée et gagne en crédibilité, ce qui facilite le dépassement de la phase de déni. Cette crédibilité est confortée si le plan annoncé est suivi, que tous les acteurs s'y alignent et qu'il n'est pas sans cesse modifié ou repoussé.

Le discours doit aussi anticiper les craintes de la chaîne de valeur, présenter les plans d'accompagnement des salariés et inclure les autres entreprises de la chaîne de valeur dans le plan de transition. L'expression d'imaginaires positifs est un des moyens de répondre aux craintes. En effet, cela permet aux individus de se projeter dans un avenir autre que ce qu'ils imaginaient mais qui répond tout de même à leurs attentes (*cf.* 4.2). Montrer que cette transition s'accompagne d'aides de l'État peut aussi contribuer à dépasser la phase de peur.

Dans ce discours, le point central est la question d'équité et de justice, il faut montrer que les coûts et les bénéfices seront distribués de manière équitable. Pour construire cette réflexion, il est possible de s'inspirer des deux principes de la *Théorie de la justice* de Rawls[1] :

- Le premier principe, celui de liberté égale, revendique que « chaque personne doit avoir un droit égal au système total le plus étendu de libertés de base égales pour tous, compatible avec un même système pour tous. » Dans le cadre de la transition écologique il peut être interprété comme exigeant que chaque individu ait un droit égal à un environnement sain et préservé. Ainsi, les mesures de transition écologique ne devraient pas être prises au détriment des droits fondamentaux des personnes.
- Le second principe, celui de différence, stipule que les inégalités économiques et sociales doivent être organisées de manière à ce qu'elles profitent le plus aux membres les plus défavorisés de la société. Dans le contexte de la transition écologique, cela implique de veiller à ce que les coûts de la transition écologique soient répartis de manière équitable, en particulier en évitant que les personnes les plus vulnérables et les plus pauvres ne subissent une charge excessive.

L'objectif est de présenter une **transition juste** qui anticipe toutes ses conséquences négatives, prévoit un accompagnement adapté et aboutit à un futur plus équitable pour tous les acteurs.

1. Un des philosophes politiques les plus influents du XXe siècle avec ses travaux sur la justice.

## La transition juste

Le terme transition juste a été évoqué pour la première fois par les syndicats mondiaux dans les années 80. L'objectif était alors de protéger les travailleurs des secteurs des énergies fossiles en leur proposant des alternatives (*green jobs*). Dans les années 2000, la littérature s'est saisie du terme et a élargi son application aux enjeux climatiques, énergétiques, de justice sociale et environnementale. Le cœur du concept est de réussir à déployer une transition ambitieuse qui répond aux enjeux environnementaux tout en s'assurant que personne ne soit laissé de côté. Cela revient d'abord à informer sur les répercussions négatives de la transition et leur inégale répartition avant d'essayer de les atténuer en proposant des alternatives équitables à tous ceux qui sont touchés.

Ce concept a beaucoup été repris et dérivé, mais aucune définition précise n'a encore été actée universellement. C'est pourquoi il est intéressant de l'interpréter selon quatre éclairages différents :

- Historiquement, la transition juste peut être d'abord vue comme un **concept centré sur l'emploi**. Elle était utilisée par les syndicats pour aider les salariés faisant face au chômage de masse. Les syndicats comme l'OCAW (Oil, Chemical and Atomic Workers Union) ne se sont pas opposés aux mesures de transition, mais ont défendu que la protection de l'environnement ne doive prévaloir sur le bien-être des travailleurs. Ils ont ainsi permis de débloquer un « super fonds » permettant d'accompagner ces travailleurs.
- La transition juste peut aussi être observée sous le prisme des **transitions sociotechniques**, c'est-à-dire lors de reconfigurations complexes et à long terme des technologies, des politiques, des infrastructures, des connaissances scientifiques et des pratiques sociales et culturelles. La gestion de ces transitions s'est souvent concentrée sur l'optimisation du processus de transition. La notion de transition juste vient alors mettre en lumière les possibles conséquences sociales de ces transitions et donc la nécessité de les compenser.
- Ensuite, la signification historique d'une transition juste décrite ci-dessus peut être extrapolée en reconnaissant le lien entre ce concept et d'autres davantage abordés dans la littérature relative à la **justice**, notamment la justice environnementale, la justice climatique et la justice énergétique.
- Enfin, la transition juste peut devenir un cadre pour les **stratégies de gouvernance** qui doivent répondre au dilemme suivant : comment résoudre la tension entre l'urgence de l'action climatique et l'inclusion des acteurs dans la prise de décision ? Il est urgent d'abandonner les combustibles fossiles, mais il est également important de laisser suffisamment de temps aux industries, aux communautés et aux individus concernés pour reconstruire les industries, les institutions, les infrastructures et le capital humain afin de faire face aux profonds changements sociotechniques associés à ces transitions.

La finalité absolue de la transition juste serait d'aboutir à un monde plus juste que celui d'avant la transition, qu'elle soit une opportunité de bousculer l'ordre établi afin de réduire les inégalités.

Une source d'inspiration pour construire un tel discours est le plan national de transition juste en Nouvelle-Zélande. Avant la présentation de ce plan, l'institut de recherche économique du pays avait prévu une diminution du nombre d'emplois, ainsi qu'une baisse de salaire pour les emplois qualifiés dus à l'arrêt de la production d'énergies fossiles. Le gouvernement a alors répondu avec un plan ambitieux de transition juste. Ce plan a été une réelle innovation car historiquement le pays n'avait jamais réellement accompagné le reclassement des salariés qui devaient retrouver un travail par eux-mêmes sans aucune forme d'aide. Un groupe de travail a été créé, et a principalement travaillé avec la région de Taranaki qui concentre la majorité des activités liées aux énergies fossiles du pays. C'est ce groupe qui a porté les négociations avec des industries d'autres secteurs (énergie renouvelable, agriculture, et le tourisme) afin d'assurer des reconversions vers des emplois de même qualité en termes de salaire et de sécurité.

#### *Écouter toute la chaîne*

Embarquer toute la chaîne de valeur n'est possible que si la construction du plan et son implémentation se font en collaboration avec toutes les entités de la chaîne. Ainsi, les décisions ne doivent pas seulement se prendre au sein de la direction mais doivent être débattues avec les acteurs sur le terrain. Il est par exemple nécessaire de construire l'accompagnement des salariés en développant les échanges avec les syndicats. Cela permet de construire un dialogue social solide qui prend en compte tous les besoins des salariés notamment en s'adaptant à la situation de chacun.

Aucun acteur ne doit être mis de côté et les sous-traitants doivent aussi être écoutés. Par exemple, en France la fermeture des centrales à charbon a fortement touché les dockers des ports alentour. Bien que le plan de fermeture des centrales contenait un chapitre dédié à ces sous-traitants, aucun représentant de ces métiers n'a été convié aux premières négociations, ce qui a abouti à des mesures non adaptées et des reconversions plus difficiles. Identifier et écouter tous les sous-traitants concernés est donc nécessaire à la construction du plan. Il y a néanmoins ici un élément de tension car les responsabilités légales de l'entreprise qui doit arrêter une activité se limitent à ses salariés et au respect de ses contrats. Se préoccuper de son écosystème à la suite d'une décision de fermeture pour des raisons environnementales n'est pas une démarche spontanée, d'autant plus que cela représente un coût potentiellement important. Seuls les grands groupes industriels disposent des fonds et de la profondeur sociale pour des démarches importantes en ce sens. Il est donc essentiel que la puissance publique et les acteurs économiques structurant le territoire (chambre de commerce, syndicats de salariés et patronaux, associations professionnelles) s'emparent de ces questions et assurent une forme de transversalité que la plupart des entreprises ne sont pas à même de développer.

### Collaborer avec tous les acteurs

Les acteurs à impliquer dans la discussion ne se limitent pas à la chaîne de valeur. Les acteurs locaux comme les collectivités sont aussi concernés et doivent être impliqués car elles comprennent mieux les enjeux locaux. Finalement, le dialogue doit être le plus global possible et inclure tous les étages de l'écosystème touché par la transition. La collaboration peut même inclure des aides extérieures, qui peuvent conseiller les acteurs sur la marche à suivre. Cette aide peut venir d'agences gouvernementales comme l'ADEME ou de sociétés spécialisées en restructuration et en reclassement, ou encore des cabinets d'experts épaulant les syndicats dans les négociations.

Le cas du secteur du logement dans la région du Cambrésis dans le département du Nord montre bien l'intérêt d'un dialogue global. Dans cet exemple, une collaboration entre les collectivités locales et l'ADEME a encouragé le dialogue avec les entreprises du secteur et les organismes de soutien à l'emploi. Les travaux de l'ADEME ont permis d'anticiper la future demande d'emploi du secteur et a conclu que l'accent devait être mis sur la rénovation. Les acteurs locaux ont ensuite présenté ces résultats à travers un discours clair et rassurant tout en impliquant chacun des acteurs pour trouver des solutions. Ainsi, tous étaient alignés sur la nécessité de changer et des mesures ont été mises en place avec succès comme des plans de formation des ouvriers sur chantier pour leur apporter des connaissances en rénovation.

## 3.3 Accompagner en pratique

### Accompagner à petite échelle

#### *Les actions financières*

La première forme d'accompagnement est l'aide financière au particulier. Elle peut prendre plusieurs formes et a toujours pour objectif de redistribuer la richesse créée par la transition pour soutenir ceux qu'elle pénalise le plus. Les premières à pouvoir accompagner financièrement les entreprises sont les institutions publiques. L'Europe a notamment prévu un plan d'aide financière incarné par le **Mécanisme pour une transition juste :**

### Mécanisme pour une transition juste (MTJ)

Le MTJ est un outil mis en place par l'UE ayant pour objectif de contribuer à faire face aux répercussions sociales et économiques de la transition. Il repose sur trois piliers :

- Le **Fonds pour une transition juste** qui soutient les démarches de diversification économique et de reconversion des territoires. Pour obtenir ces financements, une commission doit évaluer le projet avant de donner des objectifs à atteindre pour 2030, de préciser les opérations envisagées et de détailler les mécanismes de gouvernance. Ce fonds devrait mobiliser 25,4 milliards d'euros d'ici 2030.
- Le **dispositif InvestEU** qui est mobilisé pour accompagner la conduite du changement. Le dispositif comprend un *Advisory Hub* qui conseille les entreprises et les territoires afin de construire des plans de transition juste cohérents et aide à gérer les différents investissements. De plus, le dispositif offre une plateforme

qui encourage l'échange de bonnes pratiques entre toutes les parties prenantes. Elle permet aussi d'entrer en contact avec d'éventuels investisseurs privés pouvant financer des projets de transition.
– Une facilité de **prêt au secteur public** qui combine 1,5 milliard d'euros de subventions financées par le budget de l'UE et 10 milliards d'euros de prêts de la Banque européenne d'investissement.

Cet aide est accessible à tous les États membres et se concentre sur l'accompagnement des régions à forte intensité de carbone.

Cet accompagnement financier peut prendre plusieurs formes. D'abord, avec des compensations directes qui ont pour objectif à court terme de contrebalancer les conséquences de la transition sur la vie des salariés. Par exemple, dans le plan de sauvegarde de l'emploi (PSE) de Gazel Energie (entreprise de distribution d'énergie), des indemnisations de 14 000 à 58 000 euros étaient prévues pour ceux ayant perdu leur travail lors de la fermeture. Pour compléter des actions de compensations directes il est possible de financer des congés spécifiques (congé de reclassement, de reconversion ou d'accompagnement) pouvant aller jusqu'à 30 mois. Ces congés ont pour but de laisser le temps aux salariés de retrouver un travail qui leur convient et de potentiellement s'installer dans une nouvelle région. En France, tout salarié d'une entreprise de plus de 1 000 employés devant fermer peut bénéficier d'un **congé de reclassement** durant de 4 à 12 mois. De plus, les personnes proches de la retraite sont invitées à partir en départ anticipé avec financement de leurs cotisations manquantes pour partir à taux plein. Enfin, en France, les entreprises peuvent faire appel au Fonds de développement économique et social pour contracter des prêts à taux exceptionnellement faibles dans le but de financer des plans de transition de territoires.

Les entreprises mises en difficultés par la transition ont ainsi intérêt à se rapprocher des acteurs publics pour négocier des plans de financement ou anticiper les aides qui seront proposées aux salariés en cas de fermeture ou de plan social.

### *Les actions de l'entreprise*

Pour limiter leur sensibilité au risque de transition, les entreprises peuvent mener des actions à leur échelle. D'abord, elles ont intérêt à identifier leurs activités les plus menacées et à repérer leurs futurs actifs échoués. L'objectif est ensuite de **diversifier le portefeuille** de l'entreprise en développant des activités en accord avec la transition. Le passage de Total à TotalEnergies symbolise ce besoin de diversification. L'entreprise veut entrer dans une démarche « multi-énergies ». Même si elle garde ses activités dans les énergies fossiles, elle réduit sa sensibilité à la transition en développant de plus en plus ses activités dans les énergies renouvelables. Pour mener au mieux cette diversification, l'entreprise doit mener des plans de reclassement et de formation de ses salariés afin qu'ils puissent basculer sur ces nouvelles activités.

Cette diversification peut aussi être accompagnée par une filiale dédiée, appelée **société de reconversion** (SdR). Des grands groupes comme TotalEnergies, Alcatel ou encore Schneider se sont dotés de ces SdR. Elles ont pour objectif de donner la possibilité aux entreprises de gérer elles-mêmes les conséquences de la transition comme les fermetures de site. Elles aident à la transformation d'un site industriel en diversifiant ses activités pour minimiser les pertes d'emploi et les conséquences économiques et sociales négatives pour la région concernée. Elles travaillent en partenariat avec les autorités locales et les acteurs économiques pour identifier les besoins et les opportunités économiques et ainsi faciliter la transition vers de nouvelles activités économiques.

Finalement, ces leviers sont des bons outils pour l'entreprise mais engager une réelle démarche de transition juste nécessite de travailler avec de nombreux acteurs et de se placer à l'échelle d'un territoire voire d'un écosystème.

## Redynamiser les territoires

### *Attirer de nouveaux secteurs*

Lorsque des territoires sont dépendants d'une industrie en déclin, la première étape indispensable à la sauvegarde de cette région est d'attirer de nouvelles entreprises de secteurs plus durables. Les métriques développées dans la première partie comme les indices de résilience aux risques physiques et de transition sont de bons outils pour cibler les entreprises à attirer afin de revitaliser le territoire.

Pour attirer ces entreprises, les institutions publiques peuvent proposer des subventions ou des primes dédiées à financer leur installation. Ces aides peuvent aussi prendre la forme d'avantages fiscaux qui rendent la région plus compétitive face à d'autres régions ne bénéficiant pas de ce type d'accompagnement. Ce levier a notamment été utilisé en France à travers les dispositifs **bassins urbains à dynamiser (BUD)**. En effet, les PME qui s'installent dans certaines villes du Nord et du Pas-de-Calais peuvent bénéficier d'exonérations fiscales notamment sur l'impôt sur le revenu ou sur l'impôt sur les sociétés.

Les ressources déjà présentes sur place doivent aussi être valorisées pour convaincre d'autant plus les entreprises de s'installer dans le territoire. Ces ressources peuvent être de plusieurs types. Elles peuvent être matérielles, comme des infrastructures particulières, ou des machines de pointe qu'il est possible de réutiliser dans un nouveau contexte. De cette manière, la venue d'entreprises d'énergies renouvelables dans la Ruhr a été facilitée par la connexion particulière de la région au réseau électrique. En effet, les centrales à charbon étaient particulièrement bien reliées au reste du réseau haute tension, ce qui rend la région intéressante pour l'implantation de nouvelles énergies. Elles peuvent aussi être humaines, comme des compétences particulières, des cultures d'entreprise spécifiques ou une compréhension fine d'un secteur. Toujours dans la Ruhr, les anciens salariés des centrales à charbon comprennent les enjeux du secteur de l'énergie et ont des compétences spécifiques notamment dans la gestion des réseaux électriques haute tension. Pour les anciens salariés, il est aussi très important de retrouver des emplois proches de leurs compétences et où ils se sentent autant valorisés.

Cette redynamisation ne doit pas se faire dans la précipitation pour ne pas finalement se reposer sur un seul secteur et se retrouver dans une nouvelle dépendance à une industrie. Lors de la fermeture de ses complexes reposant sur le charbon, la Sarre a su rester une région dynamique et maintenir ses emplois en attirant plusieurs industriels automobiles. Cependant, cette nouvelle dynamique est aussi en partie menacée par la transition et cette nouvelle dépendance devient problématique.

### *Former et réorienter les salariés*

Diversifier et réorienter les activités d'une entreprise ou d'un territoire nécessite le développement de nouvelles compétences. Les salariés redirigés devront souvent suivre des formations adaptées (*cf.* 10.2). Encadrer ces formations est un axe indispensable des plans d'accompagnement à la transition.

Pour former au mieux, il faut d'abord identifier les besoins futurs du marché du travail et localiser les connaissances qui auront le plus de valeur pour les secteurs qui se développeront avec la transition. Ainsi, lors de la fermeture de la centrale de la Gardanne, une cartographie des métiers de la filière électrique a permis d'identifier les métiers risquant de disparaître et ceux qui vont se développer. Pour le site de Cordemais, une prospective a aussi été effectuée afin d'anticiper les futurs besoins en recrutement et de développer les formations correspondantes. L'objectif est de diminuer les formations dans les secteurs en décroissance pour ne pas bloquer des personnes dans des métiers à l'avenir étroit et d'augmenter les formations dans les secteurs en croissance pour soutenir les futurs besoins. En France, ces formations de reconversion sont soutenues par le dispositif FNE-Formation qui prend en charge une partie ou la totalité des coûts de formation. Le dispositif « Transition collective » peut aussi être demandé par les entreprises faisant face à des mutations ou à une baisse d'activité afin d'accompagner les salariés vers des formations pour des métiers porteurs.

Une fois la feuille de route établie, tous les types de formations doivent y adhérer. Dans le cas du secteur du bâtiment, les formations doivent se réorienter vers la rénovation énergétique. Les formations initiales comme les CAP ou les bacs pro devraient alors adapter leur volume de cours. Par exemple, les formations aux économies d'énergie ont été rendues plus attractives grâce à des systèmes de labels comme le label RGE (Reconnu garant de l'environnement) qui est obligatoire afin d'obtenir les aides pour la rénovation énergétique. En pratique, ces labels ne suffisent pas et peuvent être perçus comme déconnectés de la réalité du terrain. Dans le cas de la rénovation, il y a un décalage entre les formations et les attentes des professionnels. Un moyen d'y remédier est de construire les formations avec les artisans et ensuite seulement de conditionner les aides d'un foyer (comme les crédits d'impôts) à l'appel de professionnels labélisés.

### *Développer les facteurs de localisation douce*

La redynamisation ne se limite pas à attirer de nouvelles entreprises et à accompagner la réorientation des salariés. Elle doit aussi combiner l'amélioration des infrastructures d'éducation, des installations de recherche, des infrastructures culturelles et de loisirs, de tout ce qui améliore le cadre ou encore le développement d'accompagnement social à l'échelle locale. Tous ces aspects sont caractérisés comme des **facteurs de localisation douce** (*soft location factors*). Leur importance est souvent négligée mais l'exemple de la Ruhr témoigne du fort intérêt de ces facteurs. En effet, ils peuvent convaincre des individus de rester, voire même de s'installer. Les programmes « Action Program Ruhr » et « IBA Emscher Park » ont mis l'accent sur le développement de ces facteurs : des sites industriels ont été transformés en centres culturels renvoyant une image nouvelle de la région. Grâce à ces initiatives, le taux de migration par an est passé de –158 000 avant ces actions à +247 000 après.

Ces projets de développement des facteurs de localisation douce peuvent être portés en particulier par les collectivités. À Gardanne, un pôle regroupant un quartier à énergie positive, une cité des sciences, des bureaux innovants, etc. ont été pensés par la commune pour remplacer le carreau de mine fermé en 2003. Ce projet a été porté par la société d'économie mixte de la ville (SEMAG), la métropole Aix-Marseille ainsi que la région dans l'objectif d'accompagner la création d'un millier d'emplois en cinq à dix ans.

## Construire une approche globale

### *Anticiper*

L'analyse des exemples de transition en France, en Allemagne, en Espagne et en Nouvelle-Zélande aboutit à une conclusion commune. Il est nécessaire de définir à l'avance un plan clair, juste et respecté dans le temps. Cela permet d'avoir un débat construit avec les parties prenantes et de conserver la crédibilité des porteurs du projet. Surtout, il permet à tous les acteurs d'anticiper les conséquences, aux salariés d'avancer dans leur courbe du deuil, aux institutions de prévoir leur accompagnement, aux collectivités de prévoir la redynamisation du territoire, etc.

La construction de ce plan peut s'appuyer sur le **cycle de d'adaptation d'un territoire** développé par Holling[1]. Il s'appuie sur l'analyse de trois propriétés : le potentiel de changement inhérent au système c'est-à-dire l'éventail de futurs possibles aussi appelé le « potentiel » du système, son degré de contrôlabilité interne qui reflète la flexibilité du système et sa capacité d'adaptation, et enfin sa résilience face à l'imprévisible. À partir de ces paramètres il définit quatre stades qu'un système doit traverser pour s'adapter à un fort changement. Dans le cadre d'un plan de transition ces quatre phases peuvent être comprises de cette manière : la phase de croissance, la phase de conservation, la phase de relâchement et la phase de réorganisation. **La phase de croissance** peut représenter le début d'un processus de transition, lorsque les acteurs locaux sont motivés et que les conditions sont favorables pour initier des changements.

---

1. Écologue canadien qui a développé le concept de « résilience écologique » et le cycle d'adaptation des territoires.

La **phase de conservation** peut être considérée comme la phase de mise en place des changements, lorsque les acteurs locaux commencent à travailler ensemble pour élaborer des solutions et mettre en place des pratiques durables. Elle est souvent suivie d'une **phase de relâchement** qui peut représenter les obstacles et les défis qui émergent lors de la mise en place des changements. Ainsi, les acteurs locaux peuvent rencontrer des difficultés imprévues, des résistances, des conflits ou des perturbations extérieures qui menacent la transition. Il faut essayer de les anticiper et prévoir des réponses aux obstacles dans le plan. La phase suivante, celle de **réorganisation** peut représenter la capacité des acteurs locaux à se réorganiser et à s'adapter pour surmonter les obstacles et relancer la transition. Cela peut impliquer la recherche de nouvelles solutions, l'ajustement des stratégies, l'apprentissage de nouvelles compétences ou la mise en place de nouveaux partenariats.

En utilisant le cycle adaptatif de Holling, les acteurs locaux peuvent mieux comprendre les étapes et les défis de la transition et adapter leur stratégie en conséquence pour augmenter leur résilience et leur capacité d'adaptation aux changements comme cela a été montré en Allemagne. L'objectif final est d'aboutir à des plans complets, relativement fixes et fonctionnels. Un plan à l'échelle national peut même être imaginé afin d'aligner tous les acteurs d'un pays, d'où la proposition d'un plan de transformation de l'économie française du Shift Project.

### *L'approche écosystémique*

Pour conclure, les plans d'accompagnement des perdants augmentent leur chance d'être réellement efficaces s'ils prennent le problème à l'échelle écosystémique. C'est-à-dire en incluant tous les acteurs, des salariés aux entreprises en passant par les institutions sans oublier les syndicats ou encore les collectivités. Tous ces acteurs doivent réussir à s'aligner autour d'un plan commun.

Ainsi en France, le Shift Project propose une approche écosystémique selon laquelle la première étape est d'améliorer l'intégration des répercussions sur l'emploi dans les plans de transition écologique nationaux en créant un plan de programmation de l'emploi et des compétences à l'échelle française qui implique étroitement les partenaires sociaux. Ensuite, il faudrait mettre en place un « Comité de transition des emplois » pour établir un état des lieux, des recommandations et un suivi des dispositifs mis en place pour la transition des emplois, piloté par l'un des ministres et s'appuyant sur les programmations nationales de la transition écologique et le plan de programmation des emplois et des compétences. Il serait aussi intéressant de renforcer et utiliser des outils d'anticipation de la reconversion plutôt que des outils de correction une fois que l'emploi est définitivement supprimé, par exemple en élargissant le champ d'action du dispositif Transitions collectives. Enfin, il faudrait encourager la transformation des sites industriels les plus émetteurs en se limitant à des solutions partielles telles que le captage et le stockage du $CO_2$.

L'objectif final est d'aboutir à un plan de transition juste à l'échelle de la France.

## Étude de cas : La transition juste en Espagne

Depuis plus de 30 ans, les activités liées à l'industrie du charbon sont en déclin en Espagne et à partir de 2010, les législations européennes ont accéléré la fermeture des mines espagnoles. Les emplois du secteur sont passés de 45 000 en 1990 à 1 700 en 2017. Dans ce contexte, une stratégie de transition juste a été implémentée à partir de 2019. Cette stratégie fait partie du Strategic Energy and Climate Framework qui donne les lignes directrices de la décarbonation du pays.

Cette stratégie commence par effectuer un diagnostic des répercussions de la transition sur les emplois afin d'anticiper les futurs besoins d'accompagnement. À partir de ce diagnostic et des discussions avec les entreprises, les syndicats et les institutions, deux accords sectoriels (mines de charbon et centrales thermiques) ont été signés en 2018 et 2020. Ces accords ont été complétés par 15 accords de Transition juste à l'échelle locale. L'objectif était de coordonner les différents niveaux du gouvernement afin de résoudre les questions relatives aux nouvelles subventions, soutenir l'administration locale et le secteur privé et identifier de nouvelles propositions de projets.

Ensuite, un accompagnement spécifique des employés était prévu, avec le financement de retraites anticipées, des banques d'emplois, et des services d'orientation professionnelle. Par exemple, les 80 employés du site de Narcea dans le sud de l'Espagne ont été accompagnés avec un plan financier de 1,4 million d'euros. Aussi, les PME recevaient une prime si elles embauchaient des travailleurs touchés par les fermetures.

Il était aussi prévu de soutenir la redynamisation des territoires en encourageant la venue d'entreprises de secteurs plus durables. L'Espagne a surtout mis l'accent sur les PME avec un schéma d'accompagnement particulier qui a permis de lancer plus de 200 projets. La transition énergétique est une priorité globale du pays, et ces territoires ont été particulièrement valorisés pour lancer des projets d'énergies renouvelables. Par exemple, un appel d'offres a été fait en Andorre pour tout projet permettant de produire 1,2 GW. La particularité de ce projet est que les entreprises candidates devaient présenter un plan industriel mais aussi social afin de dynamiser le territoire et de faire appel aux travailleurs du charbon. Pour compléter cela, plus de 100 projets visant à développer des facteurs de localisation douce ont été soutenus comme des pistes cyclables à Monte Carrio, un centre technologique à El Entrego ou encore un réseau d'énergie géothermique à Mieres. L'Espagne tend enfin à encourager l'héritage culturel et industriel de la région en proposant de nouvelles activités culturelles. Le dernier volet de la redynamisation du territoire est la restauration des sites miniers. Cela inclut la reforestation, mais aussi la transformation de certains espaces des sites en espaces ludiques d'étude paléontologique ou en espaces de randonnée. Tout ce travail est accompli par des personnes en reconversion, ce qui permet de rapidement leur retrouver du travail dans la région.

Finalement cette stratégie est toujours en cours de déploiement et des revues tous les cinq ans sont prévues afin d'évaluer les réussites et de proposer de nouvelles approches pour combler les lacunes.

Finalement, une stratégie d'accompagnement pour une transition juste peut être construite de cette manière :

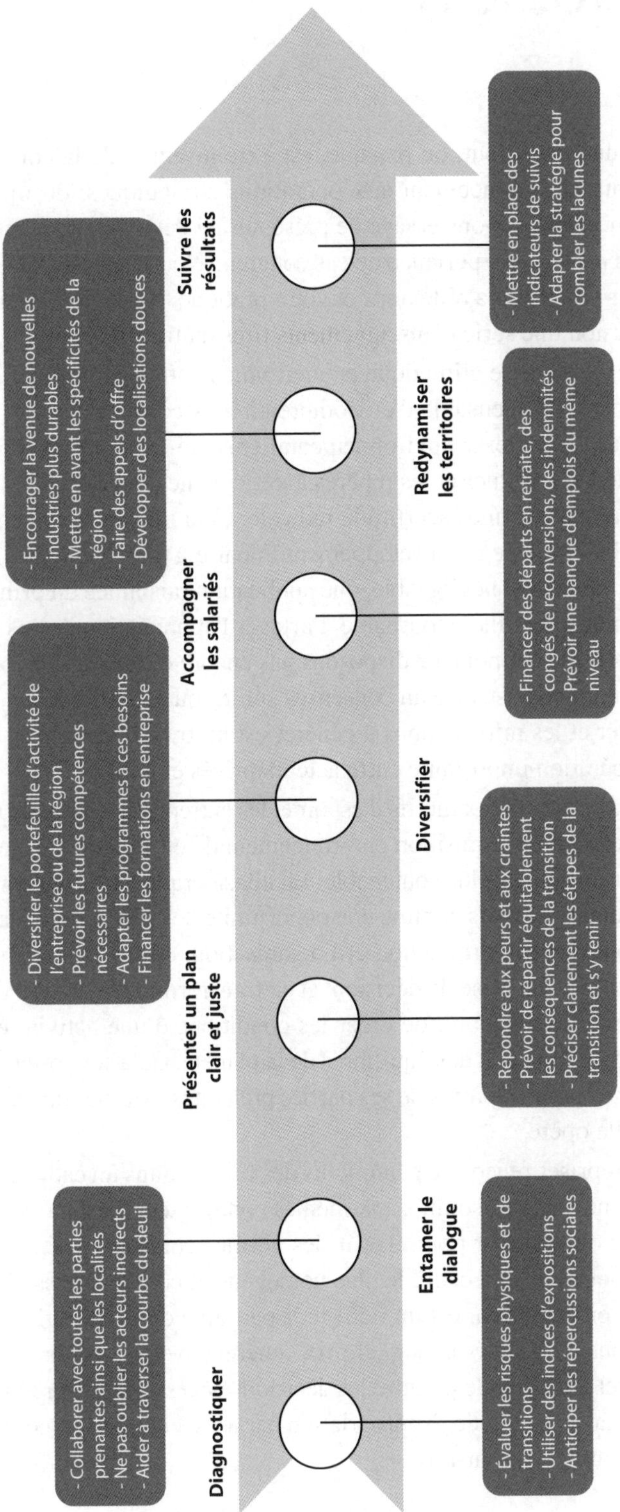


Figure 10.2 – Stratégie d'accompagnement type.

Réalisée par les auteurs.

# Conclusion

Le chantier est immense et tout, ou presque, est à (ré)inventer, de la comptabilité aux approvisionnements, du financement aux opérations stratégiques, du marketing aux ressources humaines. Nous avons essayé de présenter ici l'état de l'art, tant à travers la théorie que par les retours d'expérience de cas concrets. Nous espérons que cet ouvrage servira à alimenter vos propres réflexions et votre pratique. Aussi nous vous proposons en guise de conclusion une série d'enseignements tirés du travail accompli.

Si le diagnostic sur la crise climatique et environnementale commence à être largement partagé, il reste indispensable d'en comprendre les conséquences et de partager cette interprétation. Le contexte environnemental et socio-économique des décennies à venir va profondément évoluer et les repères antérieurs ne peuvent nous servir à anticiper un avenir marqué par une incertitude radicale. Cela nous oblige à changer notre rapport au futur, d'un modèle de développement linéaire à une vision plurielle. Face à un risque catastrophique non négligeable, une application raisonnée du principe de précaution semble éthiquement incontournable. Partager l'appréciation de ces enjeux n'est pourtant pas chose aisée car nous ne disposons pas encore d'un langage commun pour caractériser leur nature. Construire un consensus sur la soutenabilité d'une activité, sur les outils à déployer et les informations à générer est un travail de longue haleine, qui nécessite une coopération importante entre acteurs privés et publics.

Il y a néanmoins de nombreux motifs d'espoir et les entreprises disposent déjà d'outils puissants pour effectuer leur transition environnementale et inscrire leur trajectoire de développement sur un sentier plus soutenable. En considérant cette transformation non plus comme une contrainte mais comme une opportunité de créer de nouveaux modèles d'affaires, en rationalisant la production et l'organisation, en mettant la matrice environnementale au cœur de la prise de décision, et en transformant la culture d'entreprise, il est possible, exemples à l'appui, de créer les conditions d'une activité économique compatible avec la préservation des équilibres de la planète. Cela suppose un décloisonnement de l'entreprise, tant vis-à-vis de ses parties prenantes externes que des territoires au sein desquels elle opère.

L'action des entreprises rencontre néanmoins des limites dans un cadre concurrentiel où tous les acteurs ne sont pas soumis aux mêmes contraintes. Il est alors du rôle de la puissance publique d'intervenir pour établir des normes communes. En particulier, la tarification du carbone dans un cadre le plus homogène et cohérent possible, *a minima* au niveau national ou européen, est un outil indispensable de la transition écologique. En fournissant à tous les acteurs un signal-prix cohérent avec les objectifs de l'Accord de Paris, elle permet à chacun de prendre les décisions nécessaires à la réduction de ses émissions. Elle est la condition de l'appropriation par tous, entreprises, consommateurs et citoyens, des enjeux de la transition.

Au-delà du rôle de la puissance publique, la société civile, les consommateurs et citoyens ont en effet un rôle clé à jouer pour permettre cette transformation, que ce soit pour inciter les entreprises à être plus responsables ou pour adhérer à leurs propositions de nouveaux modèles d'affaires.

Les défis de cette transition sont immenses, et celle-ci ne se fera pas sans difficultés. Cependant, alors que les conséquences de la non-action seraient dramatiques, il faut agir résolument pour faire advenir une nouvelle économie respectueuse des écosystèmes terrestres.

# Index


5 forces de Porter 94
(SEQE) Système d'échange de quotas d'émission 88

**A**

Accord de Paris 9, 70
Achats-innovation 290
Actifs échoués 57
Activisme actionnarial 196
ACT (méthode) 159, 225
Actualisation 192
  taux 64
Adaptation 14, 80, 97
Adéquation marketing 297
Agences de notation 200
Agile 241
Aléa moral 284
Allégations écologiques 295
Ambidextrie organisationnelle 126
Amélioration continue 241
Analyse
  coûts-bénéfices 63, 82, 97, 98
  coûts efficacité 66, 99
  du cycle de vie 160
Anthropocène 22
Approches par exclusion 207
  *negative screening* 208
Arrangements
  institutionnels 86
Assurance 41
  paramétrique 42
Asymétrie d'information 78, 82, 197, 200, 255
Avantages comparatifs 269

**B**

B-Corp 151
Biais cognitifs 117, 341
Bien
  commun 79, 83
  durable 254
  public 82
  public global 83
Bilan
  carbone 154
  d'émission de gaz à effet de serre (BEGES) 155
Budget carbone 150
  interne 226
  mondial 10
Bullshit Jobs 326

**C**

Carbon Disclosure Project (CDP) 151
CCUS 229, 236
Centres de responsabilité 273
Chaîne
  de valeur 93, 268, 282
  logistique 267
Chaleur fatale 138
Chemins d'adaptation dynamique 101
Chief Purchasing Officer (CPO) 290
Choc d'offre négatif 47
Circuits courts 280
Club climatique 72
Cluster 130
Co-bénéfices 48
Code de conduite 247, 286
Comité social et économique (CSE) 311
Commerce équitable 285
Communication
  employeur 295, 308
  institutionnelle 295
  produit 295
Compensation 230
Compensation carbone 158
Comptabilité
  carbone 148
Comptabilité adaptée au renouvellement de l'environnement (CARE) 149
Conception modulaire 184
Concurrence parfaite 76
Contrats carbone pour différence 238
Convention citoyenne pour le climat 160
Coordination collective 78
COP21 9, 70

Courbe
d'abattement 99
du deuil 351
Coût
de transaction 154
moyen pondéré du capital 80, 200
social 82
social du carbone 63, 82, 191
Crédit
carbone (offset) 231
impôt recherche 127
Crise pétrolière 282
Crowdmarketing 305
CSRD 154, 202, 214
Culture d'entreprise 329
Cygne noir 45, 251
Cygne vert 45

## D

Décarbonation (stratégie de) 223
Décision robuste 100
Déclaration de performance extra-financière (DPEF) 214
Découplage
absolu 48
relatif 48
Décroissance 51
Défaillances
de marché 82
Démarche ERC 158
Dépendance au sentier 59
Dernier kilomètre 279
Dette 188
Devoir de vigilance 110, 279, 283
Différenciation 77
Dilemme du prisonnier 78
Division internationale du travail 269, 277
Document unique d'évaluation des risques professionnels (DUERP) 307
*Do No Significant Harm*, DNSH 210
Double matérialité 198, 202
*Doughnut* 34
Droits de vote 196
Durabilité 254

## E

*Early adopters* 59
Éco-conception 167
Ecolabel 173
Écologie industrielle et territoriale (EIT) 131
Économie
circulaire 131
de la fonctionnalité 259, 346
de la fonctionnalité et de la coopération 260
sociale et solidaire 144
Éco-organismes 175
Éco-quartier 141
Effet
d'agglomération 130
de serre 8
rebond 32, 50, 158
Efficacité
des ressources 228
énergétique 228
Électrification 230
Émissions
évitées 153
nettes 11
Empreinte
carbone 147
écologique 147
Engagement au travail 328
Entreprenariat social 127
Entreprise à mission 129, 333
Équilibre Pareto-optimal 62, 76
ERC (Éviter Réduire Compenser)-démarche 98
EU ETS 247
European Financial Reporting Advisory Group (EFRAG) 149
Externalités négatives 62, 82, 94

## F

Facteur
de charge 276
d'émission 150
*First mover advantage* 79
Flux financiers actualisés
*discounted cash flows* 189
Fonctions de dommages 39
Fonds
article 6 216
article 8 216
article 9 216
propres 188
Formation continue 335
Fuite de carbone 54, 72, 89
Full Cost Accounting (FCA) 149

**G**

Genre 307
Gestion actif-passif
 *Asset-Liability Management* 80
Gestion des emplois et des parcours professionnels (GEPP) 309
GHG Protocol 150
GIEC 7
Grande démission 328
Green bonds 203
Greenflation 50
Greenium 205
*Greenwashing* 77, 154, 158, 296

**H**

*Hedging* 217
Hubs & Spokes 271
Hydrogène 235
Hypothèse
 d'efficience des marchés 192
 de Porter 55

**I**

Incertitude 42
 radicale 43, 51, 100, 189, 195, 200
Indice de réparabilité 323
Industrie
 4.0 242
 lourdes 233
Ingénierie multimodale 339
Innovation 58, 79, 139, 234
 sociale 125
*Integrated Assessment Models* 51
Intelligence artificielle 314
International Sustainability Standards Board (ISSB) 149
Intervention publique 78
Investissement 60
ISO
 26 000 95, 116
 14001 246
 14062 167
ISSB (International Sustainability Standards Board) 213

**J**

Jour du dépassement 147
Juste à temps 240

**K**

*Knowledge management* 341

**L**

Label Bcorp 116
Labels 208, 256, 295
Langage commun 194, 198
*Lean*
 *management* 240
 *manufacturing* 240
 Six Sigma (LSS) 241
Limites planétaires 22
Localisation douce 360
*Logistics management* 243
Logistique inverse 177, 249

**M**

MACF (Mécanisme d'Ajustement Carbone aux Frontières) 73, 90
Maintenance prédictive 315
Malthusianisme 31
*Management package* 80
Marché
 de l'occasion ou de la seconde main 254, 257
 de quotas ou de droits 47, 84, 87
 international du carbone 88
 interne 227
Marchés carbone volontaires 231
Marketing
 participatif 305
 social 299
 vert 302
*Market Stability Reserve* - MSR 89
Matérialité 94
Matrice de collecte 157
Mécanisme d'ajustement carbone aux frontières (MACF) 90
Mitigation 97
Mixité fonctionnelle 138
Modèle
 d'affaires 139
 déterministe 44
 stochastique 45
Modèle de prédominance 111
Modèle d'évaluation des actifs financiers, MEDAF
 *Capital Asset Pricing Model,* CAPM 192

## N

*Network for Greening the Financial System*
  Scénarios 191
Norme
  GRI Global Reporting Initiative 212, 311
  ISO 14040 161
  ISO 14044 160
Nudges 117

## O

Objectifs de développement durable 95
Obsolescence 174
  programmée 254
Open innovation 127, 290
Organisation
  apprenante 338
  scientifique du travail 240

## P

Parcs éco-industriels 134
Parties prenantes 105, 245
Passager clandestin 69, 84
Pensée latérale 126
Périmètre de déclaration 157
Période de retour 40
Pic pétrolier 19
plateformes multimodales 271
Points de bascule
  *tipping points* 23
Pôle
  territorial de coopération économique (PTCE) 145
Pôles
  de compétitivité 135
Polycentrisme 71
Pouvoir(s)
  de réchauffement global 9, 150
  publics 237, 256, 344
Power Purchase Agreements 229
Prévention 307
Principal 198
  agent 284
Principe du pollueur-payeur 84
Prix
  implicite 205
Prix interne du carbone 226
  prix fictif 227
  prix implicite 227
Produit intérieur brut 46
Propriété intellectuelle 59
Prospectives 117
Protectionnisme vert 91
Protocole de Kyoto 68
Publicité verte 294
Pyramide
  de Carroll 106

## Q

quiet quitting 327

## R

Raisons d'être 128
Rapport RSE 197
Reconditionnement 180
Règle d'Hotelling 66
Rentes
  de situation 79
  liées à l'innovation 79
Reporting 197, 202
  carbone 151
Report modal 250, 280, 289
Réseau
  de chaleur 139
  stratégique 283
Résilience 80, 100, 251
Responsabilité
  sociale de l'entreprise 106
  territoriale des entreprises (RTE) 145
Risque 42
  catastrophique 96, 306
  chronique 96
  de marché 97
  de transition 97, 253
  idiosyncratique 192
  physique 96, 253
  réputationnel 97
  systématique 192
  systémique 46, 193
Risques
  chroniques 306

## S

Santé
  et sécurité au travail 306
  humaine 306
SBTi (*Science Based Target initiative*) 159, 224
  numérique 321

Scénarios 100
Scope 151
Scores environnementaux 118
Sélection adverse 42, 295
Servicielle (logique) 262
Six Sigma 241
Smart city 142
Smart grid 142
Sobriété 52
*Social washing* 296
Société de reconversion 357
Solutions basées sur la nature (SBN) 232
Standards SASB 212
Statuts de l'entreprise 333
*Stranded asset* 349
Stratégie nationale bas carbone 150
*Supply chain management* (SCM) 243
*Sustainability-linked loans* 205
*Sustainable Finance Disclosure Regulation*, SFDR 215
Symbiose
  industrielle 133
  urbaine 137
Syndicats 311
Système
  Produit-Service 259
  Terre 22
Système d'échange de quotas d'émission 68

## T

Tarification carbone 62, 239
Taux d'intérêt 198
Taxe
  carbone 91
  interne 227
  pigouviennes 84
Taxonomie européenne 204, 209
Télétravail 312
Terres rares 19
Territoire
  approche territoriale de l'entreprise 308
  projet de territoire 136
Territoriale
  valeur territoriale 136
Théorème funeste 45
  *dismal theorem* 195
Théorie
  de la motivation 331
  de l'équilibre général 82
  des droits de propriété 84
  du commerce international 54
*Total Cost of Ownership* (TCO) 244, 288
Toyotisme 273
Tragédie
  des communs 83
  des horizons 92
Traité sur la Charte de l'énergie (TCE) 57
Trajectoire 11
Transition juste 354
*Triple bottom line* 245

## U

Universités d'entreprise 342

## V

Valeur
  d'un dégât environnemental futur 41
  partagée 119
  tutélaire 66
Valeur tutélaire 196
Valorisation 189
Ville intelligente 142
Vulnérabilité 37

# Sur le même thème

PATRICK D'HUMIÈRES
ENTREPRISE ET GÉOPOLITIQUE : LE BUSINESS OU LA PLANÈTE
LES MULTINATIONALES FACE À LEURS RESPONSABILITÉS
DUNOD

85604 - (I) - OSB 70° - LUM - API
Dépôt légal : octobre 2023 - N° 202310.0085
Imprimerie Chirat, 42540 Saint-Just-la-Pendue

*Imprimé en France*